KB139848

시진핑 시대,

중국 정치를 읽다

시진핑
시대,
중국 정치를
읽다

공봉진 지음

들어가는 말

2012년 11월에 개최되었던 제18차 전국대표대회는 중국의 제4세대지도부의 시대가 지나가고, 제5세대지도부가 이끄는 새로운 시대가 도래하였음을 알리는 회의이다. 회의에서 시진핑은 중국공산당 총서기와 당 중앙군사위원회 주석을 동시에 맡음으로써 강택민과 호금도의 시대와는 매우 다른 정치적 상황 속에서 중국을 이끌게 되었다. 게다가 2013년에는 국가주석과 국가중앙군사위원회 주석이 됨으로써 명실상부하면서도 강대한 시진핑 시대를 맞이했다.

시진핑은 '중화민족의 위대한 부흥'이라는 국가슬로건을 내걸고, '부강한 중국'을 건설하려는 '중국의 꿈'을 천명하였다. 등소평이 언급하였던 '두 개의 100년'을 성공적으로 완성하기 위해서 사회전반에 걸친 개혁을 실시하였다. 특히, 새로운 4개의 기구를 설립하여 '국가안전'에 심혈을 기울이면서, 국가시스템의 변화를 주고 있다.

시진핑시대의 중국정치는 이전의 중국정치와는 매우 다르게 진행되고 있다. 중앙정치국 상무위원을 비롯하여 많은 공무원들이 부정부패로 인해 법에 따라 처분을 받고 있다. 그리고 '민족단결'을 강조하면서 내치를 안정하려 하고, '사회주의핵심가치관'을 통해 국가관리시스템의 현대화를 이루어서 중국특색의사회주의를 완성한다는 목표를 세웠다. 게다가 '강대한 군대'를 만들어 영토안정과 국가안전을 도모하고 있다. 시진핑 시대에 들어와 '혁신'이라는 두 글자 속에서 중국변화의 중심축에는 정치개혁이 자리 잡고 있다.

시진핑 시대의 중국정치를 제대로 알기 위해서는 먼저 중국에 대한 기초적인 지식이 필요하다. 그리고 중국 관련 용어들 중에는 한국어로 풀어쓴 것보다는 중국어 그대로 사용하는 용어가 많고, 생소한 용어들이 많기 때문에 중국을 잘 알기 위해서는 용어에 대한 이해가 필요하다. 그런 다음 최근 중국변화와 관련된 정보를 빠르게 수집하고 정리하여 학습해야 한다.

시진핑 시대의 중국뿐만 아니라 1949년 이후의 현대중국을 이해하기 위해서는 중국정치에 대한 이해는 매우 중요하다. 중국정치는 헌법과 중국공산당에 대해서 알아야 하고, 중국 국가기구와 중국공산당기구, 주요 인물과 사상, 주요 회의, 중국 민족정책, 주요 사건과 정치적 관계, 양안관계변화, 영토분쟁, 민족문제, 중미관계, 한반도문제와 한중관계, 경제사회 개혁에 대해서도 알아야 한다.

그래서 이 책에서는 독학으로 중국정치를 공부해야 하거나 처음 중국을 접하는 독자뿐만 아니라 중국전공자들을 위해 중국의 기초적인 지식과 용어에서부터 시작하여 앞에서 언급한 여러 방면에 대해서 요약하여 정리하였다.

이 책은 다년간에 걸쳐 수업하였던 '중국정치론'과 '현대중국정치'라는 교과목 수업의 내용을 새롭게 정리하여 재구성하였다. 일부 분야는 저자가 쓴 책이나 논문의 내용을 수정하고 보완하여 정리하였다.

이 책에서는 '중국개황'과 '중국정치관련 주요용어'를 각각 1장과 2장에 두었다. 또, 헌법과 중국공산당 장정(당헌)을 부록으로 두지 않고, 제5장에서 다루고 있다. 이렇게 '1장과 2장 및 5장'을 앞 쪽에 둔 것은 중국정치를 학습할 때 한국에서는 생소한 용어들이 툭툭 튀어 나오기 때문에, 기초적인 내용을 먼저 익혀야 하기 때문이다. 그리고 "제3장 중국국가기구와 중국공산당기구, 제4장 중국의 정책결정과 주요회의, 제5장 중국헌법과 중국공산당장정, 제6장 중국의 주요 정치세대와 계파,

제7장 중국의 주요 정치사상과 이론, 제8장 중국의 주요 민족정책, 제9장 중국의 주요사건과 정치적 관계, 제10장 중국의 외교정책과 영토분쟁, 제11장 중국과 대만의 관계(양안관계), 제12장 중국 정치개혁과 반(反)중국"의 내용으로 구성되어 있다.

책의 구성이 총 12장으로 구성되어 있다 보니, 양이 다소 많은 편이지만 중국의 정치와 직접적으로 관련 있는 여러 분야를 알기 위해서는 오히려 적은 편이 아닌가라는 생각이 들 정도이다. 각 장에서 언급하는 내용들은 실질적으로 많은 분량의 내용을 요약하여 정리한 것이다.

중국지역전문가가 되기 위해서, 혹은 중국정치를 조금이라도 이해하기 위해서는 적어도 이 책에서 다루는 내용은 알아 두어야 한다. 그리고 신문이나 인터넷 자료를 참조하여 중국의 변화들을 빨리 인식하여야 한다. 그러면 자신도 모르게 중국이라는 국가를 조금씩 알아가고 있음을 알 수 있을 것이다.

마지막으로 이 책이 출간되도록 도움을 주신 한국학술정보(주)와 실무를 맡으신 양동훈님께 감사드린다.

2016. 7.1.

墨兒중국연구소에서

목차

(참조1) 현대중국정치 이해를 위한 도표

(1) 현대중국 각 세대 집권 시기

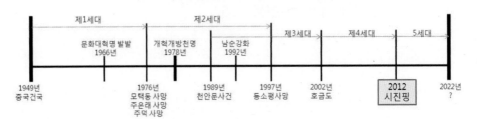

현대중국 집권 흐름도

제1세대 : 모택동, 주덕, 주은래, 유소기 등
제2세대 : 등소평, 진운, 호요방, 조자양 등
제3세대 : 강택민, 교석, 주용기 등
제4세대 : 호금도, 온가보 등
제5세대 : 시진핑, 리커창, 리위안차오
제6세대 : 후춘화 등

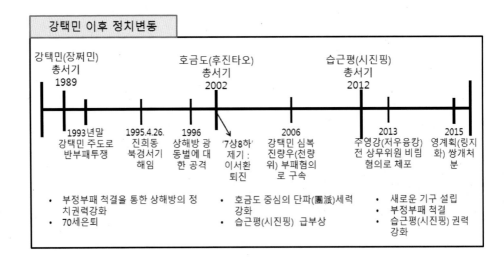

강택민 이후 정치변동

(2) 21세기 중국 국가전략

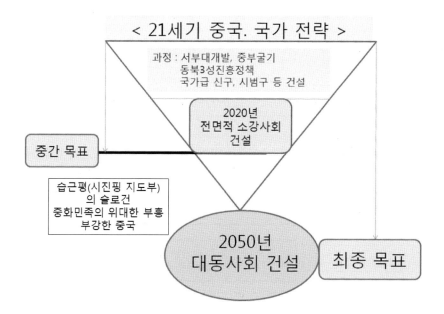

(3) 21세기 중국 주요 이데올로기

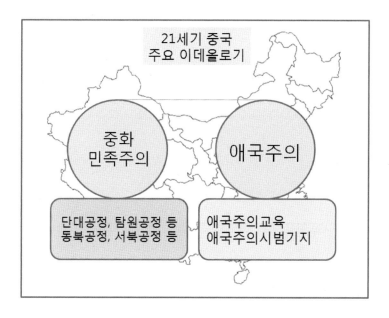

(4) 세대별 지도자의 대표 사상과 이론

인물 (세대)	사상 이론	주요 내용	당장 채택
모택동 (1세대)	모사상	사회주의혁명 건설	1945
등소평 (2세대)	등소평이론	개혁개방, 사상해방, 실사구시 중국특색의 사회주의	1997
강택민 (3세대)	3개대표론	선진생산력, 선진문화 광대한 인민의 근본이익 대표	2002
호금도 (4세대)	과학발전관	균형발전과 지속가능한 발전을 통한 조화사회 건설	2007
시진핑 (5세대)	4개전면	전면적 소강사회, 개혁심화 의법치국, 종엄치당	2017 예상

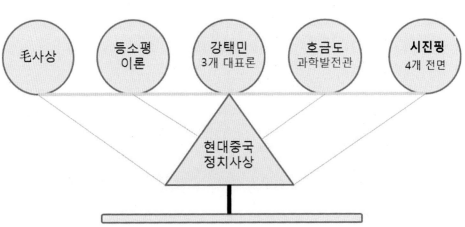

(5) 주요 계파 갈등

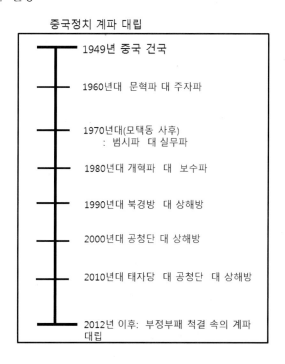

중국정치 계파 대립

1949년 중국 건국

1960년대 문혁파 대 주자파

1970년대(모택동 사후)
: 범시파 대 실무파

1980년대 개혁파 대 보수파

1990년대 북경방 대 상해방

2000년대 공청단 대 상해방

2010년대 태자당 대 공청단 대 상해방

2012년 이후: 부정부패 척결 속의 계파 대립

(6) 중국 민족문제

주요 민족문제

신강 위구르족
민족주의

티베트
민족주의

(7) 중국 소수민족과 관련된 주요 회의와 정책

주요 회의와 민족정책

사와회의(沙窩會議, 1935.8.4.~6.): 소수민족 자결권 승인

1947년 내몽고자치구를 설립하기 이전까지만 하여도 각 소수민족들의 독립된 국가를 건설할 수 있는 '자결권'을 허용하였지만, 내몽고자치구를 설립한 이후부터는 자결권보다는 '자치권'을 강조.

1949년 9월 29일 '공동강령'에서도 소수민족의 민족자결보다는 민족자치만을 허용.

1952년 민족구역자치실시강요(民族區域自治實施綱要) : 민족구역자치를 제도화

1953년 민족식별조사

1956년 소수민족언어조사연구

1956년 소수민족사회역사조사

1984년 민족구역자치법

1990년 중국공민의 민족성분 확정에 관한 규정

2001년 민족구역자치법 수정에 관한 결정

2009년 민족백서

2009년 전국 중소학(초중고교) 민족단결교육 공작부서회의 기요(紀要)'를 발표

(8) 소수민족자치구

민족자치구

1952년 2월 통과된 "중화인민공화국민족구역자치실시요강(中華人民共和國民族區域自治實施要綱)"은 공동강령을 더욱 구체화한 것이다.

실시요강에서 소수민족 거주지역을 거주지의 크기에 따라 '자치구(自治區)', '자치주(自治州)', '자치현(自治縣)'의 세 가지 형태로 나누어서 민족구역자치를 제도화하였다.

내몽고자치구(內蒙古自治區) : 1947.5.1.
신강위구르자치구(新疆維吾爾自治區) : 1955.10.1
광서장족자치구(廣西壯族自治區) : 1958.3.15.
영하회족자치구(寧夏回族自治區) : 1958.10.25.
서장자치구(西藏自治區) : 1965.9.9.

1952년 9월 3일 조선민족자치구 성립선포. 1955년 12월에는 조선민족자치주로 바뀜 조선족의 연변자치주건립은 중국건국이래 세 번째로 자치구역이 되었다.

(9) 개혁개방 이후의 정치개혁

등소평의 정치개혁	강택민의 정치개혁	호금도의 정치개혁	시진핑의 정치개혁
• 실천은 진리를 검증하는 유일한 표준 • 당주석제 폐지, 당총서기제 부활 • 집단지도체제 확립. • 당·정 기능의 분리	• 강택민을 중심으로 한 상해방 형성 • 70세 퇴임 • 7상8하(강택민 퇴임후) • 3개대표론: 자본가 중 국공산당 가입 가능	• '4대 권리(민권론)'와 '4개 민주론' 주장 • '삼불(三不)'선언	• 반부패 • 8항 규정 • 3공경비절약 • 4대 악풍 척결 • 신 4대 기구 신설 • 국가안전법

(10) 한시(漢詩) 외교의 사례: 이백의 詩

長風破浪會有時,
直掛雲帆濟滄海

바람 타고 파도 넘을 때 반드시 오리니 높은 돛 바로 달고 창해를 건너리

이백(李白)
행로난(行路難)

(11) 개혁개방이후 외교정책유형과 변화

중국 외교정책 유형

도광양회(韜光養晦)	화평굴기(和平崛起)	유소작위(有所作爲)	화해세계(和諧世界)	돌돌핍인(咄咄逼人)
등소평시기	호금도시기 2004년.	호금도시기	호금도 2005년 9월.	호금도시기
힘 감추고 때를 기다림 안으로 경제개발 밖으로 현상 유지	중국위협론을 완화시키는 게 1차적 목적	2002년 이후. 2004년에 화평굴기 대신. '적극적인 관여와 개입'	언급 조화로운 국제사회 건설에 공헌. 능동적으로 세계질서 구축에 나서겠다	조어도사건 이후 분쟁지역 이익을 수호하라

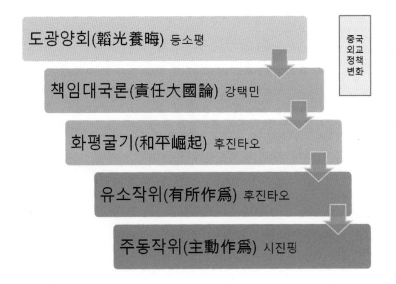

도광양회(韜光養晦) 등소평

책임대국론(責任大國論) 강택민

화평굴기(和平崛起) 후진타오

유소작위(有所作爲) 후진타오

주동작위(主動作爲) 시진핑

중국 외교 정책 변화

(참조2) 정치세대별 핵심 키워드

(1) 모택동 시대(1949~1976)의 핵심 키워드

모택동	7천인대회	모사상	반우파전개과정	5.16.통지	민족식별	
주은래	여산회의 (1959)	마오이즘	총노선	해서파관	호구제도	4.5천안문사태
유소기	제9차 전국대표대회	모순론	대약진	문화대혁명	백가쟁명	2월역류
팽덕회	제10차 전국대표대회	실천론	인민공사	비림비공	백화제방	임표사건
임표	문혁파	잡초론		조반유리		
등소평	주자파	3면홍기	계획경제	평화공존5원칙		모범극
4인방		참새소탕작전		교조주의	수정주의	주선율(主旋律)
고강요수석				구동존이		

(2) 모택동 사망 이후 개혁개방 이전(1976.9.~1978.12.)의 핵심 키워드

화국봉	양개범시	개혁개방
등소평	범시파	
4인방	실무파	교육개혁
섭검영	실천을 위한 진리표준	
		제11차 3중전회

(3) 등소평 시대(1978~1993/1978~1997)의 핵심 키워드

등소평	개혁개방	중국특색의 사회주의	6.4천안문사건	1가구1자녀	비효통의 중화민족	1국가2체제
호요방	남순강화	3개 세대론	티베트사건	성자성사	도광양회	하나의 중국
조자양	경제특구	사회주의초급 단계론	서남공정	신당장		92컨센서스
진운	소남모델	조롱경제론		삼보주	주선율	섭9조
이붕	온주모델	흑묘백묘론		삼론	제5세대감독	등6조
양상곤	실사구시	사회주의시장 경제	13차4중전회	두 개의 100년 (삼보주)	제6세대감독	중-베트남전쟁
집단지도체제	11차3중전회	선부론	신헌법	국가의 죄수		
은퇴제도 / 8로	12차 전국대 표대회	3개유리어		등소평이론		

(4) 강택민 시대(1989~2002/1993~2004)의 핵심 키워드

등소평	사회주의시장경제	법륜공(파룬궁사태)	애국주의교육	상해방
강택민	3개대표론	7.1담화	중화민족주의	태자당
주용기	책임대국론	5.29강화	성공성사	70세 은퇴
진희동	입세(WTO가입)	서부대개발	삼개불리개	7상 8하
교석	광동강화	강8점	상해협력기구	북경방
14차1중전회	14차4중전회	15차전국대표대회	15차7중전회	광동벌

* 등소평 시대와 강택민 시대는 중첩되는 부분이 있다. 이 부분에 대해서는 대체적으로 학자마다 주장이 다르다.
* 강택민: 1989년 총서기와 당중앙군사위 주석, 1990년 국가중앙군사위 주석, 1992년 총서기, 1993년 국가주석 및 중앙군사위 주석. 1993년 당정군 장악. 2004년 당 중앙군사위 주석 퇴임. 2004.12. 국가중앙군사위 주석 사임신청 2005년 퇴임.

(5) 호금도 시대(2002~2012 / 2005~2012, 제16차 전국대표대회 이후)의 핵심 키워드

강택민(장쩌민)	호온체제	화해사회 전면적화해사회	유소작위	2008북경올림픽	2008.3·14티베트사건
호금도(후진타오)	공청단	과학발전관	화평굴기	2010상해벡스코	2009.7.5우루무치 사건
온가보(원자바오)	상해방	물권법	화평발전	2008 사천대지진	08헌장
오방국	태자당	호구제도	화해세계	호4점	09상서
증경홍	청화방	균부론	해양굴기	호6점	10언론철폐서한
이장춘	후이즘	동북공정	공자학원	정명운동	3불이론
박희래(보시라이)	중경모델	단대공정	주출거	반국가분열법	제16차전국대펴대회
왕양	광동모델	탐원공정	우호우쾌	돌돌핍인	16차5중전회
		서북공정	신형대국관계	여시구진	16차6중전회
	2020년 전면적 소강사회건설	남방공정	중부굴기	차이완	제17차전국대표대회
	2050년 대동사회 건설	북방공정	동북3성노공업진흥정책	4개확고부동론	제17차3중전회
	우칸촌사건(오감촌사건)	청사공정	민족백서	6.25강화	제17차4중전회
		온돌공정		7.1담화	제17차5중전회
		백두산공정	성씨공정	시조공정	제17차6중전회

2003년 강택민 중앙군사위원회 주석직만 유지.
2004년 호금도 당 중앙군사위원회 주석, 2005년 국가 중앙군사위원회 주석: 실질적인 호금도 시대로 접어듦

(6) 시진핑 시대(2012. 18차 전국대표대회 이후)의 핵심 키워드

습근평(시진핑)	시리조합	중국몽	국가안전위원회	대국굴기	18차 3중전회
이극강(리커창)	섬서방	중화민족의 위대한 부흥	중앙인터넷정보 영도소조	1대1로	18차 4중전회
이원조 (리위안차오)	상해방	4개전면	전면심화 개혁영도소조	AIIB	18차 5중전회
주영강(저우융캉)	공청단	사회주의핵심 가치관	국방군대심화개혁영도소조	주동작위	
	태자당	18대정신	국방백서	양안 정상회담	
18차전국대표대회	비서방	중국특색의 사회주의	국가헌법일	신발론	우산혁명
호랑이와 파리	석유방	애국주의	항일전쟁 승리 기념일	탱자론	드라마 등소평
반테러리즘법	핵심	국가안전	남경대학살 국가 추모일	3공경비	호요방 완전복권
의법치국	국방및 군대개혁심화영도소조1차회의	3.01곤명기차역사건	8·19강화 정신	8항규정	
국가비밀보호법	중앙전면심화개혁영도소조1차회의	티베트승려 분신		6항금지규정	
총체 국가안보관	인터넷안전정보화영도소조1차회의	중앙정법공작회의		4반, 3신	

(참조3) 주요 정치키워드

(1) 월별 중국정치 키워드

1월	2월	3월	4월	5월	6월
중앙1호 문건	등소평사망 (1997. 2.19.)	양회 (전인대, 정협)	4.5천안문사건 (1976.4.4.~5.)	문화대혁명 (1966. 5.16통지)	6.4천안문사건 (1989)
남순강화(1992.1.18~2.21) 7천인대회(1962.1.11~2.7.)		티베트민족운동 (1959.3.)	호요방 사망 (1989.4)	사천대지진 (2008.5.12.)	
주은래사망 (1976.1.8.)		중소국경분쟁 (1969.3.8.)	반우파전개과정 (1957)		
			전민국가안전교육일 (4.15.)		

7월	8월	9월	10월	11월	12월
중국공산당 창당 기념일(7.1. (7.1 강화)	북대하회의	국가전승일(9.3) 만주사변 (1931.9.18.)	쌍십절 (10.10)	전국대표대회	중앙경제공작회의
경제특구개설 (1979.7)	한중수교 (1992.8.24.)	모택동사망 (9.9.)	언론검열철폐서한 (2010.10.11.)	중앙위원회 전 체회의	국가헌법일(12.4.) 1982.12. 신헌법.
홍콩 반환일 (1997.7.1.)	여산회의 (1959.)	임표사건 (9.13.)	4인방체포 (1976.)	해서파관 (1965.11.)	모택동탄신 (12.26.)
		국치일 (1931.9.18.)			남경대학살추모일 (12.13.)

(2) 중국정치 주요 키워드

개황	국가기구	중국공산당 기구	정책결정	주요회의	중국헌법	중국공산당 장정
중국건국일	전국인민대표대회	전국대표대회	영도소조	주요 4대회의	1982년 12월 4일 신헌법	당의 최고이상 과 최종목표
중국공산당 창당일	국무원	중앙위원회 중앙정치국	중앙재경공작 영도소조	양회(전인대 정협)	국가 성격과 권력	인민해방군의 역할
중국건군일	전인대상무위원장	중앙정치국 상무위원회	중앙외사공작 영도소조	북대하회의	민주집중제 원칙	1국가2체제
국기 명칭	국무원총리	총서기	싱크탱크	중앙경제공작 회의	행정구역 구분 에 관한 규정	당건설을 위한 네가지 기본 요구
국가헌법일	국가주석	중국공산주 의청년단	양회 (정인대, 정협)	제15차전국대표대 회(1997.9.12.~18.)	제3장 국가기구	중국공산당 규약
항일전쟁 승 리 기념일	국가부주석	중국공산당 중앙당교	북대하회의	제16차전국대표대 회(2002.11.8~14)	중국 공민의 개념, 권리와 의무	민주집중제
남경대학살 국가추모일	중국인민정치 협상회의	중앙기율검사 위원회	전국대표대회	제17차전국대표대 회(2007.10.15~21)	공민으로서의 국가관	제3장 당의 중 앙조직
국치일	국가중앙군사 위원회	당중앙군사위 원회		여산회의(정치국확 대회의)	지방 각급 인 민 대표 회의 와 지방 각급 인민 정부	제5장 당의 기 층조직
한중수교일	최고인민법원	중앙선전부		제11차 3중전회	제4장 국기, 국가, 장(국휘), 수도	제39조 당의 기율적 징계
중국민족	최고인민검찰원	중남해		제12차 전국대표 대회	대만	제8장 당의 기 율검사기관
18대정신	국가안전위원회	인민일보		제14차 4중전회	무력역량	제11장 당의 휘장과 당기
신창타이	당 중앙 전면심화 개혁영도소조	구시(求是)		제16차 6중전회	토지: 국가소 유, 집체소유	모택동사상
2020년 전면 적소강사회	중앙인터넷안전정 보화영도소조(인 터넷영도소조)	광명일보 (光明日報) 동북공정		제17차 5중전회	특별행정구 (홍콩, 마카오)	등소평이론
2050년 대동 사회	국방군대개혁심화 영도소조	당주석		제17차 6중전회	민족평등	4대기본원칙
중화민족의 위대한 부흥 과 중국몽	신화통신사 (新華通訊社)	준의회의		제18차 3중전회: 국가안전위원회 설립결정 제18차 4중전회: 의법치국 제18차 5중전회: 13차5개년규획.1가 구1자녀폐지.	국가의 기본임무	사회주의생태 문명건설

정치사상과 이론	정치세대, 계파, 갈등	주요사건	민족정책	대외정책	양안관계	정치개혁, 반중국
모사상	호요방	문화대혁명	공동강령 (1949. 9.29)	평화공존5원칙	일국양제	사상해방 논쟁
등소평이론	제1세대~ 제6세대	4.5.천안문사태	민족구역자치 실시강요	외교수립 5단계	'하나의 중국'	진리표준에 관한 논쟁
강택민의 3개 대표론	주자파/ 유소기	6.4천안문사건	민족구역자치 법(1984)	도광양회	반국가분열법	성자성사 (姓資姓社)
호금도의 과학발전관	화국봉 / 범시파	3.14.티베트 사건	민족구역자치법수정에 관한 결정(2001)	유소작위	정명운동	성공성사 (姓公姓私)
사회주의초급 단계론	실무파 / 등소평	7.5 우무무치 사건	중국공민의 민족성분 확정에 관한 규정 (1990)	화평굴기, 화평발전	섭구조(葉9條)	무산유산(無産有産) :정치개혁 개인개방
사회주의시장 경제	태자당	비림비공 (임표, 주은래)	민족식별 (1953)	돌돌핍인, 주동작위	등육조(鄧6條)	대기원시보
3개세대론	상해방	7천인대회 (유소기)	민족백서	책임대국론	강팔점(江8點)	9평공산당
잡초론	청화방 / 공청단	5.16통지	양개불리개와 삼개불리개	중국위협론	호사점(胡4點)	중국과도정부
선부론, 남순강화	섬서방	해서파관	민족단결교육	자원외교	호육점(胡6點)	자스민혁명
삼론, 삼보주	석유방/ 비서방	임표사건	비효통의 중화민족주의	조어도, 남사군도	차이완	08헌장, 09상서
사회주의화해사회	주은래	진희동사건	동북공정	상해협력기구	양안 ECFA	의법치국 (依法治國)
양개범시 (화국봉)	팽덕회 / 임표	법륜공(파룬궁)사건	단대공정, 탐원공정	신발론, 탱자론	삼통사류(三通四流)	중국인권사업 발전보고
시진핑의 4개전면. 4반3신	강택민	박희래(보시라이)사건, 중경모델	서북공정, 서남공정	아시아인프라투자은행 (AIIB)	92컨센서스	언론검열철폐 서한
사회주의핵심 가치관	조자양 / 이붕 / 양상곤 / 광동벌	오감촌(우칸촌)사건	북방공정, 남방공정	일대일로	천수이볜, 일변일국'(一邊一國)론	오감촌(우칸촌)사건
애국주의교육	70세 상하선, 7상8하(67세까지는 정치국 상무위원을 맡을 수 있고, 68세가 되면 맡지 못한다)	진량우(천량위) 사건: 부정부패. 계파간의 갈등	시진핑의 시짱(티베트)과 신장(신강위구르)에 대한 인식	1992. 8.24.한중수교, 2008.5.27. 한중 전략적 협력동반자관계 수립	마잉주,: '삼불(三不:불독립, 불통일, 무력불사용) 정책	호금도와 온가보의 정치개혁, 시진핑의 정치개혁
	주용기 / 온가보	주영강(저우융캉) 사건: 부정부패. 계파간의 갈등	티베트와 신강에 대한 종교정책	2013.6.27. 한중미래비전공동성명 채택 2014.11.10. 한중FTA체결	국방백서 (2015년)	국가안전법, 반간첩법, 반데러법

* 중국정치와 관련하여 알아두어야 할 점

1. 중국은 왜 티베트와 신강위구르족의 독립을 막으려 하는가? 그리고 티베트와 신강위구르족은 왜 민족운동을 펼치고 있는가?

2. 중국은 왜 중화민족주의를 강조하고 있는가? 이 중국의 중화민족주의가 한국에 미치는 영향은 무엇인가?

3. 강택민 시기 이후 부정부패척결과 계파 간의 갈등은 어떻게 이루어졌는가? 계파간의 갈등과 대립에서 생겨난 정치적 규율로는 어떠한 것들이 있는가?

4. 중국에서 일고 있는 사회개혁과 정치개혁으로는 어떠한 것들이 있고, 이러한 개혁이 중국 전반에 미치는 영향은 무엇인가?

5. 시진핑 시대의 국가슬로건인 '중화민족의 위대한 부흥'과 '부강한 중국'은 중국 전반에 어떤 변화를 일으키고 있는가?

6. 중국의 역사관과 중국정치와의 상관관계는 무엇인가?

7. 제1세대지도부에서 제5세대지도부에 이르기까지의 각 세대별 정치적 특색은 무엇인가?

8. 주요 인물들의 주요 이론과 사상은 중국사회에 어떤 영향을 미쳤는가?

9. G2시대에 접어든 국제정세 속에서 한국은 중국과 미국의 패권 경쟁 속에서 어떻게 대처해야 하는가?

(참조4) 시진핑[1] 시대 중국정치를 이해하기 위한 도표 정리

(1) 시진핑의 권력강화 과정

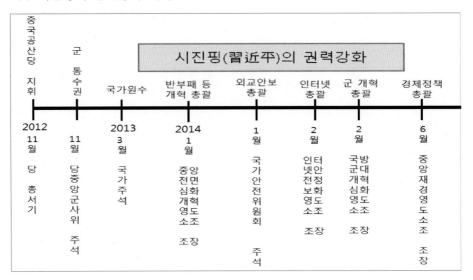

(2) 제5세대 지도부의 주요 직위

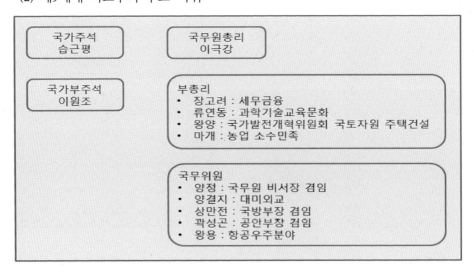

1) 이 책에서는 제5세대 지도부와 제 6세대 지도부에 한해 한자 독음 대신 중국식 발음으로 표기한다. 예를 들면, '습근평'을 편의상 '시진핑'이라고 부르기로 한다.

(3) 시진핑의 직위

시진핑 직위	
당총서기	중앙전면심화개혁영도소조 조장
당 중앙군사위원회 주석,	중앙인터넷안전정보화영도소조 조장
국가중앙군사위원회 주석	심화국방군대개혁영도소조 조장
국가주석	중앙재경영도소조 조장
국가안전위원회 주석	중앙외사영도소조 조장
중앙군사위 연합지휘중심 총지휘	중앙대만공작영도소조 조장

(4) 시진핑의 4개 전면

4개 전면(全面)

2015년 전인대 폐막식에서 시진핑 국가 주석이 제창한 '4개 전면(全面)'을 국가 통치이념과 전략으로 확정

1. 전면적인 **소강**(샤오캉. 小康) 사회 건설(중산층만들기. 2012년 제18차 전국대표대회)
2. 전면적인 **개혁심화**(군대, 공안, 경제 전방위 개혁. 2013년 3중전회)
3. 전면적인 **의법치국**(依法治國) (법에 따른 통치. 2014년 4중전회)
4. 전면적인 **당풍쇄신**(엄격한 당건설. 2014년 당 군중노선활동결산)

2014년 강소성 시찰 때 처음 제기

장더장(張德江) 전인대 상무위원장은 폐막 연설에서 "앞으로 시진핑 주석의 '4개 전면'을 국정 이념과 전략으로 삼고 강도 높은 개혁을 할 것"이라고 밝힘.

그리고 "4대 전면의 전략적 배치는 시진핑총서기가 이끄는 공산당 중앙의 지도이념으로서 중요한 의미를 지닌다"면서 "중국 특색의 사회주의 깃발을 높이 들고 중화민족의 위대한 부흥이란 중국의 꿈 실현을 위해 함께 분투해 나가자"고 촉구.

시진핑의 통치 이념 탄생(2015)

개혁을 통해 성장을 이끌겠다는 취지

(5) 사회주의핵심가치관

사회주의핵심가치관

2012년 제18차전국대표대회에서 맨 처음 "富强、民主、文明、和諧、自由、平等、公正、法制、愛國、敬業、誠信、友善"라는 24글자로서 사회주의핵심가치관을 표현하였다.

사회주의핵심가치관은 마르크스주의를 지도사상으로 하고, 중국특색의사회주의 공동이상을 실현하는 것을 목표로 한다

새로운 국가관리시스템의 현대화를 위한 시진핑 국가주석의 새로운 사회운동이다.

애국주의를 핵심으로 하는 민족정신과 개혁창신을 견지하고, 핵심적인 시대적 정신과 결합을 견지하는 시대적 배경 하에 실현되었는데, 이는 사회주의핵심가치체계에서 가장 핵심적인 것이다.

국가의 목표: 부강, 민주, 문명 ,화해(조화)

사회 목표 : 자유, 평등, 공정, 법치

국민과 개인의 목표 : 애국, 경업 (자신의 일을 존중하고 열심히 하는 것), 성신, 우선 (우의)

(6) 시진핑의 반부패 강조: 개구리론

개구리론
2015년 3월 양외

시진핑은 "몇 번의 식사, 몇 잔의 술, 몇 장의 카드(상품권)가 '천천이 끓는 물 속의 청개구리(溫水煮靑蛙)'를 만든다"고 경고하였다.

온수자청와 (溫水煮靑蛙) : 온도가 천천히 올라가는 물 속에 있는 개구리는 결국 뜨거움을 느끼지 못하고 죽게 된다는 뜻.
작은 변화 혹은 잠재적 위험성을 깨닫지 못하면 큰 재난을 당한다는 의미를 담고 있다.

작은 변화를 무시하면 부지불식간에 삶아져 죽는다는 '개구리론'을 내세워 반(反)부패 강화를 재천명하였다.

반부패 강조

사소한 부정 · 부패 문제의 심각성을 경고

(7) 시진핑의 4풍반대와 3신강조

**4풍(風)반대와
3신(愼)강조**

중국공산당 내 부패척결을 위해
4반운동을 강조.

2013년 6월 18일 북경에서 개
최된 '당군중노선교육실천활동
회의'에서 '**형식주의, 관료주
의, 향락주의, 사치 풍조**'를
당 기풍의 '4대 문제'로 규정하
면서 '대청소'해야 한다고 강조
하였다. 이를 이른바 '4반 운동'
의 시작이라 말하고 있다.

6월 20일 중남해에서 공산주의
청년단(공청단) 신임 간부에게
공산당 간부들이 갖추어야 덕목
으로 '3신(愼)'을 강조

**3신(愼)은 '신시(愼始), 신
독(愼獨), 신미(愼微)'** 인데,
그 내용은 "**시작함에 있어 신중
해야 하고, 혼자 있을 때 신중해
야 하고, 미미한 일에도 신중해
야 한다.**"라는 것이다.

(8) 개혁에 대한 시진핑의 인식

'개혁'에 대한 시진핑의 인식

2013년 9월 17일, 중남
해에서 개최된
제18차 3중전회에서 통
과된
'전면적 개혁심화를 위
한 중대한 몇 가지 문제
에 대한 결정'을 두고,

민주당파와 전국공상연,
무당파인사들의 의견을
듣는 좌담회에서,
시진핑은 "개혁은 한 번
에 이루어질 수 없고, 한
번 개혁했다고 해서 그만
두어서는 안된다(改革不
可能一蹴而就，也不可能
一勞永逸)"라고 하였다.

제1장

중국 개황

중국 성급행정구역 / 대만, 조어도, 남사군도

중국 권역 구분

1. 기초 정보[2]

현대중국정치를 이해하기 위해서는 우선적으로 중국에 관한 기초적인 정보를 알아야 한다. 먼저 중국공산당 총서기는 매년 7월 1일이 되면 '7.1담화(강화)' 형식으로 주요 연설을 한다. 이 날은 중국공산당 창당일이다. 중국의 주요 기념일에는 중국공산당 창당일 이외에도 '국가헌법일', '중국인민항일전쟁승리기념일', '남경대학살국가추모일' 등이 있다.

중국공산당 창당일	7월 1일	1921년 7월 1일 창당. CCP(Chinese Communist Party) 1941년 6월, 당 성립 20주년 때 정함
중국 건국일	10월 1일	1949년 10월 1일 중화인민공화국 건국
수도	북경(北京)	1949년 9월 중국인민정치협상회의에서 결정
면적(㎢)	9,598,100㎢	한반도면적의 43.45배로 남한면적의 약 96.66배에 해당, 세계 4위
인구(명)	13억 3,972만 4,852 (홍콩, 마카오, 대만 제외)	2010.11.1. (모두 포함: 13억7,053만 6,875명) 13억 4,737만 4,752명(대만 제외)
동서 길이	5,200 km	하바로프스크 ↔ 파미르고원
남북 길이	5,500 km	남사군도 ↔ 흑룡강
국경선 총길이	20,280 km	북한, 러시아, 몽골, 중앙아 3국, 아프가니스탄, 파키스탄, 인도, 네팔, 부탄, 미얀마, 라오스, 베트남 등 14개 국가와 육지접경
성급행정구역	4+22+5+2	4개의 직할시, 22개의 성(대만 포함하면 23개), 5개의 민족자치구, 2개의 특별행정구
특별행정구		홍콩(1997), 마카오(1999)
국가헌법일	12월 4일	2014.10.27. 12기 전인대 상무회의 11차 회의에서 결정
중국인민항일전쟁 승리기념일	9월 3일	2014.2.27. 12기 전인대 상무회의 7차회의에서 확정. 중국은 일본이 연합군 항복문서에 공식 조인한 1945년 9월 2일의 다음 날이 자국을 침략한 일본과의 전쟁에서 진정으로 승리한 날이라고 여겨 매년 9월 3일을 기념해 옴. 2014년 처음으로 국가기념일로 기념

참조: 러시아 17,075,000 ㎢, 캐나다 9,970,000 ㎢, 미국 9,629,100 ㎢
출처: 옥한석 외, 『세계화 시대의 세계지리 읽기』(한울아카데미, 2006); 심상우, "자동차 신흥시장: 중국, 인도," 技研리포트 http://www.kidi.co.kr (2007)
* 총인구는 13억 7,053만 6,875명으로 집계. 31개 성·자치구·직할시 및 현역군인을 포함한 인구는 모두 13억 3,972만 4,852명, 홍콩 특별행정구역 인구는 709만 7,600명, 마카오 특별행정구역 인구는 55만 2,300명, 대만 인구는 2,316만 2,123명.(2010.11.1.2010년 6차 중국 인구조사)
** 총인구 1,339,724,852명으로 한족이 1,225,802,641명으로 91.5%를 구성하고, 소수민족은 113,922,211명으로 8.5%를 이루고 있다.(2010년 6차 중국 인구조사)

---

2) 공봉진, 『중국지역연구와 현대중국의 이해』, 오름, 2007.의 내용을 수정 보완.

남경대학살 국가추모일	12월 13일	2014.2.27. 12기 전인대 상무회의 7차회의에서 확정
국치일	9월 18일	만주사변(1931년 9월 18일) 국민방위교육의 날로 정함
전민국가안전교육일	4월 15일	'중화인민공화국국가안전법'에 의거하여 2015년 7월1일부터 매년 4월 15일을 전민국가안전교육일(全民國家安全教育日)로 삼음
한국과 수교일	1992년 8월 24일	* 2008.5.27. 전략적협력동반자관계 수립 * 2013.6.27. 한중미래비전공동성명 채택 * 2014.11.10.한중FTA체결
한국에서의 중국 국호에 대한 호칭 변화		* 1983년 민항기 사건 발생시 양국 간에 정식국호 사용 * 1988년 7·7선언 이후 중국이라고 공식적으로 호칭 * 1992년 한중수교 이후 중국이라고 부르기 시작하면서 일반화되었음
국명, 국기, 국가, 수도	1949.9.21.~30.	중국인민정치협상회의(中國人民政治協商會議)에서 결정
국기(國旗)	오성홍기(五星紅旗)	1949년 9월 27일 인민정치협상회의 제1차 전체회의에서 결의 통과되어 10월 1일 중화인민공화국 선포
국장(국휘)		중간에 오성이 휘황 찬란히 빛을 비추며, 그 아래 천안문이 있고, 주위는 벼이삭과 톱니바퀴이다.
국가(國歌)	의용군행진곡 (義勇軍進行曲)	노래는 1934년 전한(田漢)이 작사하고 섭이(聶耳)가 작곡한 영화 '風雲兒女'의 주제가로 항일전쟁시 유행했던 곡. 1949년 9월 27일에 열린 중국인민정치협상회의 제1차 전체 회의에서 통과. 문혁 때 금지. 비공식 국가인 《동방홍》이 중국의 국가를 대신했음. 1978년 3월 5일에 열린 제5기 전국인민대표대회 제1차 회의는 이 곡에 새로운 가사를 통과. 1982년 12월 4일에 열린 제5기 전인대 제5차회의에서 중국 국가에 관한 결의가 통과. 2004년 3월 14일. 제10기 전인대 제2차회의에서 헌법 수정안이 통과되었는데, 이 헌법은 중국의 국가를 "의용군 진행곡"으로 정함.
민족	56개 민족	한족(漢族)과 55개 소수민족 1988년 이후, 중화민족의 개념 변화: 한족과 55개 소수민족이 동화되고 융합된 단일화된 중화민족 강조
소수민족	55개	1953년 민족식별을 통해 공인 건국(9개), 1953년(38개(9+29) 1964년(53개(38+15), 1965년(54개(53+1)) 1979년(55개(54+1))
미식별민족		찰패인(자바인), 마사인(모소족) 등
先민족	화하족(華夏族)	
주요 이데올로기	중화민족주의, 애국주의	사회주의핵심가치관
18대정신		중국특색의 사회주의 건설

국가 슬로건	중국몽(中國夢), 중화민족의 위대한 부흥 부강중국	2020년 전면적 소강사회 건설. 2050년 대동사회 건설 '중국의 꿈'은 2012년 11월 29일, 총서기 시진핑(習近平)이 국가박물관에서 열린 '부흥의 길' 전시회를 참관한 자리에서 처음으로 언급한 개념
2개의 100년	등소평의 '삼보주' 중국공산당 당장	1921년 중국공산당 창당 이후 100년: 더욱 높은 수준의 소강사회건설(2021년 전면적 소강사회 건설) 1949년 중국 건국 이후 100년: 1인당 국내총생산액을 중진국 수준에 도달시키며 현대화를 기본적으로 실현(2049년 현대화 사회 건설)
2020년 전면적소강사회건설	13·5 규획 참조	초보적인 소강사회를 넘어선 전 중국이 균등하게 잘 사는 사회
2050년 대동사회건설		안락하고 현대화된 생활영유, 이상적 복지사회 * 참조) 시진핑 '2050년 축구굴기, 과학기술굴기' 천명
G2		중국과 미국을 지칭하는 용어 '차이메리카'라는 용어도 있음

또, 시진핑 시대의 중국을 올바르게 알고 이해하기 위해서는 제5세대 지도부의 국가슬로건은 무엇인지, 그리고 '중화민족의 위대한 부흥'·'중국의 꿈'·'2개의 100년'·'2020년 전면적 소강사회 건설'·'2050년 대동사회 건설'·'민족단결'·'국가안전'과 관련된 정책은 무엇인지를 알아야 한다.

2. '중국'이라는 국명과 부처(部處) 속의 '중국'

오늘날 중국은 '중화인민공화국(中華人民共和國)'을 가리킨다. 중화인민공화국의 영문명은 "People's Republic of China"이다. 1992년 8월 24일 한국과 중국이 수교하기 전까지, 한국에서는 보통 '중국'을 '중공(中共)'이라 불렀다. 물론 1983년에 있었던 '중국민용항공총국'(중국민항) 소속 여객기 불시착 사건으로 '중화인민공화국'과 '대한민국'이라는 양국의 정식국호를 사용하게 되고, 그 이후 1988년 노태우대통령의 '7·7선언' 다음날인 8일, 대한민국 정부는 '중공'을 '중국'이라고 공식적으로 호칭하기로 발표하였다. 하지만 일반적으로는 여전히 중공이라 불렀다. 한중수교를 기점으로 '중공'을 '중국'이라 부르기 시작하였다. 그리고 '자유중국'이라 부르던 '대만'을 더 이상 '자유중국'이라 부르지 않고 '대만'이라 부르기 시작했다.

중국에서는 1949년 중국 건국을 기점으로 하여, 그 이전을 '구(舊)중국'이라 부르고, 그 이후를 '신(新)중국'이라 부른다. 때로는 신중국을 '현대중국'이라 표현하기도 한다.

고대문헌을 보면 '중국'이라는 용어가 보이지만 그 의미는 오늘날 국가명칭의 '중국'과는 다르다. 근대 국민국가로서의 '중국'은 1911년 신해혁명으로 청이 무너지면서 1912년 1월 1일 '중화민국(中華民國)'이 새롭게 건국되는데, 이 중화민국을 줄여 '민국'이라 부르기도 하고 '중국'이라 부르기도 하였다. 국제적으로는 'Republic of China'로 표기하였다. 이렇게 '중국'이라는 현대적 의미를 지닌 국가의 개념으로 등장하였다.

청나라 마지막 조회가 1912년 2월 12일 자금성 양심전에서 열렸다. 황태후는 만한몽회장(滿漢蒙回藏)의 5족으로써 중화민국을 구성한다는 뜻을 담아 퇴위조서를 공표하였다. 이로써 청나라는 역사의 뒤안길로 사라졌다.

물론 청대에 '중국'이라는 단어가 '청(淸)'이라는 국가를 지칭하는 의미로 사용되기도 한다. 1689년 강희 28년에 러시아와 체결한 네르친스크조약에서 청(淸)은 '중국대성황제흠차분계대신(中國大聖皇帝欽差分界大臣)'이라는 명칭을 사용하였다. 그리고, 1842년 제1차 아편전쟁에서 청과 영국이 맺은 조약의 명칭이 '중영남경조약(中英南京條約)'인데, 편의상 '남경조약'이라 부른다. 정식명칭에 나오는 '중(中)'은 청나라를 지칭하는 단어이지만, 국호라기보다는 별칭으로 봐야 할 것이다. 이후 청나라가 영국과 미국 및 프랑스 등 서양 국가와 조약을 맺었을 때 '中'이라는 단어가 사용되고 있음을 알 수 있다. 예를 들면, ≪중영오구통상장정(中英五口通商章程)≫·≪중미망하조약(中美望廈條約)≫·≪중프황포조약(中法黃埔條約)≫ 등이다.

한편, 오늘날 중국 부처(部處)의 이름에는 '국가(國家)' 또는 '중국(中國)'이 들어가는데, '국가'로 시작되는 부처는 정부부처이고, '중국'으로 시작되는 부처는 사업단위이다. 사업단위는 중국정부기관 산하의 기구로서, 연구소·학교·병원·협회 등을 포함하고 있다. 예를 들면, 국가통계국, 국가세무총국 등은 정부부처이고,

중국지진국, 중국기상국 등은 사업단위이다.

아래 도표는 고대 문헌에 나오는 '中國'이라는 단어의 의미를 간략하게 정리한 것이다.

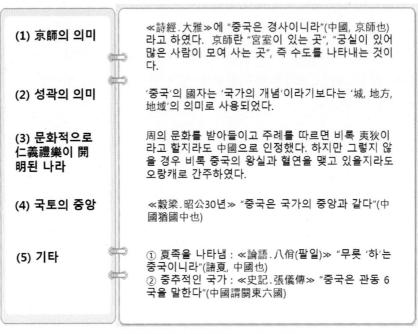

(1) 京師의 의미	≪詩經.大雅≫에 "중국은 경사이니라"(中國, 京師也)라고 하였다. 京師란 "宮室이 있는 곳", "궁실이 있어 많은 사람이 모여 사는 곳", 즉 수도를 나타내는 것이다.
(2) 성곽의 의미	'중국'의 國자는 '국가의 개념'이라기보다는 '城, 地方, 地域'의 의미로 사용되었다.
(3) 문화적으로 仁義禮樂이 開明된 나라	周의 문화를 받아들이고 주례를 따르면 비록 夷狄이라고 할지라도 中國으로 인정했다. 하지만 그렇지 않을 경우 비록 중국의 왕실과 혈연을 맺고 있을지라도 오랑캐로 간주하였다.
(4) 국토의 중앙	≪穀梁.昭公30년≫ "중국은 국가의 중앙과 같다"(中國猶國中也)
(5) 기타	① 夏족을 나타냄 : ≪論語.八佾(팔일)≫ "무릇 '하'는 중국이니라"(諸夏, 中國也) ② 중주적인 국가 : ≪史記.張儀傳≫ "중국은 관동 6국을 말한다"(中國謂關東六國)

문헌에 나오는 '中國'이라는 단어의 의미

3. 국기 명칭과 휘장

중국의 국기명칭은 '오성홍기(五星紅旗)'이다. 1949년 9월 27일 중국인민정치협상회의 제1차 전체회의에서 결의 통과되었다. 그리고 같은 해 10월 1일 중화인민공화국이 선포된 이후부터 현재까지 사용되고 있다.

오성홍기의 원형은 1929년 강서성 서금에서 모택동 중심으로 건설한 '강서소비에트지구'에 게양한 홍기에 별과 낫, 망치를 배열한 기에서 찾아볼 수 있다.

아래 도표는 중국의 국기인 오성홍기와 오성홍기의 상징을 정리하였다.

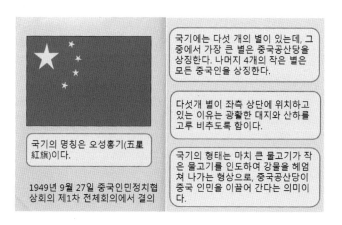

아래 도표는 중국의 국가휘장에 관한 설명이다.

4. 성급(省級)행정구역

2003년 01월 기준으로 중국에는 성급 행정구역을 33개로 분류한다. 즉, 4개 직할시, 5개자치구, 22개성(중국은 대만을 23번째 성으로 간주), 2개 특별행정구로 분류한다.

　성과 자치구 아래에 자치주(自治州), 현(縣), 자치현(自治縣), 시(市)로 구분된다. 현과 자치현 아래에 향(鄕)과 진(鎭)으로 구분되고, 직할시와 비교적 큰 시 아래에는 구(區)와 현이 있다. 소수민족 자치주 아래에 현, 자치현, 시가 있다. 성과 현 사이에는 전구(專區)가 있는 경우도 있다. 예를 들면, 하북성 아래에 석가장전구(石家莊專區), 보정전구(保定專區), 승덕전구(承德專區), 장가구전구(張家口專區) 등 8개의 전구가 있다. 자치구, 자치주, 자치현은 소수민족지역의 행정단위이다. 맹(盟)과 기(旗)는 내몽고자치구의 현급행정단위이다.

5. 지역구분

　중국은 1954년까지 '동북(東北), 서북(西北), 화북(華北), 화동(華東), 중남(中南), 서남(西南)'의 6대구(大區)로 구분하였다. 그러다가 1958년에는 '동북, 화북,

서북, 화동, 화중(華中), 화남(華南), 서남'의 7대(大)협력구로 구분하였다. 문화대혁명 기간 중에는 제1선(線), 제2선, 제3선으로 구분하고, '서남, 서북, 중원(中原), 화북, 화동, 동북, 화남, 민공(閩贛), (복건(福建), 남(海南), 산동(山東), 신강(新疆)' 10개 지역으로 나누었다. 그 후 지역경제개발정책의 일환으로 지역구획이 제기되었다.

중국의 지역구분은 시기와 분류 기준 방식에 따라 다소 차이가 있다. 서남 및 화남의 지역 구분은 대체적으로 일치하지만, 그 외 지역은 다소 차이가 있다. 그래서 지역구분이 다소 차이가 있다고 하여, 틀렸다고 말하기는 곤란하다.

예1)

화동지역은 상해, 강소성, 절강성, 안휘성, 강서성

화복지역은 북경, 천진, 산서성, 산동성, 하북성, 내몽고자치구

화중지역은 호남성, 호북성, 하남성

화남지역은 광동성, 광서장족자치구, 복건성, 해남성

서남지역은 중경, 사천성, 귀주성, 운남성, 서장자치구

서북지역은 섬서성, 감숙성, 영하회족자치구, 신강위구르자치구, 청해성

동북지역은 흑룡강성, 길림성, 요녕성, 내몽고자치구 호륜패이시(呼倫貝爾市), 흥안맹(興安盟), 통료시(通遼市), 적봉시(赤峰市)

예2)

화동: 산동성, 강소성, 안휘성, 절강성, 강서성, 복건성, 상해, (대만)

동북: 흑룡강성, 길림성, 요녕성

화북: 내몽고, 하북성, 산서성, 북경, 천진

화남 / 중남: 광서장족자치구, 광동성, 해남성, 홍콩, 마카오

화중: 하남성, 호북성, 호남성

서북: 신강위구르, 감숙성, 청해성, 영하회족자치구, 섬서성

서남: 서장자치구, 사천성, 운남성, 귀주성, 중경

동부(10개): 북경, 상해, 천진, 강소성, 광동성, 복건성, 산동성, 절강성, 하북성, 해남성
중부(6개): 강서성, 산서성, 안휘성, 하남성, 호남성, 호북성, 길림성, 흑룡강성
서부(12개): 중경, 광서장족자치구, 내몽고자치구, 서장자치구, 신강위구르자치구, 영하회족자치구, 감숙성, 귀주성, 사천성, 섬서성, 운남성, 청해성
동북3성: 요녕성, 길림성, 흑룡강성

서부대개발
동부연해지역개발
중부굴기
동북노공업진흥

한편, 일반적으로 중국지역을 동부, 중부, 서부로 분류하지만, 서부대개발 전략에서는 서부대개발지역과 중부지역과 동북3성 그리고 동부지역으로 분류하였다.

서부대개발지역(12개): 사천성, 귀주성, 운남성, 섬서성, 감숙성, 청해성, 영하회족자치구, 신강위구르자치구, 내몽고자치구, 서장자치구, 광서장족자치구, 중경시
중부지역(6개): 하남성, 산서성, 호북성, 호남성, 안휘성, 강서성
동북3성(3개): 요녕성, 길림성, 흑룡강성
동부지역: 북경, 천진, 상해, 요녕성, 하북성, 산동성, 강소성, 절강성, 복건성, 광동성, 해남성
내몽고자치구와 광서장족자치구는 각각 중부지역과 동부지역에 속하나 서부대개발전략에서는 서부지역에 속한다. 요녕성은 동부지역에 속하지만, 동북3성의 한 지역으로 분류된다.

---

* 참조
중국영토의 형태

중국에서는 중국 지도의 형태가 암탉모양 같다고 말한다.
그 이유는 중국대륙이 **해남도**와 **대만**을 달걀치럼 품고 있다고 보았기 때문이다.
그래서 지도 형상에서도 닭의 두 발에 대만과 해남성을 쥐어져 있는 것처럼 보여진다.

6. 민족 구성

중국은 한족과 55개 소수민족으로 이루어진 다민족국가이다. 55개 소수민족은 1949년 중화인민공화국이 성립되었을 때부터 정해진 것은 아니다. 1949년 중국이 건국될 때에는 9개의 민족만이 공인되었다. 1953년부터 실시된 민족식별을 통해 정체성을 인정받은 민족이 공인되었는데, 1953년과 1964년에는 공식적으로 각각 29개와 15개가 새롭게 민족으로 식별되면서 총 53(9+29+15)개가 되었다. 그리고 1965년과 1979년에 각각 1개씩 식별되어 총 55개가 되었다. 1980년대 이후에도 민족성분의 변경과 회복 작업이 계속되었으나 55개라는 숫자는 변함이 없었다. 다만, 정식으로 공인되지 못한 미식별(未識別)민족이 존재한다.

미식별민족은 중국 정부가 공식적으로 인정하지 않고 있는 민족으로, '00人'과 '00民'으로 불린다. 예를 들면, 미식별민족에는 등인(僜人), 셰르파인(夏尔巴人), 극목인(克木人), 백마인(白馬人), 마사인(摩梭人, 모소족), 토생포인(土生葡人), 유태인(猶太人), 노품인(老品人), 채족인(菜族人), 망인(莽人) 등이 있는데, 우리나라에 많이 알려진 것은 자바인(扎坝人, 찰패인))과 마사인이다. 이들은 편의상 자바족과 모소족으로 불린다. 지난 2014년에 천청인(穿青人)이라는 새로운 민족이 발견되었다고 신문에 보도되기도 하였으나, 이는 미식별민족으로 분류되던 공동체중의 하나이다. 천청인은 1953년 민족식별작업을 할 때 한족으로 포함되었다. 한족 편입 이후에도 계속해서 천청인에 대한 '한족신분 귀속여부', '독립민족 승인여부' 등의 논란이 있었으나, 정부는 여전히 '미식별민족'으로 분류해 놓고 있다.

소수민족의 신분증에 '00족'이라고 되어 있으면, 국가로부터 인정받은 민족이고, '00인'이라고 표기되어 있으면, 중국정부가 여전히 하나의 독립된 소수민족으로 인정하지 않는다는 의미이다. 2014년 당시 중국 국가민족사무위원회는 "중국에는 여전히 56개 민족만이 존재한다. 55개 소수민족 외에 다른 소수민족은 없다."고 공식적인 입장을 표명하였다. 중국에 분포하고 있는 소수민족을 지역별로 살펴보면 다음과 같다. 편의상 우리나라 한자독음으로 표기한다.

1) 동북·내몽골 지역

(1) 몽골족(蒙古族, Monggolian, měnggǔzú), (2) 혁철족(赫哲族, Hèzhézú), (3) 만족(만주족; 滿洲族, Manchurian, Mǎnzhōuzú), (4) 달알이족(達斡爾族, Dawor, dáwó'ěrzú), (5) 악온극족(鄂溫克族, Ounke, Èwēnkèzú), (6) 악륜춘족(鄂倫春族, Èlúnchūnzú), (7) 조선족(朝鮮族, Korean, Cháoxiānzú)

이 지역의 민족 중 달알이족은 거란족의 후예로 알려져 있고, 악온극족과 악륜춘족은 동일한 민족이었으나 민족식별을 하는 과정에서 서로 다른 민족으로 분류되었다. 만족은 흔히 만주족이라고 부르는데, 최근 중국에서 청사공정을 하면서 만족주의 역사와 문화를 재정리하였다. 그런 과정에서 만주족을 백두산과 연관을 지으면서, 한국과 백두산의 관계를 끊고 있다.

2) 서북 지역

(1) 합살극족(哈薩克族, Kazakh, Hāsàkèzú), (2) 동향족(東鄉族, Dōngxiāngzú), (3) 살랍족(撒拉族, Sālāzú), (4) 토족(土族, Tǔzú), (5) 보안족(保安族, Bǎo'ānzú), (6) 유고족(裕固族, Yùgùzú), (7) 가이극자족(柯爾克孜族, Kirghiz, kè'ěrkèzīzǔ), (8) 오자별극족(烏孜別克族, Uzbek, wūzībiékèzú), (9) 아라사족(俄羅斯族, Russia, Éluósīzú), (10) 석백족(錫伯族, Xībózú), (11) 탑길극족(塔吉克族, Tadzhik, tǎjīkèzú), (12) 탑탑이족(塔塔爾族, Tatar, tātā'ěrzú), (13) 회족(回族, Huízú), (14) 유오이족(維吾爾族, Uighur, wéiwú'ěrzú)

이 지역에 거주하는 많은 민족들은 이슬람을 믿고 있다. 특히 위구르족(유오이족)은 민족주의운동을 통해 중국으로부터 독립을 시도하고 있다. 오자별극족, 가이극자족, 탑탑이족 등은 중앙아시아의 여러 국가들과 관련 있는 과계민족이다.

3) 서남지역

(1) 장족(藏族, Tibetian, zàngzú), (2) 락파족(珞巴族, Lepa, luòbāzú), (3) 이족(彝族, Yízú), (4) 합니족(哈尼族, Hānízú), (5) 율속족(傈僳族, Lìsùzú), (6) 랍호족(拉祜族, Lāhùzú), (7) 경파족(景頗族, Jǐngpōzú), (8) 아창족(阿昌族, Āchāngzú), (9) 노족(怒族, Nùzú), (10) 독룡족(獨龍族, Dúlóngzú), (11) 묘족(苗族, Miáozú), (12) 동족(侗族, Dòngzú), (13) 흘료족(仡佬族, Gēlǎozú), (14) 문파족(門巴族, Ménbāzú), (15) 강족(羌族, Qiāngzú), (16) 백족(白族, Báizú), (17) 태족(傣族, Dǎizú), (18) 와족(佤族, Wǎzú), (19) 납서족(納西族, Nàxīzú), (20) 포랑족(布朗族, Bùlǎngzú), (21) 보미족(普米族, Pǔmǐzú), (22) 덕앙족(德昂族, Dé'ángzú), (23) 기낙족(基諾族, Jīnuòzú), (24) 포의족(布依族, Bùyīzú), (25) 수족(水族, Shuǐzú)

이 지역에 거주하는 몇몇 민족은 동남아시아에 거주하고 있는 민족과 동일하다. 그리고 율속족과 랍호족 등의 일부 민족은 고대한국사와 관련있는 민족으로 알려져 있다. 장족(藏族)은 보통은 '티베트인'으로 많이 부르고 있으며, 중국으로부터 독립을 위한 민족주의운동을 하고 있다. 최근에는 중국정부에 항의하는 형태로 분신하는 승려들이 늘어나고 있다. 티베트의 망명정부는 인도 북부 다람살라에 있다.

4) 중남동지역

(1) 장족(壯族, zhuàngzú), (2) 마료족(仫佬族, Mùlǎozú), (3) 경족(京族, Jīngzú), (4) 여족, 黎族, Lízú), (5) 요족(瑤族, Yáozú), (6) 모남족(毛南族, Máonánzú), (7) 토가족(土家族, tǔjiāzú), (8) 여족(사족, 畬族, Shēzú), (9) 고산족(高山族, Gāoshānzú)

이 지역에 거주하는 민족 중 고산족은 복건성과 대만에 거주하는 일부 민족을 지칭하는 것이지만, 대만에서는 '원주민족(原住民族)'이라고 부른다. 1994년 대만 관방에서는 처음으로 '원주민(原住民)'이라는 용어를 사용하기 시작하면서 그동안 사용하던 '산포(山胞)'라는 용어를 정식으로 대신하였다. 1997년에 입법원이 원주민족교육법(原住民族敎育法)을 통과시키면서 '원주민족'이라는 명칭이 법률상에 등장하였고, 2000년에 중화민국헌법을 수정할 때 민족권을 갖춘 의미로서의 '원주민족'이라는 단어가 정식으로 '원주민'을 대신하게 되었다.

2015년 11월 현재, 대만에는 16개 원주민족이 인정받고 있고, 원주민족의 총인구는 54만 6698명으로 대만 총인구의 2.33%를 차지한다.

2010년 6차 인구조사 소수민족 숫자

1. 장족	16926381		29. 마료족	216257
2. 회족	10586087		30. 석백족	190481
3. 만족	10387958		31. 가이극자족	186708
4. 유오이족	10069346		32. 경파족	147828
5. 묘족	9426007		33. 달알이족	131992
6. 이족	8714393		34. 살랍족	130607
7. 토가족	8353912		35. 포랑족	119639
8. 티베트	6282187		36. 모남족	101192
9. 몽고족	5981840		37. 탑길극족	51069
10. 동족	2879974		38. 보미족	42861
11. 포의족	2870034		39. 아창족	39555
12. 요족	2796003		40. 노족	37523
13. 백족	1933510		41. 악온극족	30875
14. 조선족	1830929		42. 경족	28199
15. 합니족	1660932		43. 기낙족	23143
16. 여족	1463064		44. 덕앙족	20556
17. 합살극족	1462588		45. 보안족	20074
18. 태족	1261311		46. 아라사족	15393
19. 사족	708651		47. 유고족	14373
20. 율속족	702839		48. 오자별극족	10569
21. 동향족	621500		49. 문파족	10561
22. 흘료족	550746		50. 악륜춘족	8659
23. 랍호족	485966		51. 독룡족	6930
24. 와족	429709		52. 혁철족	5354
25. 수족	411847		53. 고산족	4009
26. 납서족	326295		54. 락파족	3682
27. 강족	309576		55. 탑탑이족	3556
28. 토족	289569			

7. 중국인과 해외동포

1) 화공(華工)과 중국인

청말 청나라 사람들이 미국으로 이민을 가게 되면서 '화공(華工, 청조관료 용어로 '이민자'를 가리킨다.)'이라는 칭호가 등장한다. 청나라 사람들이 미국으로 '골드러시(Gold rush)'를 하게 된 것은 1848년 캘리포니아에서 금광이 발견되면서부터였다. 그리고 미국에서 철도건설을 위한 노동력이 필요하였는데, 이때 '화공'이라 불리던 청나라 사람들이 많이 필요하였다. 1868년 '버링게임 협약(Burlingame Treaty)'이 체결된 다음해에 미국으로 이민을 가는 사람들이 급증하였다. 이민자들은 미국 샌프란시스코에 차이나타운에서 모여 살았다. 그런데, WASP(앵글로 색슨계 프로테스탄트) 지부 아래의 아일랜드계 카톨릭 사람들을 중심으로 한 화공배척운동으로 인해, 1880년 미국과 청이 맺은 조약(중미속수조약(中美續修條約))에서 미국으로 이민을 제한할 수 있는 조항이 들어갔다. 그리고 1882년 미국에서는 향후 10년간 화공의 이민을 금지하는 법안(Chinese Exclusion Act, 중국인 입국거절법안)이 통과되었고, 1894년에 또 다시 10년간 화공의 이민을 금지하였다. 1898년 하와이와 필리핀이 미국령이 되면서 배화법이 적용되었고, 1904년 화공이민금지법이 10년이 지나 끝이 났지만 미국은 이 법률을 계속해서 시행하였다.

한편, '중국인'이라는 용어는 20세기 초부터 사용되기 시작한다. 1905년에 발생하였던 '대미(對美)보이코트 운동' 이후, 그동안 사용되고 있던 '청인(淸人)'이라는 단어보다는 '중국인(中國人)'이라는 단어가 많이 사용되기 시작하였다. 19세기말 미국으로 건너간 청나라 사람들이 미국 사회에서 받고 있던 차별과 학대에 반발하면서, 처우 개선을 요구하면서 미국상품 불매운동을 하게 되었고, 이러한 운동은 청나라 각지로 확산되었다.

2) 해외동포: 화교(華僑), 화인(華人), 화예(華裔)

중국에 거주하는 사람들과 해외에 살고 있는 중국동포, 즉 화교(華僑), 화인(華人), 화예(華裔)를 포함하고 있다. 화교는 "중국 국적을 갖고 있으면서 외국에 거주하는 사람"을 지칭하고, 화인은 "중국인이지만 다른 나라에 살면서 다른 나라의 국적을 갖고 있는 사람"을 지칭하며, 화예는 "화교와 화인의 후예"의 지칭한다.

한편, 오늘날 중국에서는 성씨 연구를 통해서 중국 인근 국가의 국민들 중 중국 성씨와 관련이 있다면 중화민족으로 포함시키려 한다. 한국에서는 이를 '성씨공정(姓氏工程)'이라 부른다.

8. 중국 명절과 기념일

중국의 명절과 주요 기념일은 국무원령의 ≪<전국 명절 및 기념일 휴무방법> 개정에 대한 국무원의 결정≫에 의해 정해진다. 물론 이 결정 이후에 정해진 국가기념일도 있다. 지난 2014년 2월 27일에 확정된 '항일전쟁승리기념일'과 10월 27일에 결정된 '국가헌법일'도 있다. 2015년 7월 1일부터 시행되는 '전민 국가안전교육의 날'이 있다.

1) <전국 명절 및 기념일 휴무방법> 개정에 대한 국무원의 결정≫

다음은 지난 2014년 1월1일부터 시행하고 있는 ≪<전국 명절 및 기념일 휴무방법> 개정에 대한 국무원의 결정≫에 관한 내용이다.

≪전국 명절 및 기념일 휴무방법≫ 개정에 대한 국무원의 결정
국무원령 제644호

≪<전국 명절 및 기념일 휴무방법> 개정에 대한 국무원의 결정≫을 공포하며,
2014년 1월 1일부터 시행한다.
총리 리커창
2013년 12월 11일

국무원은 ≪전국 명절 및 기념일 휴무방법≫에 대해 다음과 같이 수정한다.
제2조 (2)항을 "(2) 춘절, 3일 휴무(음력 정월 초하루부터 초사흘).
이 결정은 2014년 1월 1일부터 시행한다.
≪전국 명절 및 기념일 휴무방법≫은 이 결정에 따라 상응하게 수정하여 다시 공포한다.

전국 명절 및 기념일 휴무방법

(1994년 12월 23일 국무원 반포, 1999년 9월 18일
≪<전국 명절 및 기념일 휴무방법> 개정에 대한 국무원의 결정≫에 따라 제1차 개정,
2007년 12월 14일 ≪<전국 명절 및 기념일 휴무방법> 개정에 대한 국무원의 결정≫에 따라 제2차 개정,
2013년 12월 11일 ≪<전국 명절 및 기념일 휴무방법> 개정에 대한 국무원의 결정≫에 따라 제3차 개정)

제1조 전국의 명절과 기념일의 휴무를 통일시키기 위하여 이 방법을 제정한다.
제2조 전체 공민의 휴무 명절은 아래와 같다.
　(1) 신정은 1일 휴무(1월 1일)
　(2) 춘절은 3일 휴무(음력 정월초하루 초사흘)
　(3) 청명절은 1일 휴무(음력 청명 당일)
　(4) 노동절은 1일 휴무(5월 1일)
　(5) 단오절은 1일 휴무(음력 단오 당일)
　(6) 중추절은 1일 휴무(음력 추석 당일)
　(7) 국경절은 3일 휴무(10월 1일~3일)
제3조 일부 공민의 휴무 명절과 기념일은 아래와 같다.
　(1) 부녀절(3월 8일)은 부녀들만 반나절 휴무
　(2) 청년절(5월 4일)은 만 14세 이상의 청년들만 반나절 휴무
　(3) 아동절(6월 1일)은 14주세 미만의 소년아동들만 1일 휴무
　(4) 중국인민해방군 건군기념일(8월 1일)은 현역 군인들만 반나절 휴무.
제4조 소수민족의 관습상 명절은 각 소수민족 집거구역의 지방인민정부에서 각 민족의 습관에 따라 휴무일을
　규정한다.
제5조 "2.7" 기념일, "5.30" 기념일, "7.7"항일전쟁기념일, "9.3"항일전쟁승리기념일, "9.18"기념일, 스승의 날,
　간호사의 날, 기자의 날, 식목일 등 기타 명절, 기념일은 휴무를 하지 아니한다.
제6조 전체 공민의 휴무일이 토요일, 일요일과 겹친 경우에는 근무일로 휴무일을 대체한다. 일부 공민의 휴무
　일은 토요일, 일요일과 겹쳤더라도 휴무를 하지 아니한다.
제7조 이 방법은 공포일로부터 시행한다.

　　한국에 '요우커(遊客)'라고 불리는 중국관광객들이 늘고 있다. 특히 2016년은
'중국인의 한국 방문의 해!'이기 때문에 중국의 명절과 기념일에 대한 기초적인 정
보를 알고 있으면 도움이 된다.

2) 시진핑 정부 때 추가된 기념일

(1) 중국인민항일전쟁승리기념일(中國人民抗日戰爭勝利紀念日)

2014년 2월 27일 개최된 제12차 전국인민대표대회 7차 상무위원회에서 항일전쟁기념일을 제정하는 법안이 통과되었다. 중국정부는 '9월 3일'을 '중국인민항일전쟁승리기념일'로 확정하였다. 중국은 일본이 연합군 항복문서에 공식 조인한 1945년 9월 2일의 다음 날이 자국을 침략한 일본과의 전쟁에서 진정으로 승리한 날이라고 여겨 매년 9월 3일을 기념해왔다.

(2) 국가헌법일

2014년 10월에 개최되었던 중국공산당 제18차 4중전회(2014.10.20.~23.)에서 '헌법통치'를 공식적으로 선언하였고, '12월 4일'을 '국가헌법일'로 제정하기로 결정하였다. 12월 4일은 중국의 헌법 공포 기념일로 중국은 1982년 12월 4일에 이전의 헌법을 전면적으로 개정하여 새 헌법을 공포하였다. 시진핑 국가주석은 2012년 12월 4일 헌법공포 30주년 기념식 연설에서 "공산당은 반드시 헌법과 법률의 범위에서 활동해야 한다."며 '헌법통치'에 대한 의지를 피력하였다.

(3) 남경대학살국가추모일(南京大屠殺死難者國家公祭日)

2014년 2월 27일에 개최되었던 제12차 전국인민대표대회 제7차 상무위원회에서 '남경대학살추모일'을 제정하는 법안이 통과되었다. 중국정부는 추모일을 '12월 13일'로 확정한 뒤 남경대학살희생자의 국가추도일로 삼았다.

1937년 12월 13일, 일본군은 강소성 남경시를 침략하여 6주간에 걸쳐 30여 만 명의 중국인을 대학살하는 만행을 저질렀다. 일본군은 시체를 강에 버리기도 하고, 불에 태우기도 하며, 또 집단 매장하여 만행의 흔적을 없앴다.

(4) 전민국가안전교육의 날(全民國家安全教育日)

2016년 4월 15일은 신국가안전법(新國家安全法)실시 이래로 처음으로 맞는 전민 국가안전교육의 날이다. '중화인민공화국국가안전법'에 의거하여 2015년 7월 1일부터 매년 '4월 15'일을 '전민국가안전교육의 날'로 삼았다.

9. 홍콩과 마카오 및 대만

1) 홍콩(香港, HongKong)

홍콩의 정식명칭은 '중화인민공화국 홍콩특별행정구'이다. 홍콩은 '향강(香江)' 또는 '향해(香海)'라고도 불렸으며, 명 만력(萬曆) 연간에 동완(東莞)에서 생산되는 향나무를 중계 운송하기 시작하면서 '향항(香港)'이라고 불리게 되었다. 홍콩은 향항의 광동어 발음을 영어식으로 표기한 것이다. 광동성 신안현(新安縣; 지금의 심수)에 속하였으며, 아편전행 이후 영국의 식민지가 되었다. 1984년 중국과 영국의 연합성명에 따라 1997년 7월 1일 주권을 회복하였고 특별행정구로 지정되었다. 최근 매년 7월 1일이 되면 집회를 열어 홍콩의 민주화를 요구하고 있다. 특히 2014년 9월말부터 진정한 민주주의를 요구하는 '우산혁명'이 있었다.

2) 마카오(澳門, Macau)

마카오의 정식명칭은 '중화인민공화국 마카오 특별행정구'이다. 16세기 포르투갈인이 처음 정착한 이래 약 450년간 포르투갈의 식민지였다가, 1999년 12월 20일 중화인민공화국에 반환되었고, 특별행정구로 지정되었다.

3) 대만(臺灣; 중화민국)

대만의 수도는 대북(臺北, 타이베이)이고, 인구는 22,974,347명 (2010)이며, 면적은 약 3.6만㎢ (35,980㎢)이다. 대만은 포모사(Formosa)라고도 불린다. 중화민국이라 불리던 대만은 1912년 1월 1일 건국한 이래로 2016년 1월 1일로 건국 104주년이 되었다. 대만은 올림픽 등 국제경기에서는 국명이 아닌 'Chinese Taipei'라는 이름으로 참가하고 있다.

대만 내 소수민족을 '원주민' 혹은 '원주민족'이라 부른다. 대만 국기의 명칭은 '청천백일만지홍기(靑天白日滿地紅旗)'이다. 2015년 대만에서 온 아이돌 가수 한 명이 예능에서 대만 국기를 흔들었다는 이유로 한국과 중국 및 대만 등의 여러 나라에서 이슈가 되기도 하였다. 대만인이 대만 국기를 흔들었다고 사과해야 하는 있을 수 없는 일이 발생하기도 하였다.

'대만(臺灣)'은 통상 명칭이고, 대만에서 사용하는 공식 국호는 '**중화민국**'이다. 대만은 중국의 '하나의 중국' 원칙에 따라서 '**차이니즈 타이베이**(Chinese Taipei)'로 호칭되기도 한다.
주요 국제기구에서의 대만의 명칭을 살펴보면 다음과 같다.
세계보건기구(WHO), 국제수역사무국(OIE), 국제올림픽위원회(IOC), 아시아태평양경제협력체(APEC), 아시아~태평양 자금세탁방지기구(APG)에서는 '**차이니즈 타이베이**'라고 부르고, 세계무역기구(WTO)에서는 '**대만·팽호·금문·마조 개별관세영역**'이라고 부르며, 아시아개발은행(ADB)에서는 '**타이베이, 차이나**(Taipei, China)'라고 부른다.

제2장

중국 정치 관련 주요 용어

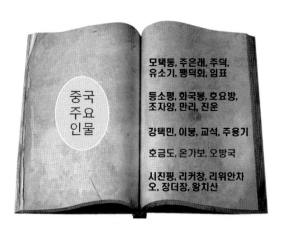

중국
주요
인물

모택동, 주은래, 주덕, 유소기, 팽덕회, 임표

등소평, 화국봉, 호요방, 조자양, 만리, 진운

강택민, 이붕, 교석, 주용기

호금도, 온가보, 오방국

시진핑, 리커창, 리위안차오, 장더장, 왕치산

개혁개방, 중국특색의 사회주의, 두 개의 100년, 중화민족의 위대한 부흥, 중국몽
18대정신, 대동사회, 전면적 소강사회, 하나의 중국, 굴기, 온포, 소강

모사상, 등소평이론, 3개대표론, 과학발전관, 4개 전면, 사회주의초급단계, 선부론
흑묘백묘론, 화해사회, 국가헌법일, 의법치국, 신창타이, 균부론

중국공산당창당일, 중앙1호문건, 양회, 4대회의, 국가안전위원회, 신발론, 탱자론
사회주의핵심가치관, 사상해방, 탐원공정, 동북공정, 애국주의, 공자학원

중앙정치국상무위원회, 영도소조, 주자파, 문혁파, 범시파, 실무파, 상해방, 태자당
공청단, 석유방, 비서방, 섬서방, 9평공산당, 대기원시보, 이인위본

도광양회, 유소작위, 주동작위, 친성혜용, 돌돌핍인, 1대1로, AIIB, G2, 양안관계
92컨센서스, 일국양제, 주출거, 조어도, 남사군도, 5대전구

문화대혁명, 6.4천안문사건, 티베트, 신강위구르, 우산혁명, 법륜공(파룬궁)
사농문제, 반국가분열법, 정명운동

현대중국정치를 이해하기 위해서는 우선적으로 관련된 용어에 대해서 알고 있어야 한다. 한국에서는 생소한 용어들이 많이 등장할 뿐만 아니라 중국어를 그대로 사용하는 경우가 많기 때문에, 미리 그러한 용어를 알고 있어야 한다. 그래서 본 장에서는 중국정치를 공부할 때 많이 등장하는 용어, 특히 모택동 시기부터 '등소평-강택민-호금도-시진핑 시대'로 거쳐 오는 동안에 많이 사용되고 있는 중요한 정치외교경제사회 등의 용어를 소개한다.

1. 2개의 100년: 등소평은 '삼보주(三步走) 전략'에서 '2개의 100년'을 언급하였다. 그리고 2012년 11월에 개최된 제18차 전국대표대회에서 시진핑은 "중국의 꿈은 중화민족의 위대한 부흥을 실현하는 것이며, 이 꿈은 중화민족이 근대 이래 꾸어온 위대한 꿈"이라고 제시했다. 그러면서 시진핑은 '두 개의 100년(兩個一百年)'이라는 시한을 설정했다. '하나의 100년'은 "중국공산당이 창당된 1921년 이후 100년이 되는 2021년까지 전면적인 소강(小康)사회를 실현할 것"이며, '또 하나의 100년'은 "1949년 중화인민공화국 정부가 수립된 이후 100년이 되는 2049년까지는 중국의 꿈을 실현할 것"이라고 했다.

2. 중국의 꿈(中國夢): 2012년 11월 29일, 국가박물관에서 열린 '부흥의 길' 전시회를 참관한 자리에서 시진핑이 처음으로 언급한 개념이다. 공식석상에서 시진핑이 '중국의 꿈'을 연이어 언급함으로써 '중국의 꿈'은 미래중국을 예측가능하게 하는 주요 용어로 자리 잡았고, 제5세대 지도부의 정치방향을 예측가능하게 한다.

3. 시진핑의 4개 전면(全面): 2015년 3월 15일 전국인민대표대회(전인대) 폐막식에서 시진핑 국가 주석이 제창한 '4개 전면'을 국가 통치이념과 전략으로 확정했다. '4개 전면'은 "①전면적인 소강(小康·모든 국민이 의식주를 해결한 상태) 사회 건설 ②전면적인 개혁심화 ③전면적인 의법치국(依法治國) ④전면적인 당풍쇄신"을 말한다. 시진핑이 2014년 12월 강소성 시찰 때 처음으로 제기하였다.

4. 온포(溫飽)와 소강(小康): 중국정부는 개혁개방을 천명한 이래로 온포와 소강사

회를 이루었다고 하였는데, 이때의 온포(溫飽)란 "옷을 따뜻하게 입고 따뜻한 집에서 살며 식사를 푸짐하게 할 수 있는 생활"을 말하며, 소강 (小康)이란 "거주 수준, 이동 수준이 높고 다양한 문화, 교육생활을 할 수 있을 뿐만 아니라 아름다운 환경에서 생활할 수 있는 생활"을 말하는 것이다. 그리고 이때의 소강을 '초급 소강 단계'라 규정하였다.

5. 소강(小康)사회: '초급 소강 단계', '2020년 전면적 소강사회' 등은 중국에서 많이 언급되고 있는 용어이다. 특히 중국정부는 '2020년을 전면적 소강사회 건설'을 완성하는 해로 목표로 삼고 여러 정책을 실시하고 있다. 소강사회란 "식품·의복·주택·교통 등 물질조건, 공기·수질·녹화 등 생활환경, 사회질서·안전·사회도덕풍기 등 사회환경 등이 일정 수준에 오른 상태"를 말한다.

6. 굴기(堀起): 중국은 유독 '굴기'라는 단어를 많이 사용한다. 굴기는 '산이 우뚝 솟아오르다'라는 의미를 갖고 있다. '화평굴기'에서 처음 접한 뒤, 한국에서는 '발전' 혹은 '진흥'이라는 단어를 사용하기도 하지만, 중국에서 원하는 그 의미가 나타나지 않아 '굴기'라는 단어를 그대로 사용하는 경우가 많다. 이후에도 '굴기'라는 단어는 여러 방면에서 나타난다. 예를 들면 중부굴기, 대국굴기, 라디오굴기, 축구굴기, 로봇굴기, 우주굴기, 군사굴기, 공항굴기, 과학굴기, 해양굴기 등이 있다.

7. 18대정신: 시진핑은 "중국의 18대정신은 중국특색의 사회주의(中國特色社會主義)를 견지하고 발전시키는 것이다."라고 강조하였다. 즉, 18대정신은 '중국특색의 사회주의 건설'이다.

8. '8·19강화정신': 2013년 8월 전국선전사상공작회의에서 시진핑이 발표하였던 연설을 가리킨다. 시진핑은 "네 가지를 명확하게 말해야 한다"고 강조하였다. "첫째, 국가와 민족마다의 역사전통·문화축적·기본적인 국정의 다른 점을 명확하게 얘기해야 한다, 둘째, 중화문화가 축적되어 있는 중화민족의 가장 깊은 정신추구를 명확하게 얘기해야 한다. 셋째, 중화의 우수한 전통문화는 중화민족의 두드러진 우수함임을 명확하게 얘기해야 한다. 이는 우리의 가장 탄탄한 문화소프트파워이다. 넷째, 중국특색의

사회주의는 중화문화의 옥토에 뿌리를 내렸고, 중화민족의 바람을 반영하며, 중국과 시대발전 진보요구에 적응임을 명확하게 얘기해야 한다."고 하였다.

9. 신창타이(新常態, 뉴 노멀): 시진핑 지도부의 '신창타이'는 경제발전이 빠르지 않더라도 개혁과 구조재편을 통해 낡은 성장방식으로부터 새로운 패러다임으로 전환해나간다는 전략이다. 시진핑 국가주석은 '신창타이'의 특징으로 첫째, 고속성장에서 중고속 성장으로의 전환, 둘째, 경제구조의 업그레이드, 셋째, 산업 소비수요의 주체(主體)로의 부상·도농간 격차 축소·주민소득 비중 확대·성장 수혜범위 확대, 넷째, 노동, 자본 등 생산요소·투자 주도형에서 혁신 주도형으로의 전환 등을 꼽았다. 시진핑은 2014년 11월 APEC 정상회담에서 '신창타이'를 "① 속도: 고속에서 중·고속성장으로 전환 ② 시스템: 경제시스템의 지속적인 업그레이드 ③ 동력: 경제조건이나 투자가 이끌어 가던 것을 창조력이 이끌어갈 수 있도록 전환"이라고 하면서 명확하게 밝혔다.

10. 일대일로(一帶一路): '일대일로'는 '신실크로드경제권'을 형성하고자 하는 중국의 국가전략이다. '일대(一帶)'는 여러 지역이 통합된 '하나의 지대'를 가리킨다. 구체적으로는 중국-중앙아시아-유럽을 연결하는 실크로드경제대를 가리킨다. '일로(一路)'는 '하나의 길'을 가리킨다. 동남아-서남아-유럽-아프리카로 이어지는 '21세기해양실크로드'를 뜻한다. 시진핑 국가주석이 2013년 9월 7일 카자흐스탄의 한 대학에서 새로운 협력모델을 강조하며 처음으로 '실크로드경제벨트(일대)'를 공식적으로 언급하였다.

11. 중앙 1호문건: 중국공산당 중앙위원회에서 매년 맨 처음으로 내놓는 문건을 일컫는다. 이 문건을 통해 당해 중국정부의 주요 정책 과제가 무엇인지를 알 수 있다.

12. 양회(兩會): 매년 3월이 되면 한국 대중매체에서 양회를 많이 언급한다. 여기서 말하는 양회란 전국인민대표대회(약칭: 전인대)와 중국인민정치협상회의(약칭: 정협)를 가리킨다. 1998년 9차 전인대와 정협은 각각 영문으로 NPC, CPPCC로 불리기 시작되었다. 매년 정협은 3월 3일, 전인대는

3월 5일 개최된다. 전인대 의사규칙의 법규는 '1분기'이다. 정법대학 헌법학자 채정검(蔡定劍)은 신정과 춘절이 1월과 2월에 있기 때문에 3월에 개최한다고 보았다. 회의기간은 1998년부터 고정되어져 왔으며, 임기만료에 의한 교체 선거의 1차 회의가 2주 (14/15일)인 것을 제외하면, 과거 '양회' 개최 기간은 일반적으로 10일~12일 사이이다.

13. '제3세대론': 1983년 5월에 개최된 '민주협상회(民主協商會)'에서 호요방(胡耀邦)이 공식적으로 제기하였다. 호요방은 중국의 간부를 대장정(1934~1935) 이전에 공산혁명에 참가한 제1세대, 장정 이후 내전 이전에 참여한 제2세대, 그리고 내전기간과 건국 이후 가담한 제3세대로 분류하고, 제3세대의 간부를 대량 육성하여 세대교체를 해야 한다고 주장하였다.

14. 1국가2제도(一國兩制): 1982년 9월 영국 대처 수상이 중국을 방문하였을 때, 등소평은 대처 수상에게 홍콩주권의 회수 문제는 '一個國家, 兩個制度'의 방안을 이용해 해결할 수 있다고 말했다. 이것으로 '1국가2제도(체제)' 방안이 처음 제기되었다. 의미는 단일국가가 이질적인 2개의 체제를 유지하겠다는 것이다. 그리고 미래에 대만과 중국이 통일되었을 때 이 시스템을 대만에도 적용하겠다는 통일방안이다. 중국은 이것을 '홍콩과 대만에서는 자본주의를 실시하고, 중국대륙에 서는 사회주의를 실시하는 것'이라고 표현하였다.

15. 태자당(太子黨): 중국공산당 원로간부들의 자제로서 고위간부직을 맡고 있는 아버지 또는 장인의 후광으로 당중앙위원회에 진출한 2세를 말한다. 원로들의 자녀들은 대부분이 정부·당·군 등에서 고관이 되거나 대공사의 임원직을 차지하고 있고 아버지의 권위를 업고 官倒라고 불리는 블로커가 되어 사복을 채우는 일이 많을 뿐만 아니라 복잡한 인척관계를 맺는 등 특권집단을 형성하고 있다.

16. 상해방(上海幇): 상해방은 1990년대 중국을 이끈 주요 정치세력이다. 제3세대 대표 정치인인 강택민(江澤民, 장쩌민) 전 국가주석이 사사롭게 개인적으로 정치적 파벌을 만든 것을 의미한다. 1989년 6월 천안문사건 이후 주용기(주룽지), 오방국 등 상해시 당위원회 제1서기 출신들이 중앙의

정치무대에 진출을 계기로 상해 인맥을 형성하게 되었고, 이후로 중앙 정계에 강택민 인맥이 대거 포진하게 되었는데, 이러한 정치 지도자들을 '상해방'이라고 부른다. 그리고 지역적으로 상해와는 관련이 있지만, 인맥상으로는 직접적으로 관계를 맺고 있지 않음에도 중앙 정계에 진출한 상해 지역 출신의 경우로 이들을 '범상해방'이라고 부른다.

17. 중국공산주의청년단(약칭: 共青團): 1922년 5월에 발족, 중국공산당이 지도하는 14세에서 28세까지의 선진 청년의 대중적인 조직이다. 사회주의 건설을 위해 이상·도덕·교양이 있고 기율을 지키는 후계자를 양성하는 곳이다.

18. 비효통(費孝通)의 중화민족: 1988년 비효통이 주장한 민족론이다. 중국건국이래로 동일한 국가 구조 하에서 한족과 소수민족이 동화와 융화를 거쳐 새로운 민족체가 되었다는 것이다. 단지 총칭의 개념이 아니라 실존적 존재로서 중국 국가 단위를 구성하는 국민으로서 '단일민족' 성격이 강하다.

19. 2009년 7·5 신강위구르족 사건: 2009년 7월 5일 신강위구르자치구의 성도인 우루무치에서 위구르족과 한족 간에 발생한 유혈사태이다.

20. 2008년 3·14 티베트 사건: 2008년 3월 14일 티벳의 성도인 라싸를 비롯하여 세계 곳곳에서 티벳의 광복을 주장한 운동이다. 이들은 티벳의 옛 영토였던 청해성, 감숙성, 사천성 일부 지역의 영토회복과 주권회복을 주장하였다.

21. 반(反)국가분열법: 대만의 정명(正名)운동에 대응하는 것으로서, 2005년 3월 14일 전국인민대표대회에서 통과되었다. 이 법에서는 대만이 실질적으로 독립을 추진하거나 평화적인 통일의 틀을 파괴할 경우, 중국인민해방군이 무력을 사용할 수 있도록 규정하였다.

22. 입세(入世): 중국이 2001년 세계무역기구(WTO)에 가입한 것을 일컫는다.

23. 차이메리카(Chimerica): 미국 하버드대학 니얼 퍼거슨 교수가 2007년 말중국(China)과 미국(America)을 합성해 만들어 낸 용어이다. 최근 국제경제 시장에서는 팍스 아메리카나의 시대가 지고 차이메리카의 시대가 열렸

다고 말하지만, 미국과 중국이 각각 소비와 생산의 역할을 나눠 담당하면서 상호 의존적 관계 속에 발전해 왔음을 나타내는 용어이다.

24. G2: G2개념은 미국과 중국이 세계를 주도한다는 의미이다. 'G2구상'을 처음 제안한 브레진스키는 2009년 1월 북경에서 "미국과 중국의 관계는 유럽과 일본처럼 포괄적 관계가 되어야 한다"고 역설하였다. 그는 G2회담을 열어 중국과 경제위기, 북핵 등 국제문제를 논의해야 한다고 주장했다. 그런데 중국인들 사이에선 G2 개념이 미국의 음모라는 주장도 없지 않다. 또 다른 중국 분석가는 "G2 또는 중·미 주도 세계는 지금까지 존재하지 않았고 앞으로도 나타나지 않을 것"이라고 말했다. 2009년 5월 체코 프라하를 방문한 온가보(溫家寶) 총리가 중·EU 정상회의 직후 중국 지도자로선 처음으로 공개적으로 G2를 부인하였다. 온 총리는 당시 "세계 현안들이 중국과 미국, 이른바 G2 국가에 의해 결정될 것이라고 말하는 사람들이 있지만 이는 근거 없고 잘못된 시각"이라고 강조했다.

25. 주출거(走出去, 해외진출)전략: 중국기업의 해외 진출을 일컫는 말인데, 중국의 문화 등이 해외로 진출하는 것까지도 포함한다. 과거 중국이 개혁개방을 하였을 때만 해도 외자기업들이 중국으로 진출하였는데, 이제는 중국의 기업들이 다른 나라로 진출할 정도로 중국경제가 많이 발전하였음을 보여주는 것이다.

26. 도광양회(韜光養晦): "칼날의 빛을 감추고 어둠 속에서 실력을 기른다"는 뜻으로, "언젠가 역량을 갖출 때 다시 도모한다"는 의미가 내포되어 있다. 도광양회는 등소평 시대의 대외정책을 가리키는 표현으로 인용되어진다. 등소평은 1980년대 말 급변하는 국제정세 속에서 내부적으로 국력을 발전시키는 것을 외교정책의 기본으로 삼았다.

27. 화평굴기(和平崛起): "평화롭게 일어선다"는 뜻의 '화평굴기'는 호금도가 새롭게 추진한 외교전략으로 미국의 일방주의에 대항하면서도 평화와 자주성을 견지하는 유연한 전략이다. 화평굴기는 주변국과의 관계 설정에 있어서는 중국을 '화목한 이웃(睦隣)', '안정된 이웃(安隣)' 그리고 '부유한 이웃(富隣)'이 될 수 있도록 하겠다는 삼린(三隣) 정책을 기본 축

으로 삼았다. 화평굴기는 2003년 10월 해남도에서 열린 보아오포럼에서 정필견(鄭必堅) 중앙당교 상무부장이 주창하였다. 이어 호금도가 2004년 1월 프랑스와 독일 등 유럽 순방 때 중국의 새로운 외교노선으로 주목받기 시작하였다.

28. 여시구진(與時俱進): 2002년 호금도 체제가 들어선 중국에서 유행했던 말로 "시대가 변했으니 사상도 체제도 인물도 달라져야 한다"는 의미로 쓰였다. 중국공산당은 시대와 더불어 함께 나아간다는 뜻이다.

29. 유소작위(有所作爲): "적극적으로 참여해서 하고 싶은 대로 한다"는 뜻으로, 2002년 이후 중국이 취하고 있는 대외정책이다. 어떤 일에 적극적으로 개입해 자신의 뜻을 관철시킨다는 뜻으로, 2002년 11월 제4세대지도부인 호금도 체제가 들어서면서 중국정부가 취하고 있는 대외정책가운데 하나이다. 2004년부터 화평굴기 대신 적극적인 관여와 개입을 뜻하는 새로운 외교 전략을 펼치기 시작하였다.

30. 화해세계(和諧世界): 중국은 내치(內治) 분야의 국정 이념으로 내세웠던 '화해사회(和諧社會)' 개념을 대외전략으로 확장해, '조화세계' 건설을 강조하고 나섰다. "평화적인 발전의 길을 견지하고 조화고 있다. 중국위협론에 대응하는 한편, 능동적으로 세계질서 구축에 나서겠다는 적극적인 외교전략 개념이다.

31. 구동존이(求同存異)와 구존동이(求存同異): 구동존이는 주은래가 한 말로, "서로 의견이 다르면 미뤄두고 의견을 같이하는 분야부터 협력한다"는 의미이다. 그리고 "견해가 다른 것은 접어두고 일치하는 것을 발전시켜간다"는 원칙이다. 즉 '차이'를 인정하되, 이해가 일치한 부분을 중심으로 상호발전 방안을 모색하는 실리적, 실용적 외교전략이라고 할 수 있다. '구동존이'란 사자성어는 대립과 반목으로 치달리던 북-미 당사자를 협상테이블까지 끌어낸 중국의 유연한 외교 전략을 한 마디로 집약한 표현이다. 그리고 구존동이는 차이점을 인정하면서 같은 점을 추구한다는 뜻이다.

32. 책임대국론(責任大國論): 1990년대 중국 외교가에선 '책임대국론'이 제기됐다.

1997년 강택민 국가주석은 "대국으로서 책임지는 자세를 보이겠다"고 선언했다.

33. 돌돌핍인(咄咄逼人): "기세가 등등하다"라는 뜻으로 "분쟁지역 이익을 수호하라"는 의미가 담겨져 있다. 언론에 본격적으로 등장한 것은 중국과 일본 사이에 발생한 조어도(釣魚島) 충돌 사건 이후부터이다. 중국이 대외적으로 '힘의 외교'를 쓰는 것이 아니냐는 지적이 일면서 이를 형용하는 말로 쓰이기 시작했다. 이는 중국 외교정책이 '힘의 외교'를 본격화하였음을 의미한다.

34. 주동작위(主動作爲): "할 일을 주도적으로 한다."라는 의미로, 중국외교부가 만드는 주간지 '세계지식(世界知識)'이 2013년 초에 제시한 개념이다. 저자세 외교를 버리고 외부도전에 적극적으로 대응하겠다는 의미로, 중국 외교가 세계의 기존 규칙을 따라갈 것이 아니라 스스로 규칙을 만들어 가야 한다는 뜻을 갖고 있다.

35. 친성혜용(親誠惠容): 2013년 11월에 시진핑은 한국을 포함한 주변 국가들에 대한 외교정책의 기본 개념으로 '친성혜용(親誠惠容)'을 제시했다. '친(親)'이란 중국과 산수(山水)가 서로 이어지고, 혈통이 비슷하며, 같은 문화를 지닌 국가에는 상대방의 감정을 중시하는 외교를 하겠다는 것이고, '성(誠)'이란 주변 국가들의 대소와 강약, 빈부를 가리지 않고 평화공존 5원칙에 따라 성의를 다하는 외교를 하겠다는 개념이다. '혜(惠)'란 주변 국가들과의 협력에는 상호 이득이 되는 호혜호리(互惠互利)의 외교를 하겠다는 것이며, '용(容)'이란 '바다가 많은 강줄기의 물을 받아들이듯이' 포용력이 있는 주변국 외교를 하겠다는 선언이었다.

36. 신발론과 탱자론: 2013년 3월 시진핑 국가주석은 러시아를 방문하였을 때, "신발이 발에 맞는지 맞지 않는지는 신발을 신은 사람만 알 수 있다"는 '신발론'으로 서구의 내정 간섭에 불만을 드러내었다. 그리고 2014년 4월 시진핑 국가주석은 벨기에의 유럽대학교 강연에서 "중국은 다른 나라의 정치제도나 발전 방식을 그대로 옮겨 적용할 순 없다. 이는 중국의 상황에 맞지 않을뿐더러 재앙적 결과를 불러올 수도 있다"며 "이미 2000년

전 중국인들은 이런 도리를 깨치고 '굴이 회수를 건너면 탱자가 된다'는 격언을 남겼다"고 말했다. 이러한 시진핑의 신발론과 탱자론은 미국 등 서방국가들이 중국의 정치체제 등을 비판하는 것에 대응한 발언이다.

37. 단위(單位): 구체적으로 국유기업, 대학, 연구소 등과 같은 국가 소유의 직장을 의미한다. 단위제도는 국가가 자원을 소유하고 통제·분배하던 계획경제 시대에 만들어진 제도로 경제적 자원의 분대, 정치적 통제를 위한 기초조직으로 도시의 기본생활 조직이었다. 단위는 직원들의 종신고용을 보장하여 실업의 위험이 없었고, 임금지불, 자녀교육, 임대주택분배, 사회보장(의료보험 및 퇴직보험) 혜택을 제공했다.

38. 3개의 下: 하방(下放), 하해(下海), 하강(下崗)

  1) 하방운동: 중국에서 당원과 국가공무원을 농촌과 공장에 보내 노동에 종사케 하고 도시의 학교 졸업생들을 변경지방에 배치해 그곳에 정착케 함으로써 정신노동자와 육체노동자의 벽을 헐고 지식인집단으로 하여금 낙후된 변경지방의 농촌 근대화에 참여하도록 독려한 운동이다.

  2) 하해: 외국어, 국제금융, 국제경제, 국제법, 무역 등을 전공한 전문인력으로 특히 석박사 출신의 고급인력이 돈을 벌기 위해서 기업으로 전직하는 현상이다.

  3) 하강: 기업(주로 국유·집체기업)이 경영상의 곤란을 해소하기 위해 노동관계는 계속 유지하면서 일부 직공을 잠시 직무에서 떠나 있도록 하는 내부조치이다.

39. 흑묘백묘(黑猫白猫)론: 1962년 중앙서기처 회의에서 등소평이 언급한 것으로, 가장 중요한 문제는 식량생산을 늘리는 일이다. 증산만 된다면「單幹風」(개인경영 농업)이라도 좋다. 검은 고양이든 흰고양이든 쥐만 잘 잡으면 된다는 것이다. 등소평이 말한 개혁개방의 구체적방법인 삼론 중 하나인 흑묘백묘에서는 "사회주의든 자본주의든 경제발전에 도움이 된다면 관계없다"는 의미가 담겨있다.

40. 녹묘(綠猫): 흰 고양이든 검은 고양이든 쥐만 잘 잡으면 된다고 여겼던 '흑묘백묘'를 대신해 '녹묘론(녹색 고양이)'에 대한 관심이 고조되고 있다. 그간 중국의 고질적 문제로 지적돼온 저효율·고비용 산업구조를 개편하고,

신재생에너지 산업에 대한 글로벌 주도권을 확보하려는 움직임이다. 제
12차 5개년규획(2011~2015년, 12·5규획)의 주요 내용 가운데 환경보
호 정책을 첫번째로 내놓았다.

41. 장정(長征: 1934~1935/36): '장정'이란 1934년 10월 중국공산당의 '공농홍군'
(工農紅軍, 노동자 농민의 붉은 군대)이 국민당 정부의 포위 토벌공격
을 피해 강서성 서금(瑞金) 근거지를 버리고 10여개 성을 지나 1935년
10월 중국 서북 섬북 연안(延安)에 근거지를 마련하기까지 2만5000㎞를
행군한 일을 말한다.

42. 서백파정신(西柏坡精神): 서백파정신은 중공중앙이 서백파시기에 만든 것이
다. 일종의 중국혁명의 위대한 역사성이 변화하는 시대에 요구되었던
혁명정신이다. 사회주의 신중국의 청사진을 서백파에서 시작하였기 때
문에 중국의 혁명성지가 되었다. 모택동은 중국공산당이 주도하되 여러
민주정파를 보조적으로 국정에 참여토록 하는 인민민주독재 구상을 완
성했다. 주은래는 "서백파는 당 중앙과 모 주석이 북평(북경)에 들어가
전 중국을 해방시키는 과정에서 최후의 농촌 지휘소로서의 구실을 했다.
3대전역 지휘를 이곳에서 하였고, 당의 7차 2중전회를 이곳에서 개최하
였다"고 회상하였다.

43. 연안정신(延安精神): 연안정신은 중국공산당이 연안정풍운동과 대생산운동 중
에 형성되었다. 연안정신은 힘들고 어렵게 투쟁하는 정신, 성심성의를
다하여 인민을 위해 봉사하는 정신, 이론을 실제와 연계하고 끊임없이
혁신을 하는 정신, 실사구시의 정신이다. 1942년 12월, 모택동은 섬감녕
(陝甘寧)변구의 고급간부회의에서 처음으로 연안정신을 제안하였다.

44. 장정정신(長征精神): 공농홍군이 설산을 넘고 초원을 지났던 고도의 혁명영웅
주의를 표현하였다.

45. 정강산정신(井岡山精神): 1928년 4월 주덕(朱德)과 모택동이 영도하는 공농혁
명군이 정강산에 모여 정강산혁명근거지를 건립하였다. 근거지 군민이
일심단결하여 힘겨운 투쟁을 통해 여러 차례 국민당의 포위토벌작전을
분쇄하였다. 이렇게 하여 정강산정신이 형성되었다.

46. 대기원시보(大紀元時報): 2000년 8월에 창간되었다. 중국공산당의 본질과 지난 90여 년간 진행되어 왔던 중국공산당의 인권을 유린하고 있는 실상을 폭로하고 있다.

47. 08헌장(2008.12.10.): 2008년 12월 10일에 발표되었던 '08헌장'이다. '08헌장'은 중국 민주주의 표본으로 받아들여지고 있으며, 외신들로부터 1977년 체코 지식인들이 민주화 선언에 빗대 '중국판 77헌장'이라 불려진다. '08헌장'은 변호사, 작가, 지식인, 농부, 기업인을 포함한 국민의 광범한 계층으로 구성된 중국인 303명이 공개서한으로서, 중국의 민주화 개혁과 인권보호를 촉구했다.

48. 09상서(上書, 2009.1.20.): '09상서'는 2009년 1월 20일에 전 신화사부사장이었던 이보(李普)와 전 《광명일보》 총편집인이었던 두도정(杜導正) 등 원로 지식인 16명의 연대 서명 방식으로 발표한 것으로서 당 중앙의 업무 분위기를 쇄신할 것을 촉구하였다. '09상서'는 헌법에서 규정하고 있는 '공민의 권리' 실시를 요구하면서 '인민'을 중심으로 한 정치를 해야 함을 강조하였다.

49. 중국 민족단결 교육: 중국 교육부와 국가민족사무위원회는 '민족단결'과목을 신설하였다. 전국의 초·중·고교와 중등직업학교에서 교육하고 있는데, 지금까지는 민족 단결 교육이 별도의 과목이 아닌 정치 과목의 일부분으로만 다루었다. 고교와 대학 입학시험에 정치 과목의 15% 이내에서 '민족단결'과목의 성적을 반영하였고, 관련 교과서와 영상자료 등 교재를 일괄적으로 제작하여 배포하였다. 그리고 각 성급 교육행정 당국에는 매년 11월 말 지역별 '민족단결'교육 현황을 상부에 보고한다.

50. 모택동사상(毛사상): 毛사상이란 마르크스·레닌주의의 기본원리에 입각하여 장기간에 걸친 중국 혁명의 실천에서 얻은 일련의 독창적 경험을 이론적으로 체계화한 중국의 실정에 가장 적합한 지도사상이며 중국체제 이데올로기의 기저이다. 모택동 개인의 사상이 아니라 모택동을 대표로 한 중국 공산당 당원들의 중국 국정에 가장 적합한 사상을 일컫는다.

51. 등소평이론: 1978년 제11차 3중전회 이후 '사상해방'과 '실사구시'라는 두 가

지 틀 속에서 개혁개방 정책을 추진해오면서도 탄생된 이론을 말한다. 1997년 제15차 전국대표대회에서 당장에 삽입된 등소평이론은 중국특색의 사회주의 건설의 정신적 토대이자 실천 강령이었다. 주요 내용은 3개유리어(3個有利於)와 흑묘백묘론이다.

52. 등소평의 삼보주(三步走) 전략: 삼보주 전략은 '3단계 발전전략'이라 불린다. 등소평은 1978년에 중국공산당의 기본 노선을 개혁·개방으로 선언하며 건국 100주년인 2050년을 향해 3단계 발전 전략인 삼보주 방안을 제안하였다. 제1단계(1980~1990)는 GDP를 배가하여 온포(溫飽)문제를 해결하고, 제2단계(1990~2000)는 GDP를 배가하여 소강(小康)을 실현하며, 제3단계(2001~2050)는 1인당 GDP를 중진국 수준으로 향상시켜 사회주의(社會主義) 현대화를 실현하는 것이다.

53. 개혁개방정책의 구체적 방법론 '삼론(三論)': 첫 번째는 '묘(猫)론'으로 '흑묘백묘론(黑猫白猫論)'을 가리킨다. 사회주의경제체제든 시장경제체제든 경제발전에 도움이 되기만 하면 된다는 의미이다. 두 번째는 '모(摸)론'으로 '돌다리이론(石頭論)'이다. 이는 경거망동하지 않고 돌멩이의 위치와 높이를 확인하며 한 걸음 한 걸음 신중히 강을 건너겠다(摸著石頭過河)는 의미이다. 세 번째는 '등(燈)론'으로 '신호등이론'이다. 이는 밀어붙이기식으로 나아가지 않고 기회와 위기를 살피면서 빨간불이면 돌아서 가고 노란불이면 조심해서 걸어가며 초록불을 만나면 기회를 살려서 뛰어가자는 것이다.

54. 사회주의 시장경제(社會主義 市場經濟): 1993년 3월 29일 제8기 전국인민대표대회 제1차 회의에서 개정된 헌법에 명시되었다. 신헌법 제17조에서는 '사회주의 시장경제' 체제하에서 정부가 경제 입법과 거시경제적 수단을 사용하여 경제를 운용한다고 규정하였다. 즉 과거에는 생산자료를 국가가 소유하고 경영도 국가가 담당하는 국영경제를 지향하였으나, 신헌법에서는 생산자료를 국가가 경영하되 경영은 기업이 담당하는 국유경제로 전환한 것인데, 이를 '사회주의 시장경제'라고 한다.

55. 3개대표론(三個代表論): 3개대표론은 2002년 제16차 전국대표대회에서 당장

(黨章)에 정식으로 삽입된 강택민의 주요 이론이다. 자본가 계급의 입당을 공식으로 허용한 혁명적인 이론이다. 주요 내용은 "'선진 생산력(자본가 계급)', '선진 문화(지식인)', '광범위한 인민군중(노동자. 농민)'의 이익을 대표한다"이다. 당장에서 총강은 마르크스·레닌주의와 모택동사상, 등소평 이론의 당에 대한 공헌을 열거한 뒤 "강택민 동지의 3개 대표 중요 사상은 현 세계와 중국의 발전을 위한 새로운 요구를 반영한 강대한 이론 무기"라면서 '당의 입당지본(入黨之本), 집정지기(執政之基), 역량지원(力量之源)'이라고 강조하였다.

56. 화해사회(和諧社會, 조화사회): 화해사회라는 용어는 2004년 9월, 호금도 (胡錦濤, 후진타오)가 중국공산당 16차 4중전회(중앙위원회 전체회의)에서 공동부유를 기본으로 하는 '사회주의 조화사회' 건설을 처음으로 제시하면서 본격적으로 등장하였다. 그 이후로 당정, 학계 등에서 이와 관련하여 광범위한 연구와 토론을 하였다. 2005년 16차 5중전회에서는 11차 5개년 규획안(2006~2010)을 다루면서 '공동부유론'을 구체적인 거시경제정책에 반영하였다. '화해사회' 건설은 중국정부가 이루고자 하는 중요한 목표 중의 하나이다. 중국식 명칭은 '화해사회'이지만, 한국에서는 주로 '조화사회'로 부르고 있다. 화해사회를 쉽게 표현하면 '더불어 잘 사는 사회'라고 말할 수 있다.

57. 과학발전관(科學發展觀): 2007년 제17차 전국대표대회에서 중국공산당 당헌(당장)에 삽입된 호금도의 주요 이론이다. 과학발전관은 '이인위본(以人爲本, 인본주의)'을 핵심가치로 삼는다. 이는 중국이 추구하는 경제발전의 최종적인 목표가 인민의 생활수준 개선이라는 점을 강조한다는 것을 나타내는 개념이다. 2012년 제18차 전국대표대회에서 과학발전관은 마르크스·레닌주의, 모택동사상, 등소평이론, 3개대표론과 함께 지도 사상으로 격상되었다.

58. 균부론(均富論): 균부론은 성장 위주의 정책으로 인해 발생한 중국 내 여러 문제를 해결하기 위해서 호금도가 제기한 새로운 개념이다. 등소평의 '선부론(先富論)'이 "소수의 사람들이 먼저 부자가 되고 그들이 모델이 되

어 전국적으로 부자가 늘어나게 한다."는 것이라면, 균부론은 "양적인 성장을 배제하고 질적인 성장을 추구하고, 함량이 높은 성장을 추구하되 분배에다 중점을 둔다."는 의미를 갖고 있다. 개혁개방 천명 이래로 중국은 고속성장을 해 왔지만, 지역·민족·계층·도농 간의 소득격차가 커져 사회 안정을 위협하고 있다고 보고, 균형 있는 발전을 통해 사회안정을 이루겠다는 목표를 삼고 있다.

59. 대만의 정명(正名)운동: 정명운동은 2002년 5월 11일 정식으로 시작되었다. 이 운동을 '511대만정명운동(臺灣正名運動)'이라고도 부른다. 민주진보당(民主進步黨, 민진당) 정부가 2000년에 집권한 후, 여러 운동이 진행되었고, 2006년에서 2008년에 이르기까지 최고조에 이르렀다. 정명운동은 대만과 중국의 관계를 구별하는데 중점을 두었다. 진수편 총통은 취임 이후 "해협 양안에는 서로 다른 2개의 국가가 존재한다(一邊一國)"며 '대만 주권의 독립'을 주장해왔다. 2004년 말 대만 정부는 '정명(이름바로잡기)' 운동을 선포하면서 '중화민국' 국호를 '대만'으로 간칭해야 한다는 주장을 내놓았고, '중국'과의 혼돈을 피해야 한다는 명목으로 모든 해외공관과 국영 및 공영기업의 명칭에 '대만'을 삽입토록 했다.

60. 92컨센서스: '92 컨센서스'는 1992년 11월 홍콩에서 중국의 해협양안관계협회(海峽兩岸關係協會, 海協會)와 대만의 해협교류기금회(海峽交流基金會, 海基會)가 '하나의 중국(一個中國)'을 견지하는 태도를 표명하고 인정하지만, 그에 대한 해석은 "중국과 대만이 각각 알아서 한다(一中各表)"는 두 나라 간의 원칙이다.

61. 민족식별(民族識別): 1953년 '민족식별'작업을 통해서 중국내 거주하던 인간 공동체와 민족의 민족성분을 판별하고 분류하며, 민족명칭을 공인하였다. 중국이 건국할 때는 불과 9개의 민족만을 인정하였고, 1953년 민족식별을 시작으로 해서 1979년 기낙족(基諾族)이 공인될 때까지 몇 차례에 걸친 민족식별에 의해 총 55개 민족이 공인을 받았다. 스탈린의 네 개의 민족특징(공동의 지역, 공동의 언어, 공동의 경제생활, 공동의 민족심리소양)과 민족의원(民族意願)을 민족식별 기준으로 삼았다.

62. 쌍개(雙開): 당적과 공직을 모두 박탈하는 것을 말한다.

63. 중화민족만들기: 중국의 한족과 55개 소수민족을 단일한 민족체로 만들기 위한 작업을 말한다. 이는 단순히 중국 내 소수민족만이 포함되는 것이 아니라, 고대민족과 역사민족 및 과계민족까지도 포함하는 작업이다. 이는 현재 중국영토에서 발생한 역사와 문화는 중국의 역사와 문화로 해석하는 인식에서 출발한다. 즉, 중국은 고대한국사를 중국의 역사로 만들려고 하고, 중국 내 재중동포인 조선족을 중화민족으로 만들면서 한국의 문화를 중화민족의 문화로 인식하고 있다.

64. 사농(四農)문제: 사농문제란 삼농(三農)문제에다가 '농민공(農民工)'문제를 더한 것으로, 현 중국정부가 해결해야 할 중요한 문제이다.

　1) 삼농문제: '농민, 농촌, 농업' 문제를 가리키는 말로서, 현재 중국정부가 해결해야 할 가장 중요한 국정 정책 과제이다. 2004년부터 현재까지 중앙 1호문건의 주제가 '삼농문제'였다. 삼농문제는 신중국 성립 이후 중국공산당 지도부의 관심을 가장 오랜 기간 동안 받았다.

　2) 농민공문제: 농민공이란 "1978년 개혁개방 이후 산업화와 도시화・현대화와 맞물려 대량의 농촌 잉여 노동력이 도시 지역으로 이동해 취업하는 직공"을 말한다. 이들의 수는 중국 전역에서 1억 명 이상에 달하는 것으로 알려졌다.

　3) 신농민공(新生代農民工): 주로 '80후(80년대생)'와 '90후(90년대생)'를 가리킨다. 이들은 농민공 1.5억 명에서 60%를 차지하는 약 1억 명 정도이다. 이들은 학업을 마친 후 곧 도시로 나가 일을 하기 시작하였다. 농업, 농촌, 토지, 농민 등에 대해 그렇게 잘 숙련된 것은 아니다. 이들은 '3고1저'의 특징을 갖고 잇다. 즉, 교육수준, 직업에 대한 기대치, 생활수준에 대한 기대치 등이 높으며, 직업정신 등의 인내심은 낮다.

65. 610판공실(610辦公室): 1999년 6월 10일 중국공산당 중앙 610 판공실(中央610辦公室)이 설립됐는데, 이는 강택민이 법륜공(파룬궁)을 탄압하기 위해 설립한 전담 초법적 기구다. 중공 610 영도소조 조장은 보통은 중앙정법위 서기가 담당한다. 주임은 공안부 당위원회 부서기가 담당하고, 공안

부 내에도 공안부26국(반사교국)이라는 610사무실이 별도로 존재한다.

66. 중공 방범 및 사교문제처리 영도소조(防範和處理邪敎問題領導小組): '610 판공실'로 불리는, 강택민 지도부가 파룬궁을 박해하기 위해 설립한 임시 법외권력기구이다. 정법위의 동의를 거쳐 공안, 법원, 검찰원, 국가안전국(國安)과 무장경찰계통을 통제할 수 있다.

67. 4개 현대화: 중국의 캐치 프레이즈인 '농업·공업·국방·과학기술의 현대화'를 가리킨다. 일반적으로 '사화(四化)'라고 약칭한다. 이것은 1964년과 1975년에 열린 전국인민대표대회에 대한 정부보고(주은래)에서 제기되었고, 문혁이후는 1978년 12월에 개최된 전국의 활동중점으로 '4개 현대화' 건설에 착수한다는 것을 재확인한 사업이며, 1982년 12월에 제정된 신헌법 전문에도 명시되어 있다.

68. 호구제도: 중국에서 공민의 거주이전자유를 제한해 왔던 호구제도는 1958년에 '중화인민공화국호구등기조례(中華人民共和國戶口登記條例, 이하 '호구등기조례'라 지칭)'가 제정되면서부터 시작되었다. 호구등기조례는 중국인을 농촌호구자와 비농촌호구자(도시호구자)로 양분하였다. 중국정부는 도시인구를 20%선에서 제한하기 위해 농촌호구를 지닌 사람들의 도시 이전을 제한하였다. 이는 도시에서 계획경제, 배급제도, 단위제도를 실시하기 위해 인구 증가로 인한 정부 부담을 축소하기 위한 조치였다.

69. 4인방: '4인방'이라는 호칭은 모택동이 1975년 5월 3일 당중앙정치국 회의에서 사용한데서 유래되었다. 문화대혁명 당시 모택동을 등에 업은 급진파 지도자들이던 강청(江靑, 모택동의 처), 장춘교(張春橋, 부총리, 당정치국 상무위원), 왕홍문(王洪文, 당부주석), 요문원(姚文元, 당 정치국원)을 가리키는 말이다. 모택동 사망(1976. 9. 9) 직후인 10월 6일, '반혁명집단'으로 몰려 화국봉, 섭검영, 왕동흥 등 당 중앙에 의하여 체포당했다.

70. 영도핵심(領導核心): 중국정치에서 '영도핵심'이라는 용어가 자주 등장한다. '영도핵심'이란 영도 간부들 중 가장 중요한 인물을 지칭할 때 쓰인다. 2011년 6월 26일 <인민경찰보(人民警察報)> 제5361기에는 "모택동, 등소평, 강택민 동지를 핵심으로 하는 당의 3대 중앙영도집단과 호금도 동

지를 총서기로 하는 당 중앙"이라는 표현이 나온다. 시진핑을 가리켜 "시진핑 동지를 총서기로 하는 당 중앙"이라는 표현이 사용되었는데, 2016년에 들어와 '핵심'이라는 용어를 사용하는 경우가 자주 나타난다.

71. 8로(老)와 신8로(老) : '8로'명단은 명단과 서열이 여러 차례 바뀌었다. 가장 일반적인 것이 1986년 말 중국노동지생활회(中國老同志生活會)에 참석한, 호요방(胡耀邦) 당총서기를 퇴진시킨 ① 등소평 ② 진운(陳雲) ③ 이선념(李先念) ④ 등영초(鄧穎超) ⑤ 팽진(彭眞) ⑥ 양상곤(楊尙昆) ⑦ 왕진(王震) ⑧ 박일파(薄一波)의 명단이다. 1996년 1월에 확정한 8로('신8로'라 부름)의 서열은 ① 등소평 ② 진운 ③ 팽진 ④ 양상곤 ⑤ 만리(萬裏) ⑥ 송평(宋平) ⑦ 박일파 ⑧ 송임궁(宋任窮)의 순이다. '신8로'라고 할 수 있는 명단에는 1995년 4월10일 사망한 진운이 그대로 포함되어 있고, 송임궁의 이름이 공식적으로 처음 들어갔다.

72. 문화대혁명 : 정식명칭은 '무산계급문화대혁명(無産階級文化大革命)'이고, 약칭은 '문혁(文革)'이다. 1966년 5월, '5·16통지'의 하달로부터 1976년 10월 '4인방'이 실각할 때까지 10년 간에 걸친 정치적 사건이다. 이 시기에 약 2천만 명이 학살 또는 사망하였다.

73. 6·4 천안문사건 : 1989년 6월 4일 천안문광장에 모여 민주화를 주장하던 학생과 군중을 계엄령으로 출동한 군대가 강제로 해산시키면서 막대한 희생자를 낳게 한 사건을 '6·4 천안문사건'이라 일컫는다.

제3장

중국 국가기구와 중국공산당기구

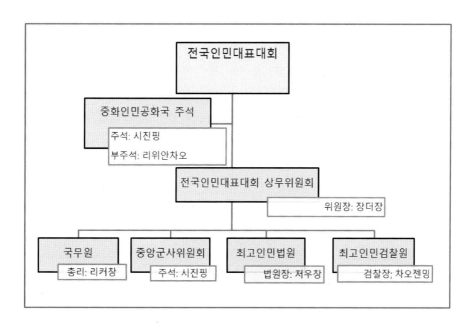

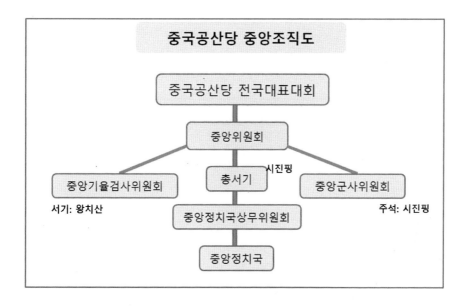

1. 중국의 국가조직 개요

중국의 국가조직은 인민민주주의 독재를 표방하고 있으며, 국가최고권력기관인 전국인민대표대회(全國人民代表大會: 전인대(全人大))를 정점으로 행정·사법·검찰기구가 중앙에서 지방으로 연계되어 중앙의 통일적 관할 아래 있다.

전인대 상무위원회, 국가주석, 국가중앙군사위원회는 전인대와 병렬적 위치에 있다. 국무원(國務院), 최고인민법원, 최고인민검찰원은 전인대의 예속적 위치에 있다.

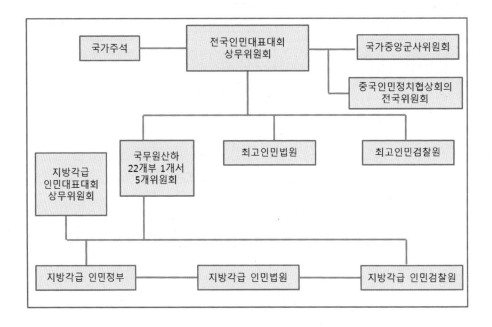

1) 국가주석

1954년 9월 제1차 전인대에서 중국 최초의 사회주의 헌법이 제정되면서 국가주석 제도는 시작되었다. 국가주석과 부주석의 임기는 5년이고, 2기를 초과하여 연임할 수 없다. 국가주석의 권한은 법률공포, 명령발포, 전쟁상태선포와 동원령 발포,

외국사절 영접, 외국대사 파견과 소환 등이다. 국가주석 궐위시 국가부주석이 승계한다.

헌법 제79조부터 제84조까지는 국가주석에 관한 내용이다. 제79조에 "중화인민공화국 주석, 부주석은 전국인민대표대회가 선거한다. 선거권과 피선거권을 가진 만45세의 중화인민공화국 공민은 중화인민공화국 주석, 부주석으로 선거될 수 있다."라고 되어 있다. 제84조에는 "중화인민공화국 주석, 부주석이 모두 궐위시에는 전국인민대표대회에서 보선하고, 보선에 앞서 전국인민대표대회 상무위원회 위원장이 잠시 주석의 직무를 대행한다."라고 되어 있다.

2) 전국인민대표대회(전인대)

헌법 최고권력기관인 전인대에게 모든 기관은 반드시 복종해야 한다. 권한은 '최고입법권, 최고임면권, 최고결정권, 최고감독권'이다. 임기는 매 5년이고, 위원장과 부위원장의 연임은 2회를 넘겨서는 안된다. 그리고 임기만료 2개월 전에 전국인민대표대회 상무위원회는 반드시 차기 전국인민대표대회의 선거를 완성해야 한다. 헌법 제57조부터 제78조까지 전인대와 전인대 상무위원회에 관한 내용이다.

헌법 제57조에 의하면 전인대는 "중화인민공화국 전국인민대표대회는 국가최고권력기관이다. 그것의 상설기관은 전국인민대표대회 상무위원회이다."라고 되어 있다. 그리고 제58조에 의하면 "전국인민대표대회와 전국인민대표대회 상무위원회는 국가입법권을 행사한다."고 되어 있으며 제59조에는 "전국인민대표대회는 성, 자치구, 직할시, 특별행정구와 군대로부터 선출된 대표로 구성된다. 각 소수민족은 모두 적당한 인원의 대표를 가져야 한다. 전국인민대표대회의 선거는 전국인민대표대회 상무위원회가 주최한다. 전국인민대표대회 인원수와 대표선출방법은 법률이 규정한다."라고 되어 있다.

전인대는 1954년에 제1차 대회가 개최되었다. 그 이전까지는 1949년 중국인민정치협상회의에서 제정한 '중국인민정치협상회의공동강령(中國人民政治協商會議共同綱領, 약칭 공동강령)'은 1954년 전인대가 구성되기 전까지 임시헌법역할을 하였다.

3) 국무원

국무원은 중앙인민정부이고 최고국가권력기관의 집행기관이며 최고국가행정기관이다. 책임총리제를 시행하고 있다. 임기는 5년이고, 총리와 부총리 및 국무위원은 2기를 초과하여 연임할 수 없다.

총리의 인선은 국가주석이 지명한 뒤 전인대의 결정을 거쳐 국가주석에 의해 임명된다. 국무원 부총리와 국무위원은 총리의 지명으로 전국인민대표대회를 경유하여 결정되며 국가주석이 임명하게 된다.

헌법 제85조부터 제92조까지 국무원에 관한 내용이다. 제89조에는 국무원의 권한을 소개하고 있다. 대표적인 권한으로는 "헌법과 법률에 근거하여 행정시책을 규정하고 행정법규를 제정하며 결정과 명령을 공표한다. 전국지방 각급 국가행정기관의 업무를 통일적으로 지도하며 중앙과 성, 자치구, 직할시의 국가 행정기관의 직권의 구체적인 분할을 규정한다. 대외사무를 관리하고, 외국과조약 및 협정을 체결한다. 민족사무를 지도하고 관리하며 소수민족의 평등권리와 민족자치지방의 자치권리를 보장한다. 성, 자치구, 직할시의 구역분할을 비준하고 자치구, 현, 자치현, 시의 건설위치와 구역분할을 비준한다." 등이다. 제92조에는 "국무원은 전국인민대표대회에 대하여 업무를 책임지고 또한 보고한다. 전인대의 폐회기간에 전인대 상무위원회에 대하여 업무를 책임지고 또한 보고한다."라고 되어 있다.

국무원 회의는 국무원 구성원 전원이 참석하는 회의인 전체회의가 있고, 총리, 부총리, 국무위원, 비서장으로 구성되는 비공개회의인 국무원 상무회의가 있다. 이 중에서 총리가 국무원 전체회의와 상무회의를 소집·주재한다.

국무원의 전신은 1949년 9월 공동강령의 조직구성에 의해 설립된 '정무원(政務院)'이다. 정무원 소속의 기관으로는 委, 部, 會, 院, 署, 行, 廳 등이 있었다. 1954년에 제1기 전국인민대표대회가 개최되었고, "중화인민공화국의 모든 권력은 인민에게 속한다. 인민권력의 행사 기관은 전국인민대표대회와 지방 각급 인민대표대회다."라는 규정을 제시하였고, 상설기관으로 상무위원회를 두었다. 국가주석과 국가부주석을 두고, 그 밑에 정무원 대신에 국무원을 두었다. 국무원에는 총리와 부총리가 있게 되었다. 1982년 헌법에서 국가주석직이 회복되었을 때 당에는 당주석을 두지 않았고, 국무원 산하기관들을 정리 작업을 하면서 당과 정을 분리하고 권력분산을 시도하였다.

1951년, 중앙인민정부 정무원에서는 9월 3일을 항일전쟁승리기념일로 정했다. 2014년 2월 27일 전국인민대표대회 상무위원회는 매년 9월 3일을 '중국인민 항일전쟁 승리 기념일'로 확정하였는데, 이는 과거 인민정부 정무원과 현재 국무원 결정의 연속성을 살렸던 것이다.

1952년 9월3일엔 연변조선민족자치구가 정무원의 비준을 거쳐 성립되었다. 연변조선민족자치구는 1955년 12월에 연변조선족자치주로 개명되었다.

4) 최고인민법원과 최고인민검찰원

최고인민법원은 최고재판기관이다. 최고인민법원은 지방 각급 인민법원과 전문인민법원의 심판작업을 감독하고 상급인민법원은 하급인민법원의 심판업무를 감독한다.

헌법 제123조에서 제128조는 인민법원에 관한 내용이다. 제124조에 "중화인민공화국은 최고인민법원, 지방 각급 인민법원과 군사법원 등 전문인민법원을 설립한다. 최고인민법원 원장의 매회 임기는 전국인민대표대회의 매회 임기와 같으며 연속임기는 2회를 넘을 수 없다."라고 되어 있다.

그리고 최고인민검찰원은 최고검찰기관이다. 최고인민검찰원은 지방 각급 인민검찰원과 전문인민검찰원의 업무를 지도하며 상급인민검찰원은 하급인민검찰원의 업무를 지도한다. 최고인민검찰원의 검찰장의 매회 임기는 전인대의 매회 임기와 같으며 연임은 2회를 초과할 수 없다.

그리고 헌법 제129조에서 제133조는 인민검찰원에 관한 내용이다. 제129조에서는 "인민검찰원은 국가의 법률감독기관이다."라고 되어 있다.

한편, 헌법 제134조에 따르면 "각 민족의 공민은 모두 본 민족언어문자를 사용하여 소송을 진행할 권리를 가지고 있다. 인민법원과 인민검찰원은 현지 통용의 언어문자를 완전히 숙지하지 못한 참여인에 대하여 반드시 그들을 위해 번역을 해주어야 한다. 소수민족거주 또는 다민족 공동거주의 지구에서는 반드시 현지 통용의 언어를 사용하여 심리를 진행해야 한다. 기소장, 판결장, 포고와 기타문서는 반드시 실제 필요에 근거하여 현지에서 통용하는 일종 또는 몇 종의 문자를 사용해야 한다."라고 되어 있다.

5) 국가중앙군사위원회

국가중앙군사위원회는 1982년 전인대 헌법에서 통과되어 설립되었고, 전군을 통솔하는 중국 군사정책 최고결정기관이자 지휘기관이다. 당 중앙군사위원회 주석, 부주석, 위원은 중국공산당 중앙위원회가 선출하고, 국가중앙군사위원회 주석은 전국인민대표대회가 선출한다. 부주석과 위원은 주석이 지명하면 전국인민대표대회 혹은 전국인민대표대회 상무위원회에서 결정하게 된다.

헌법 제93조와 제94조는 국가중앙군사위원회에 관한 내용이다. 제93조에 "국가중앙군사위원회는 전국무장역량을 영도한다."라고 되어 있다. 주석책임제를 실행하고, 임기는 전인대와 같다.

> * 중국인민정치협상회의
> 정치자문기구인 중국인민정치협상회의는 1959년 제5기 정협부터 전인대와 동시에 개최되고 있다. 기능은 정치협상, 민주감독, 참정의정 등이다.

2. 중국공산당의 역사와 기구

1) 중국공산당 창당(1921.7.23.~8.2): 제1차 전국대표대회

현재는 중국공산당 창당일을 7월 1일로 정하여 기념하고 있지만, 실질적으로는

1921년 7월 23일부터 8월 2일까지(보통은 7월 31일로 알려져 있음.) 상해와 가흥에서 개최되었던 중국공산당 제1차 전국대표대회(전대)에서 창당되었다. 이 대회에 공산당 대표 13명과 코민테른 대표 2명이 참석하였고, 57명의 당원으로 출발하였다. 참석한 대표를 살펴보면 다음과 같다.

상해대표: 이한준(李漢俊), 이달(李達)

북경대표: 장국도(張國燾), 류인정(劉仁靜)

광주대표: 진공박(陳公博)

무한대표: 동필무(董必武), 진담추(陳潭秋)

장사대표: 모택동(毛澤東), 하숙형(河叔衡)

제남대표: 왕진미(王盡美), 등은명(鄧恩銘)

일본대표: 주불해(周佛海)

진독수 荼에서 파견: 포혜승(包惠僧)

중앙영도기구를 선출해야 하였지만, 당원이 적었을 뿐만 아니라 지방조직도 아직 완전하게 구축하지 못하여 대표들은 중앙위원회를 설립하지 않았다. 하지만 3인으로 구성된 중앙국을 먼저 설립하였는데, 이 때 진독수가 서기로 임명되었고, 장국도는 조직주임, 이달은 선전주임으로 임명되었다. 이렇게 하여 당의 첫 번째 중앙기구가 구성되었다. 회의에서 "제3국제만세(第三國際萬歲)", "중국공산당만세(中國共産黨萬歲)"를 크게 외친 뒤 폐막하였다.

2) 7월1일 중국공산당 창당일로 확정된 유래

제1차 전국대표대회가 7월 23일에 개최되었지만, 7월 1일을 창당기념일로 삼고 있는 이유는 무엇 때문인가? 기록에 의하면, 이 날을 창당일로 삼자고 언급하였던 최초의 사람은 모택동이었다. 1938년 ≪론지구전(論持久戰)≫에서 모택동은 "금년 7월 1일은 중국공산당 창당 17주년이 되는 기념일이다."라고 하였다. 이는 중국공산당 지도자 중 처음으로 '7월 1일'을 중국공산당의 창당기념일로 제안하였던 것이다. 당시 연안에 있던 사람 중 제1차 전국대표대회에 참가하였던 사람은 모택동과 동필무 뿐이었다. 두 사람은 7월에 개최하였던 것을 기억하였으나 개최 날짜를 정확하게 기억하지 못하였다. 그리고 기록의 부족으로 고증할 방법도 없었다. 그래서 7월 1일이 중국공산당의 탄생일로 확정되었던 것인데, 7월 23일에 개최하였다는 사실은 이후에 알게 되었다. '7월 1일'이 중국공산당의 창당기념일로 정해졌다는 최초의 기록은 1941년의 중국공산당 중앙문건이다. 당시 1941년 6월 30일 중공중앙에서 ≪중국공산당 탄생 20주년 및 항쟁 4주년 기념에 관한 지시(關於中國共産黨誕生二十周年、抗日四周年紀念指示)≫라는 문건에서 중공중앙의 이름으로는 처음으로 '7월 1일'을 중국공산당 창당기념일로 삼았다.

3) 당기(黨旗)와 당 휘장(徽章)

당기(黨旗)

당 휘장(徽章)

　　중국공산당을 상징하는 당기는 붉은색 바탕에 황금색의 당 휘장 도안을 수놓은 붉은 기이다. 중국공산당 당기는 초기 소련 공산당(볼셰비키)의 당기를 모방했었다. 그러다가 연안에서 처음으로 중국공산당 당기가 탄생했다. 그리고 1942년 4월 28일, 중공 중앙정치국에서 중국공산당 당기의 양식을 결정하였다. 1996년 9월 21일, 중공중앙 판공청은 ≪중국공산당 당기, 당휘장 제작과 사용에 관한 약간의 규정≫을 발표했다. ≪규정≫에서 당기와 당휘장은 중국공산당의 상징이고 표징이라고 하였다.

중국공산당 당 휘장은 바탕색이 붉은색이고 그 위에 노란색의 망치와 낫이 교차되어 있다. 붉은색은 혁명을 상징하고, 노란색의 망치와 낫은 노동자와 농민의 노동도구를 대표한다. 이는 중국공산당이 중국노동계급의 선봉대이고 노동계급과 광범한 인민군중의 근본이익을 대표한다는 것을 상징한다.

4) 老간부 은퇴 제도

'노간부 은퇴 제도'는 1982년 등소평과 진운에 의해 '중국공산당 노간부 은퇴 제도에 관한 결정'이 당내에서 통과되면서 실시되었다. 문화대혁명이 끝난 후 낙마했던 정치인들이 대거 현직으로 복귀했던 1979년에는 중앙정부 간부 중 50.55%가 60세 이상일 정도로 '노령화'가 심각했다. 등소평은 세대 교체를 위해 '노간부 은퇴 제도'를 꺼내면서 반발을 의식해 '중앙고문위원회'를 만들어 172명을 위원으로 선출해 은퇴를 유도했다.

중앙정부 정직급 간부는 만 65세, 부직급 간부는 만 60세에 은퇴해야 한다. 주석·부주석·국무원 총리 등 국가 지도자는 은퇴 연령 제한이 없는 대신 연임 후엔 직위에서 물러나야 한다.

중앙고문위원회는 1982년 제12차 전국대표대회에서 설립되었다. 40년 이상의 당력을 가진 원로들로 구성되어 당의 중요 방침과 정책의 결정 및 실시에 관하여 의견을 제안하고 자문에 응하는 기구이다. 임기는 5년이다. 중앙고문위원회 위원은 중앙위원회 전체회의에 참석할 수 있고, 부주임은 정치국 전체회의에 참석할 수 있다. 정치국이 필요하다고 인정하는 경우에는 중앙고문위원회 상무위원도 정치국 전체회의에 참석할 수 있는 등, 중앙고문위원회는 단순한 원로집단이 아니라 중앙위원회와 정치국에 상당한 영향력을 행사할 수 있는 권한을 가진 기구이다. 1989년 말부터 폐지론이 대두되어 오다가 1992년 제14차 전국대표대회에서 폐지되었다.

1992년까지 시행됐던 이 '고문 제도'는 '노간부 은퇴'로 인한 부작용을 최소화했지만 '원로 정치'라는 전통이 생겨나는 계기가 되었다.

2014년 발표된 규정에서는 국가 지도자의 은퇴 연령에 대해 '보통 현직은 만 70세를 넘지 않고, 은퇴는 만 75세 전후에 한다'고 구체적으로 제시했다.

5) 중국공산당 주요 기구와 회의

중국공산당의 주요기구로는 전국대표대회, 중앙위원회, 중앙정치국상무위원회,

중앙기율검사위원회, 중앙군사위원회, 중앙정치국이 있다. 이 중에서 중앙정치국 상무위원회의 위원이 당대 최고 권력을 쥔 사람들이다.

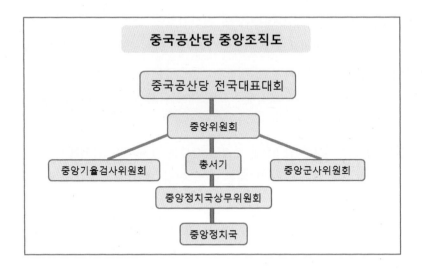

중국공산당 중앙조직도

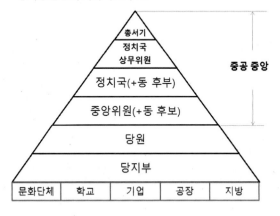

중국공산당의 피라미드 구조

(1) 전국대표대회

전국대표대회는 5년마다 개최되는 중국공산당의 당 대회이다. 이론적으로 중국공산당 내 최고권력기관이다. 약칭은 '전대'라고 한다.

중국공산당 당장(당헌) 제18조부터 제20조까지는 전국대표대회에 관한 내용이다. 제18조에서는 "당 전국대표대회는 5년마다 한번씩 중앙위원회가 이를 소집한다. 중앙위원회가 필요하다고 인정하거나 3분의 1이상의 성급조직이 요구할 경우에는 전국대표대회를 앞당겨 개최할 수 있으며 비상시가 아닐 경우에는 개최를 연기하지 못한다."라고 되어 있다. 전국대표대회의 직권에서는 당장 제19조에서 언급되고 있다. 주요 내용으로는 "(1) 중앙위원회의 보고를 청취심사한다. (2) 중앙기율검사위원회의 보고를 청취심사한다. (3) 당의 중대한 문제를 토의결정한다. (4) 당규약을 개정한다. (5) 중앙위원회를 선거한다. (6) 중앙기율검사위원회를 선거한다."이다.

(2) 중앙위원회

당장 제21조는 당중앙위원회에 대해 규정하고 있다. 주요 내용으로는 "당중앙위원회의 임기는 5년이다. 중앙위원회 위원과 후보위원은 당력이 5년 이상이어야 한다. 중앙위원회 위원수와 후보위원 수는 전국대표대회가 결정한다. 중앙위원회 위원들 중에 결원이 생겼을 경우에는 중앙위원회 후보위원들 가운데서 득표수에 따라 차례로 충원한다."라고 되어 있다. 그리고 "중앙위원회 전체회의는 중앙정치국이 소집하며 1년에 1회이상 개최한다."라고 되어 있다.

(3) 중앙정치국과 중앙정치국상무위원회 및 중앙위원회 총서기

당장 제22조에 "당의 중앙정치국, 중앙정치국 상무위원회와 중앙위원회 총서기"에 대해서 규정하고 있다. 주요 내용으로는 "중앙위원회 총서기는 반드시 중앙정치국 상무위원회 위원 중에서 선출되어야 한다."고 되어 있다.

중앙정치국은 중앙위원회의 심장부로서, 당·정·군을 움직이는 고위간부의 인사권을 장악하는 권력 핵심기구이다. 중앙정치국상무위원회는 중앙정치국의 심장부로서, 중국공산당과 중국정치를 움직이는 최고 권력지도층이다.

당장 제22조에 "중앙정치국과 중앙정치국상무위원회는 중앙위원회 전체회의 폐회기간에 중앙위원회의 직권을 행사한다."라고 규정하고 있다.

중앙정치국상무위원회는 1928년 제6차 1중전회 때부터 시작하였고, 중공중앙서기처라 개칭하였다. 1956년 제8차 전국대표대회 이후부터 이 명칭을 사용하기 시작하였고, 중국정치를 실질적으로 움직이는 엘리트그룹이다.

중앙위원회 총서기는 중국공산당 최고 지도자로, 중앙정치국 상무위원회 위원 중에서 선출한다. 당장 제22조에 "중앙위원회 총서기는 중앙정치국회의와 중앙정치국상무위원회 회의를 책임지고 소집하며 중앙서기처의 업무를 총괄한다."라고 규정하고 있다.

중국공산당의 최고 지도자의 정식명칭은 역사상 여러 번 변경되었다. 제1차 전국대표대회에서는 '중앙국 서기', 제2차와 제3차 대회에서는 '중앙집행위원회 위원장', 제4차 대회에서는 '중앙집행위원회 총서기', 제5차와 제6차 대회에서는 '중앙위원회 총서기'이다.

1943년 3월 20일부터 1982년 제12회 대회까지는 중앙위원회 주석이고, 제12차 대회 이후에는 "중국공산당 중앙위원회 총서기", 약칭은 "중공 중앙 총서기" 또는 "중국공산당 총서기", "중공 총서기"이다.

제8차 대회와 제12차 대회에서도 총서기는 있었지만, 중앙서기처의 일상 업무 처리가 주된 일로 당의 최고지도자는 아니었다.

(4) 중앙서기처

당장 제22조에 "중앙서기처는 중앙정치국과 중앙정치국상무위원회의 사무기구이며 그 성원은 중앙정치국 상무위원회가 인선을 제안하면 중앙위원회 전체회의에서 통과시킨다."라고 규정하고 있다.

1956년부터 1966년 기간에 존속했던 기구로, 문혁시기에 폐지되었다가, 1980년 제11차 5중전회에서 부활하였다. 현 서기처는 정치국과 상무위원회의 지도 아래

당 중앙의 일상업무를 관장하는 일선행정기구이지 정책결정기구는 아니다.

(5) 중앙군사위원회

중앙군사위원회는 중국공산당 최고 군통치기구로, 주석책임제이다. 당장 제22조에 "당 중앙군사위원회 구성원은 중앙위원회가 결정한다. 매 기 중앙위원회에서 선출한 중앙 지도기구와 중앙지도자는 차기 전국대표대회 회의기간에 계속 당의 일상사업을 조직 지도하며 차기 중앙위원회에서 새로운 중앙지도기구와 중앙지도자가 구성될 때까지 사업을 계속한다."라고 규정하고 있다.

당 중앙군사위원회는 국가중앙군사위원회와 이름만 다를 뿐 실제는 동질의 기구이다. 중앙군사위원회는 주석과 부주석을 포함한 상무위원을 중심으로 운명되며 중앙위원회에서 선출된다. 중앙정치국 및 그 상무위원회의 지도 아래 당의 군사업무와 관련되는 노선·방침 및 정책을 제정, 집행하고, 모든 군사업무에 대한 지도를 담당한다.

(6) 중앙기율검사위원회

1978년 제11차 3중전회 때 설립된 중앙기율검사위원회는 문혁기간에 폐지된 중앙감찰위원회를 대치한 기구이다. 중국공산당 내 관리들의 부정부패와 위법 행위를 조사 감찰하는 준-정부 기관이다. 2006년 1월 4일 지방 관리의 부패를 신고하는 웹사이트를 열었다.

당장 제43조부터 제45조까지 중앙기율검사위원회에 대해 규정하고 있다. 제43조에 "당의 중앙기율검사위원회는 당중앙위원회의 지도 하에 활동한다. 당의 지방각급 기율검사위원회와 기층기율검사위원회는 동급 당위원회와 상급 기율검사위원회의 이중적 지도 하에서 활동한다. 당의 중앙기율검사위원회 전체회의는 상무위원회 및 서기, 부서기를 선출하고, 당중앙위원회에 보고하여 비준을 받는다."라고 규정하고 있다. 제44조에서는 "당의 각급 기율검사위원회의 주요임무는 당규약 및 기타 당내법규를 수호하고 당의 노선·방침·정책·결의의 집행상황을 검사하며 당위원회를 협조하여 당기풍건설을 강화하고 부정부패 척결에 힘쓴다."라고 되어 있다.

한편, 징계와 관련하여 당장 제39조에서 "당의 기율적 징계는 경고, 엄중경고, 당내직무취소, 당내 보호관찰, 당적박탈의 다섯 가지가 있다. 당적박탈(제명)은 당내의 최고의 처분이다. 각급 당조직은 당원에 대한 당적박탈이라는 징계를 결정 또는 비준할 때에는 관련 자료와 의견을 전면적으로 검토하고 매우 신중한 태도를 취하여야 한다."라고 규정하고 있다.

(7) 중앙선전부(中共中央宣傳部)

중국공산당 중앙위원회의 직속 기구로, 공산당의 사상이나 노선의 선전, 교육, 계몽을 담당한다. 중국 내의 신문, 출판물, 텔레비전, 영화, 인터넷 등 모든 미디어의 감시를 담당한다. 문화부와 국가광파전영전시총국의 감독권을 가지고 있어서 미디어에 의해 중국공산당이 불이익을 당할 수 있는 중국공산당 간부의 부정부패나 대만문제 등에 관한 정보의 취급을 금지하는 권한을 가지고 있다. 실제로는 그러한 권한은 없지만 미디어 상층부의 인사권을 쥐고 있기 때문에 이 금지 명령은 상당한 압력으로 작용한다.

(8) 중앙통전부(中國共産黨中央統戰部)

중앙통전부의 정식명칭은 '중국공산당 중앙통일전선부(中國共産黨中央統一戰線部)'이다. 약칭하여 '중앙통전부'라고 부르는데, "http://www.zytzb.gov.cn/tzb2010/index.shtml"에서 최신 내용을 접할 수 있다.

1942년에 설립된 중앙통전부는, 문화대혁명 기간 초기에 업무가 중단되었다가 1973년에 부활하였다. 중앙통전부의 업무는 "민족, 종교에 관한 업무, 해외에서 조국통일공작, 비공산당원간부양성 등"이지만, 주로 비당원들에게 당의 윤리를 선전하는 업무를 한다.

중앙통전부의 1국(一局)은 민주당파와 관련된 업무를 담당하고, 2국(二局)은 민족과 종교에 관한 업무를 담당하며, 3국(三局)은 홍콩, 마카오, 대만, 해외업무를 담당하며, 4국(四局)은 당외 대표인사에 관한 업무를 담당하고, 5국(五局)은 경제국(經濟局)으로서 전국공상련(全國工商聯) 등 경제인사에 관한 업무를 담당하고, 6국(六局)은 당외 지식인에 관한 업무를 담당하며, 7국(七局)은 티베트와 관련된 업무를 주로 한다.

시진핑은 2016년 5월 18일 북경에서 개최된 중앙통일전선공작회의에서 유학생 출신들과 뉴미디어 대표인사, 비공유제 경제인 중에서도 젊은 세대에 대한 공작을 강화할 것을 지시했다. 2016년 7월 중앙통전부는 '신사회계층인사공작국(新的社會階層人士工作局)'으로 명명된 '제8국'을 신설하였다. ≪중국공산당통일전선공작조례(中國共産黨統一戰線工作條例(시행(試行))≫는 '신사회계층인사'를 통일전선 공작 대상으로 단독으로 열거하였다. 주된 업무는 "중국인 유학생 출신, 뉴미디어 대표인사, 비공유제경제인 중 특히 젊은 계층"을 대상으로 한다.

한편, 2016년 7월 4일 링지화(令計劃) 전임 중앙통전부 부장은 천진 제1중급인민법원으로부터 뇌물수수, 불법 국가기밀 취득, 직권남용 등으로 1심 재판에서 무기징역을 선고받았다.

(9) 중앙판공청(中國共産黨中央辦公廳)

중국공산당 중앙위원회 직속의 사무 기관이다. 중국 공산당 설립 초기부터 존재했으며, 과거에는 '중앙비서청'으로 불렸다. 형식상으로는 당의 최고 지도자인 중앙위원회 총서기의 비서 역할을 하는 곳이지만, 실제로는 총서기를 포함한 당 중앙위원회의 중요 지도자들의 의료, 보안, 통신 등의 일상 업무를 맡고 있어 그 권한은 명목상 역할보다 크다. 중앙판공청의 책임자는 중앙판공청 주임으로, 당지도자의 비서 등 비정치적 업무에 종사하도록 되어 있지만, 중앙판공청 주임을 지낸 인사들은 빠짐없이 최고 지도자 위치에 오른다.

(10) 중앙조직부(中國共産黨中央組織部)

중국공산당의 인사를 주관하는 기관으로, 성(省)과 직할시 또는 국무원의 각 급으로부터 중국공산당 중앙에 우수한 인재를 발탁하거나 간부를 양성하는 역할을 수행한다.

(11) 기율위원회 상주기구

중국은 2014년 12월 '중앙 1급 기관'인 "중앙판공청, 중앙조직부, 중앙선전부, 중앙통전부, 전국인민대표대회기관, 국무원판공청, 중국정치협상회의기관" 7곳에 '기율위원회 상주기구'를 설치한다고 발표하였다. 그리고 2015년 3월부터 실질적인 감찰활동을 전개해왔다. '중앙 1급 기관'에 감찰기구가 설치된 것은 중국공산당 역사상 처음이다.

2014년 12월 11일에 공포한 '중앙 기율검사위원회가 상설기구를 건설하는 데에 관한 의견(關於加强中央紀委派駐機構建設的意見)'에서 통일적으로 계획하고, 단계별로 실시하며, 신설, 구조 조정 등을 통해 중앙 일급의 당과 국가 기관에 파견한 주재기구가 누락 없이 업무를 진행하라고 제안했다.

6) 기타 주요 조직과 주요 장소

중국공산당을 구성하는 기타 주요조직으로 중국소년선봉대, 중국공산주의청년단, 중앙당교, 중앙편집국 등이 있다.

(1) 중국소년선봉대(中國少年先鋒隊, 1922~)

중국소년선봉대는 공산주의를 학습하는 학교이고, 사회주의건설과 공산주의건설의 예비대이다. 중국소년선봉대의 기풍은 "성실(誠實)·용감(勇敢)·활발(活潑)·

단결(團結)"이다. 중국소년선봉대의 간칭은 '소선대(少先隊)'이다. 만 7세부터 14세까지의 어린이들이 가입할 수 있다. 소년선봉대 조직은 전국적인 위원회와 지방위원회 등 중앙집권 지도체계를 구성하였을 뿐만 아니라 학교 내에서도 군부대의 조직구성과 유사한 대대·중대·소대 등 조직을 형성하였다. 그에 해당하는 간부들을 대대장·중대장·소대장으로 임명하여 어린이들을 통솔하는 역할을 하게 하였다. 소선대 전국대표회는 5년에 한 번씩 개최하며, 전국소공위(全國少工委)를 선출한다. 제1차 전국소공위는 1984년에 건립되었다.

(2) 중국공산주의청년단(中國共産主義青年團, 1920~)

중국공산주의청년단은 중국공산당이 영도하는 선진청년의 군중조직이다. 1982년에 공청단은 공산당의 예비역량이라고 규정하였다. 중국공산주의청년단을 간칭하여 '공청단(共青團)'이라 부른다. 그리고 역사적으로는 '중국사회주의청년단(中國社會主義青年團)'·'중국신민주주의청년단(中國新民主主義青年團)'이라 불렀다. 중고등학생들을 위주로 한 만 14세부터 만 28세 이하의 이르는 청년들을 중심으로 중국공산주의청년단을 구성하였다. 28세가 되면 간부직을 맡지 않는 한 공청단을 떠나야 한다. 공청단은 ≪중국청년보(中國青年報)≫라는 기관보와 ≪중국청년(中國青年)≫이라는 잡지를 간행하고 있다. 공청단은 조직·활동 등 전반적으로 공산당과 같은 공산당의 예비조직으로, 가입 후 활동상은 당안(檔案)으로 남아 장래에 영향을 미칠 뿐만 아니라 공산당원이 되는 데에도 많은 영향을 주었다.

(3) 중국공산당 중앙당교(中央黨校, 1933)

중국공산당 간부를 양성하는 교육기관이다. 줄여 '중앙당교'라 부른다. 1933년 3월 칼 마르크스 사망 50주년을 기념하여 강서성 서금에 마르크스공산주의 학교를 세웠다. 1935년 11월 중국공산당 중앙당교로 이름을 바꾸었다. 한 학기에 약 1600명의 학생을 선발하는데, 학생은 고급 당간부·청년 소수민족 간부·석사 박사 학위자로 구분되어진다. 현재는 민영기업가와 중국내 다국적기업의 경영인들에게도 수업을 들을 수 있는 기회를 주고 있다. 중앙당교의 기관지인 ≪학습시보(學習時報)≫ 등의 간행물을 통해 권력자들은 자신의 치국 방침과 정책 등을 발표한다. 교훈은 모택동이 정한 실사구시이다.

(4) 중국공산당중앙위원회선전부(中國共産黨中央委員會宣傳部, 1921)

중앙선전부 전신은 1921년 중공 1대 후에 성립한 중앙선전국(中央宣傳局)의 선전부이다. '중선부(中宣部)' 혹은 '중공중앙선전부(中共中央宣傳部)'라고 불린다. 중공 중앙이 의식형태방면의 종합적인 직능부분을 주관한다. 예를 들면, 주요 직무는 의식형태와 신문출판 및 교육방침을 관리한다. 중국에 대한 매체, 인터넷과 문화전파와 관련이 있는 각종기구의 감독과 신문 출판 및 텔레비전과 영화에 대한 심사를 한다.

(5) 중공중앙대외연락부(中共中央對外聯絡部, 1951)

중공중앙대외연락부는 간칭하여 '중련부(中聯部)'라 불린다. 중련부는 공산당 차원에서 6자회담, 한반도문제, 북한 노동당관련, 국제정세 관련 정책을 조정하고 전략을 수립하는 핵심부서이다.

(6) 중남해(中南海, 1949~)

1949년부터 중국공산당 중앙위원회와 국무원 청사로 사용하고 있다. 신중국 선언 4개월 전부터 당 중앙과 주요 간부들이 중남해에 거처하며 집무를 보기 시작하였다. 중남해 주변에 중국공산당 당사를 비롯하여 주요 정부기관들이 있어서 일반인들의 출입이 금지되어 있다. 북쪽에 있는 북해와 중해는 금나라 때부터 있었던 자연호로 금나라와 원나라 때 개발되었다. 반면 중남해는 명대 초기에 완성된 인공호로서, 만수산의 곤명호에서 물길을 끌어들였다.

(7) 북대하(北戴河, 1953~)

'여름 북경'이란 불리는 북대하는 북경에서 동쪽으로 280㎞ 떨어진 발해만에 접한 휴양지이다. 대하(戴河) 북쪽에 위치한다고 해서 '북대하'라 부른다. 중국의 중요한 정책은 북대하에서 결정하는데, 5년마다 열리는 전국대표대회를 앞두고 지도부 개편이 비밀리에 이루어지는 곳이기도 하다. 그래서 북대하를 '여름 북경'이라 부르기도 한다. 북대하 회의는 거의 비밀리에 진행되는데, 1953년부터 당과 정부 군사 최고지도자들이 이곳에 모여 국가중대사를 결정하였다. 회의는 대체적으로 7~8월에 열린다.

7) 중국공산당 신문, 잡지 등

(1) 인민일보(人民日報, 1948.6.15.)

≪인민일보≫(People's Daily)는 중국공산당 중앙위원회 기관보이다. 1997년 1월 1일 인민일보사는 인민망(人民網, www.people.com.cn)을 구축하였다. 현재 중국어·영어·일본어·프랑스어·스페인어·러시아어·아랍어 7개 언어로 구성되어 있다. 조선족을 포함한 중국 내 소수민족을 위한 사이트도 별도로 제공하고 있다. 1985년 7월 1일에는 중국어·영어·일본어·프랑스어·스페인어·러시아어·아랍어 7개 언어로 해외에 있는 구독자를 겨냥한 해외판이 발행되었다. 2009년 8월 1일에는 ≪인민일보≫ 티베트어판(藏文版)을 창간하였다. 중국공산당 중앙의 기관지는 ≪인민일보≫이고, 이론 간행물은 ≪구시(求是)≫지이다. 인민일보는 중국공산당과 정부의 정책이나 사상을 선전하는 기관지로서의 성격이 강하다.

(2) 구시(求是, 1988.7)

당 중앙위원회 기관지로 1988년 7월에 창간되었다. ≪구시≫는 당 중앙의 영도

하에, 마르크스레닌주의, 모택동사상, 등소평이론과 3개대표 주요 사상을 지도하며, 당의 기본노선, 기본강령과 기본 경험을 견지하고, 과학발전관을 견지하며, 전면적 소강사회를 건설하도록 한다. 그리고 끊임없이 중국특색의 사회주의 사업의 새로운 국면의 내용을 창조하며, 과학적인 이론으로 무장도록 하고, 정확하게 이론의 방향을 파악하도록 한다. ≪구시≫는 사상해방·실사구시·여시구진(與時俱進), 인민을 위한 봉사하도록 노력하며, 사회주의를 위해 봉사하며, 전 당·전 국가의 사업을 위해 봉사한다. 그리고 전당원간부에게 정확한 세계관·인생관·가치관을 인도하며, 전 당원이 마르크스주의 수준을 고양하며, 당의 사업발전의 임무를 촉진하도록 이끈다.

(3) 광명일보(光明日報, 1949.6.16.)

중국공산당의 지도를 받으며 발행되는 중국공산당의 당보이다. 이 신문은 ≪인민일보≫와는 달리 학술 이론과 문화·예술을 주로 다루는 것이 특징이다. 따라서 일반 군중이 아닌 지식인을 주 독자로 하고 있다. 2003년 6월 24일자에 실린 <고구려사 연구의 몇 가지 문제>에서 중국은 한국고대사를 왜곡하기 시작하였다.

(4) 학습시보(學習時報, 1999.9.17.)

1999년 9월 17일 창간되었고, 주관 단위는 중공 중앙당교이다. 각급 당·정 간부와 광범위한 지식인을 주요 대상으로 한다. 중국 내외에 공개적으로 발행하는 전당의 유일하고 전문적인 학습을 말하는 신문이다.

(5) 신화통신사(新華通訊社)

영문명으로 'Xinhua News Agency'이고, 간칭하여 '신화사(新華社)'라 불린다. 주요업무는 중국의 뉴스를 해외로 보도하는 것인데, 주로 정부 요인의 발언을 전달하는 경우가 많아서 국영 선전기관이라는 비판을 받기도 한다.

3. 중국 신4대 권력기구

시진핑 시대에 들어와 새로운 기구들이 생겨났다. 이러한 기구들을 시진핑이 주석 혹은 조장이 되어 이끌고 있는데, 대내적으로는 사회(민생)안정을 도모하고, 대외적으로는 국가안전을 강조하고 있다. 특히 과거 국무원 총리가 담당하던 경제 부분을 시진핑이 맡음으로써 시진핑의 권력강화와 밀접하게 연관을 짓고 있다.

중국 신4대 권력기구
국가안전위원회(2013): 테러, 외교, 안보(공안, 무장경찰, 사법기구 총괄)
당중앙전면심화개혁영도소조(2013): 경제, 민생, 사회 개혁
당중앙인터넷안전정보화영도소조(2014): 인터넷통제
국방군대개혁심화영도소조(2014): 군대 국방개혁

---

1) 국가안전위원회(國家安全委員會)

중앙국가안전위원회(中央國家安全委員會)는 '국안위(國安委)' 혹은 '중앙국안위(中央國安委)'이라고 불린다. 정식명칭은 '중국공산당중앙국가안전위원회(中國共產黨中央國家安全委員會)'이고, 중국공산당 중앙위원회에 속하는 기관이다.

2013년 11월 12일 제18차 3중전회에서 성립을 결정하였다. 이때 시진핑 총서기는 "국가안전과 사회안정은 개혁발전의 전제조건"이라며 "현재 중국은 대외적으로 국가주권과 안전, 발전 이익을 수호하면서 대내적으로도 정치안전과 사회안정을 지켜야 하는 이중의 압력에 처해 있다"고 밝혔다. 또 "강력한 체제로 국가안전 공작의 통일적 지도를 강화하는 것이 급선무"라고 하면서 "국가안전위원회는 국가안전전략을 수립하고 국가안전 법치건설과 방침·정책 등을 제정해서 실시해야 할 것"이라고 강조했다. 이렇게 국가안전위원회는 중국의 외교와 국방은 물론이고, 공

안과 정보 기능까지 취급하는 중국의 국내외 안전을 담당한다.

2014년 1월 24일에 정식으로 성립된 국가안전위원회의 주석은 총서기 시진핑이 되었고, 리커창(李克强, 이극강)과 장더장(張德江, 장덕강)이 부주석이 되었다.

2) 전면심화 개혁영도소조(全面深化改革領導小組, Central leading group for overall reform, CLGOR)

제18차 3중전회 공보에서 중앙은 전면심화개혁영도소조(全面深化改革領導小組)를 성립한다고 밝혔다. 정식명칭은 중앙전면심화개혁영도소조(中央全面深化改革領導小組)이고, 2013년 12월 30일에 정식으로 성립하였다. 2020년까지 각 방면에서 성과를 거두고자 한다. 이 회의에서 경제체제, 정치체제, 문화체제, 사회체제, 환경체제, 당 건설제도 분야의 개혁 중요 원칙과 방침을 결정하였고, 전국적인 주요 개혁정책을 총괄하는 사령탑 기능을 한다.

2014년 1월 22일 시진핑 국가주석이 조장을 맡고 리커창 총리, 류윈산(劉雲山, 류운산) 당 중앙서기처 서기, 장가오리(張高麗, 장고려) 부총리 등 3명의 상무위원이 부조장을 맡았다. 중앙개혁영도소조의 나머지 구성원들은 시진핑의 핵심 측근인 부총리급 이상 인물들로 구성되었다. 그동안 국무원 총리의 고유영역으로 알려진 경제분야를 시진핑이 직접적으로 관장하면서 국정 전반을 장악하게 되었다.

당시 중국 관영 신화통신은 "시진핑 국가주석이 1월 22일 '중앙전면심화개혁영도소조' 첫 회의를 주재했다"고 보도했다. 시진핑은 "연간 계획은 봄에 세우는 것"이라며 "전문소조를 신속하게 운영해 지방별 조직과 연계하면서 개혁을 적극적으로 추진해 달라"고 당부했다.

개혁영도소조 아래에는 "경제·생태문명체제 개혁, 민주법제 개혁, 문화체제 개혁, 사회체제 개혁, 당의 건설제도 개혁, 기율검사체제 개혁"이라는 6개 전문소조가 설치됐다.

3) 중앙 인터넷안전과 정보화 영도소조(中央網絡安全和信息化領導小組, 인터넷영도소조)

2014년 2월 27일, '중앙 인터넷안전과 정보화 영도소조(중앙인터넷안전정보화영도소조)'가 성립하였다. 중앙 인터넷안전과 정보화 영도소조는 기존의 '국가정보화영도소조'와 '국가인터넷·정보안전협조소조'를 통합한 조직으로, 사이버 안보와 인터넷 여론을 단속하는 정책을 총괄한다.

2014년 중앙인터넷안전정보화영도소조 제1차회의에서 인터넷영도소조와 관련한 '공작(사업)규칙', '판공실공작세칙', '2014년 중점공작' 등의 문건을 통과시켰다. 국가주석인 시진핑은 스스로 조장을 맡았고, 리커창과 류윈산은 부조장이 되었다. 시진핑은 회의에서 "인터넷안전이 보장되지 않으면 국가안전도, 정보화도, 현대화도 없다"고 강조하였다. 그리고 "인터넷 안보와 정보화는 중국 국가안보와 발전은 물론 인민생활과 일에 관련된 중대한 전략문제"라고 강조했다.

4) 국방과 군대 개혁 심화 영도소조(中央軍委深化國防和軍隊改革領導小組)

2014년 3월 11일, 시진핑은 제12차 전국인민대표대회 2차회의 해방군대표단(解放軍代表團)전체회의에 참가하여 개혁과 건설을 언급하였다. 2014년 3월 15일 '중앙군위심화국방화군대개혁영도소조(中央軍委深化國防和軍隊改革領導小組, 국방과 군대개혁심화영도소조)'가 성립되었다. 조장은 시진핑이 맡고, 부조장은 범장룽(範長龍)과 허기량(許其亮)이 맡기로 결정하였다.

조장인 시진핑은 제1차 전체회의를 주재하면서 주요 담화를 발표하였다. 시진핑은 국방과 군대개혁을 심화해야 한다고 강조하였다. 그리고 "군 개혁의 목표는 더 강한 군을 건설하는 것"이라며 "국방과 군 개혁은 중국의 모든 개혁에 우선하는 상징적인 것"이라고 강조했다. 시진핑은 "군 조직의 현대화 없이는 국방과 군 현대화도 없다"며 "지휘체계와 구조 등에 관한 개혁을 심도있게 추진하겠다."고 밝혔고, "개혁은 공산당의 군에 대한 지휘를 강화하는 것"이라고도 밝혔다.

4. 권력의 서열과 지도체제의 변화

1) 권력의 서열

전통적으로는 중국 권력기관의 서열은 '중국공산당-전국인민대표대회-국무원' 순이지만, 최근에는 '중국공산당-국무원-전국인민대표대회' 순으로 변하고 있다. 그리고 과거에는 일반적으로 '당주석' 혹은 '당총서기' 등 중국공산당의 최고 직위를 거론하였지만, 현재에는 '국가주석'이라는 직위를 더 많이 사용하고 있기 때문에, 중국공산당이 중심이 된 체제에서 점차적으로 국가체제를 중심으로 한 정치체제로 변하고 있다. 즉, 시진핑 총서기라는 호칭보다는 시진핑 국가주석이라는 호칭을 더 많이 사용되고 있다.

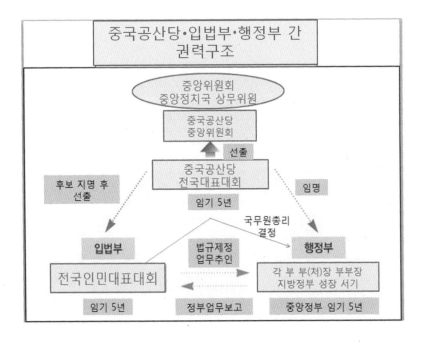

(1) 서열 1위는 당이다.: 지방각급 당위원회는 행정부가 갖는 많은 유사한 부서

와 자체만 갖는 특수부서를 유지하고 있다. 이른바 '당·정구분'이라는 말은 당이 정부의 하는 일까지 중층적으로 관여했기 때문에 개혁파들에 의하여 당과 정부의 기능분리론이 제기되었다. 현재 차츰 상당부분 개선이 되었으나 아직도 분리할 부분이 매우 많다.

(2) 서열 2위는 인대(人大)이다.: 전국인민대표대회(전인대)는 원래 당의 정책과 결정을 국가의 정책과 결정으로 공식화시키는 입법기관이다. 대표들의 대다수가 당원 또는 기타 충성분자로 구성되어 있다. 따라서 "준당기국"의 성격을 띤다. 다만 집행능력이 없기 때문에 실속은 없는 명분상의 2위라고 보아야 되겠다.

(3) 서열 3위는 행정부이다.: 각급 정부는 형식상 상급정부와 동급인대(人大)의 지도 감독을 받는다. 최상급정부인 국무원도 전인대의 지도와 감독을 받는다는 점에서 정부는 인대의 지도와 감독 하에 있는 것이다. 그러나 행정부는 법적으로 주어진 집행권이 광범하고 다양하며 실무상의 재량권도 많기 때문에 실질적인 권한은 인대보다 많다.

(4) 서열 4위는 사법계통인 각급 인민 법원과 각급 인민검찰원이다.: 일반적으로 '양원(兩院)'이라고 불리는 이 기구들은 인대에 의해서 구성되기 때문에 인대보다 하위이고 행정부의 공안기관과의 협조 하에서 업무를 비교적 수동적으로 처리해야 되기 때문에 동급 행정부보다 서열상 하위에 있다.

(5) 서열 5위는 중국인민정치협상회의(정협, 政協)이다.: 정협은 당과 정부의 퇴역인사들이 구성원의 주류를 이루고 있으며 일종의 군중 원로 대표기관인데 당·인대·정부에 대한 비공식 고문기관이기도 하다.

2) 중국 지도체제의 변화

1921년 중국공산당이 창당된 이후부터 1935년 '준의회의'까지는 총서기가 최고 지도자였고, 1935년부터 1945년까지는 총서기제가 존재했으나 실권은 당주석에게 있었다. 1945년부터 1956년까지 총서기제는 공식적으로 폐지되었다.

1956년 8대에서 총서기제가 부활되어 당 행정상의 실무조정을 책임지는 최고위직이 되었지만 직책의 중요성은 그 이전보다 줄어들었다. 문혁 전까지는 계속되었으나 문혁기간 중에는 이 직위가 폐지되었다.

당 최고지도권은 1945년이후 계속 당 주석에게 있었고, 총서기는 행정상의 업무만을 담당했을 뿐이었다. 그리고 1982년 12대에서 당 주석제가 폐지됨으로써 1980년 부활된 총서기가 당 최고지도자가 되었다.

창당이후~1935	1935~1945	1945이후	1980년이후
총 서 기	당 주 석	당 주 석	총 서 기

(1) 중국공산당 총서기 흐름도

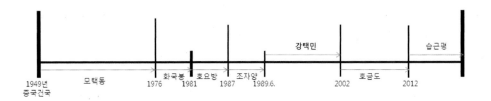

중국 건국한 이래로 총서기는 현재 총 7명이다. 호요방과 조자양이 총서기로 있을 때의 실질적인 최고 권력자는 등소평이었다. 1997년 등소평이 사망한 이후로는 총서기 겸 국가주석이 최고 권력자가 되었다.

(2) 중앙군사위원회 주석흐름도

"권력은 총구에서 나온다."라는 말에서 알 수 있듯이, 중국에서 실질적인 최고 권력자는 '군'을 장악하고 있는 지도자이다. 물론 1989년 6·4천안문 사건 이후부터 등소평이 사망할 때까지는 중앙군사위원회 주석인 강택민보다는 등소평이 최고 권력자였다. 이 기간을 제외하고는 중앙군사위원회 주석이 곧 실질적인 최고권력자이다. 중국에는 당중앙군사위원회와 국가중앙군사위원회가 있는데, 한 사람이 두 기구의 주석직을 맡고 있기 때문에, 커다란 문제는 없다.

(3) 전인대 상무위원회 위원장 흐름도

전국인민대표대회 상무위원회 위원장은 한국의 국회의장에 해당되는 직위로 중국내 서열 2위에 해당되는 직위이다. 2003년 호금도 정부가 들어서면서 '호금도-온가보 체제'라는 호칭으로 불리면서 점차적으로 국무원 총리에 밀려나는 듯하다. 교석이 전인대 상무위원회 위원장으로 있을 때, 등소평이 사망한 후 "군권은 상무위원장이 가져야 한다"는 발언을 하여 실각하였다는 말이 나올 정도라면 상무위원장의 권력이 컸음을 알 수 있다.

(4) 국가주석 흐름도

오늘날 최고 직위인 국가주석은 문화대혁명 시기에는 폐지되었다가 1982년 신헌법 이후 부활한 직위이다. 한 사람이 총서기와 국가주석 직을 동시에 맡고 있더라도 일반적으로 '총서기'라는 직함을 더 많이 사용하였는데, 최근에는 '국가주석'이라는 직함을 더 많이 사용하고 있다. 역대 국가주석 중 유소기(劉少奇) 국가주석은 대약진과 인민공사 정책의 실패를 "3할의 천재(天災)에 7할의 인재(人災)"라고 결론지으면서 은근히 모택동을 비난하였다. 이후 문화대혁명이 발발하였을 때 유소기는 숙청당했다.

(5) 국무원 총리 흐름도

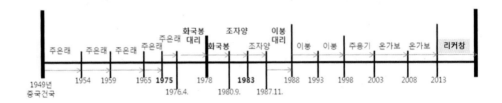

'영원한 국무원 총리'라 불리는 주은래를 비롯하여, 조자양·주용기·온가보 등이 유명하다. 특히 온가보가 국무원 총리를 맡으면서 '호-온 체제'라는 말이 나오면서 국무원 총리의 역할이 매우 중요해졌다. 시진핑 정부가 들어설 때도 '시진핑-리커창 조합(시리조합)'이라는 말이 나오면서 국무원 총리의 역할이 커질 것이라고 예상하였으나, 최근 국무원 총리가 맡던 직위를 시진핑 국가주석이 맡으면서 그 예상은 벗어났다. 오히려 2016년에 들어서면서 리커창이 실각할 수 있다는 전망이 나오고 있을 정도로 시진핑의 1인 체제가 굳건해지고 있다.

3) 주요 직위

(1) 당 주석

1949년 중국 건국 이후부터 1982년까지는 모택동과 유소기가 국가주석을 역임한 시기를 제외하면 당주석이 중국 최고지도자였다. 중국공산당 최고지도자 당주석은 1937년 낙천(洛川)에서 개최된 중앙정치국회의 이후 1976년 9월 9일 모택동이 사망할 때까지 맡았다. 이후 화국봉이 당주석직을 맡았으나, 등소평 중심의 실무파가 집권하면서 물러나게 되었다. 화국봉은 1981년 6월에 당주석직을 사임하였고, 총서기였던 호요방이 당주석직을 겸임하다가 1982년 당주석제가 공식적으로 폐지됨으로써 총서기가 당의 최고지도자가 되었다.

1982년 12대 당장은 중앙위원회 주석과 부주석제를 폐지하고 총서기제를 부활하였다. 당 주석제의 폐지는 과거 문혁의 발생이 어느 특정인에 권력이 과도하게 집중된 결과에서 연유한 점을 감안하여, 개인숭배의 가능성을 배제하려는데 주목적이 있었다.

> 총서기(1921~1935 준의회의) - 총서기(1935~1945. 실권은 당주석) - 당주석(1945~1965, 총서기 폐지) - 총서기제부활(1956년) - 총서기제폐지(문혁기간) - 총서기(1980. 당주석제폐지(1982)) - 총서기

역대 당주석		
시 기	주 석	부 주 석
7대 1중전회(1945. 6)	모택동	주덕, 유소기
8대 1중전회(1956. 9)	모택동	유소기, 주은래, 주덕, 진운
9대 1중전회(1969. 4)	모택동	임표
10대 1중전회(1973. 8)	모택동	주은래, 왕홍문, 강생, 섭검영, 이덕생
11대 1중전회(1977. 8)	화국봉	섭검영, 등소평, 강동흥, 진운(1978,12, 3중전회에서 추가선출)
11대 6중전회(1981. 6)	호요방	섭검영, 등소평, 조자양, 이선념, 진운, 화국봉

(2) 국가주석

① 중화인민공화국 건국 초기~1954년

국가기구체계에 국가주석을 설치하지 않고, 중앙인민정부위원회가 국가주석의 직권을 행사하였다. 중앙인민정부위원회는 주석 1명, 부주석 6명, 위원 56명, 비서장 1명으로 구성되었다.

중앙인민정부 주석은 중앙인민정부위원회회의를 주관하고 중앙인민정부위원회

의 업무를 책임지는 등 정치적으로 중요한 역할을 하였다. 중앙인민정부 주석은 독립된 국가기관도 아니고 국가원수도 아닌 단지 중앙인민정부위원회의 한 구성원일 뿐이었지만, 실질적으로는 중앙인민정부 주석이 일부 국가원수의 직권을 행사하였다. 중국 수립부터 1954년 9월까지는 중앙인민정부위원회가 국가주석에 해당된다고 할 수 있다.

② 1954년 이후

중국의 국가주석제는 1954년 9월에 개최된 제1기 전국인민대표대회에서 중국의 첫 번째 성문헌법을 제정하면서 시작하였다. 기존의 중앙인민정부위원회를 폐지하고 전국인민대표대회 산하에 전국인민대표대회 상무위원회가 중화인민공화국 주석을 설치하도록 규정하였다. 이로써 국가주석은 독립된 국가기관으로서 국가의 대표이자 국가의 상징이 되었다.

1954년 헌법에서는 국가주석의 탄생, 임기, 지위, 직권 등의 문제에 대해서도 명확히 규정하였다. 1954년부터 1965년까지 국가주석제도는 정상적으로 운영되었다. 이 시기의 국가주석은 전국인민대표대회와 그 상무위원회의 결정에 의거하여, 법률과 법령 공포, 국무회의 소집, 외국사절 접견 등 직무와 연관된 각종 업무를 정상적으로 수행하였다. 그러나 1966년 국가주석인 유소기가 사망한 이후부터 1975년까지 국가주석 자리가 공석 상태가 되었다.

1975년 1월 17일 제4기 전국인민대표대회 제1차 회의에서 중국 수립 후 두 번째 성문헌법을 통과시키면서 국가주석제도는 공식적으로 폐지되었다.

1978년 3월 5일 제5기 전국인민대표대회 제1차회의에서 중국 수립 후 세 번째 성문헌법을 통과시켰다. 이 헌법의 규정에 의거하여 국가기구의 설치 문제에 있어서 여전히 국가주석을 설치 않는다는 입장을 견지하였다. 1978년 헌법에서는 1954년 헌법에서 규정한 국가주석에 의해 행사되는 직권(외국사절 영접, 법률과 법령 공포, 외국대사 파견과 소환, 대외 조약체결 비준, 국가의 영예 칭호를 받는 중요한 직권 등)을 전국인민대표대회 상무위원회 위원장이 행사한다고 개정하였다.

1982년 12월 4일 제5기 전국인민대표대회 제5차회의에서 중국 수립 후 4번째 성문헌법을 통과시켰고, 이때 국가주석과 부주석제도를 부활시켰다.

(3) 국무원총리

국무원총리의 인선은 국가주석의 제명에 근거하여 결정되어진다. 국무원총리의 제명에 근거하여 국무원부총리, 국무위원, 각부 부방, 각 위원회 주임, 회계검사장, 비서장의 인선을 결정한다.

국무원총리는 국무원의 업무를 지도한다. 부총리, 국무위원은 총리의 업무를 협조한다. 총리, 부총리, 국무위원, 비서장이 국무원 상무회의를 구성하고, 국무원 상무회의와 국무원 전체 회의를 소집하고 주관한다.

호금도 정부 때부터 국무원총리의 위상이 높아져 '호-온체제'라 불렸고, 시진핑 정부가 들어설 때도 '시리조합'이라 하여 국무원총리의 위상이 그대로 높아질 것으로 예상하였으나, 실질적으로는 시진핑 1인 권력체제로 돌입하면서 그동안 국무원 총리가 맡던 기구를 국가주석이 맡게 되었다.

일반적으로 국가주석은 국방과 외교를 담당하고, 국무원총리는 경제와 내치를 담당하지만, 시진핑 시대에 들어오면서 국무원총리가 맡아야 할 부분을 국가주석이 담당하는 사례가 늘고 있다. 한 예로, 1980년 재경영도소조가 설립된 이후부터 소조장을 조자양총서기-강택민 국가주석 순으로 맡다가, 주용기 때부터 국무원총리가 맡았었는데, 시진핑 정부가 들어서면서 다시 시진핑 국가주석이 소조장이 되었다. 그리고 새롭게 설립된 중앙전면심화개혁영도소조에서 부조장을 맡고 있다.

리커창 총리가 조장을 맡고 있는 영도소조로는 국가과학기술교육영도소조, 국가정보화영도소조, 국무원 서부지구개발영도소조, 국가기후변화대응공작영도소조가 있다.

5. 사법제도

중국의 사법제도는 '수사제도, 재판제도, 감독제도'로 나뉜다. 중국의 3대 사법

기관은 '공안기관, 인민법원, 인민검찰원'으로 사법제도의 집행을 관철한다. 공안
기관은 수사기관, 인민법원은 재판기관, 인민검찰원은 감독기관이다.

　국가최고공안기관은 '공안부와 국가안전부'이고, 지방공안기관은 '공안청, 공안
국, 국가안전국'이다. 공안부는 중국 최고급공안기관이다. "공안기관조직관리조례"
제3조 제1항은 "공안부는 국무원 산하의 전국공안사업을 관여하는 통솔, 지휘기
관"이라고 규정하였다. 각 성(省)과 자치구에는 공안청(公安廳)이 설치되어 있다.
공안청 아래로는 공안국(公安局)이 있고, 공안국은 파출소(派出所)를 두고 업무를
진행하고 있다. 공안부의 주요 직책에 따라 공안부에는 사무청, 경찰업무감독, 인
사훈련, 홍보, 경제사건수사, 치안관리, 출입국관리, 형사수사, 변경관리, 소방, 경
호, 공공정보네트워크안전감독, 교통관리, 법제, 국제협력, 마약금지, 반테러 등의
부서를 구성하고 있고, 각각 관련된 업무를 수행한다. 공안 기관은 범죄행위에 대
한 사전예방, 방지, 사건에 대한 수사를 하는 업무를 맡고 있다. 사회의 치안과 질
서를 바로잡고, 사회질서를 어지럽히고 해가 되는 행위를 방지하고 교통, 소방, 출
입국, 외사에 관계된 모든 일을 담당하며 전산정보 계통의 안전보호와 국가기관 사
회단체, 기업 등을 감독하는 역할까지도 하고 있다.

　국가의 최고재판기관은 최고인민법원이고, 지방법원은 성급에 설치되어 있는 고
급인민법원과 중급인민법원, 현급에 설치되어 있는 기층인민법원으로 구분된다.
국가최고법률감독기관은 최고인민검찰원이고, 지방법률감독기관은 성급에서 현급
에 이르는 각급 인민검찰원이다.

6. 선거제도

1) 선거권과 피선거권

　헌법 제34조에 의하면 "중화인민공화국의 만18세 이상의 공민은 민족, 종족, 성
별, 직업, 가정출신, 종교 신앙, 교육정도, 재산상황, 거주기한을 구분하지 않고, 모

두 선거권과 피선거권을 가지고 있다. 단 법률에 의해 정치권리를 박탈당한 사람은 제외한다."고 되어 있다.

선거를 앞두고, 선거권을 행사할 수 있는 중국공민에 대한 조사와 등록이 시작된다. 자격심사를 거쳐 선거권을 행사할 수 있는 사람의 명단이 정해지며 명단은 선거일 D-20에 공개된다. 투표는 무기명 비공개방식으로 진행된다.

2) 직접선거와 간접선거

(1) 직접선거

현과 향, 진급 행정구역의 대표는 선거민들이 직접 투표를 하여 선출한다. 직접선거는 각 급 지방행정단위의 선거위원회가 주관한다.

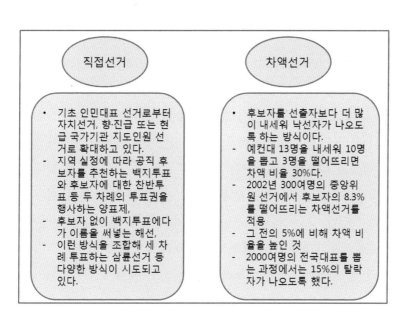

직접선거에서 선거관리위원회는 선거에 대한 모든 것을 주관한다. 그리고 선거일, 선거인에 대한 등록과 자격심사 및 발표, 이의신청과 결정권, 선거구역의 배분과

대표의 인원제한, 후선인(候選人, 선거에 출마한 사람) 발표, 투표소관리, 선거결과의 효력발생 결정권, 선거된 대표 명단의 발표권, 선거 중의 불법행위에 대한 처리권 등 권력을 행사한다.

선거방식의 순서와 절차에 있어서 최초의 지방 인민대표는 10인 이상의 선거민의 추천에 의하여 후선인의 선정되고 다시 신분증 대조를 통한 무기명 투표 및 개표의 절차를 거쳐 선거인 총 수의 1/3 이상의 표를 획득한 사람이 인민대표의 후선인으로 선출되며 선거위원회의 심의를 거쳐 최종 확인이 되면 인민대표로 공식 발표된다.

직접선거의 방식으로 선거된 대표는 중국공민의 직접투표에 의하여 선거된 인민대표들이며 현, 구, 향, 진의 인민대표에 한하여 직접선거의 방식이 이루어지고, 그 이상의 행정단위부터는 인구의 4배수 이상의 행정단위를 한 선거구역으로 지정하고 간접선거의 방식을 통하여 인민대표가 선거되어 나온다.

(2) 차액선거

중국공산당 당장 제11조에 의하면 "당의 각급 대표대회의 대표와 위원회의 선출은 선거인의 의지가 반영되어야 한다. 선거는 무기명투표의 방식으로 진행한다. 입후보자명단은 당조직과 선거자들이 충분히 사전 협의하고 토의해야 한다. 후보자의 수가 정원보다 많은 차액선거방식으로 예비선거를 실시해 후보자 명단을 확정한 뒤 정식선거를 실시할 수도 있다. 선거인은 입후보자의 상황을 알 권리와 입후보자의 경질을 요구할 권리, 특정 입후보자를 선거하지 않을 권리, 다른 사람을 투표할 권리를 가진다. 모든 조직과 개인은 그 어떤 방식으로도 선거인에게 특정인의 선출이나 선출하지 못하도록 강요해서는 안된다."고 되어 있다.

그리고 각 급 인민대표대회 대표의 선거는 모두 차액 선거 방식을 취한다.

(3) 간접선거

간접선거란 선출된 하급 행정단위의 인민대표가 상급 행정단위의 인민대표를 선

출하는 방식을 말한다. 즉, 중앙과 성, 시의 인민대표대회의 대표는 간접선거 방식
으로 선출된다. 간접선거는 각 급 지방인민대표대회 상무위원회가 주관한다.

후선인은 하급행정단위의 추천을 통하여 정해지며 추천된 후선인이 법으로 제한
한 인원의 수를 초과할 경우 예선을 거쳐 정식 후선인을 선거한다. 상급 행정단위
에 후선인을 천거하는 시간은 간접선거 D-2일까지여야 한다.

3) 민주당파(民主諸黨派)

중국에는 중국공산당만 있는 것이 아니라 중국국민당혁명위원회, 민주동맹, 대
만민주자치동맹 등 8개 민주당파가 존재한다. 하지만 이러한 민주당파는 실질기능
과 역할 면에서 독립정당 또는 야당이 아니라, 중국공산당에게 협조하는 형식상의
友黨, 參政黨이다.

(1) 중국국민당 혁명위원회(민혁)

1949년 홍콩에서 발족하였고, 장개석의 독재에 반대하는 국민당 내의 혁신파가 결
성하였다. 구성원은 주로 원래의 국민당 인사 및 국민당과 역사적 연계가 있는 인사
들이다. 대만·티베트를 제외한 30개 성·자치구·직할시에 성급 조직을 설립하였다.

(2) 중국민주동맹(민맹)

1941년 홍콩에서 발족되었다. 민주정부동맹이 전신이며, 구성원은 주로 문화 교
육계의 중상층 지식인들이다.

(3) 중국민주건국회(민건)

1945년 결성되었고, 구성원은 주로 경제계 인사 및 관련 전문학자들이다.

(4) 중국민주촉진회(민진)

1945년 결성되었고, 구성원은 주로 문화, 교육, 출판, 과학과 기타 직무에 종사하

는 지식인들이다.

  (5) 중국농공민주당(농공)

  1930년 결성된 중국 국민당 임시 행동 위원회가 전신이며, 구성원은 주로 의약, 위생계와 과학기술, 문화교육계의 중고급 지식인들이다.

  (6) 중국치공당(치공, 致公)

  1925년 미국 샌프란시스코에서 발족, 화교의 정치 결사였으나 1949년 이후에는 해외활동을 중지했다. 구성원은 주로 귀국 화교와 귀국 해외동포 가족들이다.

  (7) 구삼학사(九三學社, 구삼)

  1944년 결성되었고, 구성원은 주로 과학기술계의 고중급 지식인들이다. 1945년 9월 3일 항일전쟁과 세계 반파시스전쟁의 승리를 기념하기 위하여 9・3학사로 개칭하였다. 1946년 5월 4일에 정식으로 발족했다. 구성원은 주로 과학 기술계의 중・고급 지식인층이다.

  (8) 대만민주자치동맹(대맹)

  1947년 홍콩에서 발족하였고, 성원은 민주화 운동을 추진한 주로 대륙에 거주하는 대만동포이다.

4) 주요 사회단체

  (1) 중화전국총공회(약칭, 全總)

  1925년 5월 1일에 설립되었고, 산업 공회 전국 조직의 지도 기관이다. 사회적 역할로는 "① 노동자・직원의 합법적 권익과 민주 권리를 수호한다. ② 노동자・직원 대중이 건설과 개혁에 참가하고 경제와 사회 발전 과제를 완수하도록 동원, 조직한다. ③ 기업의 민주 관리에 참여하며 노동자・직원이 부단히 사상 도덕과 과학 기술·문화 자질을 향상하도록 육성한다."이다.

(2) 중화전국부녀연합회(약칭, 全國婦聯)

1949년에 발족하였고, 여성 이익을 대표한다. 남녀평등을 촉진하기 위해 중국공산당과 협력한다. 그리고 ≪中國婦女報≫와 ≪中國婦女≫를 발행한다.

(3) 중화전국공상업연합회(약칭, 全國工商聯)

1953년 11월에 발족하였고, 중국 공상업계의 전국적인 인민단체이다.

(4) 중국문학예술계연합회(약칭, 中國文聯)

1949년 3월에 발족하였고, 전국적 문학 예술가 협회이다. 각 성·자치구·직할시 문학 예술계 연합회, 전국적인 산업 문학예술 관계자 연합회로 구성된 인민단체이다.

(5) 중화전국귀국화교연합회(약칭, 中國僑聯)

1956년 10월 12일에 전국의 귀국 화교들이 발족하였다.

(6) 중국적십자총회(中國紅十字總會)

1904년에 발족했으며 인간의 생명과 건강을 보호하고 인도주의 정신을 발양하며 평화·진보 사업을 촉진하는 것을 종지로 삼고 있다.

제4장

중국의 정책결정과
주요 회의

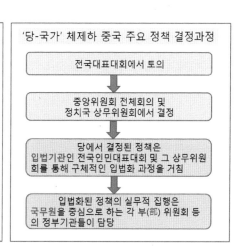

공산당 직속기관으로 정책결정에 관여하는 기구

판공청, 조직부, 선전부, 대외연락부 및 인민일보사, 광명일보사 등

대외연락부 : 당의 대외업무를 관장하며, 사회주의 국가들과의 우호관계 증진에 중요한 역할을 수행

영도소조(領導小組 ; small leardership group) : 당 최고지도부가 '영역별로 업무를 분담'하여 자신들의 책임 분야에서의 정책결정과 집행과정을 지휘하기 위해 만든 일종의 '협의'기구

'당-국가' 체제하 중국 주요 정책 결정과정

전국대표대회에서 토의

중앙위원회 전체회의 및 정치국 상무위원회에서 결정

당에서 결정된 정책은 입법기관인 전국인민대표대회 및 그 상무위원회를 통해 구체적인 입법화 과정을 거침

입법화된 정책의 실무적 집행은 국무원을 중심으로 하는 각 부(部) 위원회 등의 정부기관들이 담당

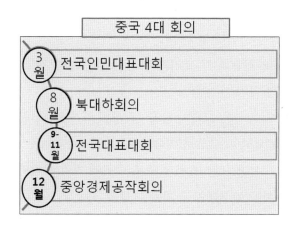

중국 4대 회의

3월 전국인민대표대회

8월 북대하회의

9-11월 전국대표대회

12월 중앙경제공작회의

1. 민주집중제

민주집중제는 중국공산당이 신중국을 건국할 때 임시헌법의 역할을 하였던 공동 강령과 함께 1954년 헌법 제정 이후부터 1982년 신헌법에 이르기까지 중국의 기본적인 조직원칙이 되었다.

민주집중제는 '민주적 중앙집권주의'라고도 한다. 모택동은 민주집중제의 기본 정신은 '집중지도하의 민주와 민주기초상의 집중(聯合政府論)'에 있다고 하였다. 모택동은 중국공산당의 집중제로 포함되어야할 네 가지 원칙으로 다음과 같이 언급하였다. 첫째는 소수의 다수에 대한 복종이고, 둘째는 개인의 집단에 대한 복종이며, 셋째는 하부의 상부에 대한 복종이고, 넷째는 전당의 중앙에 대한 복종이다.

민주집중제의 기본 원칙은 다음과 같다.

1. 당원 개인은 당의 조직에 복종하고 소수는 다수에 복종하고 하급 조직은 상급 조직에 복종하며 전당의 각 조직과 모든 당원은 당의 전국 대표 대회와 중앙 위원회에 복종한다.

2. 당의 각 급 지도 기관은 그것이 출장 한 대표 기관 및 비당조직(非黨組織) 안의 당조직을 제외하고 모두 선거에 의해 조직된다.

3. 당의 최고 지도 기관은 당의 전국 대표 대회와 거기에 따라 선출된 중앙위원회이다. 당의 지방 각 급 지도 기관은 당의 지방 각 급 대표 대회와 거기에 따라 선출된 위원회이다. 당의 각 급 위원회는 같은 급의 대표대회에서 주관하고 활동을 보고한다.

4. 당의 상급 조직은 항상 하급 조직과 당원 대중의 의견에 귀를 기울여 적시에 그들이 제출한 문제를 해결한다. 당의 하급 조직은 상급 조직에 지시를 받아 활동을 보고하고 독자적으로 책임을 지녀 스스로의 직권의 범위내의 문제도 해결한다.

상급 조직과 하급 조직은 서로 정보교환을 통해서 서로를 도움과 동시에 선의의 경쟁을 하고 또한 서로를 감독한다. 당의 각 급 조직은 당원에게 당내의 업무를 보다 많이 알도록 하여 당의 일에 참여 시킬 필요가 있다.

5. 당의 각 급 위원회는 집단지도와 개인에 의한 책임 분담을 묶는 제도를 실행한다. 중대한 문제에 대해서는 당위원회에서 토론하여 결정하고 이를 실시한다. 위원회 구성은 위원회의 결정과 분담에 의해 스스로의 직책을 확실히 이행한다.

6. 당은 어떠한 형태의 개인숭배도 금지하고 있다. 당의 지도자의 활동은 당과 인민의 감독 아래에서 이루어지며 당과 인민의 이익을 대표 하는 모든 지도자의 위신을 지키도록 해야 한다.

2. 정책결정

> '당-국가' 체제하에서 중국의 주요 정책은 가장 먼저 중국공산당 전국대표대회(全國代表大會)에서 토의되고, 당 중앙위원회 전체회의 및 정치국 상무위원회에서 결정되는 방식을 유지한다.

중국에서 주요 정책은 먼저 중국공산당 전국대표대회(全國代表大會)에서 토의되고, 중앙위원회 전체회의 및 정치국상무위원회에서 결정된다. 당에서 결정된 정책은 입법기관인 전국인민대표대회 및 그 상무위원회를 통해 구체적인 입법화 과정을 거치게 된다. 그리고 입법화된 정책의 실무적 집행은 국무원을 중심으로 하는 각 부(部) 위원회 등의 정부기관들이 담당하게 된다.

중국공산당의 직속기관으로 정책결정에 관여하는 기구로 판공청(辦公廳), 조직부(組織部), 선전부, 대외연락부 및 인민일보사, 광명일보사 등이 있다.

중국의 정책결정과정에서 '영도소조'(領導小組 ; small leardership group)의 역할은 매우 중요하다. '영도소조'는 당 최고지도부가 '영역별로 업무를 분담'하여 자신들의 책임 분야에서의 정책결정과 집행과정을 지휘하기 위해 만든 일종의 '협의'기구이다. 영도소조는 중국정치체계 속에 존재하는 특수한 조직모델이다.

1958년 6월 10일 중공중앙은 ≪재경, 정법, 외사, 과학, 문교 소조 성립에 관한 통지(關於成立財經、政法、外事、科學、文教小組的通知)≫를 발표하였는데, 이 것이 비교적 정식으로 제출되어진 중공중앙에서 설립한 형태의 소조이다. '재경, 정법, 외사, 과학, 문교'라는 5개 부문소조를 만들어 정부와 당 기구를 정비하였던 것에서 시작되었다. 당시 소조를 설립한 목표는 "상설 조직이 하기 어려운 임무를 완수하고, 부문별 종합 자원을 각 조직에 제공하며, 기구 간, 부문 간 소통을 원활 히 하는 것"이었다.

오늘날 중앙영도소조는 "인사조직, 문화교육선전, 정치법률, 재정경제, 외사통일 전선, 당건설"이라는 6가지 분야에서 이루어지고 있다. 즉, "중앙인재공작협조소조 는 인사조직, 중앙선전사상공작영도소조는 문화교육선전, 중앙서장공작협조소조는 정치법률, 중앙재경영도소조는 재정경제, 중앙대만공작영도소조는 외사통일전선, 중앙당건설공작영도소조와 중앙순시공작영도소조는 당건설"이다.

1) 중국 경제정책결정과정

1980년에 설립된 중앙재경영도소조(中央財經領導小組)는 중공중앙정치국경제 공작의 의사협력기구이고, 중국경제의 핵심영도와 정책결정부서이다. 주요 경제현 안과 중장기정책방향에 대하여 비공식. 수시로 소집되어 의견교환 및 입장정리(활 동내용은 외부 미공개)한다. 결정된 내용은 국무원 회의에 공식적으로 상정하여, 승인과정을 통해 공유되고 대외에 발표한다.

2) 중국 외교정책결정과정

중국 외교안보정책을 결정하는 최고 기구는 중앙외사공작영도소조(中央外事工 作領導小組·CLGFA·Central Leading Group for Foreign Affairs)이다. 조장은 국가주석, 부조장은 국가부주석이 맡고 비서장(사무국장)을 외교담당 국무위원이 맡고 있다. 그리고 외사업무 관련 국무원 부총리 혹은 국무위원, 외교부 국방부 공 안부 국가안전부 상무부 홍콩마카오판공실(港澳辦) 화교판공실(僑辦) 신문판공실

(新聞辦) 책임자, 중앙선전부(中宣部) 중앙대외연락부(中聯部) 부장, 인민해방군 총참모부(總參謀部) 고위 장성을 포함한다. 중국의 외교정책결정에 가장 큰 영향력을 행사하는 공산당의 핵심기구로는 중앙위원회, 중앙정치국, 중앙서기처, 중앙군사위원회 등이 있다.

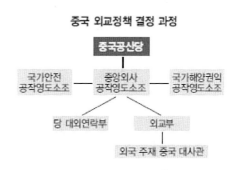

중앙외사공작영도소조의 전신은 1958년에 설립된 중앙외사소조(中央外事小組)이다. 1981년 중공중앙은 중앙외사공작영도소조를 회복하기로 결정하였고, 그 밑에 '국무원외사판공실(國務院外事辦公室)'이라는 사무기구를 설립하기로 결정하였다. 그리고 2000년 9월 중공중앙은 '중앙국가안전영도소조(中央國家安全領導小組)'를 설립하기로 결정하였고, 중앙외사공작영도소조와 기관을 합쳐 업무를 보기로 하였다. 이로써 "하나의 기구에 두 개의 이름(一個機構、兩塊牌子)"이 되었고, 중공중앙정치국의 외사를 영도하고 국가안전공작의 의사협력기구가 되었다.

국가안전부(國家安全部)는 '중국의 CIA'로 불리는 대표적인 정보기관이자 대외안보 및 첩보문제를 전담하는 부처이다. 산하의 중국현대국제관계연구원(中國現代國際關係研究院)을 통해 최고지도층에게 국제관계 현안 및 외교 관련 정보분석 및 정책자료를 제공함으로써 외교정책결정과정에서 중요한 역할을 담당하고 있다.

중앙외사공작영도소조는 북핵 문제와 한반도 정책, 조어도(釣魚島·일본명 센카쿠) 영토 분쟁을 비롯한 대일 관계 등 주요 현안 처리 방향을 결정한다.

3) 중앙통전공작영도소조(中央統戰工作領導小組)

2015년 7월 30일 중앙정치국회의에서 '중앙통전공작영도소조'를 설립할 것을 결의했다. 중앙통전공작영도소조의 주요 임무는 통일전선 문제에 관한 중앙위원회의 주요 정책 결정과 방침을 관철하고 각 지역과 기관에 대한 업무를 지휘하는 것이다. 통일전선 업무는 중국내 소수민족 문제, 다당 협력, 종교, 홍콩·마카오, 대만 문제, 당외 지식인 관리 등을 포괄한다.

중국공산당내에 영도소조가 만들어지면서 통일전선업무의 비중이 더욱 높아졌다. 그리고 '중앙'이라는 용어가 붙은 것은 당의 영도적 지위와 집권 지위를 공고하게 하기 위한 것으로 해석되어지고 있다. 이번 회의에서는 서장문제를 주요 의제로 다루었다. 중국 지도부는 "새로운 형세에서의 서장 업무는 당의 서장(티베트)통치 방침을 견지하고 조국통일 수호, 민족단결 강화에 중점을 두어야 한다"면서 "확고한 반(反)분열 투쟁 견지·경제사회 발전·민생 개선·민족간 교류 촉진, 의법치장(依法治藏)·부민흥장(富民興藏)·장기적인 서장건설·민족단결·기초에 충실하여, 국가안전과 장기적인 치안을 확보하고 경제사회가 지속적으로 건강한 발전을 확보하며, 각 민족인민들의 물질문화생활수준이 끊임없이 제고되고, 생태환경보호도 확보해야 한다고 강조하였다.

4) 국가 반테러공작영도소조(國家反恐怖工作領導小組)

2013년 8월 27일 국가반테러공작영도소조 제1차 전체회의가 북경에서 개최하면서 본 영도소조는 정식으로 성립하였다. 소조장은 공안부 부장인 곽성곤(郭聲琨, 궈성쿤)이 맡았다. 산하부서로는 '제도소조사무실'과 '반테러작전기획처' 등이 있다. 국가반테러사무실 주임은 공안부 부부장인 이위(李偉, 리웨이)가 맡았다.

5) 중앙신강공작협조소조(中央新疆工作協調小組)

중앙신강공작협조소조는 2000년에 설립되었다. 중앙정법위원회를 중심으로 하여, 중공중앙, 국무원, 무장경찰부대와 신강자치구 등의 여러 부서로 조직을 구성하였다. 2003년 4월 29일에 제1차회의가 개최되었다. 조장은 줄곧 중앙정법위원회 서기가 맡았으나, 시진핑 시대에 들어와 정협 주석이 조장을 맡고 있다. 그 이유는 위구르족 문제를 치안 차원에서 다스리기보다는 민족통합과 통일전선 차원에서 처리해야 한다는 판단을 내렸기 때문이다.

3. 주요회의

중국정치를 이해하는데 있어서 중국 공산당 대회 등 주요회의에 대해서 알아야 한다. 이러한 회의에서 거론되는 중요한 사안은 현재와 미래의 중국이 나아갈 방향을 알 수 있다. 중국의 주요 회의로는 3월에 개최되는 '양회(전인대와 정협)'를 시작으로 하여, 8월에 개최되는 북대하회의, 일반적으로 10월에 개최되는 중국공산당 전국대표대회, 12월에 개최되는 중앙경제공작회의가 있

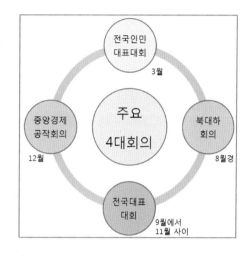

다. 이중에서 전인대, 북대하회의, 전국대표대회, 중앙경제공작회의는 중국의 주요 '4대회의'라 부른다.

중국공산당 중앙위원회 전체회의는 정치·경제 방향과 지도부 인사를 결정하는 공산당 최대 연례행사다. 경제 분야는 5개년 규획, 연도별 경제 운용계획 등이 개략적으로 논의된다.
중국공산당 역사를 돌아볼 때 고전회의, 준의회의, 모아개회의 및 공산당 대회 등 중요한 역사적 의미를 지니고 있는 회의가 있다.

1) 양회(兩會)

매년 3월이 되면 한국 대중매체에서 양회를 많이 언급한다. 매년 정협은 3월 3일, 전인대는 3월 5일 개최된다. 여기서 말하는 양회란 전국인민대표대회(약칭: 전인대)와 중국인민정치협상회의(약칭: 정협)를 가리킨다. 1998년 제9차 전인대와 정협은 각각 영문으로 NPC, CPPCC로 불리기 시작되었다.

회의기간은 1998년부터 고정되어 왔으며, 임기만료에 의한 교체 선거의 1차 회의가 2주 (14/15일)인 것을 제외하면, 과거 '양회' 개최 기간은 일반적으로 10일～12일 사이이다.

(1) 전국인민대표대회(전인대)

전인대 전체회의는 매년 1회 개최한다. 전인대 임기는 5년이다. 일반적으로 전인대 전체회의는 매기 5차례 열린다. 하지만 비상상황이 발생하여 전인대 상무위원회가 필요하다고 판단되거나 5분의 1 이상의 전인대 대표의 제의가 있을 경우에는 전인대 회의를 소집할 수 있다.

전인대에는 민족위원회, 법률위원회, 재정경제위원회, 교육과학위생위원회, 외사위원회, 화교위원회, 환경보호위원회 등 분야별 상설위원회가 있고, 필요에 따라 전문위원회를 둔다. 각 전문위원회는 전인대 및 상무위원 지도하에 관계 의안을 검토·심의·기초한다.

헌법개정 등 중요 의안은 전인대 상무위원회 혹은 5분의 1이상의 전인대 대표가 제의하고, 전인대 전체 대표 1/3 이상의 다수결로 결정한다. 법률·법령 및 기타 의안은 전인대 전체 대표의 과반수 찬성으로 결정한다.

전인대는 회의가 정식으로 열리기 전에 반드시 예비회의를 소집해야 한다. 예비회의의 임무는 주로 해당 전체회의의 의사일정을 토의한다. 예비회의는 전인대 상무위원회가 주재한다. 당기 전인대 제1차 회의의 예비회의일 경우에는 전기 전인대 상무위원회가 주재한다.

(2) 중국인민정치협상회의(정협)

'정협' 전국위원회 전체회의는 1959년 이래 전인대와 같은 시기에 개최되고 있다. 정협 전국 위원의 임기는 전인대 임기와 같은 5년이다. 전국위원은 전인대에 반드시 참석해야 한다. 보통은 년 1회 전체회의를 개최하여 전국위원회 주석, 부주석, 비서장 및 상무위원을 선출하며, 국정 방침에 관한 토의 참여, 제안 및 비판 직권을 행사한다. 또 정협 규약을 개정, 결의 채택하고 상무위원회에 사업 보고할 것을 심의한다.

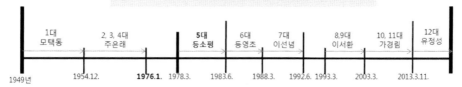

중국인민정치협상회의(정협)
전국위원회 주석 흐름도

1대 모택동	2, 3, 4대 주은래	**5대 등소평**	6대 등영조	7대 이선념	8,9대 이서환	10, 11대 가경림	12대 유정성
1949년	1954.12.	**1976.1.** 1978.3.	1983.6.	1988.3.	1992.6. 1993.3.	2003.3.	2013.3.11.

정협은 전국위원회와 상무위원회 두 위원회로 나눌 수 있다. 필요시에는 전인대 상무위원회와 정협 전국위원회 상무위원회가 연석회의를 개최하여 관련문제를 함께 논의할 수 있다.

1949년 9월, 중국공산당의 호소와 조직하에서 각 당파, 단체, 지구와 군대 등 각 방면의 대표들은 북경에서 개최된 중국인민정치협상회의에 참가하여 중화인민공화국의 성립을 위한 준비를 하였다.

(참조) 중국인민정치협상회의(中國人民政治協商會議, 1949.9.21.~30)

북경에서 개최되었던 중국인민정치협상회의는 신정치협상회의준비회(1949.6.15~19)에 의해 체계적으로 준비되었었다. 회의에는 전국 각지에서 온 민주당파, 인민단체, 인민해방군, 각 지구, 각 민족과 해외화교 등 634명의 대표와 300명의 내빈들이 참석하였다.

회의에서 노동자계급이 지도하며 노동농맹을 기초로 한 인민민주독재의, 독립·민주·평화·통일·부강의 중화인민공화국의 수립목표를 확인하였다. 그리고 중화인민공화국 중앙정부조직법, 중국인민정치협상회의 공동강령을 가결하였다.

회의에서 중국의 국명, 국기, 국가(國歌), 국징(國徽) 및 수도를 결정하였고, 전국위원회 위원을 승인하였다. 회의에서 모택동을 주석에, 주덕·유소기·송경령·이제심(李濟深)·장란(張瀾)·고강 등을 부주석으로 하는 중앙인민정부위원회가 조직되었다. 중앙인민정부 정무원 총리에 주은래, 인민혁명군사위원회 주석에 모택동, 인민해방군 총사령관에 주덕이 각각 선출되었다.

1949년 9월 30일 폐막식에서 모택동이 기초한 중국인민정치협상회의 제1차회의를 발표하였는데, 선언은 중화인민공화국이 수립을 선포했고, "중국인민은 이미 자신들의 중앙정부를 갖고 있다. 이 정부는 공동강령에 따라 전 중국 영토 내에 인민민주전정을 시행한다"고 밝혔다.

2) 4대회의 중 3개 회의

앞에서 언급한 전인대를 제외하고 북대하회의, 전국대표대회, 중앙경제공작회의를 살펴본다.

(1) 북대하(北戴河)회의

북대하회의는 법률상으론 공식적인 회의를 의미하는 것은 아니다. 이 회의는 10월에 열리는 중국공산당 중앙위원회 전체회의 의제를 사전에 조율하는 역할을 한다. 회의는 대체적으로 오전에 열리고, 오후에는 휴식을 취하는 형태이다. 회의에서 당과 국가 운영에 관한 전반적인 문제를 토론한다. 북대하회의는 중국공산당 내 권력투쟁의 결과물인 정치와 인사 등 핵심 의제가 사실상 결정된다는 측면에서 가장 중요한 회의라고 볼 수 있다.

일반적으로 '북대하 회의'라고 하면, 1958년 8월에 개최되었던 회의를 가리킨다. 당시 회의에서 모택동 주석과 주은래 총리는 중국공산당 중앙정치국 확대회의를 열어, 대약진운동을 전면적으로 실시할 것을 결정하였고, 농촌에 인민공사를 설립할 것을 결의하였다.

관례상 '회의'라는 단어를 붙여서 부르는데, 중국공산당의 '정치국회의' 또는 행정부의 '국무원 상무회의'처럼 공식적인 회의는 아니다. 여름 휴가기간에 당-정-군

기타 주요 북대하회의
1990년: 등소평이 보수파의 저항을 이겨내고, 개혁개방정책 기반 다짐.
1996년: 대만과의 평화통일 결정
2003년: 여름 사스(SARS)가 창궐했을 때 북대하 회의 일시 중단
2004년: 강택민이 호금도에게 권력을 이양하고 은퇴 결심.

의 고위 간부들이 여러 이유로 북대하에서 집단적으로 휴가를 보내면서 자연스럽게 중요 관심사를 논의하게 되었기 때문에 '회의'라는 단어를 뒤에 붙이게 되었다. 1954년 여름, 모택동을 비롯한 지휘부가 수도 북경에서 동쪽으로 288km 거리에 위치한 북대하에서 처음으로 단체 휴가를 보내면서 자연스럽게 이곳에서의 고위층의 휴가를 겸한 업무가 시작되었다.

1958년 여름엔 대약진 운동의 열기 속에서 강철생산(강철 1070만 톤의 생산 목표를 달성하기 위해 모든 당원과 국민들의 분투를 요청하는 중국공산당 중앙정치국확대회의의 호소)과 농촌인민공사에 관한 주요 결정(농촌에 인민공사를 건설하는 문제에 대한 중국공산당중앙위원회의 결의) 등이 내려지기도 했다.

문화대혁명 시기에 중단되었던 북대하 회의는 1984년 등소평이 다시 이곳을 찾으면서 재개되었고, 현재까지 '피서(避暑) 정치'의 역사를 이어가고 있다.

(2) 중국공산당 전국대표대회: 중국공산당 당대회

2차 전국대표대회
당의 최종투쟁 목표, 최고강령: 중국공산당은 중국무산계급정당이고, 목적은 무산계급을 조직하여 계급투쟁의 수단으로 삼아, 노농전정의 정치를 건립하고 사유재산제도를 없애고 공산주의 사회를 만들어가는 것.
최저강령: 내란종식·군벌타도·국내평화건설이고, 국제제국주의의 압박을 타도하고, 중화민족의 완정한 독립에 이르러 중국을 통일한 진정한 민주공화국이 되는 것

---

① 이론과 사상을 당장에 삽입시킨 회의

가. 제7차 전국대표대회(1945.4.23.~6.11): 모사상 삽입

1945년 4월 23일에 개막되어 6월11일에 끝난 회의로서 50일간 개최되었다. 대회에 출석한 정식대표는 547명이었고, 후보대표는 208명이었다. 이 대회에서 모택동이 중앙정치국 주석으로 선출되었고, 당장에 모택동사상이 삽입되었다. 그리고 새로운 당장 규정을 통과시켰고(6.11), 모택동 사상이 중국공산당의 지도사상임을 통과시켰다. 그리고 정치결의안과 군사결의안을 통과시켰다. 대회는 모택동의 정치보고인 ≪연합정부론≫(4월24일), 주덕의 군사보고인 ≪해방구의 전장에 대해서≫

(4월25일), 유소기의 ≪당을 논함≫(5월14일)과 ≪당장 개정에 관한 보고≫(5월15일)이 중심된 보고였다.

≪연합정부론≫에서 모택동은 국제정세에 관하여 미·영·소 3국 단결의 중요성을 호소하였다. 국제간의 중대문제는 3개국과 중국과 프랑스를 합한 5개국을 중심으로 해서 협의하지 않으면 안된다고 말하였다.

당장에서 모택동사상을 마르크스레닌주의와 대치시켰다. 내용을 살펴보면, "중국공산당은 마르크스레닌주의 이론과 중국혁명 실천의 통일사상인 모택동사상을 가지고 당의 모든 공작지침으로 하고 어떠한 교조주의나 경험주의적 편향에도 반대한다."였다. 여기서 모택동사상이 모택동주의로 표현되지 않은 것은 모택동사상이 하나의 명확한 이론체계는 아니며, 어디까지나 입장과 관점과 방법을 주로 하는 사고형식이라는 점을 나타내는 것이다. 대회는 당의 24년간의 중국혁명영도의 경험을 총결산하였고, 신민주주의의 기초이론을 토론하였다. 그리고 당의 노선은 "군중을 발동하고, 인민의 역량을 키우며, 공산당의 영도 하에 일본 침략자를 패배시키고, 전국인민을 해방하여 신민주주의의 중국을 건립"하는 것이었다.

대회는 무장투쟁, 통일전선, 공산당 건설의 경험을 총결산하고, 신민주주의 혁명의 '3대법보'의 토론을 하였고, '당의 이론과 실제의 연계, 군중과 밀접한 연계, 자아비판'의 3대 태도를 토론하였다.

나. 제9차 전국대표대회(1969.4.1.～24)

이 대회 정치보고의 핵심내용은 "무산계급 독재하의 계속 혁명론"이다. 임표를 '모택동 동지의 친밀한 전우이자 후계자(毛澤東同志的親密戰友和接班人)'라는 구절을 총강에 삽입하였고, 모택동사상을 당의 최고지침으로 삼는다고 규정하였다.

다. 제15차 전국대표대회(1997.9.12.～18.): 등소평이론 당장에 삽입

제15차 전국대표대회에서 등소평이론이 당장에 삽입되었다. 강택민은 제15차 전국대표대회 정치보고에서 "중국공산당은 '중국적 특색을 지닌 사회주의 건설'이라는 등소평이론의 위대한 기치를 높이 들고 세기(世紀)를 이어 개혁·개방과 사회

주의 현대화 건설을 추진할 것"이라고 밝혔다.

강택민은 ≪등소평이론의 위대한 기치를 높이 들고 중국적 특색을 지닌 사회주의 건설사업을 21세기로 전면 추진해 나가자≫는 제목의 보고에서 이 사업을 21세기로 추진해 나간다는 것은 경제건설을 중심으로 경제체제 개혁의 새로운 돌파구 마련, 정치체제 개혁 계속 심화, 정신문명 건설 강화를 통해 경제발전과 사회주의 전면적인 진보를 이뤄내는 것이라고 언급하였다. 또 '중국적 특색을 지닌 사회주의 건설'사업을 21세기로 전면 추진하기 위해 "전당(全黨)과 모든 인민이 한층 더 사상을 해방(解放思想)하고 사실을 토대로 진리를 탐구(實事求是)하며 좋은 기회를 포착(抓住機遇)해 진취적으로 미래를 개척(進取開拓)하자"고 촉구했다. 또 '사회주의 초급단계론'의 견지를 강조하였고, 대다수 국유기업의 주식제 도입 등을 제안하였다.

정치보고에서 "과거 1백년 역사의 회고와 평가, 14전대 이후 5년간의 성과, 부정·부패 척결과 당 활성화방안, 홍콩·대만문제, 외교문제 등을 다루고 있으며 대만문제에 대해서는 '하나의 중국' 정책을 고수할 것"이라고 강조하였다.

제15차 전국대표대회는 법치주의를 국가통치의 기본 전략으로 확립하였고, 사회주의 법치국가의 건설을 사회주의 현대화의 중요 목표로 확립하였으며, 중국 특유의 사회주의 법률체계의 건설을 중대한 임무로 제기하였다.

라. 제16차 전국대표대회(2002.11.8.~14)

당장에서 당의 기본강령으로 삼아왔던 '공산당 선언'이라는 표현을 삭제하였다. 새로운 당장의 총강에 '중국공산당은 마르크스·레닌주의, 모택동사상, 등소평이론과 '3개 대표' 중요 사상을 당의 행동지침으로 삼는다'고 명시하였다.

총강에서 '중국공산당은 노동자 계급의 선봉대'라는 표현을 '노동자 계급의 선봉대인 동시에 중국 인민과 중화 민족의 선봉대'라고 고침으로써 중국공산당의 정체성을 뚜렷하게 드러내었는데, 국민 정당을 지향하고, 대만 통일을 염두에 둔 중화민족주의를 강조하였다.

제15차 중앙위원회를 대표하여 ≪중등수준의 사회를 전면적으로 건설하여 중국특색의 사회주의 위업의 새로운 국면을 창조하자≫란 제목의 보고가 통과하였다.

마. 제17차 전국대표대회(2007.10.15.~21): '과학발전관'

제17차 전국대표대회에서 제16차 중앙위원회가 제출한 ≪중국공산당장정(수정안)≫이 심의 통과되었다. 그리고 '과학발전관'이 반영된 당 장정(章程, 당헌) 수정안을 채택하였다.

'정치보고'를 통해 호금도는 "개혁·개방은 중국의 운명을 결정할 절체절명의 선택이며 당의 최우선 과제는 발전"이라고 전제하고 "발전이야말로 소강사회의 전면적인 실현과 사회주의 현대화의 결정적 요소"라고 못 박았다. '과학발전관'에 대해 "자원을 절약하고 환경 친화형 사회를 건설하며 속도·구조·품질·효율을 골고루 고려하고 경제발전·인구·자원·환경의 조화를 생각하는 것으로서 이런 성장 방식을 통해서만 인민이 양호한 생활환경에서 살아갈 수 있고 영속적인 발전을 할 수 있다"고 강조하였다.

② 전국대표대회와 중앙위원회 전체회의

1중전회 당 주요지도부(중앙정치국원, 정치국 상무위원, 중앙위 총서기) 구성
2중전회 주요 기관 인사 확정. 국가주석 결정, 전인대·국무원·정협·중앙군사위 새 임원선거 인사배치
3중전회 경제정치이념변화. 국민경제와 사회발전 관련 문제 건의 및 확정
4중전회 3중 전회 수정, 당의 건설업무로를 주로 다룸
5중전회 차기 5개년 규획 심의
6중전회 결정문 확정, 세부내용 매년 변동
마지막 전회 차기 전국대표대회 준비

뉴스나 신문 등에서 1중전회, 3중전회 등을 많이 접한다. '1중전회'라는 것은 '중국공산당 중앙위원회 제1차 전체회의'를 줄여서 말하는 것이다. 1중전회는 대체적으로 당 대회가 끝난 직후 열린다. 통상 중앙 영도기구를 선출한다. 물론 핵심 영도를 사이에 충분한 의견 조율을 거친다.

1중전회 이후의 회의는 대략 6~9개월에 한 번씩 열리며 매번 회기마다 중요한 문제가 토론되고 결정된다. 3중전회는 개혁개방 이후에는 대체적으로 당 대회 후

1년 만에 개최하고 있다. 그래서 중간평가인 동시에 앞으로 중국이 나아갈 방향을 제시하는 성격을 띤다.

3중전회가 중요한 의미를 갖게 된 것은 1978년 11차 3중전회 이후부터이다. 제11차 3중전회는 화국봉의 범시파와 등소평의 실무파의 사상해방에서 등소평이 승리하였음을 공인한 회의였다. 이 회의의 결정은 중국 건국이후 또 하나의 새로운 중국을 시작하는 첫걸음이었다. 잠자는 사자를 깨우고, 죽의 장막을 열어젖히는 중대한 사건의 시작이었다. 중국정부는 '3중전회'를 통해 주요방향을 제시해 왔었다. 중공 중앙당교 섭독초(葉篤草) 교수는 "14차 당대회(14대) 이후 1,2중전회는 새 지도부의 안정을 위해 인사이동 등에 집중하고 있다"며 "지도부는 3중전회에서 정책시행의 특징을 보여주고 있다"고 언급한 바 있다.

전국대표대회의 마지막 전체회의는 차기 당대회 준비를 위한 회의이다. 통상적으로 차기 중앙위원회 인선이 대략적으로 윤곽이 드러난다. 그동안 중앙위원회 제3차 회의에 주목하였는데, 최근에는 4중전회와 5중전회에서 다루는 의제에도 관심을 갖게 되었고, 과거 4중전회와 5중전회에서 어떤 내용을 다루었는지에 대해서 조사하고 연구하는 경향이 나타나고 있다. 몇 가지 주요 회의를 살펴보면 다음과 같다.

가. 중국 건국(1949)~개혁개방(1978)

1949년 중국이 건국한 이후부터 1978년 개혁개방을 천명하기 전까지 중국정치 변화에 영향을 준 주요 회의를 살펴보면 다음과 같다.

가) 제8차 전국대표대회(1956.9)

대회에서 중앙위원회 주석 이외에 처음으로 부주석을 두었다. 선출된 부주석으로는 유소기, 주은래, 주덕, 진운이 있었다. 그리고 중앙서기처의 제1인자를 주석이라 부르지 않고, 새로운 당장에는 총서기 1인을 선출하도록 되어 있었다. 그러나 최고지도자는 당주석이었다. 8대 당장에 "중앙위원회의 주석과 부주석은 동시에 중앙정치국의 주석과 부주석이 된다."라고 되어 있다. 7대 때에는 "중앙위원회 주석이 중앙정치국의 주석이며 중앙서기처의 주석이다."

나) 제8차 2중전회(1958)

회의에서 '사회주의건설의 총노선'을 채택하였다. 그리고 3면홍기정책이라 불리는 총노선, 대약진, 인민공사를 강행하였다. 모택동은 7년 후에 영국을 따라 잡고 15년 내에 미국을 따라 잡겠다는 구체적인 목표를 제시하였다. 이 목표를 달성하기 위해서는 반드시 대약진 방식으로써 양식과 강철의 생산에 종사하여야 한다고 하였다.

다) 제8차 6중전회(1958.11.28.~12.10)

회의에서 "모택동 동지가 제출한 그가 다음 기 중화인민공화국 주석후보자가 되지 않는 건의에 동의하는 결정(≪同意毛澤東同志提出的關於他不作下屆中華人民共和國主席候選人的建議的決定≫)과 ≪인민공사의 약간의 문제에 관한 결의(關於人民公社若干問題的決議)≫"가 통과하였다. 그리고 건국이후 지속되어 왔던 모택동사상을 당장에서 삭제하기로 결정하면서 모택동은 공식적으로 권력에서 물러나게 되었다.

라) 제8차 8중전회(여산회의, 1959.8.2.~16)

중국공산당 중앙은 강서성 여산(廬山)에서 거행한 정치국확대회의와 제8차8중전회를 간칭하여 '8차8중전회'라고 부른다. 이른바 유명한 '여산회의(廬山會議)'이다. 이 회의에서 팽덕회(彭德懷)・황극성(黃克誠)・장문천(張聞天)・주소주(周小舟) 등을 비판하였고, 1959년 경제계획지침을 조정하였다.

1959년 8월 16일 ≪중국공산당 8차 8중전회의 팽덕회를 우두머리로 한 반당집단착오에 관한 결의(中國共産黨八屆八中全會關於彭德懷爲首的反黨集團錯誤的決議)≫가 통과되었다. 이 내용은 당시에는 정식으로 공포되지 않았고, 회의에 참석한 사람들에게만 전해졌다. 8년 후 문화대혁명 시기인 1967년 8월 16일에 비로서 인민일보에 정식으로 공개되어 발표되었다.

마) 제8차 11중전회(1966. 8.)

회의에서 ≪무산계급문화대혁명에 관한 결정(關於無産階級文化大革命的決定)≫

을 통과시켰다. 이 회의에서 서열 2위였던 국가주석 유소기는 8위로 밀려났고, 임표가 2위로 부상했다. 도주(陶鑄)·진백달(陳伯達) 등 모택동의 측근이 대거 상무위원회에 진출했다.

이후 북경대에 "사령부를 공격하라"라는 대자보가 붙었고, 1967년 유소기와 등소평을 규탄하는 대회가 열렸다. 이때 유소기는 '당내 제1의 주자파', 등소평은 '제2의 주자파'로 지목되어 자신의 집에 각각 연금당하였다.

바) 제10차 전국대표대회(1973.8.24.~28)

대회에서 정치보고와 수정된 당장을 통과하였다. 그리고 임표를 청산하는 대회로, 임표의 후계자 대목을 삭제하였다.

사) 제10차 1중전회(1973)

회의에선 왕홍문(王洪文)·장춘교(張春橋) 등이 득세한 가운데 주은래와 섭검영(葉劍英) 등이 이들을 견제하는 구도가 성립됐다

아) 제10차 3중전회(1977. 7.16.~21)

회의에서 ≪화국봉동지를 중국공산당 중앙위원회 주석, 중국공산당 중앙군사위원회 주석에 임명을 추인하는 결의>와 <등소평 동지의 모든 직무를 회복하는 결의≫를 만장일치로 통과시켰다. 회의에서 등소평은 당 부주석, 인민해방군 총참모장, 국무원 부총리 등의 직무를 회복했다. 군부 지도자 섭검영은 전국인민대표대회 주석으로 임명되었다. 화국봉은 당과 정부의 최고지도자로 남았지만, 모택동과 같은 절대 권력을 지니지는 못했다.

자) 제11차 전국대표대회(1977.8.12.~18)

대회에서는 문화대혁명의 종결을 선언하였고, 4개현대화정책이 제기되었다. 그리고 4인방을 비판하고 폭로하였다. 그리고 "10년간의 문화대혁명이 이미 끝났다. 현대화된 사회주의 강국을 건설하는 새로운 임무가 있다"고 선언하였다.

차) 제11차 3중전회(1978.12.18.~22.)

회의에서 개혁개방정책을 확정하였다. 제11기 3중전회는 중국 공산당 중심 업무로 사회주의 현대화 건설 및 개혁개방 정책 추진을 결의했다. 그리고 중앙기율검사위원회가 설치되었다.

등소평은 이 회의에서 ≪사상을 해방하고, 실사구시를 추구하며, 일치 단결하여 앞을 내다보자(解放思想、實事求是、團結一致向前看)≫라는 주제보고를 하였다. 이 회의에서 정치국 확대로 진운, 호요방, 등영초(鄧穎超), 왕진(王震)이 정치국위원으로 승진하였고, 화국봉의 왕동흥은 정치국 상무위원회에서 밀려났다. 이 대회이후 매기 3중전회가 매우 중요한 회의로 자리잡았다.

나. 개혁개방이후(1981 - 1989)

가) 제11차 5중전회(1980.2.23.~29)

회의에서 다음과 같은 내용을 토론하고 결정하였다. 첫째, 제12차 전국대표대회를 개최하기 전에 제11대에서 아직 해결하지 못한 중대한 문제를 해결을 결정하였다. 둘째, 호요방과 조자양을 중앙정치국 상무위원으로 선출하고, 중앙서기처를 다시 설립하였다. 호요방을 중앙위원회 서기, 만리(萬裏), 왕임중(王任重), 방의(方毅), 곡목(穀牧), 송임궁(宋任窮), 여추리(餘秋裏), 양득지(楊得志), 호교목(胡喬木), 호요방(胡耀邦), 요의림(姚依林), 팽충(彭沖)을 중앙서기처 서기로 선출하였다. 셋째, ≪중국공산당장정(中國共產黨章程)≫(초안)≫을 통과시켰다. 넷째, ≪당내 정치생활에 관한 약간의 준칙(關於黨內政治生活的若干準則)≫12조를 통과시켰다. 다섯째, 유소기를 위대한 마르크스주의와 무산계급혁명가 및 당과 국가의 주요 지도자라고 하면서 명예를 회복시켰다. 여섯째, 왕동흥(汪東興), 기등규(紀登奎), 오덕(吳德), 진석련(陳錫聯)의 사직 청구를 비준하였다. 일곱째, 전인대에 헌법 제45조를 수정할 것을 건의하엿고, 공민의 "대명(大鳴), 대방(大放), 대변론(大辯論), 대자보(大字報)를 운영할 수 있는 권리가 있다."라는 규정을 취소하였다.

이 회의는 조직노선문제를 진일보 해결하였다. 당의 영도를 강화하고 개선하는 것에 대해서 조직에서 당의 정치노선과 사상노선의 관철을 보증하여 중요한 현실적 의의와 심원한 역사적 의의를 갖추었다.

1980년 8월에 개최되었던 중앙정치국 확대회의(1980.8.8.~23)에서 등소평은 '혁명화·연소화·지식화·전문화'를 요구하였다. 그리고 동년 11월부터 개최되었던 중앙정치국 확대회의(1980.11.10.~12.5)에서 화국봉이 사임하였다.

나) 제11차 6중전회(1981.6.27.~29)

회의에서 문화대혁명을 일으킨 모택동의 오류를 비난하였다. 이 대회에서는 ≪건국이래의 당의 약간의 역사문제에 관한 결의(關於建國以來黨的若干歷史問題的決議)≫가 통과하였다. ≪결의≫는 모두 8개 부분으로 나뉘는데, "1) 건국이전 28년 역사의 회고, 2) 건국 32년 역사의 기본적인 평가, 3) 기본적으로 완성된 사회주의 적 개조 7년, 4) 전면적으로 사회주의 건설의 시작 10년, 5) 문화대혁명의 10년, 6) 역사의 위대한 전환, 7) 모택동의 역사적 위치와 모택동사상, 8) 단결하여, 현대화된 사회주의 강국 건설을 위해 투쟁하자."이다.

전체회의에서는 화국봉의 중앙주석과 중앙군사위원회 주석직을 사퇴할 것을 요구하는데 일치를 보았다. 그리고 무기명 투표로 호요방을 중앙위원회 주석을 선출하였고, 조자양과 화국봉을 중앙위원회 부주석으로 선출하였다. 그리고 등소평은 중앙군사위원회 주석으로 선출되었다. 중앙정치국 상무위원회에는 주석 호요방과 부주석 섭검영·등소평·조자양·이선념·진운·화국봉으로 구성되었다. 현 국가주석 시진핑의 아버지인 습중훈은 중앙서기기 서기로 선출되었다. 호요방은 1982년 당 기구 개편으로 중앙서기처 총서기가 되었다.

다) 제12차 전국대표대회(1982.9.1.~11)

대회에서는 새로운 당장을 채택하였고, 모택동의 극좌적 잔영을 제거하였다. 새로운 당장에서는 중국공산당을 '중국 노동자 계급의 선봉대이고 중국 각 민족 인민 이익의 충실한 대표이며 중국 사회주의 사업의 영도핵심'으로 규정하였다. "먼저, 당은 마르크스-레닌주의, 모택동 사상을 당 행동의 지표로 삼는다. 당의 최종적인 목표는 공산주의의 실현이다. 당원들은 당의 강령과 장정을 반드시 준수해야 하며 당의 조직에 참여하여 적극적으로 활동하고 당의 결의를 집행하고 정기적으로 당비를 납부하여야한다."이다. 그리고 12대 당장이 당의 강화를 위해 제시한 3개 실천목표는 "사상적·정치적으로 고도 일치, 전심전력을 다해 인민에게 복무, 민주집중제의 견지"이다.

라) 제12차 1중전회(1982.9.12.~13.)

호요방과 조자양이 회의를 주관하며, 호요방을 총서기로 결정하였고, 등소평을 중앙군사위원회 주석으로 결정하였다. 그리고 중앙고문위원회 전체회의에서 선출한 주임과 상무위원회 인선을 비준하였는데 등소평이 주임을 맡았다. 그리고 중앙기율검사위원회 전체회의에서 선출한 서기와 상무위원회 주임을 비준하였고, 진운이 제1서기를 맡았다.

마) 제12차 4중전회(1985.9.16.)

회의에서 ≪중공중앙의 국민경제와 사회발전 제7차5개년계획 제정에 관한 건의(초안)(中共中央關於制定國民經濟和社會發展第七個五年計劃的建議)(草案)≫을 통과시켰고, 이 문건을 당의 전국대표대회의 심의에 제청하기로 결정하였다. 그리고 회의에서 중앙영도기구 구성원의 신구교체를 진일보 실현하는 것에 관한 원칙을 확정하였다. 회의에서 중앙위원회 위원과 후보위원 64명, 중앙 고문위원회 위원 37명, 중앙기율검사위원회 위원 30명의 은퇴에 확정하였다.

1987년 1월 16일에 개최되었던 중앙정치국 확대회의에서 호요방은 총서기를 사임하였고, 조자양이 총서기 대행으로 결정되었다.

바) 제13차 전국대표대회(1987.10.25.~11.1)

조자양은 ≪중국식 사회주의의 길을 따라 전진(沿著有中國特色的社會主義道路前進)≫라는 주제 보고를 하였다. 대회에서 사회주의초급단계론을 제출하고 체계적으로 논의하였다. 그리고 당의 사회주의초급단계의 기본노선을 제정하였고, '3 보주(三步走, 3단계)"발전전략과 각 개혁임무를 제정하였다. 대회에서는 ≪중국공산당장정 부분 조문 수정안에 관한 결의(關於<中國共産黨章程部分條文修正案>的決議)≫등을 통과시켰다.

'3보주 전략'은 제1단계는 1980년대 말까지 GDP를 1980년보다 2배로 늘려 인민의 온포(溫飽)문제를 해결하고, 제 2단계는 20세기말까지 GDP를 2배로 늘려 인민생활이 소강(小康) 수준에 도달하도록 하는 것이다. 제3단계는 21세기 중엽까지, 1인당 GDP를 중진국 수준까지 도달하도록 하여 인민들의 생활이 비교적 붕부유하고 기본적으로 현대화를 실현하도록 하는 것이다. 이 '3보주'는 1992년 등소평의 남순강화에서 특별히 강조되었다.

사) 제13차 1중전회(1987.11.2.)

회의에서 조자양을 총서기로 선출하였다. 그리고 강택민은 중앙정치국 위원에으로 선출되었다.

아) 제13차 4중전회(1989.6.23.~24)

회의에서 "조자양 동지가 반당·반사회주의의 동란 중 범한 착오에 관한 보고(關於趙紫陽同志在反黨反社會主義的動亂中所犯錯誤的報告)"에 따라 조자양은 당 내 모든 직위를 박탈당했다. 그리고 강택민을 중앙위원회 총서기로 임명하였고, 새로운 당중앙지도체제를 구성하였다. 이로써 정식으로 제3세대 집단지도체제가 출범했다.

강택민이 주재한 회의에서 등소평 동지를 대표로 하는 老무산계급혁명가들의 이 투쟁에서 발휘한 중대한 역할을 높이 평가하였고, 수도 반혁명 폭란에서 중국인민해방군, 무장경찰부대와 공안경찰의 보여준 커다란 공헌을 높이 평가하였다. 강택민은 이 회의를 통해 "조자양 동지의 문제를 정확하게 처리했을 뿐만 아니라 1차적인 교훈을 종합적으로 정리했으며 적지 않은 중요 문제에 대한 토론과 연구가 있었다."라고 평가하면서 "반혁명 폭란(6.4사태)을 평정하는 것이 당면한 첫 번째 정치 임무"라고 강조했다.

회의에서 "당의 제11차 3중전회 이래로 굳건하게 집행되어왔던 노선·방침·정책을 계속해서 견지해야 하며, 13대에서 확정하였던 '하나의 중심, 두 개의 기본점(一個中心、兩個基本點)'이라는 기본노선을 계속해서 견지해야 한다. 4항기본원칙(四項基本原則)이 국가를 세우는 근본이다. 반드시 조금도 동요해서는 안되고, 시종일관 견지해야 한다. 개혁개방은 강국의 길이고, 반드시 시종일관 집행해야 하며, 절대 쇄국의 길로 돌아가서는 안된다."라고 강조하였다.

자) 제13차 5중전회(1989.11.6.~9)

회의에서 등소평은 중앙군사위원회 주석직을 사임하였고, 강택민이 중앙군사위원회 주석직에 취임하였다. 전체회의에서 ≪中共中央關於進一步治理整頓和深化改革的決定≫를 심의통과하였고, ≪중국공산당13기5중전회 등소평 중공중앙군사위원회주석 사퇴 동의에 관한 결정(中國共產黨十三屆五中全會關於同意鄧小平辭去中共中央軍事委員會主席職務的決定)≫을 통과시켰다. 그리고 강택민을 중국공산당 중앙군사위원회 주석으로 결정하였고, 양상곤을 부주석으로 결정하였으며, 양백빙(楊白冰)을 비서장으로 결정하였다.

다. 1990년대

가) 제13차 9중전회(1992.10.5.~9)

회의에서는 1992년 10월 12일 북경에서 제14차 전국대표대회를 소집하기로 결정하였다. 그리고 제14차 전국대표대회에 대한 보고와 ≪중국공산당장정(수정안)≫을 토론하고 통과시켰다. 이 회의에서 "중앙정치국의 조자양동지의 1989년 정치동란 중 착오에 관한 계속 심사적인 심사상황"에 동의하였고, 13차 4중전회의 "조자양동지에 대한 범죄착오의 결론"에 대해 동의하였고 심사를 끝냈다.

나) 제14차 전국대표대회(1992.10.12.~18)

강택민은 ≪개혁개방과 현대화 건설의 발걸음을 가속화해 중국식 사회주의 사업의 더 큰 승리 쟁취(加快改革開放和現代化建設步伐, 奪取有中國特色社會主義事業的更大勝利)≫라는 주제보고를 발표했다. 대회에서 등소평은 중국특색의 사회주의 이론(中國特色社會主義理論)을 건설하는 당 전체의 지도적 위치를 확립시켰고 중국특색의 사회주의 이론 수립에 관한 주요 내용을 개괄했다. 그리고 사회주의시장경제체제(社會主義市場經濟體制)의 개혁목표 수립을 명확하게 하였고, 당 전체가 기회를 잘 잡아 발전을 가속화 하고, 경제건설에 정력을 집중하여 올라설 수 있도록 하였다. 회의에서 ≪'중국공산당장정수정안'에 관한 결의(關於<中國共產黨章程修正案>的決議)≫ 등을 통과시켰다.

다) 제14차 1중전회 (1992.10.19)

회의에서 중앙정치국과 상무위원회를 선출했으며 강택민이 중앙위원회 총서기와 중앙군사위원회 주석에 임명되었고 위건행(尉健行)이 중앙기율검사위원회 서기로 승인되었다.

라) 제14차 4중전회(1994.9.25.~28)

회의에서 강택민 총서기를 핵심으로 하는 3세대 지도체제를 강조하였다. 회의에서 ≪중국공산당중앙의 당건설 강화에 관한 몇 가지 중대 문제에 관한 결정(中共中央關於加強黨的建設幾個重大問題的決定)≫이 통과되었다. ≪결정≫에서 당건설을 중국특색의 사회주의이론을 무장하여, 전심전력을 다해 인민에게 봉사해야 하며, 사상 정치 조직적으로 완전히 공고히 하여, 각종의 위험을 받더라도 시종 마르크스주의 정당을 유지해야 할 것이다. 이것이 등소평을 핵심으로 하는 제2세대 중앙영도집체가 만들었고, 강택민을 핵심으로 하는 제3세대영도집체가 마침 전당을 영도하여 계속 진행하는 새로운 위대한 과정이라고 하였다.

그리고 3개의 문제를 해결해야 한다고 강조하였다. 첫째는 민주중집제의 견지와 건전함인데, 특히 제도건설을 중시하였다. 둘째는 당의 기층조직건설 강화와 발전이고, 셋째는 덕재를 겸비한 지도간부 특히 젊은 간부를 배양하고 선발하는 것이다.

마) 제15차 2중전회(1998.2.25.~26)

회의에서 ≪국무원기구개혁방안(國務院機構改革方案)≫이 심의 통과되었다. 이 회의에서 전면적으로 당의 15대 정신을 관철하여 실천하고, 등소평이론의 대깃발을 높이 들고, 중국특색의 사회주의건설 사업을 21세기를 향해 전면적으로 추진하는데 중요한 의의를 갖고 있다고 여겼다.

바) 제15차 4중전회(1999.9.19.~22)

회의에서 호금도를 중앙군사위원회 부주석으로 결정하였다. 이 회의에서 중국을 이끌 '영도소조'가 구성됐다. 조장이 호금도, 부조장이 온가보, 증경홍, 라간(羅幹)이었다.

라. 호금도 시기(2000년대(호금도 집권1기)

가) 제15차 7중전회(2002.11.3~5)

회의에서 앞으로 5년간 중국의 정치노선과 일정 등이 담긴 정치보고서를 채택하고 당장 수정안을 가결했다. 부정부패 혐의를 받고 있는 주용기 총리의 측근인 왕설빙(王雪氷) 전 중국은행장을 중앙위원회 후보위원직과 공산당 당적에서 박탈하기로 결정하였다.

나) 제16차 4중전회(2004.9.16.~19)

회의에서 ≪중공중앙의 당의 집정능력 건설 강화에 관한 결정(中共中央關於加強黨的執政能力建設的決定)≫을 심의 통과하였다. '집정능력건설'이 처음으로 중앙위원회 전체회의의 핵심 의제로 채택됐다. 회의에서는 현재 그리고 향후 일정기간 동안 당의 집정 능력 건설 강화에 관한 주요 임무와 각 방침을 결정했다.

그리고 강택민은 중국공산당 중앙정치국에 중앙군사위원회 주석 자리에서 물러나겠다고 밝혔다. 이에 호금도가 중앙군사위원회 주석이 되었다. 이로써 호금도는 당·정·군에서 최고지도자가 되었다. 호금도는 2002년 11월 당 대회에서 당 총서기가 되었고, 2003년 3월 전인대에서 국가주석이 되었다. 이 회의에서 중국공산당의 집정능력 강화 방안과 중앙군사위원회 위원을 8명에서 11명으로 확대시키는 방안 등을 통과시켰다. 이 회의를 계기로 군의 개편이 시작되었다.

다) 제16차 6중전회(2006.10.8.~11)

회의에서 1978년 개혁개방정책 천명 이후 처음으로 사회복지와 분배에 관심을 가졌다. 중국은 '선부(先富)'에서 '공부(共富)'로 노선을 전환하였고, '화해사회(조화사회) 건설'의 기치를 내걸었다. 이로써 개혁개방 천명이후 처음으로 사회문제를 주요 안건으로 삼았다.

'사회주의 화해사회론'은 2004년 16차 4중전회에서 호금도가 처음으로 제시하였지만, 실체가 없는 이론에 불과했다. 화해사회의 내용에 "이인위본(以人爲本), 과학발전관, 개혁·개방, 민주법치, 개혁발전·안정의 정확한 처리, 당의 영도 하에 전 사회 공동 건설 등의 확고한 유지"였다. 그리고 화해사회 건설의 목표 및 임무로 "사회주의 민주법제의 정비, 의법치국(依法治國)의 기본 계획 전면 이행, 인민의 권익 존중 및 보장, 도농간, 지역간 발전격차 점진적 축소, 합리적 수입분배 틀 형성 등" 20여개 항을 제시하였다.

마. 호금도 시기(2000년대(호금도 집권2기)

가) 제17차 1중전회(2007.11~)

호금도 집권2기의 시작으로써 '호금도-온가보 체제'가 유지되었다.

나) 제17차 4중전회(2009.9.15.~18)

회의에서 "당의 영도제도를 견지하고 완벽하게 하며, 당원의 주체지위와 민주권리를 보장하고, 당대표대회제도와 당내 선거제도 및 당내 결정시스템을 완벽하게 하며, 당의 집중통일을 수호한다."고 하였다.

다) 제17차 5중전회(2010.10.15~18)

회의의 핵심내용은 정치적으로 시진핑 국가부주석이 중앙군사위원회 부주석으로 선출되었다는 점이다. 그리고 제12차 5개년 규획(2011~2015년)의 윤곽이 공개되었다.

라) 제17차 6중전회(2011.10.15.~18.)

회의에서 "중공중앙 문화체제 개혁 심화 및 사회주의 문화 대발전 대번영 촉진에 관한 몇 가지 중대 문제 결정"이 통과되었다. '문화건설'이라는 대 전제하에 문화사업 및 문화산업을 국가적 전략사업으로 지정하고 전 국민의 문화적 소양제고, 국가 문화 소프트파워 증대 및 중화문화의 국제 영향력 강화를 목표로 하였다.

마) 제18차 전국대표대회(2012.11.5.~11.14.)

호금도 총서기는 개막식 업무보고에서 '개혁'이라는 단어를 86차례 언급하였다. 대회에서는 당장을 개정하였는데, 당장에 "마르크스레닌주의, 모택동사상, 등소평이론, 3개대표론과 과학적 발전관의 주요 사상을 성실히 연구하는 것은 당원의 의무"라고 규정하였다. 그리고 당간부 선발 때 도덕성과 능력을 고려하되 도덕성을 우선시해야 하며 출신에 관계없이 장점에 따라 선발해야 한다는 점을 추가하였다. 대회에서 '전면개혁'은 2차례, '개혁심화'는 5차례나 언급되었다. 대회에서 시진핑은 총서기와 당중앙군사위원회 주석으로 선출되었다.

바. 시진핑 시기(2012.11~현재)

2012년 11월 제18차 전국대표대회에서 시진핑은 총서기와 당중앙군사위원회 주석직을 동시에 이양받았다. 이로써 시진핑이 이끄는 제5세대지도부가 시작되었다.

가) 제18차 1중전회(2012.11.15.)

회의에서 제5세대 지도부를 이끌 신임 중앙정치국 위원과 상무위원을 선출하였다. 이로써 시진핑을 중심으로 하는 중국 5세대 지도부가 공식적으로 출범하였다.

나) 제18차 2중전회(2013.2.26.~28.)

2013년 3월에 개최될 전인대에서 처리할 인사안을 결정해 건의 형식으로 전인대에 제출하였고, 정부조직개편안 및 정부공작보고서 초안도 확정하였다.

다) 제18차 3중전회(2013.11.9.~12.)

회의에서 "개혁의 전면적인 심화와 관련한 약간의 중대문제에 대한 중공중앙의 결정"을 심의하고 채택하였다. 그리고 국가안보 강화를 위한 국가안전위원회 설립안 및 심도 있는 개혁을 추진하기 위한 개혁 전담팀 구성안이 통과하였다. 회의에서는 "중국특색사회주의 제도의 개선 및 발전, 자원배분에 있어 시장의 역할 강화, 세제 개혁 심화, 국가안전위원회 설립"을 다루었다.

라) 제18차 4중전회(2014.10.20.~23.)

회의에서 "의법치국(依法治國) 전면 추진 등 중대 문제에 관한 공산당 중앙 결정"(결정)이 통과되었다. 그리고 이 결정에서 12월 4일을 국가헌법일로 제정했고, 12기 전국인민대표대회 상무위원회 제11차 회의에서 표결로 채택하였다. 당 지도부는 "의법치국의 중대임무를 전면 추진하는 총목표는 중국특색사회주의 법치체계와 사회주의법치국가를 건설하는 것"이라고 밝혔다. 의법치국을 위해 구체적으로는 '과학입법'(科學立法·과학적이고 현실에 맞는 입법), '엄격집법'(嚴格執法·엄격한 법집행), '공정사법'(公正司法·공정한 사법제도), '전민수법'(全民守法·모든 인민의 법 준수) 4분야의 중점 추진방향을 제시하였다.

의법치국의 5대방향으로 "① 완벽한 법률규범시스템 ② 효율적인 법치구현시스템 ③ 엄격한 법치감독시스템 ④ 유력한 법치보장시스템 ⑤ 완전한 당내법규시스템"을 제시하였다. 그리고 법치국가 구현을 위한 6대임무로 "① 헌법을 핵심으로 하는 중국특색사회주의법률시스템을 완성 ② 법에 의한 행정을 강화와 법치정부 견인 ③ 공정한 사법 보장과 사법부 공신력 강화 ④ 인민의 법치관념 증강과 법치 사회건설 추진 ⑤ 법치공작대오를 건설 ⑥ 중국공산당 주도의 의법치국 건설"로 결정지었다.

마) 제18차 5중전회(2015. 10. 26.~29.)

회의에서 '1자녀 정책'을 폐지하고, '두자녀 정책'을 전면적으로 시행하기로 결정하였다. 또 '13·5규획'의 청사진을 제시하였고, '2020년 소강(小康)사회 건설'을 확인하였다.

그리고 링지화(令計劃, 영계획) 등 10명을 당적박탈하였고, 조선족 출신인 김진길(金振吉) 길림성 정법위 서기 등 소수민족 3명을 중앙위원으로 새롭게 발탁하였다.

③ 중앙경제공작회의(中央經濟工作會議)

중앙경제공작회의는 당 중앙이 개최하는 연도성의 경제회의이다. 통상적으로 매년 12월 초에 개최한다. 회의에서 당해 연도 경제성과를 평가하고, 국내외 경제상황에 대해 언급한다.

회의에는 당중앙, 국무원 지도자, 전인대, 정협의 당원 지도자, 각 성, 자치구, 직할시 당위 정부 주요 책임자, 중앙과 국가기관 각 부서의 주요 책임자, 군대 각 군구·각 군 병과·각 대 단위의 주요 책임자, 중앙직속 관련 기업 주요 책임자가 참가한다. 중앙경제공작회의는 국내국제경제상황의 변화에 대응하며, 다음해 경제를 전망하며 거시경제정책의 대강을 결정한다. 그리고 회의를 통해 세계 경제에 큰 영향을 미치는 중국경제정책에 대한 밑그림을 파악할 수 있다.

```
중앙경제공작회의 주요 결정 내용
2005.11.29.~12.1 사회주의 신농촌 건설 등
2006.12.5.~7. 좋고도 빠른(又好又快)발전, 사회발전 및 민생문제 해결, 화해사회 건설
2009.12.6.~8. 농업우대정책강화, 농촌지역인프라건설 추진 등
2010.12.10.~12. 적극적으로 안정적이고 신중하면서 유연한 거시정책 결정
2011.12.12.~14. 온중구진(안정적 성작속의 발전 추구)
2012.12.15.~16. 산업구조조정 가속화, 민생보장 등
2013.12.10.~13. 국가식량안전보장, 대외개방 제고
2014.12.9.~11. 신창타이(新常态, New Normal) 개념을 공식적으로 언급. 9개항목으로 설명
2015.12.18.~21. 총수요 확대 및 공급측 구조 개혁을 강조. 5대 주요 과제제시
```

(4) 기타 주요회의

① 중앙인터넷안전정보화영도소조 제1차 회의(2014. 4.27.)

2014년 2월 28일에 설립된 중앙인터넷안전정보화영도소조는 동년 4월 27일에 제1차 회의를 개최하였다. 회의에서 "인터넷안전이 보장되지 않으면 국가안전도, 정보화도, 현대화도 없다"며 인터넷 안보와 정보화가 중대한 전략문제임을 강조하였다. 사이버 안보와 인터넷 여론을 단속하는 정책을 총괄하는 임무를 담당한다. 그리고 인터넷을 통해 테러를 조장하는 동영상이 전파됨에 따라 '반(反)테러'도 인터넷영도소조의 주요 임무로 떠올랐다.

② 중앙전면심화개혁영도소조 1차 회의(2014. 1.22.)

제18차 3중전회에서 신설하기로 결정하였고, 2013년 12월 30일에 설립된 중앙전면심화개혁영도소조는 2014년 1월에 제1차 회의를 개최하였고, <중앙 전면심화 개혁영도소조 업무규칙>, <중앙 전면심화 개혁영도소조 전담소조 업무규칙> 및 <중앙 전면심화 개혁영도소조 판공실 업무 세칙>등이 심의통과하였다.

중앙전면심화개혁영도소조 아래에 '경제체제 및 생태문명체제 개혁, 민주법제영역 개혁, 문화체제 개혁, 사회체제 개혁, 당의 건설제도 개혁, 기율검사체제 개혁' 6개 전담 개혁 조직을 설치하였다. 전문소조는 정치 경제 문화 사회 생태문명(환경)등 국가 차원의 개혁 업무를 맡는 5개 및 공산당 내부 개혁을 담당하는 당건설제도 전문소조로 구성된다. 전문소조로는 "①경제체제와 생태문명체제 개혁전항소조(經濟體制和生態文明體制改革專項小組), ②민주법제영역개혁전제소조(民主法制領域改革專項小組), ③문화체제개혁전항소조(文化體制改革專項小組), ④사회체제개혁전항소조(社會體制改革專項小組), ⑤기율검사체제개혁전항소조(紀律檢查體制改革專項小組), ⑥당 건설제도개혁전항소조(黨的建設制度改革專項小組)"가 있다.

③ 국방 및 군대 개혁심화 영도소조 제1차 회의(2014.5.15.)

2014년 3월 15일에 설립된 중국공산당 중앙군사위원회 국방 군대개혁심화영도소조는 동년 5월에 개최된 제1차 회의에서 "국방과 군대 개혁 심화는 사상과 행동을 당과 중앙군사위의 결정에 통일시켜야 하고 강군 건설을 목표로 개혁을 추진해야 한다"고 강조하였다. 그리고 "이길 수 있는 군대를 건설하는 게 개혁의 초점"이라며 "군 영도소조는 지도력을 집중·통일시켜 전체적인 계획을 세우고 협력을 총괄하며 실행을 지도 감독해야 한다"고 하였다.

④ 중앙정법공작회의(中央政法工作會議)

2014년 1월 7일 북경에서 개최된 중앙정법공작회의는 새로운 의미를 내포하고 있다. 먼저, '전국정법공작회의'에서 '중앙정법공작회의'로 회의명칭이 변경되었다. 이렇게 '전국'에서 '중앙'으로 바뀐 것은 정법공작의 중요성을 강화하고 있음을 알 수 있다. 두 번째로는 참석 인원의 변화이다. 국가주석이 참석한 것은 1997년 강택민이 참석한 이래로 처음이고, 정법위원회를 시진핑이 장악하려는 의도로 볼 수 있다. 또 상무위원도 1997년 2명이 참석한 이래로 처음으로 3명이 참석하였다. 시진핑은 "단호한 의지와 행동으로 정법위 부문의 부패 현상을 없애, 집단에 해를 끼치는 사람을 단호히 배제한다."라고 밝혔다. 또 "사회안정을 기본 임무로 하고, 사회의 공평과 정의를 핵심 가치관으로 추진하며, 인민들의 편안한 생활을 근본 목표로 하여, 공정한 사법권의 집행을 견지하여 '중화민족의 위대한 부흥'이라는 중국의 꿈을 실현할 사회적 보장을 해야 한다"고 말했다.

2016년 1월 22일 북경에서 중앙정법공작회의가 개최되었는데, 회의에서 "정치안전 및 금융안전, 네트워크 안전, 공공안전 보호와 테러 반대"라는 5개 영역에 대해서 언급하면서 국가안전과 사회안정을 확보하는데 집중할 것이라고 밝혔다.

한편, 중앙정법위원회는 경찰, 검찰, 법원, 무장경찰, 국가안전부 등 사법기관을 총괄한다. 중앙정법위원회 서기는 호금도시대까지는 중앙정치국 상무위원 중 1명이, 시진핑 시대부터는 정치국원 중 1명이 맡음으로써, 서기의 격이 한 단계 낮아졌다.

⑤ 전국종교공작회의(全國宗敎工作會議, 2016)

2016년 4월 22일 북경에서 개최되었던 전국종교공작회의에 참석한 시진핑은

'중요연설'을 통해 "종교를 믿는 군중과 단결하고 종교 문제를 소통과 합법적인 절차로 해결하자"고 밝혔다. 2001년 12월 강택민 국가주석이 참석하였던 전국종교공작회의에서는 법륜공(파룬궁) 탄압을 선동하고 강화하였으며, 회의 도중에 법륜궁에 대한 투쟁구호가 거셌다.

시진핑은 "공산당원은 굳건한 마르크스주의 무신론자가 되어야 하며 절대로 종교에서 자신의 가치관과 신념을 추구해서는 안 된다"고 강조하면서 "새로운 국면에서 우리는 중국 특색의 사회주의 종교이론을 견지하고 발전시켜야 한다."고 밝혔다. 중국에서 15년만에 시진핑이 종교에 대해 언급하게 된 배경에는 2015년 5월 중앙기율검사위원회가 회보 여론란에서 당원들의 종교문제가 '심각한 사안'이 됐다면서 "일부 당원들이 당의 변증법적 유물론 원칙을 버리고 종교로 돌아선 것은 감찰의 범위에 포함될 만큼 심각한 문제가 됐다"고 지적한 것과 관련이 있다. 즉, 중국지도부는 당원 중 기독교를 받아들이고 있는 현상을 중국공산당에 대한 위협 요소로 간주하였다. 시진핑은 "외부세력이 종교를 이용해 침투하는 것을 단호히 막아내고 종교적 극단주의 사상에 의한 침해를 방지해야 한다"고 주장하면서 "인터넷에서의 종교문제를 고도로 중시하고, 인터넷에서 당의 종교정책을 대대적으로 홍보하라"고 지시했다. 시진핑은 "모든 종교는 '당의 영도'를 따라야 한다"고 강조하였고, "종교는 행정, 사법, 교육 등 국가의 각종 직능에 간섭할 수 없고, 정부는 국가이익과 공공이익에 관련된 종교문제를 법에 따라 관리할 수 있다"고 말했다.

2016년 전국종교공작회의의 핵심 주제는 '종교의 중국화'와 '사회주의 발전에 기여하는 종교'였다. 시진핑의 연설은 강택민의 종교탄압정책을 바로 잡는 것으로 평가되고 있고, 전면적인 의법치국 관련 발언, 민원 중시, 군중 문제 해결 등 지시 또한 강택민의 법륜공 탄압 과정에서 나타난 법제를 전면적으로 바로 잡는 것으로 보고 있다. 그래서 2016년 전국종교공작회의에서의 결정은 그동안의 중국공산당 종교정책의 주 내용인 '안정유지를 위한 억압'의 종식으로 간주한다.

중국공산당의 최고위급 회의는 '전국OO부장(국장·주임)회의'와 '전국OO공작회의'로 구분된다. 전자는 주무부처 주최로 매년 1회 개최되고, 후자는 총서기나 상무위원회가 주최하며 5년(이상)마다 한 번씩 개최된다. 특히 후자는 총서기가 참석할 경우 중대한 정책변화로 연결되어졌다.

⑥ 전국정법대오건설공작회의(全國政法隊伍建設工作會議, 2016)

2016년 4월 25일, 전국정법대오건설공작회의가 북경에서 개최되었는데, 회의에서 시진핑이 제기한 '국민을 위한 집권', '청렴결백한 정법대오 건설' 등의 요구와 함께 검찰 및 사법부 부패에 대한 강력한 처벌 의지가 강조되었다. 시진핑은 제18차 전국대표대회 이래 정법대오건설에서 얻은 성과를 충분히 긍정하고 새로운 정세에서의 정법대오 건설에 명확한 요구를 제출했다. 또 당의 정법 사업을 잘 하려면 반드시 대오건설을 강화해야 한다고 지적했다.

시진핑은 제18차 전국대표대회 이래 정법부처는 전면적이고 엄격한 당 건설을 견지하였고, 문제를 정돈하고 수정하면서 장기적으로 유효한 체제를 건설하여 정법대오의 정치자질과 업무능력, 규율작풍 등 분야에서 만족스러운 변화를 가져왔다고 밝혔다. 또 새로운 정세 하에서 정법대오의 과업이 더욱 무겁고 대중들의 요구가 더욱 높다고 강조했다. 시진핑은 '사상정치 건설'을 항상 1위에 놓고 정치, 업무, 책임, 규율, 작풍 등 면에서 실력이 강해야 한다는 요구에 따라 혁신하며 정규화, 전문화, 직업화 건설을 강화하여 굳건한 신념이 있고 인민을 위해 법을 집행하며 책임을 과감히 짊어지는 청렴한 정법대오를 건설하기 위해 노력해야 한다고 강조했다. 뿐만 아니라 시진핑은 각급 당위원회는 정법사업에 대한 지도를 강화하고 개선하며 기관의 지도자 대오를 잘 고르고, 정법대오 건설의 큰 문제점들을 해결하는 방법을 즉시 연구해야 한다고 지적했다.

회의에서 "전국정법기관은 시진핑 총서기의 중요 지시정신을 열심히 학습하고 관철해야 한다. 사회국면의 안정을 수호하고, 사회 공평정의를 촉진하며 인민들의 안거락업(安居樂業, 평안한 속에서 자기가 좋아하는 일을 하는 것)을 보장하는 총임무를 긴밀하게 둘러싸서, 정치적으로 강력하고 업무적으로 뛰어나며 책임성이 높고 규율이 엄하며 작풍(作風)이 단정해야 한다는 전체 요구를 단단히 파악해야 한다. 중국특색의 사회주의 정법대오의 정규화(正規化), 전문화, 직업화 방향을 견지해야 한다. 사법체제개혁심화를 동력으로, 현대과학기술수단응용을 버팀목으로, 제도건설을 보증으로 삼아, 정법대오건설을 제약하는 체제성(體制性), 기제성(機制性), 보장성 난제를 힘써 해결해야 한다. 사상정치, 업무능력, 규율작풍 건설을 깊이 있게 추진하고, 정법대오의 사상정치자질과 직무이행 능력수준을 끊임없이 제고해, 당과 인민이 부여한 직책과 사명을 이행하기 위해 유력한 보장을 제공해야 한다."고 강조하였다.

⑦ 전국선전사상공작회의(全國宣傳思想工作會議, 2013)

2013년 8월 19일과 20일에 개최된 전국선전사상공작회의에서 시진핑은 "경제건설은 당의 중심사업이며 이데올로기사업도 당의 매우 중요한 사업"이라고 강조했다. 그리고 "사상공작회의는 당의 매우 중요한 사업"이라며 "선전사상공작의 핵심은 의식영역의 지도이념으로 마르크스주의를 공고화하는데 있다."고 하면서 "당원과 간부는 마르크스주의와 공산주의 신앙을 더욱 확고히 해야 한다."고 강조했다. 또 "당교와 고등교육 기관 등이 마르크스 사상을 연구하고 선전하는 기지가 돼야 한다"고 강조했다. 특히 "새로운 간부, 젊은 간부들은 끊임없는 학습을 통해 마르크스주의 입장에서 생각하고 문제를 해결할 수 있도록 해야 한다"고 말했다. 2013년 전국선전사상공작회의에서 시진핑이 강조한 주요 내용을 '8·19강화정신'이라고 부른다.

회의에서 시진핑은 "대외 선전공작을 꼼꼼히 진행하고 새로운 대외 선전방식을 내놓아야 한다"고 하였고, 또 "각국의 기본적인 국정이 다르고 발전 노선도 당연히 각기 특색을 지니고 있는 것을 명확하게 하지 않으면 안된다"라고 강조하면서, 선전공작을 통해 일당전제의 중국 정치제도에 대한 내외 비판 등을 봉쇄할 필요성을 강조하였다.

특히 시진핑은 중국공산당 선전기구에 "새로운 매체를 장악하기 위해 강력한 인터넷 부대를 만들어야 하며, 여론 전쟁에서 반드시 승리해야 한다"를 지시했다. 연설 바로 다음날인 젊은층에게 유명한 블로거 친즈후이(秦志暉)와 양슈위(楊秀宇) 등 네티즌 4명이 유언비어 유포 혐의로 체포되었다. 또 쉐만쯔(薛蠻子)와 인터넷에서 각종 폭로 활동을 해온 저우루바오(周祿寶)가 각각 성매매 혐의와 사기·협박 혐의로 체포되었다.

한편, 2013년 9월 9일 중국최고인민법원과 중국최고인민검찰은 허위·비방 정보를 온라인에 유포한 사람에 대한 처벌을 다룬 새 지침을 발표하였는데, 온라인에서 해당 내용이 5000번 이상 열람되었거나 500회 이상 재전달되었을 경우 3년 이하 징역 또는 정치 권리 박탈 등의 처분을 받는다고 밝혔다. 이와 관련하여 중국최고인민법원 대변인은 "인터넷을 이용해 헛소문과 비방을 게재하는 이들을 법에 기초해 강경하게 처벌하라는 목소리가 높았다"며 "타인을 비방하는 것을 표현의 자유로 간주하는 국가는 어디에도 없다"고 밝혔다.

2014년 중국 정부는 인터넷 통제 조치를 강화하고 있는데, 중국국가인터넷판공실은 관련 부서와 공동으로 유언비어 및 사실과 다른 정보를 유포한 30개 사이트를 일시폐쇄하고 처벌하였다. 폐쇄된 사이트는 베이징즈칭(北京知靑)망, 롄츠(蓮池)논단, 사오관자위안(韶關家園), 궁허(共和)망, 바다(八達)망 등 총 30개이다. 2015년에 들어와 중국당국은 인터넷에서 자주 사용되는 14개 비속어를 사용금지하라는 지침을 인터넷 언론과 인쇄 매체에 내렸다.

한편, 중국 인터넷에 불고 있는 정풍운동은 1957년 3월 6일부터 13일까지 북경에서 개최되었던 전국선전공작회의(全國宣傳工作會議)를 떠오르게 한다. 당시 중앙과 성시 당의 선전과 문교부 책임자 380여 명과 과학·교육·문학·예술·신문출판 등의 당외 인사 100여 명이 참가하였다. 회의에서 모택동의 "모택동의'인민내부모순문제의 정확한 처리에 관해서(關於正確處理人民內部矛盾的問題)'"에 관한 연설을 전달하고 토론하였다. 3월 12일 모택동은 사회변동과 중국 지식인의 상황, 지식인의 개조 문제 등 8가지에 대해 연설하였다. 이후 중국에서는 반우파 투쟁이 시작되었다.

제5장

중국 헌법과 중국공산당 장정

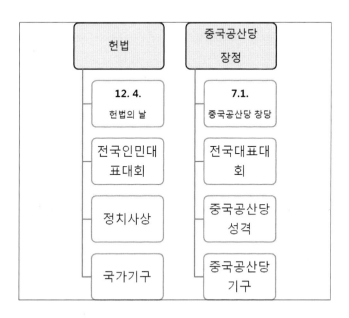

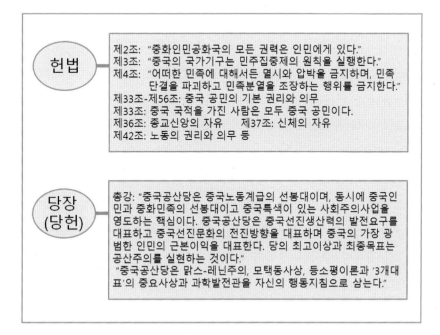

1. 중국헌법

2014년 12월 4일 중국의 '국가헌법일'!

중국은 12월 4일 최초의 '국가 헌법의 날'을 맞아 각종 형식으로 헌법 선전 및 교육활동을 전개했다. 이번 기념일 제정은 2014년 11월 1일 개최된 전국인민대표대회(全人大) 상무위원회 회의에서의 결정에 따른 것이다. 12월 4일은 원래 '법제 선전의 날'이었지만, 시진핑 지도부는 2014년 10월 20일부터 23일까지 열린 제18차 4중전회에서 의결된 '당 지도 하의 의법치국(依法治國·법에 따른 국가 통치)'이라는 국정운영 방침의 철저를 기하기 위해 '국가헌법일(국가 헌법의 날)'로 선포한 것이다.

중국헌법에서는 중국의 정치사상, 공민의 의무, 국가기구, 지방정책, 민족정책, 대만에 대한 중국의 인식, 수도 등을 잘 소개하고 있다. 중국헌법 서문에서 "대만은 중화인민공화국의 신성한 영토의 일부분이다. 조국통일이라는 대업을 완성하는 것은 대만 동포를 포함한 전체 중국 인민의 신성한 책무이다."라고 밝히고 있다. 헌법 제1조에서는 "중화인민공화국은 노동자계급이 영도하고, 공·농(工·農)연맹에 기초한 인민민주전정(人民民主專政)의 사회주의 국가이다. 사회주의제도는 중화인민공화국의 근본제도이다. 어떠한 조직이나 개인도 사회주의를 위반할 수 없다."라고 하면서 중국인민공화국의 국가성격을 밝히고 있다.

중국의 권력은 총구에서 나온다는 유명한 말이 있다. 그러나 헌법 제2조에서는 "중화인민공화국의 모든 권력은 인민에게 있다."라고 하면서 모든 권력은 인민에게 있다고 밝히고 있다. 과거의 중국에서는 인민의 목소리가 그렇게 크지 않았지만, 오늘날 중국에서는 미디어 발달과 인민의 정치에 대한 인식 고조로 점차적으로 헌법에 밝힌 것처럼 중국은 변해가고 있다.

헌법 제3조에서는 "중국의 국가기구는 민주집중제의 원칙을 실행한다."고 밝히고 있다.

중국은 다민족국가이지만, 모든 민족이 일률적으로 평등하다고 헌법에 명시하고 있다. 제4조에서는 "어떠한 민족에 대해서든 멸시와 압박을 금지하며, 민족단결을 파괴하고 민족분열을 조장하는 행위를 금지한다."고 밝히면서 티베트와 신강 등지에서 일어나는 소수민족의 민족운동을 중국정부는 민족분열 조장행위로 간주하고 있다.

산아제한과 관련하여 제25조에서는 "국가는 산아제한을 보급실시하며, 인구의 증가를 경제와 사회의 계획발전에 적당하도록 조절한다."고 밝히고 있다.

헌법의 제2장은 제33조부터 제56조로서, 중국 공민의 기본 권리와 의무에 대해서 소개하고 있다. 이 중 제33조에서는 중국 국적을 가진 사람은 모두 중국 공민이라고 밝히고 있다. 제36조에서는 종교신앙의 자유, 제37조에서는 신체의 자유, 제42조에서는 노동의 권리와 의무 등을 소개하고 있다.

헌법의 제3장은 중국의 국가기관에 대해서 소개하고 있다. 제1절은 전국인민대표대회, 제2절은 중국 국가주석, 제3절은 국무원, 제4절은 중앙군사위원회, 제5절은 중국 지방 인대와 인민정부, 제6절은 민족자치기관, 제7절은 인민법원과 인민검찰원에 대해서 소개하고 있다.

헌법의 제4장은 중국의 국기와 국가, 국장과 수도에 대해서 소개하고 있다. 이 중 헌법 제136조에서는 중국의 국기 명칭이 '오성홍기(五星紅旗)'임을 알 수 있고, 제138조에서 중국의 수도가 북경이라고 밝히고 있다.

```
중화인민공화국 헌법
1954년 제정
1975년 전면개정
1978년 전면개정
1982년 전면개정
1988년 부분수정
1993년 부분수정
1999년 부분수정
2004년 부분수정
```

(1982년 12월 4일 제5기 전국인민대표대회 제5차회의에서 통과되어, 1982년 12월 4일 전국인민대표대회가 공포하고 시행을 공고하였다. 1988년 4월 12일 제7기

전국인민대표대회 제1차회의에서 통과된 ≪중화인민공화국헌법수정안≫, 1993년 3월 29일 제8기 전국인민대표대회 제1차회의에서 통과된 ≪중화인민공화국헌법수정안≫, 1999년 3월 15일 第9기 전국인민대표대회 제2차회의에서 통과된 ≪중화인민공화국헌법수정안≫과 2004년 3월 14일 제10기 전국인민대표대회 제2차회의에서 통과된 ≪중화인민공화국헌법수정안≫에 의거하여 수정하였다.

서문
제1장 총강
제2장 공민의 기본 권리와 의무
제3장 국가 기관
 제1절 전국인민대표대회
 제2절 중화인민공화국 주석
 제3절 국무원
 제4절 중앙군사위원회
 제5절 각급 지방인민대표대회와 각급 지방인민정부
 제6절 민족 지방자치의 자치 기관
 제7절 인민법원과 인민검찰원
제4장 국기와 국가, 국장(국휘), 수도

1) 서문

중국은 세계에서 가장 유구한 역사를 지닌 국가 중의 하나이다. 중국의 각 민족과 인민들은 빛나는 문화를 공동으로 창조하였고, 영광스러운 혁명 전통을 지니고 있다.

1840년 이후, 봉건적인 중국은 점진적으로 반식민지와 반봉건적인 국가로 변모하였다. 중국 인민은 국가의 독립과 민족의 해방, 민주와 자유를 위하여 희생을 아끼지 않고 분투하였다.

20세기 들어와, 중국에서는 세상을 놀라게 한 위대한 역사적 변혁이 일어났다.

1911년 손중산(손문) 선생이 이끌었던 신해혁명으로 봉건제도를 폐지하고 중화민국을 수립하였다. 그러나 중국 인민들의 제국주의와 봉건주의를 반대하는 역사적 임무는 아직 완성되지 않았다.

1949년 모택동 주석을 지도자로 하는 중국공산당은 중국의 각 민족과 인민을 이끌고 장기간에 걸친 수난과 고난의 무장 투쟁을 포함한 다양한 형태의 투쟁을 통해 제국주의와 봉건주의, 관료자본주의의 지배를 물리치고, 신민주주의 혁명의 위대한 승리를 성취하여 중화인민공화국을 수립하였다. 이로 인해 중국 인민은 국가의 권력을 장악하고 국가의 주인이 되었다.

중화인민공화국 수립 이후, 중국 사회는 점진적으로 신민주주의에서 사회주의로 가는 과도의 과정을 실현했다. 생산 수단을 사유하는 제도를 사회주의로 개조하는 작업을 완성하였고, 사람이 사람을 착취하는 제도도 이미 소멸되어 사회주의제도를 이미 확립하였다. 노동자계급이 이끄는 노동자와 농민을 기초로 한 인민민주주의 전제정치(인민민주독재), 실질적 무산계급의 전제정치는 공고와 발전을 이루었다. 중국인민과 중국인민해방군은 제국주의와 패권주의의 침략과 파괴 및 무력도발을 물리치고, 국가의 독립과 안전을 지키고 국방을 증강하였다. 경제 건설에 있어서도 커다란 성과를 이룩하여 독립되고 비교적 완전한 사회주의의 공업체계를 이미 이룩하였으며 농업의 생산성도 현저하게 제고되었다. 교육과 과학, 문화 등의 사업은 커다란 발전을 이룩하였고 사회주의 사상 교육도 두드러진 성과를 거두었다. 대다수 인민의 생활이 비교적 폭넓게 개선되었다.

중국의 신민주주의 혁명의 승리와 사회주의 사업의 성과는 중국공산당이 영도하는 중국의 각 민족과 인민들이 마르크스·레닌주의와 모택동 사상의 지도 아래, 진리를 견지하고 잘못을 수정하여 수많은 역경과 고난을 극복하고 획득한 것이다. 중국은 장기간 사회주의 초급단계에 처하게 될 것이다. 국가의 근본 임무는 중국특색의 사회주의 노선을 따라, 사회주의 현대화 건설을 위해 집중적으로 역량을 진행할 것이다. 중국의 각 민족과 인민은 계속하여 중국공산당의 지도 아래 마르크스레닌주의와 모택동 사상·등소평 이론과 '3개 대표' 중요사상의 지도 아래, 인민민주주의 전제정치와 사회주의의 노선을 견지하며, 개혁개방을 견지하고, 사회주의의 각종 제도를 끊임없이 완비하고, 사회주의 시장경제와 사회주의민주주의를 발전시키고, 사회주의 법제를 완비하며, 자력갱생하고 각고 노력하여, 점진적으로 공업과 농업·국방 및 과학기술의 현대화를 실현시키고, 물질문명·정치문명과 정신문명의 협조발전을 추진하여 나라를 부강하고 민주적이며 문명화된 사회주의 국가로 만들어 나가야 한다.

중국에서 착취계급은 이미 소멸하였지만, 계급투쟁은 아직 일정한 범위 내에서 장기간 존재하고 있다. 중국 인민은 반드시 중국의 사회주의 제도를 적대시하고 파괴하려는 국내외 적대세력과 적대분자들과 투쟁하여야 한다.

대만은 중화인민공화국의 신성한 영토의 일부분이다. 조국통일이라는 대업을 완성하는 것은 대만 동포를 포함한 전체 중국 인민의 신성한 책무이다.

사회주의 건설 사업은 반드시 노동자와 농민·지식분자에 의해, 단결 가능한 모든 역량을 집약해야 한다. 장기간의 혁명과 건설 과정 중에, 중국공산당이 지도하고, 각 민주당파와 모든 인민단체가 참가하며, 전체사회주의 노동자·사회주의사업의 건설자·사회주의와 조국통일을 옹호하는 애국자의 광범위한 애국통일전선이 이미 결성되었으며, 이 통일전선은 계속해서 공고해지고 발전하게 될 것이다. 중국인민정치협상회의는 광범위한 대표성을 갖는 통일전선조직으로서 과거에는 중요한 역사적 역할을 해 왔지만, 금후에는 국가의 정치생활과 사회생활·대외협력활동, 또 사회주의 현대화건설과 국가의 통일과 단결을 유지하고 보호하는 투쟁에서, 향후 더욱 중요한 역할을 발휘할 것이다. 중국공산당이 영도하는 다당 협력과 정치협상제도는 앞으로도 장기간 존재하고 발전할 것이다.

중화인민공화국은 전국의 각 민족 인민이 공동으로 창건한 통일된 다민족국가이다. 평등과 단결, 서로 돕는 사회주의 민족관계는 이미 확립되었고 앞으로도 계속 강화될 것이다. 민족의 단결을 유지하는 투쟁 중에 대민족주의(大民族主義) 특히, 대한족주의(大漢族主義)에 반대하여야 하고 또한 지방민족주의에도 반대하여야 한다. 국가는 모든 노력을 다해 전국 각 민족의 공동 번영을 촉진하여야 한다.

중국 혁명과 건설에 따른 성과는 세계 인민의 지지와 분리될 수 없다. 중국의 장래(前途)는 세계의 장래와 긴밀하게 연결되어 있다. 중국은 독립과 자주의 대외정책을 견지하고, 주권과 영토 보전의 상호 존중·상호 불가침·상호 내정불간섭·평등 호혜 및 평화 공존이라는 5개항의 원칙을 견지하여 각 국가와의 외교관계와 경제·문화 교류를 발전시켜 나아간다.; 제국주의와 패권주의·식민주의에 대한 반대를 견지하여 세계 각국 인민과의 단결을 강화하고 피압박민족과 개발도상국의 민족 독립의 획득·유지 및 민족경제발전을 위한 정의의 투쟁을 지지하며, 세계 평화를 유지하고 인류의 진보를 촉진하기 위한 사업을 위해 노력하여야 한다.

본 헌법은 법률의 형식으로써 중국 각 민족 인민의 분투 성과를 확인한 것이고, 국가의 근본이 되는 제도와 임무를 규정한 것으로, 국가의 기본법인 동시에 최고의 법률효력을 가진다. 전국의 각 민족 인민과 모든 국가기관과 무장역량, 각 정당과 사회단체, 기업과 사업조직은 모두 헌법을 기본 활동 준칙으로 하고, 또한 헌법의 존엄을 지키고 헌법의 시행을 보장하는 책무를 져야 한다.

2) 제1장 총강

제1조 중화인민공화국은 노동자계급이 영도하고, 공·농(工·農)연맹에 기초한 인민민주전정(人民民主專政)의 사회주의 국가이다.

사회주의제도는 중화인민공화국의 근본제도이다. 어떠한 조직이나 개인도 사회주의를 위반할 수 없다.

제2조 중화인민공화국의 모든 권력은 인민에게 있다.

인민이 행사하는 국가권력기관은 전국인민대표대회와 지방 각급 인민대표대회이다.

인민은 법률규정에 따라, 각종 방법과 형식을 통해, 국가사무를 관리하며, 경제와 문화사업을 관리하고, 사회사무를 관리한다.

제3조 중화인민공화국의 국가기구는 민주집중제의 원칙을 실행한다.

전국인민대표대회와 지방 각급 인민대표대회는 모두 민주선거에 의해 생기며 인민에 대해 책임을 지고, 인민의 감독을 받는다.

국가행정기관, 심판기관, 검찰기관은 모두 인민대표대회에 의해 생기며, 인민대표대회를 책임지고, 그것의 감독을 받는다.

중앙과 지방의 국가기구의 직권 분할은, 중앙의 통일적인 지도하에, 지방의 주동성·적극성을 충분히 발휘하는 원칙을 준수한다.

제4조 중화인민공화국의 각 민족은 일률적으로 평등하다. 국가는 각 소수민족의

합법적인 권리와 이익을 보장하며, 각 민족의 평등, 단결, 서로 돕는 관계를 유지하고 발전시킨다. 어떠한 민족에 대해서든 멸시와 압박을 금지하며, 민족단결을 파괴하고 민족분열을 조장하는 행위를 금지한다.

국가는 각 소수민족의 특성과 필요에 근거하여, 각 소수민족의 경제와 문화의 가속적인 발전을 돕는다.

각 소수민족이 집거하는 지역은 구역자치를 실시하며, 자치기관을 설립하고, 자치권을 행사한다. 각 민족자치지방은 모두 중화인민공화국의 불가분리의 부분이다.

각 민족은 모두 자기의 언어문자를 사용하고 발전시킬 자유가 있으며, 자기의 풍속습관을 유지하거나 또는 개혁할 자유를 가지고 있다.

제5조 중화인민공화국은 의법치국을 실행하고, 사회주의법치국가를 건설한다.

국가는 사회주의 법제의 통일과 존엄을 유지 보호한다.

모든 법률, 행정법규와 지방성법규는 모두 헌법에 저촉되어서는 안 된다.

모든 국가기관과 무장역량, 각 정당과 각 사회단체, 각 기업사업조직 모두는 반드시 헌법과 법률을 준수해야 한다. 일체의 헌법과 법률을 위반하는 행위는 반드시 추궁한다.

어떠한 조직이나 개인도 헌법과 법률의 특권을 초월할 수 없다.

제6조 중화인민공화국의 사회주의경제제도의 기초는 재료를 생산하는 사회주의공유제이며, 전민소유제와 노동군중의 집체소유제이다. 사회주의 공유제는 사람이 사람을 착취하는 제도를 소멸하며, 각자의 능력에 따라 일하고, 노동에 따라 분배받는 원칙을 실행한다.

국가는 사회주의 초급단계에서 공유제 주체와 다양한 소유제 경제공동발전의 기본경제제도를 견지하고, 노동에 따라 분배하는 것을 주체로 하고 다양한 분배방식이 병존하는 분배제도를 견지한다.

제7조 국유경제, 즉 사회주의전민소유제 경제란 국민경제 중의 주도 역량이다.

국가는 국유경제의 공고와 발전을 보장한다.

제8조 농촌집체경제조직은 가정도급경영의 기초를 실행하고, 쌍층의 경영체제를

통일적으로 분배 결합한다. 농촌의 생산·공급과 판매·신용·소비 등의 각
종 형식의 합작경제는 사회주의 노동군중집체소유제 경제. 농촌집체경제조
직에 참가하는 노동자는 법률규정의 범위 내에서 자류지와 자류산, 가정부업
과 가축을 사육할 권리를 가진다.

도시의 수공업·공업·건축업·운수업·상업·서비스업 등의 산업의 각종
형식의 합작경제는 모두 사회주의 노동군중집체 소유제 경제이다.

국가는 도시와 농촌 집체경제조직의 합법적인 권리와 권익을 보호하며, 집체
경제의 발전을 격려, 지도하고 돕는다.

제9조 광맥, 수류, 삼림, 산령, 초원, 황무지, 간척지 등 자연자원은 모두 국가소
유이고, 즉 전민소유이다; 법률규정에 의해 집체소유에 속하는 삼림과 산령,
초원, 황무지, 간척지는 예외로 한다.

국가는 자연자원의 합리적 이용을 보장하며, 진귀한 동물과 식물을 보호한다.
어떠한 조직이나 개인도 어떠한 수단을 이용하여 자연자원을 침해하거나 파
괴하는 것을 금지한다.

제10조 도시의 토지는 국가소유이다.

농촌과 도시근교의 토지, 법률규정에 의해 국가소유가 아닌 것은 집체소유이
다; 택지와 자류지, 자류산, 또한 집체소유이다.

국가는 공공이익의 필요를 위해 법률규정에 의하여 토지에 대하여 징수 또는
징용할 수 있고, 보상을 한다.

어떠한 조직이나 개인도 토지를 침해, 매매 또는 기타형식으로 불법 양도할
수 없다. 토지의 사용권은 법률규정에 의거하여 양도될 수 있다.

모든 토지를 사용하는 조직과 개인은 반드시 합리적으로 토지를 이용해야 한다.

제11조 법률규정의 범위 내에서 개체경제, 사영경제 등 비공유제경제는 사회주
의시장경제의 중요한 구성부분이다.

국가는 개체경제, 사영경제 등 비공유제경제의 합법적인 권리와 이익을 보호
한다. 국가는 비공유제경제의 발전을 장려·지지 및 인도하고, 비공유제경제
에 대하여는 법에 따라 감독과 관리를 실시한다.

제12조 사회주의 공유재산은 신성불가침이다.

국가는 사회주의의 공유재산을 보호한다. 어떠한 조직이나 개인도 어떠한 수단을 이용하여 국가와 집체의 재산을 침해 또는 훼손해서는 안 된다.

제13조 공민의 합법적 사유재산은 침범을 받지 아니한다.

국가는 법률의 규정에 의하여 공민의 사유재산권과 상속권을 보호한다.

국가는 공공이익의 필요에 따라 법률의 규정에 의거하여 공민의 사유재산에 대하여 징수와 징용을 실행할 수 있고 보상을 행한다.

제14조 국가는 노동자의 적극성과 기술수준을 높이며, 선진적 과학기술을 보급하고 경제관리체제와 기업경영관리제도의 완비를 통해 각종 형식의 사회주의 책임제를 실행하고, 노동조직을 개진시키며, 노동생산율과 경제효익을 끊임없이 제고함으로써 사회생산력을 발전시킨다.

국가는 절약행위를 격려하고 낭비를 반대한다.

국가는 합리적으로 누적과 소비를 마련하고, 국가·집체와 개인의 이익을 함께 고려하며, 생산을 발전시키는 기초 위에서 인민의 물질생활과 문화생활을 점차 개선한다.

국가는 건전하고 경제발전의 수준에 상응하는 사회보장제도를 수립한다.

제15조 국가는 사회주의시장경제를 실행한다.

국가는 경제입법을 강화하고, 거시경제를 완성한다.

국가는 어떠한 조직이나 개인도 사회경제질서를 어지럽히는 것을 금한다.

제16조 국유기업은 법률규정의 범위 내에서 자주적으로 경영할 수 있는 권리를 갖는다.

국유기업은 법률규정에 의거하여 근로자대표대회와 기타형식을 통해 민주관리를 실행한다.

제17조 집체경제조직은 관련 법률을 준수하는 전제하에, 독립적으로 경제활동을 진행하는 자주권을 갖는다.

집체경제조직은 민주관리를 실시하고, 법률규정에 의거하여 관리 인원을 선거하거나 파면하며, 경영관리의 중대 문제를 결정한다.

제18조 중화인민공화국은 외국의 기업과 기타 경제조직 또는 개인이 중화인민공화국 법률의 규정에 의거하여 중국에서의 투자, 중국의 기업 또는 기타 경제조직과 각종 형식의 경제 합작을 비준한다.

　　중국 국경 내에서 외국기업과 기타 외국 경제조직 및 중외합자경영의 기업은 모두 중화인민공화국의 법률을 준수해야 한다. 그들의 합법적인 권리와 이익은 중화인민공화국 법률의 보호를 받는다.

제19조 국가는 사회주의의 교육사업을 발전시키고, 전국인민의 과학문화수준을 높인다.

　　국가는 각종 학교를 설립하고, 초등의무교육을 보급하며, 중등교육·직업교육과 고등교육을 발전시키고, 동시에 취학 전 교육을 발전시킨다.

　　국가는 각종교육시설을 발전시키고, 문맹을 없애며, 근로자·농민·국가공작원과 기타노동에 대해 정치·문화·과학·기술·업무의 교육을 진행하며, 독학인을 격려한다.

　　국가는 집체경제조직·국가기업사업조직과 기타 사회역량이 법률규정에 의거하여 각종 교육사업을 시행하는 것을 격려한다.

　　국가는 전국적으로 통용하는 普通話(표준어)를 널리 보급한다.

제20조 국가는 자연과학과 사회과학사업을 발전시키고, 과학과 기술지식을 보급하며, 과학연구성과와 기술발명창조를 격려한다.

제21조 국가는 의료위생사업을 발전시키고, 현대의약과 국가전통의학을 발전시키며, 농촌집체경제조직·국가기업사업조직과 가도(街道)조직이 각종 의료위생시설을 설치 시행하고, 군중성의 위생활동을 전개하는 것을 격려하고 지지하며, 인민건강을 보호한다.

　　국가는 체육사업을 발전시키고, 군중성의 체육활동을 전개하며, 인민체질을 증강시킨다.

제22조 국가는 인민을 위한 서비스, 사회주의를 위한 서비스인 문학예술사업·신문방송TV사업·출판발행사업·도서관 박물관 문화관과 기타 문화사업을 발전시키고, 군중성 문화활동을 전개한다.

국가는 명승고적·진귀한 문물과 기타 중요한 역사문화유산을 보호한다.

제23조 국가는 사회주의 서비스를 위한 각종 전문 인재를 양성하고, 지식층의 대오를 늘리며, 조건을 창조하여, 그들이 사회주의 현대화 건설의 역할을 충분히 발휘할 수 있도록 한다.

제24조 국가는 이상교육·도덕교육·문화교육·기율과 법제교육의 보급을 통해, 도시·농촌의 동일하지 않은 범위의 군중이 제정하고 집행하는 각종의 수칙·공약을 바탕으로, 사회주의 정신문명의 건설을 강화한다.

국가는 조국사랑·인민사랑·노동사랑·과학사랑·사회주의 사랑의 공중도덕을 제창하고, 인민 안에서 애국주의·집체주의와 국제주의·공산주의 교육을 진행하며, 변증유물주의와 역사유물주의의 교육을 진행하고, 자본주의·봉건주의와 기타 진부한 사상을 반대한다.

제25조 국가는 계획생육(산아제한)을 보급실시하며, 인구의 증가를 경제와 사회의 계획발전에 적당하도록 조절한다.

제26조 국가는 생활환경과 생태환경을 보호하고 개선하며, 오염과 기타 공해를 막아낸다.

국가는 식목조림을 조직하고 격려하며, 임업을 보호한다.

제27조 모든 국가기관은 간명한 원칙을 실행하며, 업무책임제를 실행하고, 업무인원의 배양과 심사제도를 실행하며, 업무질과 업무효율을 끊임없이 높이고, 관료주의를 반대한다.

모든 국가기관과 국가공작인원은 인민의 지지를 의지해야 하며, 일상 인민과의 밀접한 관계를 유지해야 하고, 인민의 의견과 건의에 경청하며, 인민의 감독을 받고, 인민을 위한 봉사에 노력해야 한다.

제28조 국가는 사회질서를 유지하고, 반란과 기타 국가안전을 위해하는 범죄활동을 진압하며, 사회치안을 위해하고 사회주의 경제를 파괴하며 기타 범죄의 활동을 제재하고, 범죄분자를 징벌하고 개조한다.

제29조 중화인민공화국의 무력역량은 인민에게 있다. 그것의 임무는 국방을 공고히 하고, 침략에 저항하며, 조국을 지키고, 인민의 평화적인 노동을 지키며,

국가건설사업에 참가하고, 인민을 위한 봉사에 노력한다.

국가는 무력역량의 혁명화·현대화·정규화의 건설을 강화하고, 국방역량을 증강시킨다.

제30조 중화인민공화국의 행정구역 구분은 아래와 같다:

(1) 전국을 성·자치구·직할시로 나눈다.;

(2) 성·자치구를 자치주·현·자치현·시로 나눈다.;

(3) 현·자치현을 향·민족향·진으로 자준다.

직할시와 비교적 큰 시는 구·현으로 나눈다. 자치주는 현·자치현·시로 나눈다.

자치구·자치주·자치현은 모두 민족자치지역이다.

제31조 국가는 필요할 경우 특별행정구를 설립할 수 있다. 특별행정구내에서 실행하는 제도는 구체적인 상황에 따라 전국인민대표대회가 법률로서 규정한다.

제32조 중화인민공화국은 중국 국경 내에서의 외국인의 합법적인 권리와 이익을 보호하고, 중국 국경 내에서의 외국인은 반드시 중화인민공화국의 법률을 준수해야한다.

중화인민공화국은 정치원인으로 인해 망명을 요구하는 외국인에 대해서, 비호 받을 권리를 부여할 수 있다.

3) 제2장 공민의 기본 권리와 의무

제33조 중화인민공화국 국적을 가진 사람은 모두 중화인민공화국의 공민이다.

중화인민공화국의 공민은 법률 앞에 모두 평등하다.

국가는 인권을 존중하고 보장한다.

모든 공민은 헌법과 법률이 규정한 권리를 향유하는 동시에 반드시 헌법과 법률이 규정한 의무를 이행해야 한다.

제34조 중화인민공화국의 만18세 이상의 공민은 민족·종족·성별·직업·가정출신·종교신앙·교육정도·재산상황·거주기한을 구분하지 않고, 모두

선거권과 피선거권을 갖는다.; 단 법률에 의해 정치권리를 박탈당한 사람은 제외한다.

제35조 중화인민공화국의 공민은 언론·출판·집회·결사·여행 및 시위의 자유를 가지고 있다.

제36조 중화인민공화국의 공민은 종교신앙의 자유를 가지고 있다.

어떠한 국가기관·사회단체와 개인도 공민의 종교신앙 또는 무(無)종교를 강제할 수 없고, 종교를 믿는 공민과 무종교의 공민을 차별할 수 없다.

국가는 정상적인 종교활동을 보호한다. 어떠한 사람이든 종교를 이용하여 사회질서를 파괴하거나 공민의 신체건강을 위협하고, 국가교육제도의 활동을 방해해서는 안된다.

종교단체와 종교사무는 외국세력의 지배를 받지 않는다.

제37조 중화인민공화국 공민의 신체자유는 침범당해서는 안 된다.

어떠한 공민도 인민검찰원의 비준 혹은 결정 혹은 인민법원의 결정을 거치지 않고, 또 공안기관이 집행하지 않고서는, 체포될 수 없다.

불법구금과 기타 방법의 불법박탈 혹은 공민의 신체자유를 제한을 금지하며, 불법적인 공민의 신체수사를 금지한다.

제38조 중화인민공화국 공민의 인격은 존엄하며 침범당해서는 안 된다. 어떠한 방법이든 공민에 대한 모욕·비방과 무고한 모략을 금지한다.

제39조 중화인민공화국 공민의 주택은 침범을 당해서는 안 된다. 불법수사 혹은 불법적으로 공민의 주택을 침입하는 것을 금지한다.

제40조 중화인민공화국 공민의 통신자유와 통신비밀은 법률의 보호를 받는다. 국가안전 혹은 형사범죄를 추적조사에 필요한 것이나, 공안기관 혹은 검찰기관이 법률규정의 절차에 의하여 통신에 대한 조사를 진행하는 것을 제외하고, 어떠한 조직이나 개인도 어떠한 이유에서든 공민의 통신자유와 통신비밀을 침범해선 안 된다.

제41조 중화인민공화국 공민은 모든 국가기관과 국가공작인원에 대한 비평과 건의를 제출할 권리를 가지고 있다; 모든 국가기관과 국가공작인원의 위법 실

직행위에 대해서, 관련된 국가기관에게 제소·공소 혹은 검거를 제출할 권리를 부여하는데, 단 사실을 조작하거나 왜곡하여 무고하게 모략해서는 안 된다. 공민의 제소·공소 혹은 검거에 대하여, 관련된 국가기관은 반드시 사실을 밝히고, 책임지고 처리해야 한다. 어떠한 사람도 제압과 타격으로 보복해선 안 된다.

국가기관과 국가공작인원이 국민권리를 침해한 것으로 인하여 손실을 입은 사람은, 법률규정에 의하여 배상받을 권리를 가지고 있다.

제42조 중화인민공화국 공민은 노동의 권리와 의무를 가지고 있다.

국가는 각종 방법을 통하여, 노동취업조건을 창조하고, 노동보호를 강화하며, 노동조건을 개선시켜야 하고, 생산을 발전시키는 기초 위에서, 노동수입과 복지대우를 높여야 한다.

노동은 모든 노동능력을 가진 공민의 영광적인 직책이다. 국유기업과 도시와 농촌(城鄕) 집체경영조직의 노동자는 모두 반드시 국가의 주인적 태도로서 자신의 노동에 임해야 한다. 국가는 사회주의 노동경쟁을 제창하며, 모범노동과 선진작업자를 장려한다. 국가는 공민이 의무노동에 종사하는 것을 제창한다.

국가는 취업전의 공민에 대하여 필요한 노동취업훈련을 진행한다.

제43조 중화인민공화국 노동자는 휴식의 권리를 가지고 있다.

국가는 노동자 휴식과 휴양의 시설을 발전시키고, 근로자의 업무시간과 휴가제도를 규정한다.

제44조 국가는 법률규정에 의거하여 기업사업조직의 근로자와 국가기관 공작인원의 퇴직제도를 실행한다. 퇴직인원의 생활은 국가와 사회의 보장을 받는다.

제45조 중화인민공화국 공민은 노년·질병 혹은 노동력을 상실한 상황 하에서, 국가와 사회로부터 물질적 도움을 받을 권리를 가지고 있다. 국가는 공민의 이러한 권리를 향유하기 위하여 필요한 사회보험·사회구제와 의료위생사업을 발전시킨다.

국가와 사회는 상이군인의 생활을 보장하고, 열사가족을 위로하며, 군인가족을 우대한다.

국가와 사회는 맹인·청각장애자·농아와 기타 장애를 가진 공민의 노동·생활과 교육을 돕는다.

제46조 중화인민공화국 공민은 교육을 받을 권리와 의무를 가진다.

국가는 청년·소년·아동을 품덕·지력(智力)·체질 등의 방면에서 전면적인 발전을 배양한다.

제47조 중화인민공화국 공민은 과학연구·문화예술창조와 기타 문화활동을 진행하는 자유를 가지고 있다. 국가는 교육·과학·기술·문학·예술과 기타 문화사업에 종사하는 공민의 인민적 창조 활동성에 이익을 주는데 대하여 격려와 도움을 준다.

제48조 중화인민공화국 부녀자는 정치적·경제적·문화적·사회적 그리고 가정의 생활 등 각 방면에서 남자와 평등한 권리를 향유한다.

국가는 부녀자의 권리와 이익을 보호하고, 남녀의 평등한 작업, 평등한 보수를 실행하며, 여자간부를 선발하고 배양한다.

제49조 혼인·가정·어머니와 아동은 국가의 보호를 받는다.

남편과 아내 쌍방은 생육계획(산아제한)을 실행할 의무를 가지고 있다.

부모는 미성년 자녀를 부양할 의무를 가지고 있으며, 성년자녀는 부모를 봉양할 의무를 가지고 있다.

혼인의 자유를 해치는 행위를 금지하며, 노인·부녀·아동을 학대하는 행위를 금지한다.

제50조 중화인민공화국은 화교의 정당한 권리와 이익을 보호하며, 화교와 해외 동포의 본국 거주 가족(僑眷)의 합법적 권리와 이익을 보호한다.

제51조 중화인민공화국 공민은 자유와 권리를 실행할 경우, 국가적·사회적·집체적 이익과 기타 공민의 합법적 자유와 권리를 해쳐서는 안 된다.

제52조 중화인민공화국 공민은 국가통일과 전국 각 민족의 단결을 유지하고 보호할 의무를 가지고 있다.

제53조 중화인민공화국 공민은 반드시 헌법과 법률을 준수하고, 국가비밀을 지키며, 공공재산을 아끼며, 노동규율을 준수하고, 공공질서를 준수하며, 사회

공덕(공중도덕)을 준수해야한다.

제54조 중화인민공화국 공민은 조국의 안전·영예와 권익을 유지할 의무를 가지고 있으며, 조국의 안전·영예와 이익을 해치는 행위를 해서는 안 된다.

제55조 조국을 지키고 침략에 저항하는 것은 중화인민공화국 모든 공민의 신성한 책임이다.

법률에 의거하여 병역과 민병조직에 참여하는 것은 중화인민공화국 공민의 영광적인 의무이다.

제56조 중화인민공화국 공민은 법률에 의거하여 납세의 의무를 진다.

4) 제3장 국가기구

제1절 전국인민대표대회

제57조 중화인민공화국 전국인민대표대회는 최고국가권력기관이다. 그것의 상설기관은 전국인민대표대회 상무위원회이다.

제58조 전국인민대표대회와 전국인민대표대회 상무위원회는 국가입법권을 행사한다.

제59조 전국인민대표대회는 성·자치구·직할시·특별행정구와 군대로부터 선출된 대표로 구성된다. 각 소수민족은 모두 적당한 인원의 대표를 가져야 한다.

전국인민대표대회 대표의 선거는 전국인민대표대회 상무위원회가 주최한다.

전국인민대표대회 대표 인원수와 대표선출방법은 법률이 규정한다.

제60조 전국인민대표대회의 매 임기는 5년이다.

전국인민대표대회 임기만료 2개월 전에 전국인민대표대회 상무위원회는 반드시 차기 전국인민대표대회 대표의 선거를 완성해야 한다. 만약 선거를 진행할 수 없는 비상상황이 발생한 경우, 전국인민대표대회 상무위원회가 전체 대표인원의 3분의 2이상의 다수를 통과하여 선거를 연기할 수 있고, 본 회 전국인민대표대회의 임기를 연장할 수 있다. 비상상황 종결 후 1년 내에, 반드시 차기 전국인민대표대회의 대표선거를 완성해야 한다.

제61조 전국인민대표대회 회의는 매년 한 번 시행하고 전국인민대표대회 상무위원회가 소집한다. 만약 전국인민대표대회 상무위원회가 필요하다고 여길 때, 또는 5분의 1 이상의 전국인민대표대회 대표의 제의에 의해 임시로 전국인민대표대회 회의를 소집할 수 있다.

전국인민대표대회가 회의를 진행할 때는 주석단을 선출하여 회의를 주최한다.

제62조 전국인민대표대회는 아래 직권을 행사한다.

(1) 헌법을 수정한다.;

(2) 헌법의 실시를 감독한다.;

(3) 형사·민사·국가기구와 기타 기본 법률을 제정하고 수정한다.;

(4) 중화인민공화국 주석·부주석을 선거한다.;

(5) 중화인민공화국 주석의 제명에 근거하여 국무원총리의 인선을 결정한다; 국무원총리의 제명에 근거하여 국무원 부총리·국무위원·각부 부장·각 위원회 주임, 회계검사장·비서장의 인선을 결정한다.;

(6) 중앙군사위원회 주석을 선거한다.; 중앙군사위원회 주석의 제명에 근거하여 중앙군사위원회와 기타 구성인원의 인선을 결정한다.;

(7) 최고인민법원 원장을 선거한다.;

(8) 최고인민검찰원 검찰장을 선거한다.;

(9) 국민경제와 사회발전계획과 계획집행상황의 보고를 심사하고 비준한다.;

(10) 국가의 예산과 예산집행상황의 보고를 심사하고 비준한다.;

(11) 전국인민대표대회 상무위원회의 부적당한 결정을 바꾸고 철회한다.;

(12) 성·자치구와 직할시의 건축설계를 비준한다.;

(13) 특별행정구의 설치 및 제도를 결정한다.;

(14) 전쟁과 평화의 문제를 결정한다.;

(15) 최고국가권력기관이 행사해야 할 기타 권력을 해야 한다.

제63조 전국인민대표대회는 아래 인원을 파면할 수 있다:

(1) 중화인민공화국 주석·부주석;

(2) 국무원 총리·부총리·국무위원·각부 부장·각 위원회의주석·회계검
사장·비서장;

(3) 중앙군사위원회 주석과 중앙군사위원회 기타 구성인원;

(4) 최고인민법원 원장;

(5) 최고인민검찰원 검찰장.

제64조 헌법의 수정은 전국인민대표대회 상무위원회 혹은 5분의 1이상의 전국
인민대표대회 대표가 제의하고, 또한 전국인민대표대회가 전체 대표의 3분의
2이상의 다수로써 통과한다.

법률과 기타 의안은 전국인민대표대회가 전체대표의 과반수로서 통과한다.

제65조 전국인민대표대회 상무위원회는 아래 인원으로 구성된다.

위원장

부위원장 약간 명

비서장

위원 약간 명

전국인민대표대회 상무위원회의 구성 인원 중, 반드시 적당한 정원의 소수민
족대표가 있어야 한다. 전국인민대표대회는 전국인민대표대회 상무위원회의
구성인원을 선거하고 또한 파면시킬 권리를 가지고 있다.

전국인민대표대회 상무위원회의 구성인원은 국가행정기관·심판기관과 검
찰기관의 직무를 담임할 수 없다.

제66조 전국인민대표대회 상무위원회의 매 기 임기와 전국인민대표대회 매 기
임기는 같으며, 그것은 다음 차기 전국인민대표대회가 상무위원회를 새롭게
선출할 때까지 직권을 행사한다.

위원장·부위원장의 연임은 2기를 넘겨서는 안 된다.

제67조 전국인민대표대회 상무위원회는 아래 직권을 행사한다.

(1) 헌법을 해석하고, 헌법실시를 감독한다.;

(2) 전국인민대표대회가 제정해야 할 법률 이외의 기타 법률을 제정하고 수
정해야 한다.;

(3) 전국인민대표대회 폐회기간에 전국인민대표대회가 제정한 법률에 대하여 부분 보충과 수정을 진행하며, 그 법률의 기본원칙과 저촉되어서는 안 된다.;

(4) 법률을 해석한다.;

(5) 전국인민대표대회 폐회기간에 국민경제와 사회발전계획·국가예산의 집행과정 중 반드시 조정해야 할 부분의 방안을 심사하고 비준한다.;

(6) 국무원·중앙군사위원회·최고인민법원과 최고인민검찰원의 업무를 감독한다.;

(7) 국무원이 제정한 헌법·법률과 저촉되는 행정법규·결정과 명령을 철회한다.;

(8) 성·자치구·직할시 국가권력기관이 제정한 헌법·법률·행정법규와 저촉되는 지방성 법규와 결의를 철회한다.;

(9) 전국인민대표대회 폐회기간에 국무원 총리의 지명에 근거하여, 부장·위원회주임·회계검사장, 비서장의 선임을 결정한다.;

(10) 전국인민대표대회 폐회기간에 중앙군사위원회주석의 지명에 근거하여, 중앙군사위원회 기타 구성 인원의 선임을 결정한다.;

(11) 최고인민법원원장의 제청에 근거하여 최고인민법원 부원장·심판원·심판위원회 위원과 군사법원 원장을 임면한다.;

(12) 최고인민검찰원 검찰장의 제청에 근거하여, 최고인민검찰원 부검찰장·검찰원·검찰위원회 위원과 군사검찰원 검찰장을 임면하고, 또한 성·자치구·직할시의 인민검찰원 검찰장의 임면을 비준한다.;

(13) 住外全權대표의 임면을 결정한다.;

(14) 외국과 체결된 조약과 중요 협정의 비준과 폐지를 결정한다.;

(15) 군인과 외교인원의 관등제도와 기타 전문 관등제도를 규정한다.;

(16) 국가훈장과 영예칭호의 부여를 규정하고 결정한다.;

(17) 특별사면을 결정한다.;

(18) 전국인민대표 폐회기간에 만약 국가가 무장침범 혹은 국제간 공동침략방지의 조약을 반드시 이행해야 하는 상황이 되면, 전쟁상황의 선포를 결정한다.;

(19) 전국총동원 혹은 국부(局部) 동원을 결정한다.;

(20) 전국 혹은 개별 성·자치구·직할시가 긴급상태에 들어감을 결정한다.;

(21) 전국인민대표대회가 부여한 기타직권을 행사한다.

제68조 전국인민대표대회 상무위원회 위원장은 전국인민대표대회 상무위원회의 업무를 주최하고, 전국인민대표대회 상무위원회 회의를 소집한다. 부위원장·비서장은 위원장의 업무를 협조한다.

위원장·부위원장·비서장은 위원장 회의를 구성하고, 전국인민대표대회 상무위원회의 중요 일상 업무를 처리한다.

제69조 전국인민대표대회 상무위원회는 전국인민대표대회에 대하여 업무를 책임지며 보고해야 한다.

제70조 전국인민대표대회는 민족위원회·법률위원회·재정경제위원회·교육과학문화위생위원회·外事위원회·화교위원회와 기타 설립이 필요한 전문위원회를 설립한다. 전국인민대표대회폐회기간에 각 전문위원회는 전국인민대표대회 상무위원회의 지도를 받는다.

각 전문위원회는 전국인민대표대회와 전국인민대표대회 상무위원회의 지도 아래, 관련된 의안을 연구·심의하고 초안을 세운다.

제71조 전국인민대표대회와 전국인민대표대회 상무위원회는 필요하다고 생각될 때, 특정문제와 관련된 조사위원회를 조직할 수 있으며, 또한 조사위원회의 보고에 근거하여 상응하는 결의를 내릴 수 있다.

조사위원회는 조사를 진행할 때, 모든 관련된 국가기관·사회단체와 공민은 모두 조사위원회에 필요한 자료를 제공할 의무를 가지고 있다.

제72조 전국인민대표대회 대표와 전국인민대표대회 상무위원회 구성인원은 법률규정의 절차에 의거 하여 전국인민대표대회와 전국인민대표대회 상무위원회의 직권에 속하는 범위 내에서 의안을 각기 제출할 권리를 가지고 있다.

제73조 전국인민대표대회 대표는 전국인민대표대회가 개최된 기간에 전국인민대표대회 상무위원회 구성 인원은 상무위원회가 개최된 기간에 법률이 규정한 절차에 의거하여 국무원 혹은 국무원 각부·각 위원회에 대하여 질문안을

제출할 권리를 가지고 있다. 질문을 받은 기관은 반드시 답변을 책임져야 한다.

제74조 전국인민대표대회 대표가 전국인민대표대회 회의 주석단의 비준을 받지 않고, 전국인민대표대회 폐회기간에 전국인민대표대회 상무위원회의 비준을 받지 않고는, 체포 또는 형사 재판을 받지 않는다.

제75조 전국인민대표대회 대표가 전국인민대표대회 각종 회의 상에서 한 발언과 표결은 법률추궁을 받지 않는다.

제76조 전국인민대표대회 대표는 반드시 모범적으로 헌법과 법률을 준수해야하고, 국가의 비밀을 지키며, 또한 자기가 참여하는 생산·업무와 사회활동 중에서 헌법과 법률의 실시를 도와야 한다.

전국인민대표대회 대표는 반드시 원 선거단위와 인민에 대하여 밀접한 관계를 유지해야 하고 인민의 의견과 요구를 듣고 반영하며, 인민을 위한 봉사에 노력해야한다.

제77조 전국인민대표대회 대표는 원 선거단위의 감독을 받아야한다. 원 선거단위는 법률이 규정한 절차에 의거하여 본 단위가 선출한 대표를 파면할 권리를 가지고 있다.

제78조 전국인민대표대회와 전국인민대표대회 상무위원회의 조직과 업무절차는 법률이 규정한다.

제2절 중화인민공화국 주석

제79조 중화인민공화국 주석, 부주석은 전국인민대표대회가 선거한다. 선거권과 피선거권을 가진 만45세의 중화인민공화국 공민은 중화인민공화국 주석, 부주석으로 선거될 수 있다.

중화인민공화국 주석, 부주석의 임기는 전국인민대표대회의 임기와 같으며 2기를 초과하여 연임할 수 없다.

제79조 중화인민공화국 주석·부주석은 전국인민대표대회가 선거한다.

선거권과 피선거권을 가진 만45세의 중화인민공화국 공민은 중화인민공화국

주석·부주석으로 선거될 수 있다.

중화인민공화국 주석·부주석의 임기는 전국인민대표대회 매 기의 임기와 같으며 2기를 초과하여 연임할 수 없다.

제80조 중화인민공화국 주석은 전국인민대표대회의 결정과 전국인민대표대회 상무위원회의 결정에 근거하여 법률을 공포하고, 국무원 총리·부총리·국무위원·각부부장·각 위원회 주임·회계 검사장·비서장을 임면하며, 국가의 훈장과 영예칭호를 부여하며, 특별사면령을 발포하고, 긴급상태에 들어감을 선포하며, 전쟁상태를 선포하고 동원령을 발포한다.

제81조 중화인민공화국 주석은 중화인민공화국을 대표하고, 국사활동을 진행하며, 외국사절을 접견한다.; 전국인민대표대회 상무위원회의 결정에 근거하여 외국 주재 전권대표를 파견과 소환, 외국과 체결한조약과 중요 협정을 비준하고 폐지를 행한다.

제82조 중화인민공화국 부주석은 주석의 업무를 협조한다.

중화인민공화국 부주석은 주석의 위탁을 받고, 주석의 직권 중 일부분을 대행할 수 있다.

제83조 중화인민공화국 주석·부주석은 차기 전국인민대표대회가 선출한 주석·부주석의 취임까지 직권을 행사한다.

제84조 중화인민공화국 주석이 궐위 시에는 부주석이 주석의 직무를 대행한다.

중화인민공화국 부주석이 궐위 시에는 전국인민대표대회가 보선한다.

중화인민공화국 주석·부주석이 모두 궐위 시에는 전국인민대표대회에서 보선한다.; 보선에 앞서 전국인민대표대회 상무위원회 위원장이 잠시 주석의 직무를 대행한다.

제3절 국무원

제85조 중화인민공화국 국무원은 즉, 중앙인민정부는 최고국가권력기관의 집행기관이며 최고국가행정기관이다.

제86조 국무원은 아래 열거한 인원으로 구성된다.

　　총리

　　부총리 약간 명

　　국무위원 약간 명

　　각부부장

　　각 위원회 주임

　　회계검사장

　　비서장

　　국무원은 총리책임제를 실행한다. 각부·각 위원회는 부장·주임 책임제를 실행한다.

　　국무원의조직은 법률이 규정한다.

제87조　국무원의 매 기 임기는 전국인민대표대회의 매 기 임기와 같다.

　　총리·부총리·국무위원은 2기를 초과하여 연임할 수 없다.

제88조 총리는 국무원의 업무를 영도한다. 부총리·국무위원은 총리의 업무를 협조한다.

　　총리·부총리·국무위원·비서장이 국무원 상무회의를 구성한다.

　　총리는 국무원 상무회의와 국무원 전체 회의를 소집하고 주관한다.

제89조 국무원은 아래 열거한 직권을 행사한다.:

　　(1) 헌법과 법률에 근거하여 행정시책을 규정하고 행정법규를 제정하며 결정과 명령을 공포한다.;

　　(2) 전국인민대표대회 혹은 전국인민대표대회 상무위원회에 의안을 제출한다,;

　　(3) 각부와 각 위원회의 임무와 직책을 규정하고 각부와 각 위원회의 업무를 통일적으로 지도하며 또한, 각부와 각 위원회에 속하지 않는 전국성의 행적 업무를 지도한다.;

　　(4) 전국지방 각급 국가행정기관의 업무를 통일적으로 지도하며 중앙과 성·자치구·직할시의 국가 행정기관의 직권의 구체적인 분할을 규정한다.;

　　(5) 국민경제와 사회발전계획과 국가예산을 편제하고 집행한다.;

(6) 경제업무와 도시·농촌건설을 지도하고 관리한다.;

(7) 교육·과학·문화·위생·체육과 생육계획(산아제한)의 업무를 지도하고 관리한다.;

(8) 민정·공안·사법행정과 감찰 등의 업무를 지도하고 관리한다.;

(9) 대외사무를 관리하고, 외국과 조약 및 협정을 체결한다.;

(10) 국방건설사업을 지도하고 관리한다.;

(11) 민족사무를 지도하고 관리하며 소수민족의 평등권리와 민족자치지방의 자치권리를 보장한다.;

(12) 화교의 정당한 권리와 이익을 보호하고, 귀화와 해외동포의 본국 거주 가족의 합법적인 권리와 이익을 보호한다.;

(13) 각 부·각 위원회가 공포한 부적당한 명령·지시와 규장을 바꾸거나 철회한다.;

(14) 지방 각급 국가행정기관의 부적당한 결정과 명령을 바꾸거나 철회한다.;

(15) 성·자치구·직할시의 구역 분할을 비준하고 자치주·현·자치현시의 건설 위치와 구역분할을 비준한다.;

(16) 성, 자치구, 직할시의 범위 내의부분지구가 긴급상태에 들어감을 결정한다.

(17) 행정기구의 편제를 심의 결정하고, 법률에 의거하여 행정인원의 임면·배양훈련·심사·장려와 징벌을 규정한다.;

(18) 전국인민대표대회와 전국인민대표대회 상무위원회가 부여한 기타 직권을 행사한다.

제90조 국무원 각부 부장·각 위원회 주임은 본 부서의 업무를 책임진다.; 부서회의 또는 위원회 회의·위무회의를 소집하고 주최하며, 본 부서업무의 중요문제를 토론하여 결정한다.

각 부·각 위원회는 법률과 국무원의 행정규정·결정·명령에 근거하여, 본 부서의 권한 내에서 명령·지시와 규장을 공포한다.

제91조 국무원은 회계검사기관(심계기관)을 설립하고, 국무원 각 부서와 지방 각급 정부의 재정수지에 대하여, 그리고 국가적 재정금융기구와 기업사업조

직의 재무수지에 대하여, 회계검사감독을 진행한다.

회계검사기관은 국무원 총리의 지도아래, 법률규정에 의거하여 독립적으로 회계검사감독권을 행사하고, 기타 행정기관·사회단체와 개인의 간섭을 받지 않는다.

제92조 국무원은 전국인민대표대회에 대하여 업무를 책임지고 또한 보고한다.; 전국인민대표대회의 폐회기간에 전국인민대표대회 상무위원회에 대하여 업무를 책임지고 또한 보고한다.

제4절 중앙군사위원회

제93조 중화인민공화국 중앙군사위원회는 전국무장역량을 영도한다.

중앙군사위원회는 아래 열거한 인원으로 구성된다.:

주석

부주석 약간 명

위원 약간 명.

중앙군사위원회는 주석책임제를 실행한다.

중앙군사위원회의 매 기 임기는 전국인민대표대회의 매 기 임기와 같다.

제94조 중앙군사위원회 주석은 전국인민대표대회와 전국인민대표대회 상무위원회에 대하여 책임진다.

제5절 지방 각급 인민대표대회와 지방 각급 인민정부

제95조 성·직할시·현, 시·市轄區·향·민족향·진은 인민대표대회와 인민정부를 설립한다.

지방 각급 인민대표대회와 지방 각급 인민정부의 조직은 법률로써 규정한다.

자치구·자치주·자치현은 자치기관을 설립한다. 자치기관의 조직과 업무는 헌법 제3장 제5절·제6절에 규정된 기본원칙에 근거하여 법률로써 규정한다.

제96조 지방 각급 인민대표대회는 지방 국가권력기관이다.

현급 이상의 지방 각급 인민대표대회는 상무위원회를 설립한다.

제97조 성·직할시·구(區)를 설립한 시의 인민대표대회는 한 등급 아래의 인민 대표대회에서 선거한다.; 현·구를 설립하지 않은 시·시할구(市轄區)·향· 민족향·진의 인민대표대회는 선거유권자가 직접 선거한다.

지방 각급 인민대표대회의 대표인 수와 대표 선출방법은 법률이 규정한다.

제98조 지방 각급 인민대표대회의 매 기 임기는 5년이다.

제99조 지방 각급 인민대표대회는 본 행정구역내에서 헌법·법률·행정법규의 준수와 집행을 보증한다; 법률규정의 권한에 근거하여 결의를 통과하고 공포하 며, 지방의 경제건설·문화건설과 공공사업건설의 계획을 심사하고 결정한다.

현급 이상의 지방 각급 인민대표대회는 본 행정구역 내의 국민경제와 사회발 전계획·예산 및 그것들의 집행상황의 보고를 심사하고 비준한다.; 본 급 인 민대표대회 상무위원회의 부적당한 결정을 바꾸거나 철회할 권리를 가지고 있다.

민족향의 인민대표대회는 법률규정의 권한에 근거하여 민족특징에 적합한 구체적인 시책을 채용할 수 있다.

제100조 성·직할시의 인민대표대회와 그들의 상무위원회는 헌법·법률·행정 법규와 서로 저촉되지 않는 전제하에 지방법규를 제정할 수 있으며, 전국인 민대표대회 상무위원회에 보고하고 등록해야 한다.

제101조 지방 각급 인민대표대회는 본 급 인민정부의 성장과 부성장·시장과 부시장·현장과 부현장·구장과 부구장, 향장과 부향장·진장과 부진장을 따로 선출하고 파면할 권리를 가지고 있다.

현급 이상의 지방 각급 인민대표대회는 본 급 인민법원장과 본급인민검찰원 장을 선출하고 파면하는 권리를 가지고 있다. 인민검찰원 검찰장을 선출하고 파면할 권리를 가지고 있으며 반드시 상급인민검찰원 검찰장에 보고하여 해 당 급 인민대표대회 상무위원회의 비준을 제청해야 한다.

제102조 성·직할시·구를 설립한 시의 인민대표대회 대표는 원 선거단위의 감

독을 받는다.; 현·구를 설립하지 않은 시·시할구·향·민족향·진의 인민대표대회 대표는 선거유권자의 감독을 받는다.

지방 각급 인민대표대회 대표의 선거단위와 선거인은 법률이 규정한 절차에 의거하여 그들이 선출한 대표를 파면할 권리를 가지고 있다.

제103조 현 이상의 지방 각급 인민대표대회 상무위원회는 주임·부주임 약간 명과 위원 약간 명으로 구성하며, 본급 인민대표대회에 대하여 업무를 책임지고 보고한다.

현급 이상의 지방 각급 인민대표대회는 본급 인민대표대회 상무위원회의 구성인원을 선출하고 파면할 권리를 가지고 있다.

현급 이상의 지방 각급 인민대표대회 상무위원회의 구성인원은 국가행정기관·심판기관과 검찰기관의 직무를 담임해서는 안 된다.

제104조 현급 이상의 지방 각급 인민대표대회 상무위원회는 본 행정구역내 각 방면 업무의 중대 사항을 토론·결정한다.; 본급 인민정부·인민법원과 인민검찰원의 업무를 감독한다; 본급 인민정부의 부적당한 결정과 명령을 철회한다.; 하급 인민정부대표대회의 부적당한 결의를 철회한다.; 법률규정의 권한에 의거하여 국가기관과 작업인원의 임면을 결정한다.; 본급 인민대표대회 폐회기간에 상급 인민대표대회의 개별 대표를 파면하고 보충 선출한다.

제105조 지방 각급 인민정부는 지방 각급 국가권력기관의 집행기관이며 지방의 각급 국가행정기관이다.

지방 각급 인민정부는 성장·시장·현장·구장·향장·진장 책임제를 실행한다.

제106조 지방 각급 인민정부의 매 기 임기는 본급 인민대표대회의 매 기 임기와 같다.

제107조 현급 이상 지방 각급 인민정부는 법률규정의 권한에 의거하여 본 행정구역내의 경제·교육, 과학·문화·위생·체육사업·도시와 지방건설사업과 재정·민정·공안·민족사무·사법행정·감찰·계획생육(산아제한) 등의 행정작업을 관리하며 결정과 명령을 공포하고, 행정작업인원을 임면·교육·심사하고 상벌한다.

향·민족향·진의 인민전부는 본급 인민대표대회의 결의와 상급 국가행정기관의 결정과 명령을 집행하고 본 행정구역내의 행정업무를 관리한다.

성·직할시의 인민정부는 향·민족향·진의 건설위치와 구역분할을 결정한다.

제108조 현 이상의 지방 각급 인민정부는 각 소속업무부서와 하급 인민정부의 작업을 지도하고, 소속 업무부서와 하급인민정부의 부적당한 결정을 바꾸거나 철회할 권리를 가지고 있다.

제109조 현 이상의 지방 각급 인민정부는 회계검사기관을 설립한다. 지방 각급 회계검사기관은 법률 규정에 의거하여 독립적으로 회계검사감독권을 행사하고, 본급 인민정부와 상급 회계검사기관에 대하여 책임진다.

제110조 지방 각급 인민정부는 본급 인민대표대회에 대한 업무를 책임지고 보고한다. 현급 이상의 지방 각급 인민정부는 본급 인민대표대회 폐회기간에 본급 인민대표대회 상무위원회에 대한 업무를 책임지고 보고한다.

지방 각급 인민정부는 상급 국가행정기관에 대한 업무를 책임지고 보고한다. 전국 지방 각급 인민정부는 모두 국무원의 통일 지도 아래의 국가행정기관이며 모두 국무원에 복종한다.

제111조 도시와 농촌의 주민거주지구의 설립에 따른 거민위원회 혹은 촌민위원회는 기층 군중성 자치조직이다. 거민위원회·촌민위원회의 주임·부주임과 위원은 주민이 선출한다. 거민위원회·촌민위원회의 기층정권과의 상호관계는 법률이 규정한다.

거민위원회·촌민위원회는 인민의 화해·치안보건위생·공공위생 등의 위원회를 설립하고 본 거주지구의 공공사무와 공익사업을 처리하며, 민간분규를 중재하고 사회치안을 협조유지하며, 인민정부에게 군중의 의견·요구와 제출한 건의를 반영한다.

제6절 민족지방자치의 자치기관

제112조 민족지방자치의 자치기관은 자치구·자치주·자치현의 인민대표대회

와 인민정부이다.

제113조 자치구·자치주·자치현의 인민대표대회 중 구역자치를 실행하는 민족의 대표를 제외하고는 본 행정구역내에 거주하는 기타 민족 또한 반드시 적당한 인원수의 대표를 가져야 한다.

자치구·자치주·자치현의 인민대표대회 상무위원회 중 반드시 구역자치를 실행하는 민족을 가진 공민이 주임 또는 부주임을 담임해야한다.

제114조 자치구 주석·자치주 주장·자치현 현장은 구역자치를 실행하는 민족의 공민이 담임한다.

제115조 자치구·자치주·자치현의 자치기관은 헌법 제3장 제5절이 규정한 지방 국가기관의 직권을 행사하고, 동시에 헌법·민족자치구역법과 기타 법률이 규정한 권한에 의거하여 자치권을 행사하며 본 지방 실제상황에 근거하여 국가의 법률과 정책을 관철하고 집행한다.

제116조 민족지방자치의 민족대표대회는 현지 민족의 정치·경제와 문화의 특징에 근거하여, 자치조례와 단행조례를 제정할 권리를 가지고 있다. 자치구의 자치조례와 단행조례는 전국인민대표대회 상무위원회에 보고하여 비준을 받은 후 효력을 발생한다. 자치주·자치현의 자치조례와 단행조례는 성 또는 자치구의 인민대표대회 상무위원회에 보고하고 비준을 받은 후 효력이 발생하며 전국인민대표대회 상무위원회에 등록한다.

제117조 민족지방자치의 자치기관은 지방재정을 관리하는 자치권을 가지고 있다. 국가재정체제에 의거하여 민족지방자치의 재정수입에 속하는 것은 모두 반드시 민족지방자치의 자치기관이 자주적으로 사용을 안배한다.

제118조 민족지방자치의 자치기관은 국가계획의 지도아래 자주적으로 지방성의 경제건설사업을 안배하고 관리한다.

국가는 민족지방자치가 자원을 개발하고 기업을 건설할 때, 반드시 민족지방자치의 이익을 도와야 한다.

제119조 민족지방자치의 자치기관은 자주적으로 본 지방의 교육·과학·문화·위생·체육사업을 관리하고, 민족의 문화유산을 보호하고 정리하며 민족문화

를 발전시키고 번영시킨다.

제120조 민족지방자치의 자치기관은 국가의 군사제도와 현지의 실제수요에 의거하여, 국무원의 비준을 통해 본 지방의 사회치안을 유지하기 위한 공안부대를 조직할 수 있다.

제121조 민족지방자치의 자치기관이 직무를 집행할 때, 본 민족지방자치의 자치조례의 규정에 의거 하여 현지 통용의 한 종류 또는 여러 종류의 언어문자를 사용한다.

제122조 국가는 재정·물자·기술 등 방면에서 각 소수민족을 도와 경제건설과 문화건설사업을 가속적으로 발전시킨다.

국가는 민족지방자치를 도와 현지 민족 중에서 각급 간부·각종 전문 인재와 기술노동자를 대량으로 양성한다.

제7절 인민법원과 인민검찰원

제123조 중화인민공화국 인민법원은 국가의 심판기관이다.

제124조 중화인민공화국은 최고인민법원·지방 각급 인민법원과 군사법원 등 전문 인민법원을 설립한다.

최고인민법원 원장의 매 기 임기는 전국인민대표대회의 매 기 임기와 같으며, 연임은 2기를 초과할 수 없다.

인민법원의 조직은 법률이 규정한다.

제125조 인민법원은 안건을 심리하고, 법률이 규정한 특별상황을 제외하고는 일률적으로 공개 진행한다. 피고인은 변호 받을 권리를 가지고 있다.

제126조 인민법원은 법률규정에 의거하여 독립적으로 심판권을 행사하며, 행정기관·사회단체와 개인의 간섭을 받지 않는다.

제127조 최고인민법원은 최고심판기관이다.

최고인민법원은 지방 각급 인민법원과 전문인민법원의 심판업무를 감독하고, 상급인민법원은 하급인민법원의 심판업무를 감독한다.

제128조 최고인민법원은 전국인민대표대회와 전국인민대표대회 상무위원회에 대하여 책임진다. 지방 각급 인민법원은 그것을 발생시킨 국가권력기관에 대하여 책임진다.

제129조 중화인민공화국 인민검찰원은 국가의 법률감독기관이다.

제130조 중화인민공화국은 최고인민검찰원·지방 각급 인민검찰원과 군사검찰원 등 전문 인민검찰원을 설립한다.

최고인민검찰원 검찰장의 매 기 임기는 전국인민대표대회의 매 기 임기와 같으며, 연임은 2회를 초과할 수 없다.

인민검찰원의 조직은 법률이 규정한다.

제131조 인민검찰원은 법률규정에 의거하여 독립적으로 검찰권을 행사하며, 행정기관·사회단체와 개인의 간섭을 받지 않는다.

제132조 최고인민검찰원은 최고검찰기관이다.

최고인민검찰원은 지방 각급 인민검찰원과 전문 인민검찰원의 업무를 지도하며, 상급인민검찰원은 하급인민검찰원의 업무를 지도한다.

제133조 최고인민검찰원은 전국인민대표대회와 전국인민대표대회 상무위원회에 대하여 책임진다. 지방 각급 인민검찰원은 그것이 발생한 국가권력기관과 상급인민검찰원에 대하여 책임진다.

제134조 각 민족의 공민은 모두 본 민족언어문자를 사용하여 소송을 진행할 권리를 가지고 있다. 인민법원과 인민검찰원은 현지 통용의 언어문자를 완전히 숙지하지 못한 참여인에 대하여 반드시 그들을 위해 번역을 해주어야 한다. 소수민족거주 또는 다민족 공동거주의 지역에서는 반드시 현지 통용의 언어를 사용하여 심리를 진행해야 한다.; 기소장·판결장·포고와 기타문서는 반드시 실제 필요에 근거하여 현지에서 통용하는 한 종류 또는 몇 종류의 문자를 사용해야 한다.

제135조 인민법원·인민검찰원과 공안기관은 형사안건을 처리하고 책임을 분별해야 하며 서로 협조 하고 서로 견제하며 정확성을 보장함으로써 법률을 효과적으로 집행하여야 한다.

5) 제4장 국기·국가·국휘(국장)·수도(國旗、國歌、國徽、首都)

제136조 중화인민공화국 국기는 '오성홍기(五星紅旗)'이다.

　중화인민공화국의 국가는 '의용군행진곡(義勇軍進行曲)'이다.

제137조 중화인민공화국 국휘(국장)는 중간에 오성이 휘황 찬란히 빛을 비추며,
그 아래 천안문이 있고, 주위는 벼이삭과 톱니바퀴이다.

제138조 중화인민공화국의 수도는 북경이다.

2. 중국공산당 장정(章程)

중국정치를 이해하는데 있어서 중국공산당 장정(章程)을 아는 것은 매우 중요한
일이다. 일반적으로 중국공산당 당장(黨章) 혹은 당헌(黨憲)이라고도 부른다. 편의
상 당장이라고 칭한다. 당장은 총강과 중국공산당 규약으로 나뉘어져 있다. 총강에
서는 중국공산당의 성격과 최고이상 및 최종목표를 소개하고 있으며, 중국공산당
의 주요 사상 및 중국이 나아가야할 방향을 언급하고 있다.

총강에서 "중국공산당은 중국노동계급의 선봉대이며, 동시에 중국인민과 중화민
족의 선봉대이고 중국특색이 있는 사회주의사업을 영도하는 핵심이다. 중국공산당
은 중국선진생산력의 발전요구를 대표하고 중국선진문화의 전진방향을 대표하며
중국의 가장 광범한 인민의 근본이익을 대표한다. 당의 최고이상과 최종목표는 공
산주의를 실현하는 것이다."라고 밝히고 있고, "중국공산당은 맑스-레닌주의, 모택
동사상, 등소평이론과 '3개대표'의 중요사상과 과학발전관을 자신의 행동지침으로
삼는다."라고 언급하고 있다.

그리고 중국공산당규약에서는 당원(제1장), 당의 조직제도(2장), 당의 중앙조직
(제3장)과 지방조직(제4장), 기층조직(제5장)과 간부(제6장), 당의 기율(제7장)과 기
율검사기관(제8장), 당조(黨組, 제9장), 공산주의청년단(제10장), 당의 휘장과 당기
(제11장)을 소개하고 있다.

제1장 제1조에서 당원에 대한 언급이 되어 있고, 당비 징수에 대해 소개하고 있다.

(중국공산당 제18차 전국대표대회 부분수개, 2012년 11월14일 통과)

1) 총강령(總綱)

중국공산당은 중국노동계급의 선봉대이며, 동시에 중국인민과 중화민족의 선봉대이고 중국특색이 있는 사회주의사업을 영도하는 핵심이다. 중국공산당은 중국선진생산력의 발전요구를 대표하고 중국선진문화의 전진방향을 대표하며 중국의 가장 광범한 인민의 근본이익을 대표한다. 당의 최고이상과 최종목표는 공산주의를 실현하는 것이다.

중국공산당은 맑스-레닌주의, 모택동사상, 등소평이론과 '3개대표'의 중요사상과 과학발전관을 자신의 행동지침으로 삼는다.

맑스-레닌주의는 인류사회의 역사발전법칙을 제시한 것으로서, 기본원리는 정확하고 강대한 생명력을 가지고 있다. 중국공산주의자들이 추구하는 공산주의 최고이상은 오직 사회주의사회가 충분히 발전되고 고도로 발달된 기초 위에서만이 실현될 수 있다.

사회주의제도는 장구한 역사적 과정에 발전되고 완성되는 것이다. 맑스-레닌주의의 기본원리를 견지하고 중국인민이 스스로 선택한, 중국 실정에 맞는 길로 나아가는 한 중국의 사회주의사업은 반드시 최종 승리를 이룩하게 될 것이다.

모택동동지를 주요 대표자로 하는 중국공산주의자들은 맑스-레닌주의의 기본원리를 중국혁명의 구체적 실천에 결부시켜 모택동사상을 창시하였다. 모택동사상은 맑스-레닌주의가 중국에서 적용되고 발전된 것이며 실천에 의하여 증명된, 중국 혁명과 건설에 관한 정확한 이론적 원칙과 경험을 총화(총평가)한 것이며 중국공산당의 집단적 지혜의 결정체이다.

모택동사상의 지도 밑에 중국공산당은 전국 여러 민족 인민들을 영도하여 제국주의·봉건주의·관료자본주의를 반대하는 혁명투쟁을 장기간 진행함으로써 신민주주의혁명의 승리를 이룩하고 인민민주주의독재의 중화인민공화국을 건국하였다. 건국이후에는 사회주의적 개조를 순조롭게 추진해 신민주주의로부터 사회주의에로의 이행을 완료하고 사회주의 기본제도를 확립하였으며 사회주의 경제·정치 및 문화를 발전시켰다.

11차 3중전회 이후, 등소평 동지를 주요대표자로 하는 중국공산주의자들은 건국 이후의 긍정적 경험과 부정적 경험을 총화하고, 사상을 해방하고 실사구시하며, 전당의 사업 중심을 경제건설로 전환하고, 개혁개방을 실시하여 사회주의 위업의 새로운 발전시기를 열어놓았고 중국특색의 사회주의 건설노선·방침·정책을 점차 수립했으며, 중국에서 사회주의를 건설하고 사회주의를 공고 발전시키는데서 나서는 기본문제를 천명하였으며 등소평이론을 제창하였다.

등소평이론은 맑스-레닌주의의 기본원리를 현시대 중국의 실천과 시대적 특징에 결부시킨 산물이며, 모택동사상을 새로운 역사조건에서 계승하고 발전시킨 것이며, 중국에서의 맑스주의의 새로운 발전단계이며 현시대 중국의 맑스주의이며, 중국공산당의 집단적지혜의 결정체로서 중국 사회주의현대화위업이 끊임없이 전진하도록 이끌어 나가고 있다.

13차 4중전회 이후, 강택민동지를 주요 대표자로 하는 중국공산주의자들은 중국특색의 사회주의 거설 실천과정 중, 사회주의란 무엇이며 사회주의를 어떻게 건설할 것인가, 어떤 당으로 건설하며 당을 어떻게 건설할 것인가 하는 문제에 대하여 더 잘 알게 되었고, 당과 국가를 관리하는 새로운 소중한 경험을 쌓아 '3개대표'의 중요사상을 형성하였다.

맑스-레닌주의, 모택동사상과 등소평이론을 계승하고 발전시킨 '3개대표'의 중요사상은 발전 변화하고 있는 현시대 세계와 중국의 현실이 당과 국가사업에 제기되고 있는 새로운 요구를 반영한 것으로서, 당건설을 강화, 개선하고 중국 사회주의의 자체완성과 발전을 추진하는 강대한 이론적 무기이며, 중국공산당의 집단적지혜의 결정체이며, 당이 반드시 장기적으로 견지해나가야 할 지도사상이다. 일관하게 '3개대표'의 요구대로 하는 것은 당의 존립의 근본이고 집권의 토대이며 역량의 원천이다.

16차 대회이후, 호금도동지를 주요 대표자로 한 중국공산주의자들은, 등소평이론과 3개대표 중요사상을 지침으로 삼고 새로운 발전요구에 따라, 새로운 상형세하에서 어떻게 발전을 실현하고, 어떻게 발전할 것인가 등의 중대한 문제를 심각하게 인식하고 대답을 내놓음으로써, 인간을 본위로 하는 전면적이고 균형적이며 지속가능한 발전을 추구하는 과학발전관을 제창했다.

과학발전관은 맑스레닌주의, 모택동사상, 등소평이론 및 3개대표 중요사상과 일맥상통하면서 시대와 더불어 전진하는 과학이론이며, 마르크스주의의 발전에 관한 세계관과 방법론의 집중구현이자, 마르크스주의의 중국화의 최신 성과이며, 중국공산당 집단 지혜의 결정체이고, 중국특색의 사회주의가 발전하기 위해서 반드시 견지하고 관철해야 하는 지도사상이다.

개혁개방이래 우리가 오늘과 같은 커다란 성과와 진보를 거두게 된 근본원인을 귀납해보면 바로 중국특색의 사회주의 길을 개척하고 중국특색의 사회주의 이론체계를 마련하였고, 중국특색의 사회주의 제도를 확립하였다는데 있다.

전당의 동지들은 당이 천산만고 끝에 개척하고 수립한 중국특색의 사회주의 길과 중국특색의 사회주의 이론체계를 더욱 소중히 여기고, 장기적으로 견지하고 부단히 발전시켜야 하며, 중국특색의 사회주의의 위대한 기치를 높이 들고 나가면서 현대화 건설추진, 조국통일완수, 세계평화수호와 공동발전 촉진이라는 이 3대 역사적 임무를 실현하기 위해 분투해야 한다.

중국은 지금 사회주의초급단계에 처해있으며, 앞으로도 장기간 사회주의초급단계에 처해 있게 될 것이다. 이것은 경제, 문화가 뒤떨어진 중국이 사회주의현대화를 실현함에 있어서 뛰어넘을 수 없는 역사적 단계이며 그 기간은 100여년이 걸릴 것이다.

중국의 사회주의건설은 반드시 중국 실정으로부터 출발하여 중국특색이 있는 사회주의 길로 나아가야 한다.

현 단계에 있어서 중국사회의 주요 모순은 인민들의 날로 늘어나는 물질문화적 수요와 뒤떨어진 사회적 생산 간의 모순이다. 국내적요인과 국제적 영향으로 하여 계급투쟁은 아직 일정한 범위에서 장기간 존재할 것이며 어떤 조건에서는 격화될 수도 있으나 그것은 주요한 모순이 아니다.

중국 사회주의건설의 근본임무는 생산력을 한층 더 해방하고 발전시켜 사회주의 현대화를 점차 실현하며 이를 위하여 생산관계와 상부구조 중의 생산력발전에 부응되지 않는 측면과 부분을 개혁하는 것이다.

반드시 공유제를 주체로 하고 여러 가지 소유제 경제를 공동으로 발전시킨 기본 경제제도를 견지하고 완비하며 노동에 따른 분배를 주체로 하고 여러 가지 분배방식이 병존하는 분배제도를 견지하고 완비하며 일부 지역, 일부 사람들이 먼저 부유해지는 것을 장려하며 점차 빈궁을 퇴치하고 다 같이 부유해지도록 하며, 생산의 발전과 사회적 부의 증대를 기초로 인민들의 날로 늘어나는 물질문화적 수요를 끊임없이 충족시키고 사람들의 전면적 발전을 촉진하여야 한다.

발전은 당 집정흥국(執政興國)의 가장 중요한 과업이다. 제반 사업은 사회주의 사회의 생산력을 발전시키는데 유리하고, 사회주의국가의 종합적국력을 증강하는데 유리하고, 인민생활수준을 향상시키는데 유리하게 하는 것을 총체적 출발점과 검증의 기준으로 삼고, 노동을 존중하고 지식을 존중하고 인재를 존중하고 창조를 존중함으로써 인민을 위해 발전을 도모하고 인민에 의거해 발전을 추진하며 발전의 성과를 인민이 공유하도록 해야 한다. 새로운 세기에 중국은 전면적 소강사회를 건설하고 사회주의현대화를 가속하는 새로운 발전단계에 들어서게 된다.

그러므로 반드시 중국특색의 사회주의 사업의 총체적 배치에 따라 경제건설, 정치건설, 문화건설, 사회건설, 생태문명건설을 전면적으로 추진해야 한다. 새로운 세기, 새로운 단계에 경제 및 사회 발전의 전략적 목표는 이미 초보적으로 도달한 소강수준을 공고히 하고 발전시켜 당 창건 100주년까지 10여 억 인구에 혜택을 줄 수 있는 더욱 높은 수준의 소강사회를 건설하고, 건국 100주년까지 1인당 국내총생산액을 중진국수준에 도달시키며 현대화를 기본적으로 실현하도록 하는 것이다.

사회주의초급단계에 있어서 중국공산당의 기본노선은 전국 여러 민족 인민들을 영도하고 단합시켜 경제건설을 중심으로 하고 4개 기본원칙을 견지하며 계속 개혁개방을 실시하고 자력갱생하며, 열심히 창업하여 중국을 부강하고 민주주의적이고 문명적이고 조화로운 사회주의 현대화국가로 건설하기 위해 분투하는 것이다.

중국공산당은 사회주의사업을 영도하는 과정에 계속 경제건설을 중심으로 내세우고 기타 제반 사업은 모두 이 중심에 복종하며 이 중심을 위하여 봉사하게 하여야 한다. 시기를 맞춰 발전을 가속화해 과학기술과 교육에 의한 국가진흥전략과 인재에 의한 강국전략 및 지속가능한 발전전략을 실시하며 제1생산력인 과학기술의 역할을 유감없이 발휘시키고 과학기술의 발전에 의거하고 근로자의 자질을 제고해 국민경제가 양적 질적으로 발전하도록 촉진해야 한다.

사회주의 길을 견지하며 인민민주주의독재를 견지하며 중국공산당의 영도를 견지하며 맑스-레닌주의, 모택동사상을 견지하는 이 4대 기본원칙은 우리가 나라를 건설하는 것의 근본이다. 사회주의현대화건설의 전반 과정에 반드시 4개 기본원칙을 견지하고 자산계급 자유화를 반대해야 한다.

개혁개방을 견지하는 것은 중국을 강국으로 건설하는 길이다. 개혁개방만이 중국을 발전시키고, 사회주의를 발전시키고, 마르크스주의를 발전시켜 나갈 수 있다. 생산력발전을 구속하는 경제체제를 근본적으로 개혁하고 사회주의 시장경제체제를 견지, 완비하며 이에 상응하여 정치체제개혁과 기타 분야의 개혁을 진행하여야 한다. 대외개방의 기본국책을 견지해 인류사회가 창조한 모든 문명의 성과들을 받아들이고 참고해야 한다.

개혁개방을 해 나감에 있어서 대담하게 탐구하고 과감하게 개척하며 개혁과 관련한 정책결정의 과학성을 높이고 개혁의 조치가 서로 잘 조화되도록 해야 하며 실천하는 가운데서 새로운 길을 열어나가야 한다.

중국공산당은 인민을 영도해 사회주의시장경제를 발전시킨다. 공유제 경제를 확고부동하고 공고하게 발전시키며 비공유제 경제발전을 확고부동하게 장려 지원하고 유도한다.

자원배분에서 시장의 기초적 역할을 발휘시키고 완벽한 거시적 조절통제 체계를 구축한다. 도시와 농촌의 발전, 지역간의 발전, 경제와 사회의 발전, 인간과 자연의 조화로운 발전, 국내발전과 대외개방을 전면적으로 고려하고 경제구조를 조정하며 경제성장방식을 전환시킨다. 공업화 정보화 도시화 농업현대화를 함께 발전시켜 사회주의 신농촌을 건설하고 중국특색의 신형 공업화의 길로 나아가며 혁신형 국가를 건설해야 한다.

중국공산당은 인민을 영도하여 사회주의민주정치를 발전시킨다. 당이 영도, 주인으로서의 인민의 권리행사, 의법치국(依法治國)의 유기적인 통일을 견지하고 중국특색의 사회주의 정치발전의 길로 나아가며 사회주의 민주를 확대하고 사회주의 법제를 완비하며 사회주의 법치국가를 건설하고 인민민주주의독재를 공고히 하며 사회주의 정치문명을 건설한다. 인민대표대회제도, 중국공산당 영도하의 다당합작제도와 정치협상제도, 민족구역자치제도 및 기층군중 자치제도를 견지하고 보완한다.

더욱더 광범위하고 충분히 완벽한 인민민주를 발전시켜, 국가사무와 사회사무를 관리하고 경제사업과 문화사업을 관리하는 인민의 권리를 실제적으로 보장한다. 인권을 존중하고 보장한다. 가급적 의견을 발표할 기회를 많이 제공해주며 민주적 선거, 민주적 정책결정, 민주적 관리, 민주적 감독의 제도와 절차를 수립하고 건전화한다. 중국특색의 사회주의 법률체계를 완비하고 법률의 집행작업을 강화해 국가 각 영역에서 법치가 실현될 수 있도록 한다.

중국공산당은 인민을 영도하여 사회주의 선진문화를 발전시킨다. 사회주의 정문명을 건설하며, 의법치국과 이덕치국(以德治國)을 결합시키며, 전 민족의 사상도덕적 자질과 과학문화적 자질을 향상시켜 개혁개방과 사회주의 현대화건설에 강대한 사상적 담보, 정신적 원동력 및 지식적 지원을 제공해 사회주의문화강국을 건설한다.

사회주의 핵심가치체계 구축을 강화하고, 맑스주의 지도사상을 견지하고 중국특색의 사회주의 공동이상을 수립하며 애국주의를 핵심으로 하는 민족정신과 개혁과 혁신을 핵심으로 하는 시대정신을 고양하고, 사회주의 영욕관을 창도하며 민족의 자존심, 자부심 및 자강정신을 높이며 자본주의와 봉건주의의 부패한 사상의 침투를 막고 사회의 온갖 추악한 현상을 일소하도록 함으로써 중국 인민을 이상이 있고 도덕이 있고 문화지식(교양)과 기율이 있는 인민으로 육성하기 위해 노력해야 한다.

당원들에게는 또한 원대한 공산주의의 이상에 대한 교육을 실시한다. 교육, 과학 및 문화사업을 힘써 발전시켜, 민족의 우수한 전통문화를 고양하며 사회주의 문화를 번영 발전시킨다.

중국공산당은 인민을 영도해 사회주의 화해사회를 구축한다. 민주와 법치, 공평과 정의, 성실과 우애, 활력의 충만, 안정과 질서, 인간과 자연의 조화로운 공존 등의 총체적 요구와 공동건설, 공동향유의 원칙에 따라 민생의 개선을 중점으로 인민들이 가장 큰 관심을 갖는 그들의 가장 직접적이고 가장 현실적인 이익문제를 원만히 해결함으로써 발전성과를 더 많이 더 공평하게 전체 인민이 누릴 수 있도록 하고, 전체 인민들이 누구나 다 자기의 능력을 최대한 발휘하고 얻어야 할 것을 얻도록 하면서 화목하게 지내는 국면을 만들기 위해 노력한다. 혁신사회관리를 강화한다.

상이한 성격을 띤 적아(敵我)모순과 인민내부모순을 엄격히 구분하고 올바로 처리한다. 사회치안에 대한 종합적 정리를 강화하고 국가안전과 이익을 침해하고 사회안정 및 경제발전을 해치는 각종 범죄활동과 범죄자를 법에 의해 결연히 타격함으로써 사회의 장구한 안정을 유지한다.

중국공산당은 인민을 영도하여 사회주의 생태문명을 건설한다. 자연을 존중하고 순응하며 보호하는 생태문명 이념을 수립하고 자원을 절약하고 환경을 보호하는 기본 국가정책을 견지하고 우선절약, 우선보호, 자연회복을 위주로 하는 방침을 견지해 생산발전, 생활부유, 생태우호적인 문명발전의 길을 견지해 나간다. 자원절약형, 환경친화적 사회 건설에 주력해 자원절약과 환경보호를 위주로 한 공간배치, 산업구조, 생산모델, 생활방식을 구축해 인민을 위한 양호한 생산 생활환경을 조성해 중화민족의 영구한 발전을 실현한다.

중국공산당은 인민해방군과 기타 인민무장력에 대한 영도를 견지하고 인민해방군의 건설을 강화하며 인민해방군이 새로운 세기, 새로운 단계에서 군대의 역사적 사명을 다하도록 확실하게 보장하고 국방을 튼튼히 하고 조국을 보위하며 사회주의 현대화건설에 참가하는데 있어서의 인민해방군의 역할을 남김없이 발휘시킨다.

중국공산당은 평등, 단결, 호조, 화해의 사회주의 민족관계를 수호하고 발전시키며 소수민족 간부를 적극적으로 양성 선발하며 소수민족과 민족지구를 도와 경제 문화 및 사회사업발전에 도움을 줌으로써 여러 민족이 공동으로 단결 분투하고 공동으로 번영 발전할 수 있도록 한다. 당의 종교사업 기본방침을 전면적으로 관철하고 종교를 믿는 군중들을 단합시켜 경제와 사회 발전을 위해 기여하도록 인도한다.

중국공산당은 전국 각 민족의 노동자, 농민, 지식인들과 굳게 단합하고 각 민주당파, 무소속인사, 각 민족의 애국적 역량과 굳게 단합하여 전체 사회주의 노동자들, 사회주의 사업의 건설자, 사회주의를 옹호하는 애국자, 조국통일을 옹호하는 애국자로 구성된 가장 광범한 애국통일전선을 더한층 발전시킨다.

홍콩특별행정구동포, 마카오특별행정구동포, 대만동포와 해외교포를 망라한 전국 인민들의 단결을 끊임없이 강화한다. '1국가2체제'의 방침에 따라 홍콩과 마카오가 장기적으로 번영과 안정을 유지할 수 있도록 촉진하면서 조국통일대업을 완수한다.

중국공산당은 자주독립의 평화적 외교정책을 견지하고 평화발전의 길을 견지하며, 호리공영(互利共贏, win-win전략)의 개방전략을 견지하고 국내와 국제 양개대국을 전면적으로 파악하며 대외관계를 적극 발전시킴으로써 중국의 개혁개방과 현대화건설에 이로운 국제적 환경을 적극적으로 마련한다.

국제사무에서 중국의 독립과 주권을 수호하며, 패권주의와 강권정치를 반대하며 세계평화를 수호하며 인류의 진보를 촉진하고, 장구한 평화와 공동번영의 조화세계의 건설을 적극 추진한다.

주권과 영토완정에 대한 상호존중, 상호불가침, 내정에 대한 상호불간섭, 평등호혜, 평화공존의 5개 원칙의 기초 위에서 중국과 세계 여러 나라들과의 관계를 발전시킨다.

중국과 주변국과의 선린우호관계를 끊임없이 발전시키며 개발도상국가들과의 단결과 협력을 강화한다. 자주독립, 완전평등, 상호존중, 내부사무에 대한 상호불간섭의 원칙에 의하여 중국공산당과 각국 공산당 및 기타 정당들과의 관계를 발전시킨다.

중국공산당이 전국 여러 민족 인민들을 영도하여 사회주의 현대화의 웅대한 목표를 실현하려면 반드시 당의 기본노선을 긴밀히 둘러싸고 당의 집권능력건설과 선진성, 순결성 건설을 강화하고 개혁과 혁신의 정신으로 당건설의 새로운 위대한 사업을 전면적으로 추진해야 하고, 당의 사상건설, 조직건설, 당풍건설, 부패척결 건설, 제도건설을 전체적으로 추진해 당의 과학화 건설 수준을 전면적으로 제고시켜야 한다.

계속 인민을 위해 당을 건설하고 인민을 위해 집권해야 하며, 계속 당이 당을 관리하고 당을 엄하게 다스려야 하며 당의 훌륭한 전통과 작풍을 발양하고 당의 영도수준과 집정수준을 끊임없이 높이며 부패배격, 변질방지 능력과 위험제어능력을 높이고 당의 계급기초를 부단히 강화하고 당의 군중기반을 부단히 확대하여 당의 창조력·결집력·전투력을 끊임없이 높이고, 학습형 복무형 혁신혁의 마르크스주의 집권당으로 건설해 우리 당이 시종일관 시대의 앞장에 서서 전국 인민을 영도하여 중국특색의 사회주의 길을 따라 끊임없이 전진하는 강건한 핵심이 되도록 해야 한다.

당건설에서는 반드시 다음과 같은 네가지 기본요구를 어김없이 실현하여야 한다.

첫째, 당의 기본노선을 견지하여야 한다. 전당은 등소평이론, 3개대표의 중요사상과 과학발전관을 당의 기본노선으로 사상을 통일하고 행동을 통일하여야 하며 확고부동하게 장기적으로 견지해 나가야 한다. 개혁개방과 4개기본원칙을 통일시키고 당의 기본노선을 전면적으로 관철하고 사회주의초급단계에서의 당의 기본강령을 전면적으로 집행하며 좌경적인 또는 우경적인 모든 그릇된 경향을 반대하고 우경향에 경각성을 높이되 주로 좌경화를 반대해야 한다. 각급 지도부건설을 강화하며 개혁개방과 사회주의현대화건설에서 실적이 뚜렷하고 군중이 신임하는 간부를 선발임용하고 천백만의 사회주의 위업의 계승자를 육성해냄으로써 조직적으로 당의 기본이론, 기본노선과 기본강령과 기본경험의 철저한 집행을 보장해야 한다.

둘째, 계속 사상해방하고 실사구시하며 여시구진해야 하며, 진실되고 실질적인 것을 추구해야 한다. 당의 사상노선은 모두 실제로부터 출발하고 이론을 실제에 연계시키고 실사구시하며 실천을 통하여 진리를 검증하면서 발전시키는 것이다. 전당은 이 사상노선을 견지하고 적극적으로 탐구하고 과감하게 시험하며 혁신을 개척하며, 창의적으로 사업을 전개하고, 새로운 상황을 끊임없이 연구하면서 새로운 경험을 총화하고 새로운 문제들을 해결하며 실천을 통하여 맑스주의를 풍부하게 발전시키면서 맑스주의 중국화를 추진해 나가야 한다.

셋째, 계속 전심전력으로 인민을 위하여 봉사해야 한다. 당은 노동자계급과 가장 광범한 인민군중의 이익 외에는 자기의 특수한 이익이 없다. 당은 언제나 군중의 이익을 1순위에 두고 군중과 동고동락하며 그들과 가장 밀접한 관계를 가져야 하며 인민을 위해 권력을 행사하고 인민과 한마음이 되며 인민을 위해 이익을 도모해야 하며, 그 어떤 당원도 군중을 이탈하고 군중 위에 군림하는 것을 허용하지 않는다. 당은 자체의 사업에서 군중노선을 실행함으로써 모든 것이 군중을 위하고 모든 것이 군중에 의거하며 군중과 함께 일하며 당의 정당한 주장을 군중자신의 자각적인 행동으로 되게 해야 한다. 당의 가장 큰 정치적 강점은 군중과 밀접히 연계하는 것이고 당이 집권한 후 가장 큰 위험은 군중을 이탈하는 것이다. 당작풍문제, 당과 인민군중과의 연계문제는 당의 생사존망에 관계되는 문제이다. 그러므로 당은 표면적인 문제뿐만 아니라 근본적인 문제로 함께 해결하고 종합적으로 다스리며 징벌과 예방을 병행하되, 예방을 더욱 중시하는 방침을 견지하면서 부패의 징벌예방체계를 구축하고 보완해 부패현상을 끊임없이 반대하며 당풍건설과 청렴건설을 강화해야 한다.

넷째, 민주집중제(민주주의 중앙집권제)를 견지하여야 한다. 민주집중제는 민주주의 기초 위에서의 중앙집권과 중앙집권지도하에서의 민주를 결합시킨 것이다. 민주집중제는 당의 근본적인 조직원칙이며 또한 군중노선을 당생활에 적용한 것이다. 당내민주주의를 충분히 발양하고 당원의 주체적 지위를 존중하고 당원의 민주권리를 보장하며 각급 당조직과 광범한 당원들의 적극성과 창조성을 발휘시켜야 한다. 중앙집권을 제대로 실시하여 전당의 단결과 통일과 행동일치를 보장하며 당의 결정이 신속히 효과적으로 철저히 집행되도록 보장해야 한다. 조직성과 기율성을 강화해야 하며 당기율 앞에서는 누구나 모두 평등하여야 한다. 당의 영도기관과 당원 영도간부, 특히 주요 영도간부에 대한 감독을 강화하며 당내 감독제도를 끊임없이 완비해야 한다. 당은 자기의 정치생활에서 비판과 자기비판을 올바로 실시하고 원칙적인 문제에서 사상투쟁을 진행함으로써 진리를 견지하고 착오를 시정해야 한다. 집중적이면서(중앙집권도 있고) 민주적이며(민주주의도 있으며) 기율도 있고 자유도 있으며 통일적의지도 있고 개인의 심정도 유쾌 발랄한 정치적 국면을 조성하기 위해 힘써야 한다.

　당의 영도는 주로 정치적, 사상적 및 조직적인 영도이다. 당은 개혁개방과 사회주의 현대화건설의 요구에 맞게 계속 과학적 집권, 민주적 집권, 법에 의한 집권을 견지해 당의 영도를 강화, 개선해야 한다. 당은 전반 국면을 총괄하고 여러 방면을 조율하는 원칙에 따라 동급의 여러 조직들 가운데서 지도핵심적 역할을 발휘해야 한다. 당은 정력을 집중하여 경제건설을 영도하며 각 방면의 역량을 조직하고 조절하여 일심협력으로 경제건설에 중심을 두고 사업을 전개함으로써 경제와 사회의 전면적 발전을 촉진해야 한다. 당은 민주주의적이고 과학적인 정책결정을 하며 올바른 노선·방침·정책을 제정·집행하며 당의 조직사업과 선전교양사업을 잘하며 전체 당원들의 선봉대적역할과 모범적역할을 발휘해야 한다. 당은 헌법과 법률의 범위 안에서 활동해야 한다. 당은 국가의 입법·사법·행정 기관과 경제·문화 조직과 인민단체들이 적극적이고도 주동적으로, 독자적이고도 책임 있게 조화적으로 사업해 나가도록 보장해야 한다. 당은 공회(노동단체)와 공산주의청년단, 여성연합회 등 군중조직에 대한 영도를 강화하여 이런 단체들의 역할을 충분히 발휘시켜야 한다. 당은 정세의 발전과 상황의 변화에 부응하여 영도체제를 완비하고 영도방식을 개선하고 집권능력을 강화해야 한다. 공산당원은 당외의 군중과 긴밀히 협력해 중국특색의 사회주의를 건설하기 위하여 다 같이 분투해야 한다.

2) 중국공산당규약

<제1장 당원>

제1조 만 18세 이상의 중국 노동자, 농민, 군인, 지식인 및 기타 사회계층의 선진분자로서 당강령과 당규약을 받아들이고 당의 일정한 조직에 참가해 거기에서 열성적으로 일하고 당이 결정한 사안을 실천하며 정기적으로 당비를 납부할 의사가 있다면 중국공산당에 가입신청을 할 수 있다.

제2조 중국공산당 당원은 중국노동계급의 공산주의적의식이 있는 선봉대적투사이다.

중국공산당 당원은 전심전력으로 인민을 위해 봉사해야 하며 공산주의 실현을 위해 자신의 모든 것을 희생하며 끝까지 분투할 수 있어야 한다.

중국공산당 당원은 영원히 노동인민의 평범한 일원으로 법률과 정책에 규정된 범위 내에서 개인적 이익과 직무상의 권한을 제외하고는 그 어떤 공산당원도 적 이익과 특권도 추구해서는 안된다.

제3조 당원은 다음과 같은 의무를 이행하여야 한다.

(1) 맑스-레닌주의, 모택동사상, 등소평이론과 '3개대표'의 중요사상 및 과학발전관을 열심히 학습하고, 당의 노선·방침·정책과 결정사안 및 당의 기본지식을 학습하며 과학·문화·법률과 업무지식을 학습하여, 인민을 위한 봉사할 수 있는 자질 향상을 위해 힘써야 한다.

(2) 당의 기본노선과 제반 방침, 정책을 관철 집행하고 개혁개방과 사회주의 현대화 건설에 솔선해 참가하며 군중을 이끌고 경제발전과 사회진보를 위해 간고분투하며 생산, 사업, 학습 및 사회생활에서 선봉대적 역할과 모범적 역할을 해야 한다.

(3) 당과 인민의 이익을 가장 중시하고, 개인의 이익보다 당과 인민의 이익을 우선시한다. 어려움에는 앞에 나서고 누리는 데에는 뒤에 물러서며 공익을 위해 헌신적으로 봉사하여 더욱 큰 기여를 해야 한다.

(4) 당의 기율을 자각적으로 준수하고 국가의 법률과 법규를 모범적으로 준수하며, 당과 국가의 기밀을 엄수하고 당의 결정을 집행하고, 조직의 배치에 복종하며 당의 임무를 적극적으로 완수해야 한다.

(5) 당의 단결과 통일을 수호하며, 당에 충성하고 솔직하며, 언행이 일치하며 온갖 파벌조직과 소집단활동을 단호히 반대하며, 양봉음위(陽奉陰違, 겉으로는 복종하는 체하면서 속으로는 거역하다.)하는 양면주의적 행위와 모든 음모와 술책을 반대해야 한다.

(6) 비판과 자기비판을 확실하게 전개하고, 사업의 결함과 착오를 과감하게 폭로하고 시정하며, 소극적인 현상, 부패한 현상에 단호히 투쟁하여야 한다.

(7) 군중과 밀접히 연계하며 군중에게 당의 주장을 선전하며 일이 발생하면 군중과 상의하고 군중의 의견과 요구를 즉시 당에 반영하며 군중의 정당한 이익을 수호하여야 한다.

(8) 사회주의의 새 기풍을 발양하고 사회주의 영욕관을 솔선적으로 실천하고 공산주의 도덕을 제창하며 국가와 인민의 이익을 수호하기 위하여 모든 문제와 위험에 과감히 나서서 용감하게 싸우며 희생을 두려워해서는 안된다.

제4조 당원은 다음과 같은 권리를 가진다.

(1) 관련 당회의에 참가하며 당의 관련 문건을 읽고, 당의 교육과 훈련을 받는다.

(2) 당회의와 당기관지를 통하여 당정책문제에 관한 토의에 참가한다.

(3) 당사업에 대하여 건의와 창의를 제안할 수 있다.

(4) 근거가 있으면 당회의에서 당의 어떠한 조직이나 당원에 대해서 비판할 수 있고, 법과 기율을 위반한 모든 조직과 당원에 대해서도 책임감 있게 적발, 고발할 수 있고, 법과 기율을 위반한 당원을 징계할 것을 요구할 수 있으며 직책을 제대로 수행하지 못하는 간부에 대한 파면 또는 경질을 요구할 수 있다.

(5) 표결권과 선거권을 행사하며 피선거권을 가진다.

(6) 당조직이 당원에 대한 기율적 징계를 논의 결정하거나 심사할 때 본인이 참석하여 변호할 권리를 가지며 다른 당원들은 그를 위하여 증인이 되고 변호할 수 있다.

(7) 당의 결정과 정책에 이의가 있을 경우에는 그것을 견결히 집행한다는 전제 하에 성명발표를 유보할 수 있으며, 자기의 의견을 당의 상급조직이나 중앙에 제시할 수 있다.

(8) 당중앙을 포함한 상급조직에 청원, 고소 및 고발할 수 있으며, 관련 당국에 책임감 있는 답변을 요구할 수 있다. 당중앙을 포함한 어떤 당 조직도 상기한 당원의 권리를 박탈할 권한이 없다.

제5조 당원을 받아들일 때에는 반드시 당지부를 통하여 개별적으로 받아들이는

원칙을 견지하여야 한다.

입당을 신청하는 사람은 입당지원서를 써내야 하며 정식당원 2명의 추천을 받아야 한다. 그리고 지부대회에서 통과하고 상급 당조직의 비준을 받은 후, 예비기간을 통한 자질인증을 받아야 비로소 정식당원이 될 수 있다.

추천인은 입당 신청자의 사상, 품성, 경력과 업무태도를 확실히 파악하고 피추천인에게 당강령과 당규약, 당원의 조건과 의무, 권리를 설명해 주는 동시에 당조직에 책임지고 보고해야 한다.

당 지부위원회는 입당신청자에 대하여 당내외 관련 군중의 의견을 책임적으로 청취하고 엄격히 심사하여 입당조건이 갖추어졌다고 인정될 때 지부대회 토론을 제의한다.

상급 당조직은 입당신청자의 입당을 비준하기 전에 사람을 파견하여 입당신청자와 면담하도록 해, 신청자를 한층 더 잘 이해하고, 동시에 신청자의 당에 대한 인식을 높이도록 도와준다.

당중앙 및 성, 자치구, 직할시 위원회는 특수한 경우 당원을 직접 받아들일 수 있다.

제6조 예비당원은 당기 앞에서 입당선서를 하여야 한다.

선서문은 다음과 같다. "나는 중국공산당에 가입을 지원하며, 당강령을 수호하며 당규약을 준수하며 당원의 의무를 이행하며 당결정을 집행한다. 당기율을 엄수하며 당의 기밀을 지키며 당에 충성하고 적극적을 사업을 할 뿐만 아니라 공산주의를 위해 평생 분투한다. 언제나 당과 인민을 위해 모든 것을 희생할 각오를 하고 영원토록 당을 배반하지 않겠다."

제7조 예비당원의 예비기간은 1년이다. 당조직은 예비당원에 대하여 책임적으로 교육하고 관찰하여야 한다.

예비당원의 의무는 정식당원과 같다. 예비당원은 표결권과 선거권, 피선거권을 가지지 못하는 것 외에 기타 권리는 정식당원과 같다. 예비당원의 예비기간이 만료되면 당지부는 그의 정식당원 자격여부에 대해 바로 논의한다. 당원의 의무를 책임있게 이행하고 당원의 조건을 갖추었을 경우에는 기한 내에 정식당원으로 받아들여야 한다. 지속적인 관찰과 교육이 필요한 경우에는 그 예비기간을 연장할 수 있되 1년을 초과하지 못한다. 당원의 의무를 이행하지 않고 당원조건을 갖추지 못하였을 경우에는 그의 예비당원자격을 박탈해야 한다. 예비당원을 정식당원으로 받아들이는 것, 예비기간을 연장하는 것, 예비당원자격을 취소하는 것은 모두 반드시 지부대회에서 논의를 거쳐야 하며, 상급 당조직의 비준을 받아야 한다.

예비당원의 예비기간은 지부대회에서 예비당원으로 인정한 날부터 계산한다. 당원의 당력(黨歷)은 예비기간을 마치고 정식당원으로 된 날부터 계산한다.

제8조 모든 당원은 직무의 고하를 막론하고, 반드시 당의 1개 지부, 소조 또는 기타 특정 조직에 편입되어 당조직 생활에 참가하고 당내와 당외 군중의 감독을 받아야 한다. 당원과 영도간부는 반드시 당위원회와 당조직(당조)의 민주생활회에 참가해야 한다. 당조직생활에 참가하지 않고, 당내와 당외 군중의 감독을 받지 않는 특수 당원의 존재는 결코 허용되지 않는다.

제9조 당원은 탈당할 자유가 있다. 당원이 탈당할 것을 요구하면 지부대회에서 토의한 다음 제명을 선포하고 이를 상급 당 조직에 보고해 기록으로 보존한다. 당원으로서 혁명적의지가 결여하고 당원의 의무를 이행하지 않으며 당원조건에 부합되지 않을 경우에는 당지부가 그를 교육하고 기한부로 시정할 것을 그에게 요구하여야 하며 교육을 해도 개선이 없을 경우에는 권고하여 탈당시켜야 한다. 당원에게 탈당을 권고할 때는 반드시 지부대회에서 토의결정하고 상급 당조직에 보고하여 비준을 받아야 한다. 만일 탈당을 권고 받은 당원이 끝까지 탈당하려 하지 않을 때에는 지부대회에서 토의하여 제명을 결정하고 상급 당조직에 보고하여 비준을 받아야 한다.

당원이 정당한 이유 없이 6개월 이상 계속해서 당의 조직생활에 참가하지 않거나 당비를 납부하지 않거나 당에서 맡긴 업무를 하지 않을 경우에 자진탈당한 것으로 간주한다. 지부대회에서 이런 당원에 대하여서는 제명결정을 내리고, 상급 당조직에 보고하여 비준을 받아야 한다.

<제2장 당의 조직제도>

제10조 당은 자기의 강령과 규약에 의하여 민주집중제에 따라 조직된 통일적인
전일체이다. 당의 민주집중제(민주주의 중앙집권제)의 기본원칙은 다음과 같다.
(1) 당원 개인은 당의 조직에 복종하며 소수는 다수에 복종하며 하급조직은
상급조직에 복종하며 당의 모든 조직과 전 당원은 당 전국대표대회와 중앙위
원회에 복종한다.
(2) 당의 각급 지도기관은 해당 기관에 의해 파생된 대표기관과 비당조직의
당조를 제외하고는 모두 선거에 의하여 구성된다.
(3) 당의 최고지도기관은 당 전국대표대회와 대회를 통해 구성된 중앙위원회
이다. 당의 지방 각급 지도기관은 당의 지방 각급 대표대회와 대회를 통해 선
출된 당위원회이다. 당의 각급 위원회는 동급 대표대회에 책임지며 사업을
보고한다.
(4) 당의 상급조직은 항상 하급조직과 당원군중의 의견을 듣고 그들이 제기한
문제를 제때에 해결하여야 한다. 당 하급 조직은 상급조직에 업무지시를 요
구하고 관련 내용을 보고해야 하며, 지권 범위내의 문제를 독자적이고 책임
있게 해결하여야 한다. 상급조직과 하급조직은 서로 정보를 교환하고 상호
지원하고 감독해야 한다. 당의 각급 조직은 규정에 따라 당내사무를 공개해
당원들이 더 많이 알고 당내사무에 더 많이 참여하게 하여야 한다.
(5) 각급 당위원회는 집단적지도와 개인책임분담(개인분공책임)을 결합시키는
제도를 실시한다. 모든 중대한 문제는 집단적지도, 민주집중, 개별적 예비토
의, 회의에 의한 결정원칙에 따라 당위원회에서 집단적으로 토의하여 결정해
야 한다. 위원회 구성원은 집체의 결정과 직무분담에(분공)에 근거하여 직책
을 책임적으로 이행해야 한다.
(6) 당은 어떤 형태의 개인숭배도 금지한다. 당지도자들의 활동이 당과 인민
의 감독 하에서 추진되도록 보증해야 하며 동시에 당과 인민의 이익을 대표
하는 모든 지도자들의 위신을 유지 보호해야 한다.

제11조 당의 각급 대표대회의 대표와 위원회의 선출은 선거인의 의지가 반영되어야 한다. 선거는 무기명투표의 방식으로 진행한다. 입후보자명단은 당조직과 선거자들이 충분히 사전 협의하고 토의해야 한다. 후보자의 수가 정원보다 많은 차액선거방식으로 예비선거를 실시해 후보자 명단을 확정한 뒤 정식선거를 실시할 수도 있다. 선거인은 입후보자의 상황을 알 권리와 입후보자의 경질을 요구할 권리, 특정 입후보자를 선거하지 않을 권리, 다른 사람을 투표할 권리를 가진다. 모든 조직과 개인은 그 어떤 방식으로도 선거인에게 특정인의 선출이나 선출하지 못하도록 강요해서는 안된다.

당의 지방 각급 대표대회와 기층대표대회의 선거에서 당규약을 위반한 사실이 나타났을 경우에는 직상급 당위원회가 이를 조사 규명한 다음, 선거 무효 및 이에 상응하는 조치를 취하며, 이를 직상급 당위원회에 보고하여 심사비준을 받고 공식적으로 선포 집행하여야 한다.

당의 각급 대표대회 대표에 대해 임기제를 실시한다.

제12조 당중앙과 지방의 각급 위원회는 필요한 경우 대표회의를 소집하고 시급히 해결하여야 할 중대한 문제를 토의 결정할 수 있다. 대표회의의 대표수와 그 구성방법은 대표회의를 소집하는 당위원회가 결정한다.

제13조 당조직을 신설하거나 기존의 당조직을 폐지할 경우에는 상급 당조직이 결정하여야 한다.

당의 지방 각급 대표대회와 기층대표대회 폐회기간에 상급 당조직이 필요하다고 판단할 경우 하급 당조직의 책임자를 전근시키거나 파견할 수 있다.

당의 중앙과 지방의 각급 위원회는 대표기관을 파견할 수 있다.

당 중앙과 성, 자치구, 직할시 각 위원회는 순시제도를 실시한다.

제14조 당의 각급 지도기관이 하급조직에 관계되는 중요한 문제를 결정할 때 일반적인 경우에는 하급조직의 의견을 들어보아야 한다. 하급조직이 자기의 직권을 정상적으로 행사할 수 있도록 보장하여야 한다. 특별한 상황이 아닌 경우 하급조직이 처리해야 할 문제에 대하여 상급 지도기관은 간섭하지 말아야한다.

제15조 전국적 성격을 띤 중대한 정책문제에 대한 결정권은 당중앙만 가지며, 각 부서, 각 지방의 당조직은 당중앙위원회에 건의할 수는 있으나 임의로 결정하거나 외부에 주장을 발표하여서는 안된다.

당의 하급조직은 반드시 상급 조직의 결정을 착실히 집행하여야 한다. 하급조직은 상급 당조직의 결정이 해당 지역과 부서실정에 부합되지 않는다고 인정될 경우에 변경을 상급 조직에 요청할 수 있다. 그러나 상급 조직이 원래의 결정을 고수할 경우 하급 조직은 반드시 이를 따라야 하며, 다른 의견을 공개적으로 발표해서는 안된다. 그러나 한 급 더 높은 당조직에 보고할 수 있는 권리가 있다.

당의 각급 조직의 기관지와 기타 선전수단들은 반드시 당의 노선, 방침, 정책과 결의를 선전하여야 한다.

제16조 당조직은 문제를 토의 결정할 때 소수가 다수에 복종한다는 원칙을 집행하여야 한다. 중요한 문제는 표결에 의하여 결정하여야 한다. 다만 소수의 이의를 진지하게 고려하여야 한다. 만일 중요한 사안을 둘러싸고 논쟁이 발생하고 쌍방의 인원수가 비슷할 경우에는 반드시 다수의 의견을 따라야 할 비상시를 제외하고는 결정을 잠시 보류하여 조사연구와 의견교환을 한 후 다시 표결하여야 한다. 특별한 경우에는 논쟁 상황을 상급 당조직에 보고하여 재결을 요청할 수도 있다.

당원 개인이 당조직을 대표하여 중요한 주장을 발표할 때 그 주장이 당조직에서 이미 내린 결정의 범위를 벗어날 경우에는 소속 당조직에 토의 결정하도록 제출하거나 상급 당조직에 보고하여 지시를 받아야 한다. 당원은 직위의 고하를 막론하고 중대한 문제를 개인적으로 결정해서는 안되며 개인적으로 결정하지 않으면 안 될 비상시에 직면한 경우에는 결정을 내린 직후 이를 당조직에 지체없이 보고하여야 한다. 어떠한 지도자도 독단적으로 처리해서는 안되며 조직위에 군림해서도 안된다.

제17조 당의 중앙조직, 지방조직, 기층조직은 모두 당건설을 중시해야 하며 일상적으로 당의 선전사업, 교양사업, 조직사업, 기율검사사업, 군중사업, 통일전

선사업 등을 토의하고 검사하며 당내와 당외의 사상정치상황을 연구하는데 치중해야 한다.

<제3장 당의 중앙조직>

제18조 당 전국대표대회는 5년마다 한번씩 중앙위원회가 이를 소집한다. 중앙위원회가 필요하다고 인정하거나 3분의 1이상의 성급조직이 요구할 경우에는 전국대표대회를 앞당겨 개최할 수 있으며 비상시가 아닐 경우에는 개최를 연기하지 못한다.

전국대표대회의 대표수와 대표선거방법은 중앙위원회가 결정한다.

제19조 당 전국대표대회의 직권은 다음과 같다.

(1) 중앙위원회의 보고를 청취심사한다.

(2) 중앙기율검사위원회의 보고를 청취심사한다.

(3) 당의 중대한 문제를 토의결정한다.

(4) 당규약을 개정한다.

(5) 중앙위원회를 선거한다.

(6) 중앙기율검사위원회를 선출한다.

제20조 당 전국대표대회의의 직권은 중대한 문제를 토의결정하며 중앙위원회, 중앙기율검사위원회의 일부 구성원의 수를 조정하거나 또는 증원한다. 중앙위원과 후보위원의 인원수를 조정하거나 증원할 경우 당 전국대표대회가 선출한 중앙위원과 후보위원 각 총수의 5분의 1을 초과하지 못한다.

제21조 당중앙위원회의 임기는 5년이다. 전국대표대회를 앞당겨 개최하거나 연기하여 개최할 경우에는 임기도 그에 따라 변경된다. 중앙위원회 위원과 후보위원은 당력이 5년 이상이어야 한다. 중앙위원회 위원수와 후보위원 수는 전국대표대회가 결정한다. 중앙위원회 위원들 중에 결원이 생겼을 경우에는 중앙위원회 후보위원들 가운데서 득표수에 따라 차례로 충원한다.

중앙위원회 전체회의는 중앙정치국이 소집하며 1년에 1회이상 개최한다. 중앙정치국은 중앙위원회 전체회의에 업무보고를 하고 감독을 받는다.

전국대표대회 폐회기간에, 중앙위원회는 전국대표대회의 결의를 집행하며 당의 업무 전반을 지도하며 대외적으로 중국공산당을 대표한다.

제22조 당의 중앙정치국, 중앙정치국 상무위원회와 중앙위원회 총서기는 중앙위원회 전체회의에서 선출한다. 중앙위원회 총서기는 반드시 중앙정치국 상무위원회 위원 중에서 선출되어야 한다.

중앙정치국과 중앙정치국상무위원회는 중앙위원회 전체회의 폐회기간에 중앙위원회의 직권을 행사한다.

중앙서기처는 중앙정치국과 중앙정치국상무위원회의 사무기구이며 그 성원은 중앙정치국 상무위원회가 인선을 제안하면 중앙위원회 전체회의에서 통과시킨다.

중앙위원회 총서기는 중앙정치국회의와 중앙정치국상무위원회 회의를 책임지고 소집하며 중앙서기처의 업무를 총괄한다.

당 중앙군사위원회 구성원은 중앙위원회가 결정한다.

매 기 중앙위원회에서 선출한 중앙 지도기구와 중앙지도자는 차기 전국대표대회 회의기간에 계속 당의 일상사업을 조직 지도하며 차기 중앙위원회에서 새로운 중앙지도기구와 중앙지도자가 구성될 때까지 사업을 계속한다.

제23조 중국인민해방군의 당조직은 중앙위원회의 지시에 의하여 사업을 진행한다. 중앙군사위원회의 정치사업기관은 중국인민해방군 총정치부이다. 총정치부는 군대 내의 당사업과 정치사업을 책임지고 관리한다. 군대내의 당조직 체제와 기구는 중앙군사위원회가 규정한다.

<제4장 당의 지방조직>

제24조 당의 성, 자치구, 직할시 대표대회, 구를 둔 시 및 자치주의 대표대회, 현(기), 자치현, 구를 두지 않은 시 및 시관할구 대표대회는 5년마다 한번씩 개최한다.

지방 각급 당대표대회는 동급 당위원회가 소집한다. 특수한 경우에는 직상급 위원회의 비준을 받아 앞당겨 진행하거나 연기하여 개최할 수 있다.

지방 각급 당대표대회의 대표수와 대표선출방법은 동급 당위원회가 결정하고 이를 직상급 당위원회에 보고하여 비준을 받는다.

제25조 지방 각급 당대표대회의 직권은 다음과 같다.

(1) 동급 위원회의 보고를 청취심사한다.

(2) 동급 기율검사위원회의 보고를 청취심사한다.

(3) 해당 지구의 중대한 문제를 토의하고 결정한다.

(4) 동급 당위원회를 선거하며 동급 당기율검사위원회를 선거한다.

제26조 당의 성, 자치구, 직할시, 구를 둔 시 및 자치주 위원회의 임기는 매기 5년이다. 위원회 위원과 후보위원은 당력이 반드시 5년 이상이어야 한다.

당의 현(기), 자치현, 구를 두지 않은 시 및 시관할구 당위원회의 임기는 매기 5년이다. 이 위원회들의 위원과 후보위원은 당력이 반드시 3년 이상이어야 한다.

지방 각급 당대표대회를 앞당겨 개최하거나 연기하여 개최할 경우에는 그 대표대회에서 선출된 위원회의 임기도 그에 따라 변경된다.

당의 지방 각급 위원회의 위원수와 후보위원수는 개별적으로 직상급 당위원회에서 결정한다. 당의 지방 각급 위원회의 위원들 중에 결원이 생겼을 경우에는 후보위원들 가운데서 득표수에 따라 차례로 충원한다.

당의 지방 각급 위원회 전체회의는 매년 최소 2회 개최한다.

당의 지방 각급 위원회는 대표대회 폐회기간에 상급 당조직의 지시와 동급 당대표대회의 결정사항을 집행하며, 해당 지구의 사업을 영도하며 상급 당위원회에 정기적으로 업무상황을 보고한다.

제27조 당의 지방 각급 위원회 전체회의는 상무위원회와 서기, 부서기를 선출하고 이를 상급 당위원회에 보고하여 비준을 받는다. 당의 지방 각급 위원회의 상무위원회는 위원회 전체회의의 폐회기간에 위원회의 직권을 행사하며 차기 대표대회 회의기간에 계속 일상사업을 조직지도하고 새로운 상무위원회

가 선출될 때까지 사업을 계속한다.

당의 지방 각급 위위원회 상무위원회는 정기적으로 위원회 전체회의에 사업을 보고하며 그의 감독을 받는다.

제28조 당의 지구위원회 및 지구위원회에 대등한 조직은 당의 성, 자치구 위원회가 몇 개 현, 자치현, 시 범위 내에 파출한 대표기관이다. 이런 조직은 성, 자치구 당위원회가 부여한 권한에 의하여 해당 지구의 사업을 지도한다.

<제5장 당의 기층조직>

제29조 기업, 농촌, 기관, 학교, 과학연구원(소), 가도지역사회, 사회조직, 인민해방군의 중대 및 기타 기층단위에는 정식당원이 3명이상 있으면 반드시 당의 기층조직을 만들어야 한다.

당의 기층조직은 사업수요와 당원 수에 근거하여 상급 당조직의 비준을 받아 당의 기층위원회, 총지부위원회, 지부위원회를 둔다. 기층위원회는 당원대회 또는 대표대회에서 선출하며, 총지부위원회와 지부위원회는 당원대회에서 선출하며 위원입후보자를 내세울 때에는 당원과 군중들의 의견을 광범위하게 수렴해야 한다.

제30조 당의 기층위원회의 임기는 3년에서 5년이며 총지부위원회, 지부위원회의 임기는 2년 또는 3년이다. 기층위원회, 총지부위원회, 지부위원회에서 서기, 부서기를 선출한 후에는 상급 당조직에 보고하여 비준을 받아야 한다.

제31조 당의 기층조직은 사회기층조직에서의 당의 전투보루이며 당의 전반 사업 및 전투력의 기반이다. 기본임무는 다음과 같다.

(1) 당의 노선, 방침, 정책을 선전, 집행하며 당중앙과 상급 조직 및 본 조직의 결의를 선전, 집행하며 당원의 선봉대적역할과 모범적 역할을 충분히 발휘시키며 당내외의 간부와 군중을 단합시키고 조직하여 자기 단위에 맡겨진 임무를 성공적으로 수행한다.

(2) 당원이 맑스-레닌주의, 모택동사상, 등소평이론과 '3개대표' 중요사상 및

과학발전관을 학습하고, 당의 노선, 방침, 정책 및 결의를 학습하며 당의 기본 지식을 학습하며 과학, 문화, 법률 지식과 실무지식을 학습할 수 있도록 한다.

(3) 당원들을 교육, 관리, 감독하고 그들을 위해 봉사하며 당원들의 자질을 높이고 당성을 강화한다. 당조직생활을 엄격히 관리하고 비판과 자아비판을 실시하며 당기율을 수호하고 집행한다. 또한 당원들이 의무를 성실히 이행하도록 감독하고 당원의 권리가 침해당하지 않도록 보장한다. 변동당원에 대한 관리를 개선하고 강화한다.

(4) 군중과 밀접히 연계하며 당원과 당사업에 대한 군중의 비판과 의견을 경청해 군중의 정당한 권리와 이익을 수호해야 한다. 또한 군중에게 사상 및 정치사업을 실시한다.

(5) 당원과 군중의 적극성과 창조성을 충분히 발휘시키고, 우수한 인재를 발굴, 양성, 추천하며 그들이 개혁개방과 사회주의현대화건설에서 자기의 지혜와 재능을 발휘할 수 있도록 장려하고 지지한다.

(6) 당에 가입하려는 적극분자를 교육, 양성하며 일상적인 당원 확대 활동을 전개한다. 생산과 사업 일선 노동자 및 청년들 가운데서 당원을 받아들이는 것을 중시한다.

(7) 당원과 간부 및 기타 모든 공직자들이 국가 법률과 행정기율, 국가의 재정경제법규와 인사제도를 엄격히 준수하며, 국가와 집체와 군중의 이익을 침해하지 않도록 감독한다.

(8) 당원과 대중이 불량풍조를 자발적으로 근절하고, 각종 위법범죄행위와 단호히 투쟁하도록 교육한다.

제32조 가도, 향, 진의 당의 기층위원회와 촌, 사구(지역사회)의 당조직은 해당 지구의 사업을 지도하며 행정조직, 경제조직 및 군중자치조직이 직권을 충분히 행사하도록 지지, 보장한다.

국유기업과 집체소유기업의 기층당조직은 정치핵심적 역할을 발휘하며 기업의 생산경영을 중심으로 사업을 실시한다. 당과 국가의 방침, 정책이 자기 기업에서 관철, 집행되도록 보장, 감독한다. 주주회, 이사회, 감사회와 경리(공장장)가 법에 따라 직권을 행사하는 것을 지지한다. 일심전력 종업원군중에 의거하고 종업원대표대회가 사업을 전개하는 것을 지지한다. 기업의 중대한 문제를 결정하는데 참여하며 당조직의 자체건설을 강화하고 정치사상사업, 정신문명건설 및 공회, 공청단 등 군중조직을 영도한다.

비공유제경제조직의 당의 기층조직은 당의 방침·정책을 관철하고 기업이 국가의 법률과 법규를 준수하도록 인도하고 감독하며, 공회와 공산주의청년 단 등 군중조직을 지도하고 종업원군중을 단합·결속시키며 각 측의 합법적 권익을 수호하고 기업이 건전하게 발전하도록 촉진한다.

행정지도자책임제를 실시하고 있는 사업단위의 기층당조직은 정치핵심적 역할을 발휘한다. 당위원회의 지도 하에 행정지도자책임제를 실시하고 있는 사업단위의 기층당조직은 중대한 문제를 토의·결정하며 이와 동시에 행정지도자가 자기의 직권을 충분히 행사하도록 보장해주어야 한다.

각급 당기관과 국가기관의 기층당조직은 행정책임자를 협조하여 임무를 완수하고 사업을 개선하도록 하며, 행정책임자를 포함한 모든 당원들에 대하여 감독을 실시하되 자기 단위의 실무사업은 지도하지 않는다.

\<제6장 당의 간부\>

제33조 당의 간부는 당사업의 골간이며 인민의 충복이다. 당은 재덕겸비의 원칙에 따라 간부를 선발하고, 친분여부에 의해서가 아니라 능력에 따라 간부를 등용하며, 간부대오의 혁명화, 년소화, 지식화, 전문화를 적극 실현한다.

당은 간부를 교양, 훈련, 선발 및 검정하는데 중시하되 특히 우수한 젊은 간부를 양성·선발하는 것을 중시한다. 간부제도의 개혁을 적극 추진한다.

당은 여성간부와 소수민족간부를 양성·선발하는 것을 중시한다.

제34조 당의 각급 지도간부는 본 규약 제3조에 규정된 당원의 각항 의무를 모범적으로 이행하여야 하며, 다음과 같은 기본조건을 갖추어야 한다.

(1) 직책이행에 소요되는 맑스-레닌주의, 모택동사상, 등소평이론의 수준을

갖추고 ≪3개대표≫ 중요사상을 책임있게 실천하며 과학발전관을 솔선적으로 관철하며, 맑스주의의 입장, 관점 및 방법으로 실제문제를 분석하고 해결하기 위하여 힘써야 하며 일관되게 학습을 중시하고 정치를 중시하고 바른 기풍을 수립하며 온갖 풍파의 시련을 이겨내야 한다.

(2) 공산주의의 원대한 이상을 지니고 중국특색의 사회주의에 대한 확고한 신념을 가지고 당의 기본노선 및 제반 방침, 정책을 견결히 집행하며 개혁개방의 의지를 가지고 현대화사업에 헌신하며 사회주의건설에서 간고하게 창업하며 정확한 치적관을 수립하여 실천의 검증, 인민의 검증, 역사의 검증을 받을 수 있는 업적을 올려야 한다.

(3) 계속 사상을 해방(사상해방)하고 실사구시하고 시대와 더불어 전진하며 (여시구진) 개척과 혁신 정신으로 진지하게 조사연구하며 당의 방침, 정책을 해당지구, 해당 부문의 실제와 결부시켜 사업을 효과적으로 추진할 줄 알며 실속 말을 하고 실제적인 일을 하며 실효를 추구하고 형식주의를 반대하여야 한다.

(4) 혁명사업에 대한 의욕과 정치적책임감이 강하고 실천경험이 있으며 지도사업을 감당할만한 조직력, 문화수준 및 전문지식이 있어야 한다.

(5) 인민이 부여한 권력을 제대로 행사하고 법에 의해 일을 처리하며 청렴하고 공정하며 인민을 위하여 부지런히 일하며 이신작칙(以身作則)하고 간고소박하며 군중과 밀접히 연계하고 당의 군중노선을 견지하며 당과 군중의 비판과 감독을 자각적으로 접수하고, 도덕수양을 강화하며, 당성을 말하고, 품행을 중요시 여기고, 솔선수범 모범이 되고, 자중, 자성, 자경, 자려하고 관료주의를 반대하며 직권을 남용하여 사리를 꾀하는 온갖 부정기풍을 반대하여야 한다.

(6) 당의 민주집중제를 견지하고 수호하며, 민주주의기풍과 전반을 돌보는 관념을 수립하며 자기와 견해가 다른 동지를 포함한 모든 동지들과 잘 단합하여 함께 사업할 줄 알아야 한다.

제35조 당원간부는 비당원간부와 잘 협력하면서 함께 사업하여야 하며 그들을

존중하고 그들의 장점을 허심탄회하게 따라 배워야 한다.

각급 당조직은 확실히 재능이 있고 학식이 있는 비당원간부를 발견하고 그들이 지도사업을 담임하도록 추천할 줄 알아야 하며 그들에게 직위와 권한이 있도록 보장해주고 그들의 역할을 충분히 발휘시켜주어야 한다.

제36조 당의 각급 지도간부들이 민주주의적으로 선거되었건 지도기관에 의하여 임명되었건 그들의 직무는 모두 종신직무가 아니며 변경 또는 해임할 수 있다.

연령과 건강상태로 인하여 사업을 계속 감당하기에 적합하지 않은 간부는 국가규정에 따라 정년퇴직시키거나 이직, 휴양시켜야 한다.

<제7장 당 기 율>

제37조 당기율은 당 각급조직과 전체 당원들이 반드시 준수해야 할 행동준칙이며, 당의 단결과 통일을 수호하고 당의 임무를 완수할 수 있도록 보장하는 것이다. 당조직은 당기율을 엄격히 집행하고 수호하여야 하며 공산당원은 자각적으로 당기율의 규제를 받아야 한다.

제38조 당조직은 당기율을 위반한 당원에 대하여 지난 일을 징계하여 금후에 삼가하게 하고 병을 고쳐 사람을 구하는 정신에 입각하여, 과오의 성격과 상황의 경중에 따라 비판, 교육을 하거나 나아가서 기율에 의거하여 처분을 내린다. 형법을 크게 위한 당원은 당적을 박탈한다.

당내에서 당규약과 국가법률에 위반되는 수단을 당원에게 적용하는 것을 엄격히 금지하며, 공격과 보복, 모함행위를 금지한다. 이 규정을 위반한 조직 또는 개인은 반드시 당기율과 국가법률에 의거해 추궁을 받는다.

제39조 당의 기율적 징계는 경고, 엄중경고, 당내직무취소, 당내 보호관찰, 당적박탈의 다섯 가지가 있다.

당내 보호관찰 기간은 최장 2년을 초과할 수 없다. 당원은 당내 보호관찰 기간에 표결권과 선거권, 피선거권이 없다. 당원이 보호관찰을 통해 확실히 자기의 과오를 고쳤을 경우에는 당원권리를 회복시켜야 하며, 과오를 고치지 않고 계속 고집할 경우에는 당적을 박탈해야 한다.

당적박탈(제명)은 당내의 최고의 처분이다. 각급 당조직은 당원에 대한 당적 박탈이라는 징계를 결정 또는 비준할 때에는 관련 자료와 의견을 전면적으로 검토하고 매우 신중한 태도를 취하여야 한다.

제40조 당원에 대한 기율적 징계는 반드시 지부대회에서 토의·결정하고 이를 기층당위원회에 보고하여 비준을 받아야 한다. 관련된 문제가 비교적 중요하거나 복잡할 경우 또는 당원에게 당적박탈을 내려야 할 경우에는 상황에 따라 현급 또는 현급 이상의 당기율검사위원회에 보고하여 심사비준을 받아야 한다. 특수한 경우 현급 및 현급이상 각급 당위원회와 기율검사위원회는 당원에 대한 기율적 징계를 직접 결정할 권리를 가진다.

당중앙위원회와 지방 각급 당위원회의 위원, 후보위원에 대한 당내직무취소, 보호관찰 또는 당적박탈(제명)을 내려야 할 경우에는 반드시 본인이 소속한 당위원회 전체회의의 3분의 2 이상의 찬성으로 결정해야 한다. 특수한 경우 중앙정치국과 지방 각급 위원회 상무위원회가 먼저 처리결정을 짓고, 위원회 전체회의를 개최하여 사후승인을 받을 수 있다. 지방 각급 위원회 위원과 후보 위원에 대한 위와 같은 처분은 반드시 상급 당위원회의 비준을 받아야 한다. 형법을 엄중하게 위반한 중앙위원회 위원, 후보위원에 대하여는 중앙정치국이 당적박탈(제명)을 결정한다. 형법을 엄중하게 위반한 지방 각급 위원회 위원, 후보위원에 대하여는 동급 위원회 상무위원회가 당적박탈을 결정한다.

제41조 당조직이 당원에게 처분결정을 내릴 때에는 실사구시적으로 사실을 조사, 규명하여야 한다. 처분결정의 근거가 되는 사실자료와 처벌 결정을 반드시 당사자와 만나 사정설명과 해명을 듣는다. 당사자가 처분결정에 불복할 경우 상소할 수 있으며, 관련 당조직은 책임지고 이를 처리하거나 신속히 전달하여야 하며 보류해서는 안된다. 확실한 잘못된 의견을 고집하고 무리한 요구를 제기하는 사람에 대하여서는 비판과 교육을 하여야 한다.

제42조 당조직이 당기율을 수호하는 면에서 자기 직책을 제대로 수행하지 못하였을 경우에는 반드시 추궁받아야 한다.

당기율을 엄중하게 위반하였고, 스스로 시정하지 아니하는 당조직에 대해서는 직상급 당위원회가 사실을 조사 규명한 다음, 상황의 경중에 따라 조직의 개편 또는 해산 결정을 짓고, 동시에 한 단계 높은 상급 당위원회에 보고하여 심사비준을 받은 다음 정식으로 집행을 선포해야 한다.

<제8장 당의 기율검사기관>

제43조 당의 중앙기율검사위원회는 당중앙위원회의 지도 하에 활동한다. 당의 지방 각급 기율검사위원회와 기층기율검사위원회는 동급 당위원회와 상급 기율검사위원회의 이중적지도 하에서 활동한다.

당의 각급 기율검사위원회의 임기는 동급 당위원회의 임기와 같다.

당의 중앙기율검사위원회 전체회의는 상무위원회 및 서기, 부서기를 선출하고, 당중앙위원회에 보고하여 비준을 받는다. 당의 지방 각급 기율검사위원회 전체회의는 상무위원회 및 서기, 부서기를 선출하고 동급 당위원회에서 통과한 다음 이를 상급 당위원회에 보고하여 비준을 받는다. 당 기층위원회에 기율검사위원회를 설치하거나, 기율검사위원을 둘 때에는 그 직상급 당조직이 구체적인 상황에 따라 결정한다. 당총지부위원회와 각 지부위원회에는 기율검사위원을 둔다.

당의 중앙기율검사위원회는 업무의 필요에 따라 중앙급 당기관 및 국가기관에 당기율검사조 또는 기율검사원을 파견하고 주재시킬 수 있다. 기율검사조조장 또는 기율검사원은 해당 기관의 당지도조직의 관련 회의에 참여할 수 있다. 그들의 활동은 해당 기관 당지도조직의 지지를 받아야 한다.

제44조 당의 각급 기율검사위원회의 주요임무는 당규약 및 기타 당내법규를 수호하고 당의 노선·방침·정책·결의의 집행상황을 검사하며 당위원회를 협조하여 당기풍건설을 강화하고 부정부패 척결에 힘쓴다.

각급 기율검사위원회는 항상 당원에게 기율준수 교육을 실시하고 당 기율의 수호에 관한 결정을 내려야 한다. 당원지도간부들의 권력행사를 감독한다. 당규약과 기타 당내 법규를 위반한 당조직과 당원에 대한 비교적 중대하고 복잡한 안건을 조사하고 처리할 경우, 이러한 안건과 관련된 당원에 대한 처벌을 결정 또는 철회하며, 당원의 고소와 상소를 수리하여 당원의 권리를 보장한다.

각급 기율검사위원회는 특별히 중요하거나 복잡한 안건을 처리할 때 문제점과 처리결과를 동급 당위원회에 보고하여야 한다. 당의 지방 각급 기율검사위원회와 기층기율검사위원회는 동시에 상급 기율검사위원회에 보고하여야 한다.

각급 기율검사위원회는 동급 당위원회 위원의 당기율위반행위를 발견하였을 경우 먼저 기초조사를 진행할 수 있으며, 정식안건으로 취급하여 조사해야 할 필요성이 있는 경우에는 동급 당위원회에 보고하여 비준을 받고, 상무위원과 관련된 경우 동급 당위원회에 보고한 후 직상급 기율검사위원회에 보고하여 비준을 받아야 한다.

제45조 상급 기율검사위원회는 하급 기율검사위원회의 사업을 조사할 권한이 있으며, 또한 하급 기율검사위원회가 안건에 대하여 내린 결정을 비준 또는 변경할 권한을 가진다. 만일 변경할 해당 하급 기율검사위원회의 결정이 이미 그 동급 당위원회의 비준을 받은 것이라면, 직상급 당위원회의 비준을 받아야 그 결정을 변경시킬 수 있다.

당의 지방 각급 기율검사위원회와 기층기율검사위원회는 동급 당위원회의 안건의 처리결정에 대하여 이의가 있을 경우, 직상급 기율검사위원회에 재심사를 청구할 수 있다. 동급 당위원회 또는 그 구성원이 당기율을 위반한 상황이 있음에도 동급 당위원회가 해결하지 않거나 정확하게 해결하지 아니할 경우, 상급 기율검사위원회에 제소하여 처리하는데 협력을 요청할 권한을 가진다.

<제9장 당 조>

제46조 중앙과 지방의 국가기관, 인민단체, 경제조직, 문화조직 및 기타 비당조

직의 지도기관에 당조를 설치할 수 있다. 당조는 지도의 핵심적인 역할을 발휘하여야 한다. 당조의 임무는 주로 당의 노선, 방침, 정책의 실현에 책임을 지고 해당 단위의 중대한 문제를 토의 결정한다. 간부관리사업을 수행하며 비당원간부와 군중을 단결시켜 당과 국가가 부여한 임무를 완수하며 기관과 직속단위 당조직의 사업을 지도하는 것이다.

제47조 당조의 구성원은 당조의 설립을 비준한 당조직이 결정한다. 당조에는 서기를 두며 필요할 경우 부서기를 둘 수도 있다.

당조는 그 설립을 비준한 당조직의 지도에 반드시 복종하여야 한다.

제48조 산하 단위에 대하여 집중적이고 통일적인 지도를 실시하는 국가사업부서는 당위원회를 설립할 수 있으며 당위원회의 출범과 직권 및 사업임무에 대하여는 중앙이 별도로 규정한다.

<제10장 당과 공산주의청년단과의 관계>

제49조 중국공산주의청년단은 중국공산당이 영도하는 선진청년들의 군중적 조직이며 광범한 청년들이 실천에서 중국특색의 사회주의와 공산주의를 배우는 학교이며 당의 조수이자 후비군이다. 공청단중앙위원회는 당중앙위원회의 지도를 받는다. 공청단 지방 각급 조직은 동급 당위원회의 지도를 받는 동시에 공청단 상급조직의 지도를 받는다.

제50조 각급 당위원회는 공청단에 대한 지도를 강화하며 단(團) 간부의 선발과 육성에 주의를 기울여야 한다. 당은 공청단이 광범한 청년들의 특성과 수요에 따라서 생기있고 창의적인 활동을 확고히 지원해야 하며, 공청단의 전위대의 역할과 광범위한 청년들과 연계를 맺는 교량 역할을 충분히 발휘하도록 한다.

공산주의청년단의 현급과 현급 이하의 각급 위원회의 서기, 기업 사업 단위의 공청단위원회 서기가 당원일 경우에는 동급 당위원회와 상무위원회의 회의에 참석할 수 있다.

<제11장 당의 휘장과 당기>

제51조 중국공산당의 휘장은 낫과 망치의 도안으로 구성되었다.

제52조 중국공산당의 당기는 깃발에 금빛 당휘장이 새겨져있는 붉은기이다.

제53조 중국공산당의 휘장과 당기는 중국공산당의 상징이며 표지이다. 각급 당
조직과 모든 당원들은 당의 휘장과 당기의 존엄을 수호하여야 한다. 당의 휘
장과 당기는 규정대로 제작하고 사용하여야 한다.

제6장

중국의 주요 정치 세대와 계파

인치(人治)의 시대에서 법치(法治)의 시대로

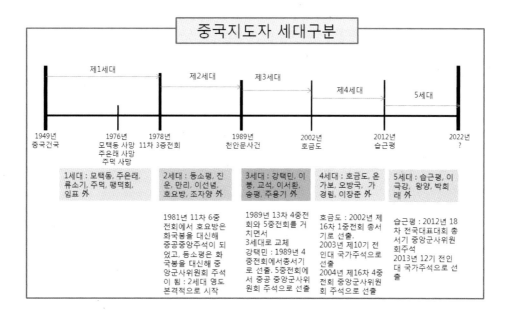

중국지도자 세대구분

| 제1세대 | 제2세대 | 제3세대 | 제4세대 | 5세대 |

1949년	1976년	1978년	1989년	2002년	2012년	2022년
중국건국	모택동 사망	11차 3중전회	천안문사건	호금도	습근평	?
	주은래 사망					
	주덕 사망					

1세대 : 모택동, 주은래, 류소기, 주덕, 팽덕회, 임표 外

2세대 : 등소평, 진운, 만리, 이선념, 호요방, 조자양 外

3세대 : 강택민, 이봉, 교석, 이서환, 송평, 주용기 外

4세대 : 호금도, 온가보, 오방국, 가경림, 이장춘 外

5세대 : 습근평, 이극강, 왕양, 박희래 外

1981년 11차 6중전회에서 호요방은 화국봉을 대신해 중공중앙주석이 되었고, 등소평은 화국봉을 대신해 중앙군사위원회 주석이 됨 : 2세대 영도 본격적으로 시작

1989년 13차 4중전회와 5중전회를 거치면서 3세대로 교체
강택민 : 1989년 4중전회에서 총서기로 선출. 5중전회에서 중공 중앙군사위원회 주석으로 선출

호금도 : 2002년 제16차 1중전회 총서기로 선출.
2003년 제10기 전인대 국가주석으로 선출
2004년 제16차 4중전회 중앙군사위원회 주석으로 선출

습근평 : 2012년 18차 전국대표대회 총서기 중앙군사위원회주석
2013년 12기 전인대 국가주석으로 선출

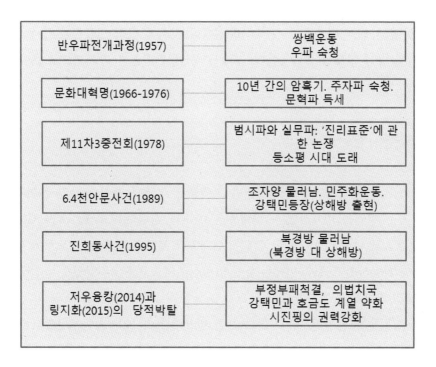

반우파전개과정(1957)	쌍백운동 우파 숙청
문화대혁명(1966-1976)	10년 간의 암흑기. 주자파 숙청. 문혁파 득세
제11차3중전회(1978)	범시파와 실무파: '진리표준'에 관한 논쟁 등소평 시대 도래
6.4천안문사건(1989)	조자양 물러남. 민주화운동. 강택민등장(상해방 출현)
진희동사건(1995)	북경방 물러남 (북경방 대 상해방)
저우융캉(2014)과 링지화(2015)의 당적박탈	부정부패척결, 의법치국 강택민과 호금도 계열 약화 시진핑의 권력강화

1. 정치세대

중국정치 지도자를 얘기할 때 항상 등장하는 게 'O세대지도부'이다. 현재 중국의 총서기인 시진핑은 제5세대 지도부이다. 그런데 중국에서 지도자의 세대구분은 호요방에서 비롯되었다. 중국정치를 학습할 때 주요 정치인물과 계파에 대한 이해가 필요하다.

1) 제1세대: 모택동시대

제1세대의 주요 인물로는 모택동
(毛澤東, 1893~1976), 주덕(朱德,
1886~1976), 주은래(周恩來, 1898~
1976), 유소기(劉少奇, 1898~1969),
팽덕회(彭德懷, 1898~1974) 등이다.

이들 중 앞의 네 사람은 과거 중국 100원짜리 지폐에 있던 인물들이다. 유소기를 제외한 세 명이 1976년에 사망한다. 그래서 제1세대의 끝은 1976년으로 보아도 무방하다.

(1) 모택동(1893~1976.9.9)

당주석을 지낸 중국 최고권력자였던 모택동은 호남성 출신으로 건국 이후에는 당·정·군 전권을 행사하였다. 모택동은 1918년 진독수(陳獨秀, 1879~1942)와 이대쇠(李大釗, 1889~1927, 한국에서 '이대교라 부르고 있음)가 주도하던 맑시즘 연구회에 가담하였고, 1920년에는 호남성 공산주의소조를 조직하였으며, 1921년에 중국공산당창당에 참여하였다.

1926년에는 "호남농민운동 시찰보고"를 발표하였고, 1927년에 호남봉기를 지휘하였다가, 1000명을 이끌고 정강산(井岡山)으로 퇴각하여 근거지와 홍군 건설을 주도하였다. 1931년 11월에 강서소비에트 주석이 되었고, 국민당에 쫓겨 퇴각하다가(역사적으로 대장정이라 부름) 1935년 1월 준의(遵義)에서 개최된 정치국 확대회의(준의회의)에서 지도권을 장악하였다. 그리고 1935년 12월에 당 중앙군사위 주석에 취임하였다. 준의회의 이후 모택동은 중국공산당을 이끌었고, 중화인민공화국을 건국하는데 주도적인 역할을 하였다.

모택동은 1949년 중국인민정치협상회의 개막사에서 "인류의 4분의 1을 점유하고 있는 중국인은 지금부터 일어섰다. 우리들은 단결해 인민해방전쟁과 인민대혁명으로 내외 압박자들을 타도하고 중화인민공화국의 성립을 선포한다. 우리의 민족은 다시는 모욕 받는 민족이 아니며, 우리들은 이미 일어섰다."라고 하였다.

모택동은 "권력은 총구에서 나온다.(1927. 총신(군사력)에서 정권이 나온다(槍杆子裏出政權)"라고 하면서 군의 역할을 강조했다. 임표는 모택동의 말들을 모아 '모어록'을 만들었다. 모택동과 관련있는 정치적 주요 사건 혹은 회의로는 7천인대회, 여산회의, 문화대혁명 등이 있다.

(2) 주덕(1886~1976.7.6.): 건군의 아버지

주모군(朱毛軍)을 주축으로 형성된 홍군의 총사령관이었던 주덕은 사천성 출신으로 '건군의 아버지'라 불린다. 1911년 신해혁명 당시 주덕은 운남성에서 무장봉기에 참가하였다. 1922년 독일 유학 중에 베를린에서 공산당에 가입하였다. 1927년 8월에 일어난 남창봉기를 지휘하였으며, 1929년에 모택동과 더불어 정강산에서 근거지를 만들었고, 홍군을 창설하였다. 1930년에는 주모군(朱毛軍)을 주축으로 형성된 홍군의 총사령관이었고, 1937년 이후 팔로군 총사령관으로 항일전쟁 지휘하였다. 1959년 이후에는 중국공산당 중앙위원회 부주석을 역임하였다.

(3) 주은래(1898~1976.1.8.): 영원한 국무원 총리

강소성 출신인 주은래는 '중국 인민의 아버지', '영원한 국무원 총리'라 불린다.

주은래는 1922년에 파리에서 중국공산당 유럽지부 창설을 주도하였다. 건국이후의 제1차 천안문 사건과 관련이 있으며, 문화대혁명 시기에 '비림비공(批林批孔)운동 (1973 ; 1974.1.18.)'이라는 말이 나왔을 때, 유가교육을 받은 주은래를 은유적으로 '공(孔)'에 비유하였다는 얘기도 있다.

국무원 총리 겸 외교부장이었던 주은래는 평화공존5원칙을 천명하였고, 이 원칙은 중국외교정책의 골간이 되었다. 그리고 '차이를 접어두고 평화공존 원칙 아래 공통점을 찾는다'는 '구동존이(求同存異)' 정신은 오늘날 중국외교정책에 그대로 적용되고 있다. 주은래와 관련 있는 정치적 사건으로는 주은래 사망 후 발생하였던 1976년 제1차 천안문 사태와 문혁 시기에 발생하였던 비림비공이 있다.

주은래의 추도시비에 새겨진 "인민의 총리로 인민이 사랑하고 인민의 총리로 인민을 사랑하고 총리와 인민이 동고동락하며 인민과 총리의 마음이 이어졌다."라는 글귀에서 주은래에 대한 중국인민의 마음을 알 수 있다. 주은래의 "자신의 유해를 화장해 조국 산하에 뿌려 달라"라는 말을 남기고 세상을 떠났고, 등소평이 장례위원장을 맡았다. 주은래가 사망한 뒤 여섯가지 없었다고 하는데, 이른 바 '육무(六無)는 사불유회(死不留灰), 생이무후(生而無後), 관이무형(官而無型), 당이무사(黨而無私), 노이불원(勞而不怨), 사불유언(死不留言)"이다.

(4) 유소기(1898~1969): 위대한 공산주의자이며 프롤레타리아 혁명가

호남성 출신인 유소기는 1959년에 국가주석을 역임하였던 주자파의 중심인물이었다. 유소기는 모택동 사상을 체계화해 마르크스·레닌주의와 나란히 당 지도사상의 반열에 올렸다. 유소기는 1920년에 프랑스 유학을 갔다가 1921년에 귀국하였고, 1922년에 중국공산당 지부에 가입하였다. 1929년 당 만주성 위원회 서기로 있다가 장학량에게 체포되었고, 석방이후에는 강서소비에트에서 전국총공회 공작을 담당하였다. 1943년에 중앙서기처 서기, 인민혁명군사위원회 부주석이 되었다.

1945년 장개석과의 담판에 모택동 대신 참가하였고, 당내 2인자로 인정받았다. 1956년 8차 당 대회에서 중앙위원회 부주석이 되었다, 문화대혁명 때, 주자파로 몰려 숙청되었다. 1968년 유소기는 당적을 박탈당하고, '중국의 흐루시초프'라고 불렀다. 유소기는 1980년에 명예가 회복되었으며, '위대한 공산주의자이며 프롤레타리아 혁명가'라는 칭호가 붙었다.

유소기와 관련된 정치적 사건으로는 7천인대회와 문화대혁명이다.

(5) 팽덕회(1898~1974)

6·25전쟁 때 중공군 사령관이었던 팽덕회는 호남성 출신으로 여산회의에서 모택동을 비판하여 숙청당한 인물이다. 팽덕회는 1959년 7,8월에 개최되었던 여산회의에서 모택동을 비판하였던 것으로 유명하다. 1959년 8월 16일 제8차 8중전회에서 팽덕회는 비판을 받아 숙청당하였다.

팽덕회는 1928년에 중국공산당에 가입하였다. 1930년 홍군 제1방면군 부총사령관이 되었고, 1931년 중앙혁명군사위원회 부주석이 되었다. 항일전쟁 때 주덕이 이끄는 팔로군의 부사령관을 역임하였고, 1940년에는 주덕을 대신하여 팔로군을 이끌고 '백단대전(百團大戰)'을 지휘하였다. 팽덕회는 1959년 7, 8월 여산에서 대약진의 3가지 모순점 들고 모택동을 비판하였다. 팽덕회와 관련된 주요 정치적 사건으로는 여산회의이다.

참조) 임표(林彪, 1907.~1971.9.13)

문화대혁명 시기에 모택동의 후계자로 지목되었다가, 1971년 9월 쿠데타를 시도했다가 실패하여 외몽고로 비행기를 타고 가다가 의문의 사고로 추락하여 사망하였다. 임표는 호북성 출신으로 1925년에 중국공산당에 가입하였다. 1927년 남창-호남봉기에 참여하였고, 1928년에 정강산으로 들어갔다. 임표는 홍군의 창설멤버로 대장정, 항일전쟁, 내전 등에서 홍군 지휘관으로 활약하였다. 1951년에 중앙군사위 부주석, 1954년에는 국무원 부총리가 되었고, 1959년에는 팽덕회가 해임된 후 국방부장관이 되었다.1964년부터 군 내부에서 모택동사상운동을 전개하여, 문화대혁명을 적극적으로 지원하였고, 1969년 9전 대회에서 중앙위원회 부주석으로 모택동 후계자로 명시되었다. '비림비공'이라는 용어에서 '임(林)'에 해당하는 인물이다.

참조) 화국봉(華國鋒, 1921~2008)

산서성 여량시(呂梁市) 교성현(交城縣) 출신인 화국봉의 본명은 소주(蘇鑄)였는데, 항일운동 때 '중화구국선봉대(中華救國先鋒隊)'의 이름을 따서 화국봉이라는 이름으로 바꾸었다. 국무원 총리(1976~80)와 중국공산당 주석(1976~81)을 역임했다가 1980년에는 국무원 총리직을, 1981년에는 당 주석직을 사임하였다.

화국봉은 1958년 호남성 부성장이 되어, 대약진운동 때 모택동을 강력히 지지했다. 문화대혁명 때 호남성의 반란집단제거에 대해 모택동의 승인을 받았으며, 1968년에는 호남성혁명위원회를 수립하였고, 1970년에는 호남성당위원회를 재건하였다. 이러한 공로를 인정받아 1973년 8월에 중국공산당 정치국원이 되어 북경으로 갔다.

1975년에 국무원 부총리로 임명되었다가 1976년 1월 주은래의 사망으로 총리 대리와 당의 제1부주석이 되었다. 동년 4월에 모택동은 화국봉을 총리로 선택하는 한편 등소평을 숙청했다. 동년 9월 모택동이 사망하면서 당 주석과 중앙군사위원회 주석의 자리에 올랐다. 이로써 당정군의 최고지도자가 되었다.

모택동이 "당신이 일을 한다면 나는 안심한다(你辦事, 我放心)"라고 말할 정도로 모택동의 신뢰를 얻었다고 전해진다. 그러나 중국공산당 중앙문헌연구실의 ≪모택동전≫에서는 "이것은 당시 모택동의 개인 비서였던 장옥봉(張玉鳳, 장위펑)의 수기를 인용한 것으로, 국제상의 문제에 대해 묻는 화국봉에게 '기정의 방침에 따라 줄 수 있다. 당신이 하면 나는 안심이다'라고 말한 것에 지나지 않고, 이는 사실에도 맞지 않는다."라고 하면서 이 내용을 부정하고 있다.

화국봉은 "모주석이 결정한 정책은 우리 모두 결연히 옹호해야 한다." "모주석이 지시는 우리 모두 시종일관 변함없이 따라야 한다."라는 양개범시(兩個凡是)를 주장하였다.

2) 제2세대 지도부: 등소평시대

제2세대 지도부는 굳게 달혀 있던 중국문호를 개방하여 오늘날의 중국을 있게
하였다. 1980년대를 주도하였던 이들은 중국의 정치·경제·사회에 커다란 영향
을 주었다. 대표적인 인물로는 등소평(鄧小平), 진운(陳雲), 이선념(李先念), 호요
방(胡耀邦), 조자양(趙紫陽) 등이다.

(1) 등소평(1904～1997): 오뚝이, 개혁개방의 총설계사, 작은거인

鄧小平是我國中國共產黨第二代領導核心領導者

(등소평은 중국공산당 제2세대 영도핵심지도자이다.)

사천성 출신인 등소평은 3번의 실각과 3번의 복권을 하였기 때문에 '오뚝이'이
라고 불리고, 개혁개방을 주도하였기 때문에 '개혁개방의 총설계사'라 불린다. 등
소평의 이론과 사상은 현대중국의 정치경제를 이해하는데 매우 중요하다. 등소평
은 1920년 프랑스에 유학을 갔다가 주은래와 가까이 지냈다. 1924년에 중국공산당
에 입당하였다.

중국 건국 후 1952년 정무원(政務院) 부총리, 1954년 당중앙위원회 비서장을 역
임하였고, 이후 두 차례의 파면과 복직을 거치면서 1981년에 실질적인 최고권력자
가 되었다.

등소평의 어록 중 유명한 말로는 "빈곤은
사회주의가 아니다. 기회를 잡아 스스로 발
전하자.", "개혁의 내용은 우선 당·정이 분
리되어야 하는 것이고, 당이 어떻게 이끌어
나가며, 어떻게 훌륭하게 지도해 갈 것인가
하는 문제를 해결하는 것이다. 이것이 관건
이다. 나는 당·정 분리를 가장 우선적이 문

제를 삼아야 한다고 생각한다.", "빈부격차가 너무 심해지면 혁명이 일어난다."가 있다. 등소평의 가장 커다란 취약점의 하나는 1989년에 발생한 6·4천안문사건을 군대의 힘을 빌려 무력으로 진압하도록 한 점이다.

등소평을 왜 오뚝이라 부르는가? 3번의 실각과 3번의 복권

1933년 강서 소비에트 때, 등소평은 소련 유학생파들이 주도하는 반라명(反羅明)캠페인 즉, 모택동의 주장을 옹호하다가 당내의 좌경 세력에 의해 비판 대상자가 되어 실권(제 1차 실권)하게 된다. 1934년 대장정 초기에 사병으로 참가하였다가 장정 과정에 복권되었고, 후기에는 정치위원으로 활약한다. 그리고 항일전쟁과 국공내전에서 등소평은 군사전략가로서의 능력을 발휘하였는데, 이러한 이유로 등소평이 제 1세대가 아닌 제 2세대로 분류되었다. 1956년에는 총서기가 되었고, 문화대혁명시기에는 주자파로 몰려 숙청(제 2차 실각)되었다가 1973년에 복권한다. 복권된 주은래를 돕다가 주은래가 사망한 이 1976년 4월에 다시 해임된다.(제 3차 실각) 1977년 7월에 재복권된 이후, 화국봉을 몰아내고 권력을 장악하였고, 개혁개방을 천명한다.

---

(2) 진운(1905~1995)

'조롱경제론'으로 유명한 진운은 강소성 출신으로 1925년에 중국공산당에 입당하였고, 유소기 등과 노동운동에 참가하였다. 1948년에는 전국총공회 주석이 되었고, 건국이후에는 국무원 부총리 겸 재정경제위원회 주임을 역임하였다. 1953년 중공 부주석 고강(高崗)이 동북지역에서 당 분열활동을 벌일 때, 중앙지도자 중에서 처음으로 이를 적극적으로 반대하였다.

1956년 제8차 1중전회에서 중앙위원회 부주석 및 정치국 상무위원이 되었다. 그리고 1978년 중앙위원회 부주석과 신설된 당 중앙기율심사위원회 위원장을 역임하였고, 1987년 제13차 1중전회에서 중앙고문위원회 주임이 되었다.

(3) 이선념(1909~1992)

호북성 출신인 이선념은 1983년 제6차 전인대에서 국가주석이 되었다. 이선념은 1927년에 중국공산당에 가입하였고, 1927년 황마기의(黃麻起義)에 참가하였으며, 황안현 공농민주정부(工農民主政府) 주석을 역임하였다. 항일전쟁시기에 중국공

산당 예악변구위원회(豫鄂邊區委員會) 서기를 역임하면서 예악변구항일근거지(豫鄂邊區抗日根據地)를 설립하였다. 1954년 국무원 부총리를 역임하면서 재정부장관을 겸임하였다. 문혁기간에는 주은래가 주관하는 경제공작을 협조하였다.

1976년 10월 4인방을 몰락시키는데 중요한 역할을 하였으며 등소평이 집권하는데 주요 조력자였다. 1988년 4월 제7차 정협 주석이 되었다.

(4) 호요방(1915〜1989.4.15.)

호남성 출신인 호요방은 1981년부터 1987년까지 총서기로 역임하였고, 3개 세대론을 주장하였다. 개혁개방정책을 실시할 때, 호요방은 당총서기로서 등소평을 지원하였고, 요의림으로부터 개혁개방정책실시로 초래된 여러 문제점을 비판받았고, 이후 심장병으로 사망하였다. 호요방은 1930년에 공산주의청년단에 가입하였고, 1933년에는 중국공산당에 가입하였으며 이후 항일전쟁에 참여하였다. 문화대혁명시기에 실각하였다가 4인방이 체포된 뒤에 다시 복권되었다. 1989년 4월 심장병으로 사망한 이후 학생과 지식인들은 호요방에 대한 재평가를 요구하는 시위를 벌였고, 이것이 천안문사건의 발단이 되었다.

호요방은 2005년 호금도에 의해 복권되었다. 증경홍 전 국가 부주석이 호 전 서기의 탄생 90주년이었던 2005년에 호요방을 추모하는 글을 쓰기도 했다. 그리고 2011년에는 호요방의 장남인 호덕평(胡德平)이 "중국은 왜 개혁해야 하나-부친 후야오방을 회상하며"라는 제목으로 책을 출간하였다.

2013년 1월 6일 절강성 대주(臺州) 앞바다에 있는 대진도(大陳島)에서 호요방 동상 제막식이 열렸다. 이곳은 호요방이 1956년 청년들과 함께 황무지를 개간하여 개발하였던 곳이다. 호요방처럼 실각한 정치지도자의 동상이 건립되는 것은 매우 이례적인데, 이는 시진핑 시대의 호요방 복권의 시작이라 할 수 있다.

2015년 11월 20일 호요방 탄생 100주년 기념식에서 시진핑을 비롯한 현직 상무위원 7명이 모두 참석하였다. 기념행사에서 시진핑은 "호요방 동지는 중국 개혁·개방에 위대한 공헌을 했다"며 "충성스러운 공산주의 전사이자 노동자 계급의 위대한 혁명가"라고 극찬하였다. 이로써, 호요방은 시진핑 시대에 들어와 완벽하게 복권이 되었다. 뿐만 아니라 TV드라마 '등소평'에서도 호요방이 등장하였다.

(5) 조자양(1919~2005)

하남성 출신은 조자양은 1987년에 총서기, 군사위원회 제 1부주석을 역임하였던 인물이다. 조자양은 1989년 6·4 천안문사건 당시, 등소평과 당 원로들의 강경진압책을 반대하다가 실각하였다. 조자양은 1932년 공산주의청년단에 가입하였고, 1938년에 중국공산당에 가입하였다. 1980년에는 국무원 총리를 역임하였다.

1989년 천안문사건이 발생하였을 때 학생과의 대화를 시도하였고, 당의 강경진압정책에 반대하다가 당원자격을 제외한 모든 직위를 박탈당하였고, 가택 연금되었다. 1996년부터 광동성과 사천성의 시찰이 허용되었고, 가택연금이 부분적으로 완화되었다. 조자양이 2005년 가택연금 상태에서 사망하기 전까지 천안문사건을 포함한 과거의 역사를 30개 분량의 테이프에 녹음하였다. "Prisoner of the State"라는 제목으로 2009년 5월 미국에 출간되었다. 한국에서는 "국가의 죄수"라는 이름으로 2010년에 출간되었다. 책에서 조자양은 "사실 가장 활기 있는 제도는 서구식 의회 민주주의다. 만약 우리가 이 목표를 향해 나아가지 않으면 중국 시장 경제의 비정상적인 상태를 해결할 수 없다. 중국 문제를 해결하기 위해선 민주주의를 향해 서서히, 끊임없이 나아가야 한다."고 주장했다.

3) 제3세대지도부: 강택민 시대

제3세대 지도부는 강택민을 핵심으로 하는 중앙집단지도체제라는 표현을 썼다. 제3세대 지도부는 1940년 이후 중국공산당에 가입하였고, 전문기술을 배우기 위해 러시아 등으로 유학을 갔다. '최고지도부 = 기술관료'라는 인식이 생겨난 것도 제3세 대지도부 때이며, 자연과학과 재정전공출신의 기술분야 고위관료의 비중이 50%가 넘었다. 대표적인 인물로는 강택민(江澤民), 교석(喬石), 주용기(朱鎔基),

이붕(李鵬), 이서환(李瑞環) 등이다.

(1) 강택민(1926~): 상해방

오늘날 상해방의 시작점이라 할 수 있는 강택민! '핵심'

강택민은 강소성 출신으로 제3세대 지도부의 대표적인 인물이다. 강택민지도부를 가리켜 '강택민 동지를 핵심으로 하는 당 중앙'이라고 불렸다.

'3개대표론'으로 유명한 강택민은 1946년에 중국공산당에 가입하였다. 강택민은 1989년 조자양이 물러난 뒤 총서기가 되어 천안문사건을 진압하는데 성공하였다. 강택민이 총서기가 된 이후 상해방이 정치권을 장악하였다. 강택민은 1989년 6월 제13차 4중전회에서 총서기 겸 중앙정치국 상무위원으로 선출되었고, 동년 11월 13차 5중전회에서 당 중앙군사위원회 주석이 되었다. 1990년 제7차 전인대 3차회의에서는 국가중앙군사위원회 주석이 되었다. 1992년 14차 1중전회에서 총서기가 되었고, 1993년 제8차 전인대 1차회의에서 국가 주석 및 국가중앙군사위원회 주석이 됨으로써, 당·정·군의 최고지도자가 되었다. 강택민은 1989년 6월 이후부터 2003년 3월까지 총서기·중앙정치국 상무위원·국가주석·당 국가 중앙군사위 주석을 지냈고, 2003년 10차 전인대를 계기로 당과 국가 중앙군사위원회 주석직만 유지하고 다른 직책에서 사임하였다. 2004년 9월에는 당 중앙군사위원회 주석직을 퇴임하였고, 동년 12월에 국가중앙군사위원회 주석에서 퇴임을 신청하였고, 2005년 전인대에서 퇴임 처리되었다. 강택민은 2004년까지 강력한 정치적 활동을 하여, 2004년까지를 강택민의 시대로 보기도 한다.

(2) 교석(1924~2015): 70세 은퇴

상해 출신인 교석은 1997년 등소평이 사망한 후 군사권을 전인대 상무위원회 위원장에 주어져야 한다는 발언을 하였다가 이후 정계에서 물러났다. 교석은 1940년 8월에 중국공산당에 입당하였다. 1986년 부총리에 취임하였고, 1987년 중국공산당

중앙정치국 상무위원회 위원·중앙서기처 제1서기·중앙기율검사위원회 서기·중앙정법위원회 서기가 되어 서열 제3위가 되었다. 1989년 6월, 총서기에서 해임된 조자양의 후계자로 물망에 오르기도 하였다.

1993년에는 전국인민대표대회 상무위원장에 임명되었고, 1998년에 정년인 70세를 넘었기 때문에 은퇴하였다고는 하지만, 실질적으로는 강택민과의 권력다툼으로 실각하였다고 전해진다. 교석은 등소평 사망 이후 군사권을 상무위원회 위원장에 주어져야 하다는 발언한 후 정계에서 물러났다.

(3) 이붕(1928~): 태자당

사천성 출신인 이붕은 보수파의 대표적인 인물로, 1988년 4월부터 1998년 3월까지 국무원 총리를 역임하였다. 이붕은 주은래의 양자로 알려진 태자당이다. 이붕은 1945년에 중국공산당에 입당하였다. 1948년부터 1955년까지 소련 모스크바 동력대학(動力學院) 수력발전학과에서 유학을 하였고, 유학생총회 주석을 역임하였다. 1988년 4월부터 1998년 3월까지 국무원 총리를 역임하였고, 1998년 3월에는 제9차 전인대 상무위원회 위원장이 되었다. 그리고 13차, 14차, 15차 중앙정치국 상무위원이었다. 1989년 6·4천안문 사건 때 강경진압을 강경하게 제안한 인물로 알려져 있다.

(4) 주용기(1928~)

호남성 출신인 주용기는 1998년 3월부터 2003년 3월까지 국무원 총리를 역임하였다. 주용기는 1949년 중국공산당에 입당하였으며, 1957년 대명대방운동 중 우파로 몰려 숙청당하였다. 1989년 6·4천안문사건으로 강택민이 총서기로 간 이후, 주용기는 상해시 위원회서기로 진급하였다.

1992년부터 1993년까지 중앙정치국 상무위원, 국무원 부총리 겸 국무원 경제무역 판공실 주임 당조(黨組) 서기를 역임하였다. 2002년 제16차 1중전회에서 중앙정치국 위원직에서 물러났으며, 2003년 제10차 전인대 1차회의에서는 국무원 총리 직에서 물러났다.

(5) 이서환(1934~): '7상8하'

중국인민정치협상회의의 주석을 역임한 이서환은 1934년 9월 천진에서 태어났 다. 1959년 9월에 중국공산당에 입당하였고, 1979년부터 중국공산주의청년단 중앙 위원회 서기, 중화전국청년연합회 부회장이 되었다. 1981년부터 중국공산당 천진 시위원회 상임위원회 위원, 천진 부시장으로 재직했다. 1993년 3월, 중국인민정치 협상회의 주석(1993~2003)으로 취임하였다.

이서환 정협주석은 당시 강택민에게 서슴지 않고 쓴 소리를 하던 인물이었다. 그래서 호금도 정부가 들어서는 제16대에서 통과된 중앙위원회 위원 명단에서 제 외됐다. 강택민이 이서환을 은퇴시켰는데, 그 이유가 이서환의 나이가 68세가 되어 은퇴를 해야 한다는 것이다. 이서환의 은퇴를 계기로 '7상8하'라는 규율이 생겨나 게 된다. 당시 "이 주석은 아직 68살이어서 70살이 되면 은퇴하는 지금까지의 불 문율에도 맞지 않다"며 "내부 권력 배분의 희생물"이라고 지적했다.

4) 제4세대 지도부: 호금도 시대

제4세대 지도부는 "호금도 동지를 총서기로 하는 당중앙"이라는 표현을 사용하 면서, 강택민 시기에 사용하던 '핵심'이라는 표현이 빠졌다. 제4세대 지도부의 출 범은 2002년 제16대 전국대표대회부터이다. 중앙위원회 위원들 중에는 석사와 박 사 학위를 지닌 사람들도 22%나 되었다. 그리고 오지 근무경험 등 다양한 경험을 갖고 있는 인물들도 많았다.

호금도는 총서기가 되었고, 2003년에 국가주석이 되었다. 그리고 온가보는 국무 원 총리가 되었는데, 호금도는 기존의 지도자처럼 강력한 지도력이 있었던 것은 아 니다. 그래서 '호-온 체제'가 성립되었다.

(1) 호금도(胡錦濤, 1942~)

"호금도 동지를 총서기로 하는 새로운 중앙 영도 집단" "호금도 동지를 총서기로 하는 당 중앙"이라 불린 호금도! 그러나 '핵심'이라는 용어가 거의 보이지 않다가, 2011년에 들어와서야 "호금도 동지를 핵심으로 하는 당의 제4세대 영도 집단"이라는 표현에서 '핵심'이라는 단어를 볼 수 있다.

상해 출신인 호금도는 2002년에 총서기, 2003년에는 국가주석, 2004년에는 당 중앙군사위원회 주석, 2005년에는 국가중앙군사위원회 주석이 되었다. 호금도는 청화대학 수리공정(水利工程)과를 졸업하였다. 1964년에 중국공산당에 가입한 호금도는 1982년부터 1985년까지 공산주의청년단 중앙서기처 서기를 역임하였고, 전국청년연맹 주석을 역임하였다. 1988년부터 1992년까지 티베트자치구 당위서기를 역임하였다.

호금도는 2012년 제18차 전국대표대회에서 총서기직과 당중앙군사위원회 주석직을 모두 시진핑에게 이양하였다. 그리고 2013년 3월 12기 전인대에서 국가주석에서 퇴임하였다. 이로써 호금도가 주도하는 제4세대지도부는 역사의 뒤안길로 물러났다.

(2) 온가보(溫家寶, 1942~)

천진 출신인 온가보는 2003년에 국무원 총리로 결정되었으며, '호-온 체제'를 유지했다. 호금도 국가주석 겸 총서기와 온가보 총리를 함께 지칭하는 용어인 '호-온 체제'에서 온가보의 정치적 위상을 알 수 있다. 2008년 사천 지진이 났을 때, 지진 현장에 직접 가서 이재민을 위로하는 등의 모습이 비친 이후 중국 국민으로부터 사랑을 한 몸에 받았다. 온가보는 1965년에 중국공산당에 입당하였다.

온가보는 1965년 북경지질대학 지질광산계열(지질측량 및 탐사 전공)을 졸업하였다. 1986년에 중앙판공청 주임을 역임하였고, 1992년에 중앙정치국 후보위원, 중앙서기처 서기가 되었고, 1998년에 국무원 부총리가 되었다.

(3) 오방국(吳邦國, 1941〜)

1941년 안휘성에서 태어난 오방국은 제16대 중국공산당 중앙정치국 상무위원이고, 제10기 전국인민대표대회 상무위원장이다. 1960년 청화대학 무선전자학과 진공트랜지스터 학부에 입학하였고, 1964년 4월에 중국공산당에 입당하였다. 졸업 후에는 국영기업인 상해전자관 제3공장 기술원에서 과장을, 1976년부터는 같은 공장의 당위원회 부서기 등을 맡았다. 그러다가 1983년 상해시 당위원회 상무위원, 1985년에는 상해시 당위원회 부서기, 1991년에는 상해시 서기가 되었다. 1992년에는 중국공산당 중앙정치국 위원이 되었고, 1995년에는 중국공산당 중앙서기처 서기와 국무원 부총리가 되었다. 2002년에 중국공산당 중앙정치국 상무위원, 전국인민대표대회 상무위원회 위원장이 되었다. 상무위원회 위원장은 중국 권력 2위에 해당되는데, 오방국 시기부터 2위 자리를 온가보 국무원 총리에게 넘겨주는 인상을 남겼다.

(4) 증경홍(曾慶紅, 1939〜): 살인청부업자

2003년 3월 15일부터 2008년 3월 15일까지 국가부주석을 지냈으며, 제16기 중국공산당 중앙정치국 상무위원을 지낸 증경홍은 강서성에서 태어났다. 아버지는 항일 전쟁에 가담한 홍군 간부인 증산(曾山)이고, 어머니는 장정에 참가한 등육금(鄧六金)이다. 부모님이 고위 당간부였기 때문에 증경홍은 태자당으로 불리기도 한다. 북경공업학원 자동제어계를 졸업한 증경홍은 자동제어전문의 엔지니어로서 정부기관에 근무하였고, 1960년 4월에 중국공산당에 입당하였다.

문혁기간에 하방을 당하기도 하였던 증경홍은 1986년 상해시 당위원회 부서기에 임명되었고, 이후 상해 시장이었던 강택민에게서 인정을 받았다. 강택민이 총서기가 된 이후 증경홍을 북경으로 불러 들였고, 당중앙위원회 판공실 부주임으로 임명되었다. 이후 증경홍은 강택민의 오른팔 역할을 하며 두각을 나타내었고, 1993년 당판공청 주임으로 취임하면서 당간부의 임명권을 장악하였다.

1993년 국가주석이던 양상곤을 끌어내리고, 강택민이 국가주석이 되는데 일조를 하였다. 또 북경시장 진희동(陳希同)을 실각시킴으로써, '살인 청부업자'라고 불린다. 그리고 강택민계열 상해방을 차례대로 승진을 시켰고, 자신도 고속승진을 하였다. 2003년 호금도가 국가주석이 될 때 증경홍은 상해방을 대표하여 부주석에 취임하였다. 2007년 10월 제17차 전국대표대회에서 상무위원이 되지 못하였고, 중앙정치국에서도 퇴출되었다.

(5) 이장춘(李長春, 1944~): 사상 디자이너

요녕성 대련에서 출생한 이장춘은 중국의 '사상 디자이너'라는 별칭을 갖고 있다. 이장춘은 1966년 하얼빈 공업대학 전기학부를 졸업하였다. 1965년에 중국공산당에 입당하였고, 1983년에 심양 당위원회 서기가 되었다. 1986년에는 요녕성 부성장이 되었고, 1990년에 하남성 부성장이 되었다. 1991년에 하남성 성장, 1993년에는 하남성의 당서기가 되었다. 하남성에 재직하는 동안 하남성의 경제발전을 일으키기도 하지만, 하남성의 에이즈 확산과 가짜상품 제조로 인해 비난을 받기도 하였다.

1998년부터 광동성 당위원회 서기로 취임하여 경제과열 현상을 보이던 광동성 경제를 안정시켰다. 2002년에 정치국 상무위원이 된 이후, 중앙정신문명건설위원회 주임이 되어 선전부문을 맡았다. 2011년 6월 14일 영하회족자치구 시찰에서 "중국특색의 사회주의 건설에 매진하려면 더 많은 인민에게 애국교육을 강화해야 한다."고 역설하기도 하였다. 한편, 2009년 한국을 방문하였을 때, 이장춘은 "한중 간 호혜협력을 심화하고 양자무역의 안정적인 발전을 확보하기 위해 양국의 기업과 기업인이 전략적 동반자 관계 수립에 노력하는 한편, 특히 청소년 사이의 교류를 촉진하자"고 제안하기도 하였다.

(6) 저우융캉(周永康, 1942~. 주영강): 석유방, 비서방

1942년 12월 강소성 무석(無錫)에서 태어났고, 1964년 11월에 중국공산당에 가입하였다. 1996년 9월, 북경의 석유학원을 졸업하고 석유관리국장 등을 역임했다. 1999년 사천성 당서기를 역임하였고, 2002년 중앙위정치국원, 국무원 공안부장, 중국공산당 중앙서기처서기에 임명되었었다.

2014년 12월 5일 뇌물수수 및 기밀유출 등의 혐의로 당적 박탈 후 체포되었다. 2015년 5월 22일, 천진시 제1중급 인민법원에서 비공개로 재판이 시작되었다. 6월 11일 법원은 뇌물수수죄로 무기징역을 선고하였고, 정치적 권리 종신 박탈 및 개인 재산 몰수 판결을 내렸다. 또 직권남용죄와 국가기밀 누설죄에 대해 각각 유기징역 7년과 4년을 선고했다.

저우융캉은 법륜공 탄압에 적극적으로 동조하여 강택민의 신임을 얻었다. 강택민은 호금도 국가주석을 견제하기 위해 저우융캉을 최고지도부에 배치하여 국가주석직에서 물러났음에도 불구하고 막강한 권력을 행사하였다.

5) 제5세대 지도부: 시진핑시대

제5세대 지도부는 문화대혁명 당시 하방(下放)을 경험한 인물들이 많고, 하위직급에서 차근차근 승진해 온 인물들이 많다. 그리고 제3세대지도부와 제4세대지도부와는 달리, 인문사회과학 전공 출신자들이 많다. 시진핑은 촌장·현장·시장·성장 등을 차례로 거쳐 상무위원에 올랐다.

(1) 시진핑(習近平, 1953~)

2012년에 "시진핑 동지를 총서기로 하는 당 중앙" 그리고 2016년에 들어오면서 "시진핑 총서기라는 이 핵심을 견결하게 보호하자" 혹은 "당 중앙 권위를 견결히 보호하고, 시진핑 총서기라는 이 핵심을 견결히 보호하자"라는 표현이 등장하면서

'핵심'이라는 용어가 시진핑과 병렬되어 나타나기 시작하였다. 시진핑을 '당의 영도 핵심'이라 하면서 시진핑의 권력이 한층더 강화되고 있음을 알 수 있다.

섬서성 출신인 시진핑은 상해방이지만, 습중훈(習仲勳, 시중쉰)의 아들로서 태자당으로 분류된다. 2012년 제18대에서 총서기와 당중앙군사위원회 주석이 되었고, 2013년 제12기 전인대에서 국가주석과 국가중앙군사위원회 주석이 되었다.

상해방과 청화방으로 분류될 수 있는 시진핑은 일반적으로는 태자당으로 분류된다. 그 이유는 아버지가 혁명원로인 습중훈이기 때문이다. 문화대혁명 시기에 아버지가 반혁명분자로 몰리게 되었을 때, 시진핑은 14살의 나이에 섬서성 연안(延安)으로 하방되었고, 이곳에서 8년간의 농촌생활을 하였다. 이러한 경험은 이후 태자당의 핵심인물임에도 불구하고 서민적인 면모를 풍긴다는 평을 받고 있다.

시진핑은 1974년에 공산당에 가입하는데, 이는 아버지가 복권되기 이전 시기이다. 청화(淸華)대를 졸업한 뒤, 시진핑은 국무원 판공청, 중앙군사위원회 판공실 등에서 일을 하였다. 국무원 경표(耿飇) 부총리의 비서로 정치 생활을 시작하였으며, 복건성(2000), 절강성(2002~2007), 상해시(2007) 당 서기를 지냈다. 특히 복건성과 절강성에서 당서기로 재직할 때 경제발전에 많은 공을 세워 정치적 입지를 강화하였다.

1987년 인민해방군 가무단 소속 민족성악 가수인 펑리위안(彭麗媛, 펭려원)과 재혼했다. 시진핑은 청화대학 인문사회학원 마르크스주의 이론과 정치사상을 전공했으며, 2002년에 법학박사를 취득하였다. 그러나 2013년 초 시진핑의 박사학위에 대한 문제가 제기되기도 하였다.

1982년 하북성 정정(正定)현 부서기를 시작으로 2007년 정치국 상무위원으로 오르기까지 25년간 복건성 성장, 절강성 성장 겸 서기, 상해 서기를 지내는 등 지방을 돌며 근무를 하였다. 특히 복건성 성장으로 재직할 당시에는 외자기업을 유치하기 위한 광고를 직접 찍기도 하였는데, 당시 KBS에서 촬영할 때 직접 출연하기도 하였다. 여러 지역의 성장과 서기를 역임하면서 개혁개방을 적극적으로 추진하는 등 업무 능력을 발휘하였고, 부패 척결 의지를 보여 왔다. 2007년 제17차 1중전회에서 서열 6위로 상무위원에 올랐고. 2010년 제17차 5중전회에서는 당 중앙군사위원회 부주석으로 선출되었다.

시진핑 직위	
당총서기 당 중앙군사위원회 주석, 국가중앙군사위원회 주석 국가주석 국가안전위원회 주석 중앙군사위 연합지휘중심 총지휘	중앙전면심화개혁영도소조 조장 중앙인터넷안전정보화영도소조 조장 심화국방군대개혁영도소조 조장 중앙재경영도소조 조장 중앙외사영도소조 조장 중앙대만공작영도소조 조장

(2) 리커창(李克强, 1955~, 이극강)

제18차 전국대표대회에서 차기 총리로 선출되었던 리커창은 2012년 제18차 1중전회에서 공식적으로 총리로 결정되었다. 호금도의 후계자로서 차기 총서기가 유력하였던 리커창은 다년간 계파간의 세력 다툼에서 밀려나 총서기가 아닌 총리로 결정되었다. 리커창은 상무위원 7인 중 공청단으로 분류되는 유일한 인물이다.

리커창은 안휘성 정원(定遠)현 구재(九梓)향에서 출생하였고, 아버지는 안휘성 봉양(鳳陽)현 현장을 지냈던 이봉삼(李奉三, 리펑싼)이다. 1974년 19세 때 리커창은 모택동의 "지식청년은 농촌으로 가 배우라"는 '상산하향(上山下鄉)' 운동에 참가하였고, 이후 봉양현 대묘공사(大廟公社) 동릉(東陵)대대 생산대로 가서 3년간 농민생활을 했다.

문화대혁명 이후, 대학입시가 부활하자 공농병(工農兵·노동자, 농민, 군인) 안배로 북경대학교 법학과에 입학했다. 1983년 공청단 중앙서기처 서기였던 호금도를 만나게 되면서 급성장했다.

사람들은 리커창을 '원칙주의자'라고 부르는데, 그 이유는 북경대 학생회장 때 "천리(天理)와 양심을 최우선 가치로 내세우고 실천해왔다"는 삶의 철학에서 비롯된다. 43세에 하남성 대리 성장 겸 부서기로 임명된 리커창은 이듬해 최연소 성장이 되었다. 2004년에는 요녕성 서기가 되었고, 2007년 제17차 당 대회 직후 중앙정치국 상무위원회에 진입하였고, 상무부총리를 맡았다. 2013년 3월 12기 전인대에서 공식적으로 국무원 총리가 되었다.

한편, 호금도의 후계자로 여겨졌던 리커창이 낙마를 하게 된 데에는 진량우(陳良

宇, 천량위) 사건과 밀접한 관련이 있다. 2007년 3월 진량우가 직권남용과 부패 등으로 해임당하면서 상해시 서기를 추천해야 하였다. 이 때 호금도는 강소성 서기인 리위안차오를 보내려 했지만 나이가 어리다(당시 56세)는 이유로 거절당했다. 이어 당 중앙통일전선부장인 류옌둥(劉延東, 류연동)을 추천하였으나 거절당했다. 마지막으로 요녕성 서기인 리커창을 추천하였으나 하남성 매혈에 따른 에이즈 사건이 약점이 되었고, 리커창이 상해시 서기가 되면 공청단의 세력이 강해지기 때문에 상해방은 이를 거절했다.

(3) 리위안차오((李源潮, 1950~, 이원조)

국가부주석인 리위안차오는 호금도 전 국가주석의 '복심' 가운데 한 명으로 불렸다. 그럼에도 불구하고 제18차 전국대표대회에서 상무위원이 되지 못하였지만, 2013년 제12기 전인대에서 국가부주석이 되면서 여덟 번째 상무위원이라 불리게 되었다. 리위안차오는 1950년 강소성 상쥬(常州)에서 원로 당원이자 상해시 부시장을 지낸 이간성(李幹成)의 아들로 태어났다. 세 살이 되던 해에 아버지가 상해시 시정건설위원회(市政建設委員會) 부주임으로 자리를 옮김에 따라 전 가족이 상해로 이사를 갔다. 출신만으로 보면 리위안차오는 태자당에 속한다. 그리고 상해에 근무를 한 관계로 상해방 주요 인물과도 원만한 관계를 유지하고 있다.

리위안차오는 문화대혁명 때 부친이 반동으로 몰려 실각하였고, 이로 인해 1968년부터 5년간 강소성 시골 농장에 하방되어 농장원으로 일하였다. 리위안차오는 28세 때 상해 복단(復旦)대학교 수학과에 입학하였다. 이때부터 공청단 업무를 시작하였고, 이후 복단대학교 공청단 부서기, 상해시 공청단 부서기를 거쳤다. 1983년에는 33살의 젊은 나이로 공청단 중앙서기처 서기로 발탁되었다. 2002년 제16차 당 대회에서 호금도가 총서기로 되었을 때, 리위안차오는 공청단파의 핵심 일원으로서 재기하였다. 이후 2002년 강소성 서기로 승진하였고, 2007년에는 중앙위원을 거치지 않고 단번에 정치국원이 되었으며 당 조직부장에 올랐다.

(4) 왕양(汪洋, 1955~)

2013년 제12기 전인대에서 국무원 부총리가 된 왕양은 '행복광동', '광동모델'로 유명하다. 공청단 계열인 왕양은 중경시 당 서기를 거쳐, 광동성 서기를 지냈다. 1955년 강소성 소주(蘇州)에서 가난한 노동자의 아들로 태어난 왕양은 해협양안관계협회 회장을 지낸 왕도함(汪道涵, 왕다오한)이 그의 숙부이다. 그는 아버지가 일찍 여의었는데, 17살에 고등학교를 중퇴하고 식품공장에 취업했다.

1975년 중국공산당에 입당하였고, 1979년에는 중앙당교에 입학하였다. 1981년에는 공청단 안휘성 당위원회 부서기를 시작으로 선전부장을 역임하였다. 1983년에는 공청단 성위원회 부서기를 역임하였다. 1993년에는 최연소로 안휘성 부성장이 되었다. 1999년 국가발전계획위원회 부주임을 역임하였고, 2003년에는 국무원 부비서장이 되었고, 국무원 판공청의 일상업무를 담당했다. 아울러 국가기관 당조 부서기, 국무원 삼협공정건설위원회 위원 등을 겸임했다.

2005년 중경시 서기, 2007년 광동성 서기를 역임했다. 광동성 서기를 재임할 때, 주민들의 삶의 질을 향상시키는 '행복한 광동'이라는 경제모델을 제시했다. 2007년 제17차 1중전회에서 정치국원이 되었다. 왕양은 '등롱환조(騰籠換鳥, 새장을 비워 새를 바꾸자)'를 주장하면서, 쇠퇴 산업을 성 밖으로 퇴출하여 질 높은 성장을 추구하는 노선으로 전환하자고 하였다. 2009년에는 진소기(陳紹基) 광동성 정협 주석과 허종형(許宗衡) 심수 시장 등 고위관료들의 부정부패를 단속하였다. 2011년 중국공산당 창당 90주년을 앞두고 왕양은 "공산당은 업적을 찬양하기 위해 노래를 부르기 보다는 잠재적인 위기에 대해 관심을 기울여야 한다. 왜냐하면 그렇게 하는 것이 공산당의 장기적인 집권에 유리하기 때문이다"고 말했다.

6) 제6세대 지도부

(1) 후춘화(胡春華, 1963~, 호춘화)

후춘화 내몽고자치구 당서기는 중국공산당 정치국 최연소 지도자 중 한 명이다. 그는 또한 호금도 전 국가주석의 강력한 지원을 입고 있어 '리틀 후'라고도 불린다. 후춘화는 시진핑 이후 차기 지도자로 부상하고 있다. 1963년 하북성 오봉(五峰)의 가난한 산간 마을에서 태어난 후춘화는 티베트인인 아내 사이에 딸 하나를 두고 있다. 1983년 북경대 중문학과를 졸업하고 중국공산당 내몽고자치구 위원회에서 일반 당원으로 사회활동을 시작했다. 티베트청년보 기자, 티베트호텔 관리인을 거쳐 1987년 공청단에 가입하면서 정치활동을 시작했고 1992년 내몽고자치구 공청단 제1서기를 역임했다.

내몽고자치구 당서기(1988~1992)로 있던 호금도는 후춘화를 자주 불러 친분을 쌓고 정치적 후견인이 되었다. 후춘화는 '호금도의 복사판'으로 인정받고 있다. 둘 다 가난한 집안 출신으로 대학시절 학생회장을 지냈고, 공청단에서 정치활동을 시작했고, 내몽고자치구와 같이 험난한 환경에서 탁월한 지도력을 보냈으며 젊은 나이에 지방 당서기를 지냈고, 조용한 성품 등 공통점이 많다는 것이다. 23년 동안 내몽고지역에서 일을 하던 후춘화는 2008년 하북성 부서기, 하북성 성장을 거친 뒤 2009년 내몽고자치구 당서기로 임명됐다.

(2) 순정차이(孫政才, 1963~, 손정재)

순정차이는 1963년 9월, 산동성 영성(榮成)현에서 태어났다. 1984년 산동성 래양농학원(萊陽農學院)을 졸업하였으며, 1997년에는 중국농업대학농학(中國農業大學農學)에서 농학박사학위를 취득한 농업전문가이다. 1988년 중국공산당에 가입한 순정차이는 시진핑과 리커창 체제 이후 중국을 이끌 제6세대 지도자 후보 중 한 명이다. 시진핑이 순정차이를 지지하고 있는 것으로 알려져 있고, 강택민과 증경홍 계열이다. 현재는 중앙정치국 위원이고 중경시 서기이다. 1987년부터 1993년까지 북경시 농림과학원작물소(農林科學院作物所) 옥수수연구실 부주임을 역임했다. 1993년부터 1994년까지 북경시 농림과학원토비소(農林科學院土肥所) 소장을 역임하였고, 당 지부 서기를 지냈다.

2006년부터 2009년까지 농업부부장과 당조 서기를 지냈고, 2009년부터 2010년까지는 길림성 서기를 지냈다. 그리고 2012년까지는 길림성 서기와 성인대 상무위원회 주임을 지냈다. 2012년 제18대 전국대표대회에서 중앙정치국 위원으로 선출되었고, 중경시위 서기를 겸직하게 되었다. 2013년 1월까지 길림성위 상무위원회 주임을 역임하였다.

(3) 저우창(周强, 1960~, 주강)

호북성 황매(黃梅)현에서 태어난 저우창은 1978년 8월 중국공산당에 가입하였다. 서남정법대학원에서 민법 전공 석사학위를 취득한 저우창은 중국공산당 제18대 중앙위원으로 선출되었고, 2013년 전인대에서 최고인민법원장, 당조(黨組) 서기, 호남성 인민대표대회 상무위원회 주임에 선출되었다.

2006년 9월부터 12월까지 호남성위 부서기, 성인민정부부성장, 대리성장, 공청단 중앙서기처 제1서기를 지냈다. 2006년 12월부터 2007년 2월까지 중공 호남성 부서기, 부성장, 대리성장을 지냈다. 2007년부터 2010년까지 호남성 부서기, 성장을 지냈고, 2010년부터 2013년까지 호남성 서기, 성 인대 상무위원회 주임을 지냈다. 2013년 제12기 전인대에서 최고인민법원장에 임명되었다.

2. 주요 계파

1) 문혁파(文革派)와 주자파(走資派)

문혁파는 모택동의 아내 강청(江靑)을 중심으로 문화대혁명 기간에 대두하여 지도적 지위에 오른 세력이다. 보통은 모택동에게 충성을 맹세하고 모사상을 실천하려를 모든 정치인을 가리키기도 한다. 대표적인 인물은 4인방이다. 즉, 강청, 왕홍문(王洪文), 요문원(姚文元), 장춘교(張春橋)이다.

문혁파와 대립되는 세력을 실권파(實權派)라고 한다. 일반적으로는 주자파로 알려져 있다. 주자파는 경제부흥을 위해 자본주의 정책을 수용하려고 했다. 문화대혁명시기에 문혁파에 의해 실권파로 지목되어 실각하였다. 대표적인 인물인 유소기와 등소평, 이선념 등이다.

2) 범시파(凡是派)와 실무파

모택동 사망이후 화국봉의 범시파와 등소평을 중심으로 한 실무파 간의 '진리표준'에 관한 논쟁이 발생했다. 주요 쟁점은 "무엇이 진리표준인가"하는 것이었다. 이 논쟁은 1978년 5월 11일, 남경대학 호복명(胡福明) 교수의 ≪실천은 진리를 검증하는 유일한 표준이다(實踐是檢驗真理的唯一標準)≫라는 글이 ≪광명일보≫에 '특약평론원'이라는 이름으로 발표되면서부터 표면화되었다. 이 글은 당시 최고권력자였던 화국봉의 '양개범시'와 정면으로 대치되었다.

'범파(凡派)'라고도 불리는 범시파는 모택동의 정책과 지시를 절대시하는 '양개범시(兩個凡是)'를 제기하고 이를 관철시키려 하였다. 범시파의 대표적 인물은 화국봉을 비롯하여 왕동흥(汪東興), 기등규(紀登奎), 오덕(吳德), 진양련(陳陽聯) 등이다. 왕동흥 등 3명은 1980년 제11차 5중전회에서 해임당했고, 화국봉은 1981년 11차 6중전회에서 당주석직에서 물러났다.

반면, 1978년 등소평을 중심으로 한 실용주의 노선의 실무파(실천파)는 진리 기준 논쟁을 통해 범시파를 비판하였다. 실무파는 옳고 그름을 판단하는 표준과 진리를 판단하는 표준은 '실천'이지 '양개범시'가 아니라고 하면서 범시파를 공격하였다. '실천'은 실사구시 사상으로서 이후 중국이 개혁개방을 전개해 나가는데 중요한 사상적 기초가 되었다. 범시파의 사상해방 논쟁에서 승리한 실무파는 정치주도권을 잡았고, 1978년 12월 제11차 3중전회에서 개혁개방을 이끌었다. 대표적인 인물로는 등소평, 섭검영, 호요방, 조자양 등이다.

3) 보수파와 개혁파

보수파와 개혁파는 정치영역과 경제영역을 구분하여 접근해야 한다. 개혁개방정책을 천명한 이후, 개혁정책을 둘러싸고 실무파 세력 내에 분화가 발생한다. 진운을 중심으로 한 보수파와 등소평 등을 중심으로 한 개혁파로 나뉘어진다. 보수파는 시장경제체제를 도입하면 중국이 위험에 처할 수 있다는 주장이고, 개혁파는 시장경제를 도입하여 경제발전을 도모하자는 것이다. 정치면에서는 등소평과 진운은 보수파에 속하고, 호요방과 조자양은 개혁파에 속한다. 경제면에서는 진운은 보수파에 속하고, 등소평은 개혁파에 속한다. 그래서 등소평 시기의 보수파와 개혁파는 정치와 경제를 구분하여 접근해야 한다. 좀더 쉽게 설명하면 넓은 의미에서는 개혁파인데, 보수파는 경제개방보다는 사상면을 좀더 강조하고, 개혁파는 경제개방을 좀더 우선시하면서 사상면에서도 열린 사고를 보여 준다. 보수파에는 요의림과 이붕이 대표적인 인물이다. 개혁파의 대표적인 인물로는 호요방과 조자양 등이다.

4) 6·4천안문사건 이후의 계파

1997년 최고지도자 등소평이 사망한 이후 중국공산당 내에는 지역과 출신 등에 따라 상해방과 태자당, 공청단파 등 3개 계파가 형성됐다. 강택민의 상해방과 태자당 연합세력을 '강파(江派)', 공청단파를 '호파(胡派)'라고 부르기도 한다.

(1) 상해방

1989년 6·4천안문사건 직후, 상해시 서기에서 당 총서기가 된 강택민은 당·정·군의 주요 요직에 상해 연고 인사들을 대거 배치하면서 권력기반을 다졌다. 이들이 상해방이다.

상해방은 호금도 주석이 집권한 2002년에도 상무위원회를 압도했다. 9명의 상무위원 중 호금도 주석과 온가보 총리를 제외한 7명이 강택민 계열이었다. 그러나 2006년 잇단 부패 추문으로 큰 타격을 입었다. 가경림(賈慶林) 정협 주석은 북건성의 대형 밀수사건에 연루된 사실이 드러났고, 진량우(陳良宇) 상해시 당서기는 사회보장 기금 유용 혐의로 낙마했다.

(2) 공청단

공청단은 2000년 이후 호금도 국가주석과 함께 정치적으로 성장하면서 그 전까지 정·관·재계를 주름잡았던 상해방의 견제 세력으로 등장한 계파다. 공청단은 태자당과 상해방보다 평등, 분배와 조화, 사회통합과 농민, 농민공 문제를 강조하는 것으로 알려져 있다. 호금도는 공산주의청년단(공청단)을 권력기반으로 삼아 자기 세력을 확대하였다. 호금도는 공청단 출신으로 태자당을 견제하는 한편 공존을 모색했다.

공청단파의 기원은 개혁파의 대부로 꼽히는 호요방(胡耀邦) 전 총서기이다. 호금도 국가주석은 호요방 전 총서기의 추천으로 중앙 무대에 데뷔했고, 등소평에 의해 강택민 전 국가주석의 후계자로 지명됐다.

공청단파는 호금도 집권기에 빠르게 성장해 중앙과 지방의 요직에 대거 진출했다. 호금도는 2006년 자신의 권위에 도전한 상해방의 황태자 진량우(천량위)를 낙마시키며 공청단파의 입지를 넓혔다.

공청단파 인사들은 출신 가정은 평범하지만 명문대를 나온 고학력자가 많다. 공청단 고위간부로 발탁돼 철저한 경력 관리 속에 성장한 공통점이 있다. 정치적으로는 개혁적인 성향의 인사가 많다.

(3) 태자당

태자당을 '현대판 붉은 귀족'으로 부르기도 한다. 태자당은 신(新)중국을 건설한 창업공신들의 자손들을 일컫는다. 이들은 당·정·군의 요직은 물론 경제·문화·

교육 분야에서도 약진하고 있다. 부모의 후광에다 종횡으로 얽힌 중국식 관계(關係, 관씨) 문화를 업고서다. 강택민 전 국가주석은 2007년 17차 당대회를 앞두고 상해방의 대안으로 태자당을 밀었다.

태자당 막후 실세로, 친분이 두터운 증경홍 전 국가부주석과 손을 잡고 시진핑 국가부주석을 차기 지도자로 만든 것이다. 태자당이 정파로서 기반을 잡은 것은 바로 이 시점이다. 태자당은 요즘 기업이나 학계·금융계로도 활발하게 진출하고 있다. 강택민 전 주석의 아들 강면항(江綿恒, 장몐헝) 중국과학원 부원장, 주용기 전 총리의 아들 주운래(朱雲來) 중국 국제금융공사 총재 등이 대표적 사례다.

캐나다 알버트대학 중국연구소장인 양대리(楊大利)는 "요즘은 누가 태자당이라고 정의를 내리기 힘들다. 5년 전만해도 '모택동 시대에 신중국 건설에 참여했던 혁명세대 고위간부의 자녀그룹'을 가리켰다. 이들은 주로 공산당과 군부에 많다. 하지만 요즘엔 가족 배경이 없어도 출세한 사람이 많다. 태자당의 영향력에 대한 평가도 달라졌다. 예전엔 개인의 영향력이 중요했지만 집단지도체제가 강해지면서 개인보다 그룹이 중요해졌다."고 하였다.

시카고대학 교수인 강문연(姜聞然)은 "태자당은 '영향력 있는 인물들의 자손'인데, 그렇게 보면 태자당은 어느 나라에나 다 있는 것이다. 일본 총리의 경우 아버지·할아버지가 고위 정치인이었던 자제가 많다. 중국 태자당의 특징이라면 그 관계가 정치적인 영역에서 경제적인 분야로 확대돼 주목받는 점이다. 외국 전문가들이 중국을 분석할 때 태자당이란 하나의 카테고리에 집착하지 않는 게 좋겠다. 시진핑과 보시라이는 같은 태자당이지만 경쟁관계일 수도 있다."고 하였다.

(4) 섬서방(陝西幫)

강택민 시대의 상해방이 중국 정계를 주도하였다면, 시진핑 시대에는 섬서성과 인연이 있는 섬서방이 당·정·군의 핵심을 장악하고 있다. 섬서는 시진핑 국가주석 부친인 습중훈(習仲勳, 시중쉰) 전 부총리의 고향이자, 시진핑이 7년간 하방(下放) 생활을 했던 곳이다.

왕치산(王岐山, 왕기산) 중앙기율검사위원회 서기는 섬서성 연안(延安)현에 하방
됐다. 대학(서북대)까지 다니며 섬서에서만 10년을 살았다. 현재 중앙기율검사위원
회 서기를 맡아 '반부패 전쟁'을 진두지휘하고 있다.

그밖에, 전인대 부위원장인 리젠궈(李建國, 이건국), 중국공산당 조직·인사를
총괄하는 자오러지(趙樂際, 조락제), '시진핑 비서실장'으로 통하는 중앙판공청 주
임 리잔수(栗戰書, 율전서), 국방부장 창완취안(常萬全, 상만전)이 대표적인 '섬서
방'이다.

(5) 비서방(秘書幇)과 석유방

비서방과 석유방은 시진핑 시대에 들어와 부정부패 척결을 하는 과정에서 많이
등장하였다. 상해방이나 공청단 처럼 특별하게 정치적 계파를 형성하지는 못하였
다. 비서방은 고위간부 비서출신의 세력을 가리키기고 석유방은 중국석유천연가스
집단(중국석유)의 고위간부출신 세력을 가리킨다.

비서방으로 분류되는 대표적인 인물로는 링지화(令計劃, 1956~, 영계획)와 왕
후닝(王滬寧, 1955~, 왕호녕), 천스쥐(陳世炬, 진세거), 저우번순(周本順, 주본순)
이다. 이 중 통일전선공작부장을 지낸 링지화와 저우융캉 비서출신인 저우번순은
시진핑 시대에 들어와 부정부패 혐의로 낙마하였다. 2015년 7월 링지화는 부정부
패로 인해 중국지도부로부터 공직과 당적을 모두 박탈당하는 '쌍개'(雙開) 처분을
받았다. 링지화는 중국공산당 중앙서기처 서기 겸 중앙판공청 주임이 지낸 인물로
호금도 국가주석의 참모장이라 불린다. 링지화는 호금도 국가주석을 15년 이상 보
좌하였다. 한편, 천스쥐는 당 총서기 판공실 주임 겸 국가주석 판공청 주임을 지냈
던 인물로 호금도 국가주석을 25년 이상을 수행비서처럼 보좌했다.

왕후닝은 중앙서기처 서기 겸 중앙정책연구실 주임을 지낸 인물로 '중남해의 제
1브레인' '현대판 제갈공명' '살아있는 제갈량' '은둔의 책사' 등으로 불린다. 왕후
닝은 강택민의 3개대표론과 호금도의 과학발전관을 만드는데 주된 역할을 한 인물
이다. 게다가 시진핑 시대의 '중국의 꿈'을 설계자로 알려져 있고, 시진핑 정부가

제시한 미중관계 청사진인 '신(新)대국관계'라는 개념에도 관여한 것으로 전해진다. 2015년 일대일로(一帶一路) 건설업무(공작)지도소조의 수석부조장을 맡았다. 왕후닝은 원래 증경홍의 '지낭'(智囊, 책사)이었다가 강택민과 호금도를 보좌하였다. 왕후닝은 한때는 증경홍, 류길(劉吉, 류지) 사회과학원 부원장, 등문생(騰文生, 텅원성) 당 중앙정책연구실 주임 겸 당 중앙위원과 함께 '강택민의 4인방' 혹은 '新상해 4인방'이라 불렸다.

석유방의 대표적인 인물로는 중국공산당 중앙정치국 상무위원 겸 정법위원회 서기를 역임하였던 저우융캉(周永康)이다. 시진핑의 부정부패척결 때 낙마하였다. 저우융캉은 2014년 12월 5일 뇌물수수 및 기밀유출 등의 혐의로 당적박탈 후 체포되었다. 2015년 4월 천진시 인민검찰원 제1분원이 천진시 제1중급인민법원에 저우융캉에 대한 공소장을 제출했다. 2015년 5월 22일, 비공개 재판을 시작하였고, 6월 11일 법원은 3대혐의를 적용하여 법원은 저우융캉에게 무기징역 집행을 결정하고 정치적 권리를 종신 박탈과 개인의 재산몰수를 선고하였다.

2016년 2월 중국공산당 중앙기율검사위원회 기관지 중국기검감찰보(中國紀檢監察報)는 "당내 자체 파벌을 형성하는 이들을 지속적으로 경계하고 발견해 적기에 처벌해야 한다"고 강조했다.

제7장

중국의
주요 정치 사상과 이론

	모택동	등소평	강택민	호금도
사상이념	마오사상	중국특색의 사회주의	3개대표론	과학발전관
주요 내용	농민을 혁명주도세력으로 인정. 농촌을 근거지로 한 혁명전쟁완수	실사구시를 바탕으로 중국특색의 사회주의 건설	선진생산력(민간기업가) 선진문화(지식인) 광대한 인민의 근본이익 대표	맹목적 발전이 아닌 지속가능한 발전
채택시점	1945.7전대	1997.15전대	2002.16전대	2007.17전대

세대별 주요 사상과 이론

모택동(1세대)
모사상(1945)
마르크스레닌주의를 중국의 현실에 맞게 창조적으로 계승발전시킨 독자적인 혁명사상

등소평(2세대)
등소평이론(1997)
실용주의적 개혁개방노선

강택민(3세대)
3개대표론(2002)
공산당이 선진생산력(자본가), 선진문화(지식인), 광대한 인민(노동자, 농민)의 근본이익을 대표한다는 이론

호금도(후진타오, 4세대)
과학발전관(2007)
맹목적 성장에서 벗어나 균형발전과 지속가능한 발전을 통해 조화사회건설추구

습근평(시진핑, 5세대)
4개 전면(전면적 개혁과 법치)
전면적소강사회, 전면적 개혁심화, 전면적 의법치국, 전면적 중엄치당
(중화민족의 위대한 부흥, 중국몽)

현대중국정치를 이해하기 위해서 선행해야 할 몇 가지가 있는데, 그 중에서 중요한 부분을 차지하는 것은 주요 지도자의 사상과 이론 및 어록이다. 이미 중국공산당 당장에서도 접했듯이, 제1세대 인물인 모택동을 시작으로 하여, 제 5세대 인물인 시진핑에 이르기까지 현대중국을 이해하는 중요한 모티브라 할 수 있다.

1. 모택동사상(마오이즘, 毛사상)

1) 모사상이란?

毛사상이라는 용어는 1945년 제7차 전국대표대회에서 처음으로 사용하였다. 1976년 모택동 사후에는 非모택동화가 추진되어 의미는 퇴색하였으나 1989년 이후 중국공산당 지도부에서 다시 모택동사상을 강조하였다. 2012년 여름에는 가을에 개최될 제18차 전국대표대회 때 당장에서 모사상에 대한 내용이 삭제될 것이라는 전망이 나오기는 하였으나, 삭제되지 않았다.

毛사상이란 마르크스·레닌주의의 기본원리에 입각하여 장기간에 걸친 중국 혁명의 실천에서 얻은 일련의 독창적 경험을 이론적으로 체계화한 중국의 실정에 가장 적합한 지도사상이며 중국체제 이데올로기의 기저이다. 毛개인의 사상이 아니라 모택동을 대표로 한 중국 공산당 당원들의 중국 국정에 가장 적합한 사상을 일컫는다. 주요 내용으로는 신민주주의 혁명이론, 사회주의 혁명과 사회건설에 대한 이론, 혁명군대의 건설과 군사전략에 관한 이론, 정책과 책략에 관한 이론, 사상·정치·문화·공작에 관한 이론, 당의 건설에 관한 이론, 실사구시, 군중노선에 관한 이론이 있다.

먼저, 신민주주의 혁명이론은 혁명의 주도권을 무산계급에게 주어야 한다는 것이다. 신민주주의 혁명(1921~1949)은 무산계급의 혁명이론으로 반제국주의, 반봉건주의, 반관료주의적을 성격을 갖고 있고, 목적은 독립된 신민주주의공화국 건립이다. 먼저 신민주주의 혁명을 통해 중국을 독립된 민주주의 사회로 건설하고, 그 다음에 사회주의 혁명을 통해 사회주의 국가를 건설하는 것이다. 다음은 사회주의 혁명과 사회건설에 대한 이론으로, 자본주의적 개인소유를 완전하게 소멸하기 위해서는 농업·수공업의 사회주의적 개조, 즉 합작화와 집체화를 주장하였다. 또 민족자산계급들이 소유하고 있던 공업·상업의 사회주의적 개조를 주장함으로써 노동자 계급의 모순을 해결하고 평화적 해결방안을 시도하고자 하였다. 사회주의 혁명기간은 1949∼1956년이다. 셋째는 혁명군대의 건설과 군사전략에 관한 이론으로, 혁명군대 건설의 원칙은 당의 군에 대한 지배이다. 혁명군대의 정치공작원칙을 관병일치·군민일치·적군의 와해이며 군사전략에 관한 이론은 적극방어의 전략원칙·운동전·유격전·섬멸전 등이다. 넷째는 정책과 책략에 관한 이론으로, 1974년 제 3세계론(1세계인 미국·소련, 2세계인 기타 선진국가, 3세계인 아시아·아프리카 등)에서 2·3세계가 힘을 합쳐서 1세계를 무찔러야 한다고 하였다. 다섯째는 사상·정치·문화·공작에 관한 이론으로, 이론과 실천의 결합을 중시한 것으로 고도의 사회주의 정신문명 건설을 주장하였다. 여섯째는 당의 건설에 관한 이론으로 소련 코민테른의 영향을 받아 노동자 계급을 선봉으로 하여 중국공산당을 건설하자는 것이다. 당건설의 기본원칙은 민주집중제이고, 당의 간부정책으로 간부는 덕재겸비해야 한다는 것이다. 일곱째는 실사구시, 군중노선에 관한 이론으로, 실사구시는 모든 것을 실존하는 사물에서 출발하고 이론을 통해 적용해야 한다는 것이다. 군중노선은 주관주의·관료주의와는 반대로 군중의 관점에서 군중노선이 나타나고 공산당영도의 방법이 나오는 것이다.

2) 잡초론(雜草論)

등소평의 '묘론(猫論)'과는 상반되는 사고방식으로 문화대혁명 시기에 크게 유행하였다. 의미는 "사회주의의 잡초를 심을지언정 자본주의 싹을 키워서는 안된다.(寧要社會主義的草, 不要資本主義的苗)"라는 것이다. 주요 내용으로는 어떤 일에서나 경제발전과 무관하게 모택동과 같은 최고 권력자가 결정한 가치판단 기준에 따라 어떤 정책이나 방식이 지닌 '사회주의'와 '자본주의'의 색깔 여부를 판단하고 실행여부를 결정한다는 것이다. 만약 자본주의적 색깔을 가진 정책이라고 판단되면 경제발전에 아무리 유리해도 반대해야 한다는 것이다. 그리고 사회주의적 색깔을 지닌 정책이라고 판단될 경우엔 경제발전에 아무리 손해를 주더라도 무조건 실시해야 한다는 것이다.

3) 모순론(矛盾論)

모택동은 "모순이 없다면 세계도 없다"와 "단결을 위해서 출발하여 비판, 투쟁을 통해서 모순을 해결한다"고 하였다. 모택동은 모순론에서 모순을 극단적으로 확대하고 절대화하였다. 마르크스 이론을 고수하여 사회의 모든 모순은 사회집단 간의 계급투쟁으로 보았다.

1957년에 두 가지 유형의 모순이 있는데, 하나는 아(我)와 적(敵)간의 적대적 모순이 있고, 다른 하나는 농민과 노동자 간의 또는 간부와 군중간의 비적대적 모순이 있다는 것이다.

적대적 모순을 해결하기 위해선 프롤레타리아의 독재를 통해서 사회 내 반동적 요소를 진압해야 하고, 비적대적 모순을 해결하기 위해서는 인민들의 의식수준을 높여야 하고, 잘못된 사고와 행위를 바로잡아야 한다고 하였다. 중국내 비적대적 모순에 대해서 모택동은 중공업과 농업, 중앙과 지방, 도시와 농촌, 소수민족과 한족 등으로 분류하였다

4) 실천론(實踐論)

모택동은 마르크스주의가 중국이 목전(目前)에 처한 문제를 해결할 수 있는 대책을 찾아내기 위해서는 중국의 역사적 경험과 특성을 고려해야 한다고 하였다. 모택동은 마르크스레닌주의 말들을 공부하는 게 아니라 그들의 관점을 연구하고 문제를 찾아 해결하는 방식으로 접근해야 한다고 하였다. 이는 이론이 중요한 사상을 내포하더라도 실천을 내포하지 않는다면 가치가 없다는 것이다.

2. 화국봉(1921~2007)의 양개범시

'양개범시'는 1977년 2월 7일 ≪인민일보≫, 잡지 ≪홍기≫, ≪해방군보(解放軍報)≫의 사설 '學好文件抓住綱(문헌을 잘 학습하여 기본 고리를 틀어쥐자)'에서 구체화되었다. 화국봉은 "모 주석이 결정한 정책은 우리 모두 결연히 옹호해야 한다. 모 주석의 지시는 우리 모두 시종일관 변함없이 따라야 한다."고 주장하였다. 1977년 4월 10일 당 중앙에 보낸 편지에서 화국봉의 주장을 '양개범시'라고 비판하였고, 화국봉은 1978년 12월에 개최된 제11차 3중전회에서 '범시파'라는 비판을 받고 실각하였다.

3. 등소평이론 : 1997년 당장에 삽입

등소평이론이란 1978년 제11차 3중전회 이후 '사상해방'과 '실사구시'라는 두 가지 틀 속에서 개혁개방 정책을 추진해오면서도 탄생된 이론을 말한다. 1977년 7월 복권된 등소평은 11차 3중전회에서 "모택동 사상의 기본관점은 실사구시이며, 그리고 맑스-레닌주의의 보편원리를 중국혁명의 구체적 실천과 함께 결합시키는 것"이라고 하였다. 또 "사상이 해방되지 않고, 사상이 경직화되면 많은 이상한 현상이 발생"한다면서 '본본주의'(本本主義)를 우려하였다. 본본주의란 책에 쓰여진 내용을 무조건 옳다고 하면서 이에 맹종하는 태도, 그리고 상부의 지시를 분석, 검토도 하지 않고 맹목적으로 수행하는 태도를 말한다.

1) 등소평이론

1997년 제15차 전국대표대회에서 당장에 삽입된 등소평이론은 중국특색의 사회주의 건설의 정신적 토대이자 실천 강령이었다. 주요 내용은 3개유리어(3個有利

於)와 흑묘백묘론이다. 여기에서 3개 유리어는 성자성사 논쟁에 종지부를 찍었다. 3개 유리어는 중국 특색의 사회주의를 건설하는데 필요한 정신적 토대이자 실천강령으로 "1. 사회주의 사회의 생산력발전에 유리한가? 2. 사회주의 국가의 국력을 결합하는데 유리한가? 3. 인민생활의 수준을 제고하는데 유리한가?"이다.

2) 실사구시(實事求是)

등소평은 제11차 3중전회에서 "무산계급 세계관과 마르크스주의 세계관의 기초는 실사구시입니다. 실사구시의 전통을 회복하려면 무엇보다도 사상해방(思想解放)이 이루어져야 합니다. 그런데 요즘 우리 당은 사상이 경화(硬化)되어 있습니다. 무슨 이유에서인지 고정된 틀을 고집하고 사고(思考)의 근거를 현실에 두지 않는 괴상한 일들이 벌어지고 있습니다."라고 연설하였다. 실사구시의 주요 내용은 '죽은 모택동 동지가 한 말과 생전에 내린 결론은 무엇이든지 옳다'는 범시론(凡是論)은 말도 안된다는 것이었다. 이와 같이 등소평은 실사구시를 내세워 "실천은 진리 평가의 표준"이라는 반론으로 화국봉 세력을 제거하였고, 현대화를 함에 있어 네 가지 기본원칙을 견지하여야 한다고 주장하였다.

3) 중국특색의 사회주의(中國特色的社會主義)

중국특색의 사회주의는 1997년 제15차 전국대표대회에서 정식으로 당장에 채택되었다. 등소평은 1982년 개최되었던 제12차 전국대표대회 개막 연설에서 중국 특색의 사회주의를 건설하자고 제창하면서 처음으로 '중국 특색의 사회주의'라는 용어를 사용하였다. '1개 중심·2개 기본점'을 통해 4개 현대화 건설을 달성하여 고도의 사회주의 물질문명과 정신문명, 사회주의 민주와 법제의 발전이 갖추어진 국가를 건설한다는 것이다. 중국 특색의 사회주의는 오늘날 중국의 이념적 지침이며 제반 개혁의 준거로 작용하고 있다. 21세기에도 중국 특색의 사회주의 건설을 위한 개혁개방 정책은 지속적으로 추진한다는 내용이 명기되어 있다.

4) 선부론(先富論)

등소평의 선부론은 개혁개방정책을 천명한 이후, 동부 연해지역을 우선적으로 발전시킨다는 불균형발전전략의 주요 사상이다. 주요 내용은 "일부 지방, 일부 사람이 먼저 부자가 되도록 해야 한다. 그래야 나머지 지역과 사람들을 이끌고 도와 점진적으로 모두가 번영을 누릴 수 있다."는 것이다. 동서간의 차별적인 경제발전 전략으로 인해 도농간·지역간·동서간·민족간의 격차가 심해지게 되었다.

5) 삼론(三論)

등소평의 삼론은 경제발전의 구체적 방법론으로 중요한 의미를 지닌다. 첫 번째는 '묘(猫)론'으로서 '흑묘백묘론(黑猫白猫論)'을 가리킨다.

류백승의 황묘백묘를 변용하여, "검은고양이든 흰고양이든 쥐를 잘 잡는 고양이가 좋은 고양이다(不管黑猫白猫, 捉到老鼠就是好猫)"라고 하였다. 흑묘백묘론은 원래 사천지방의 속담인 '흑묘황묘(黑猫黃猫)'에서 유래 하였다고 하고, 1962년 식량증산을 언급한 발언에서 이미 나왔는데, "흰고양이든 검은 고양이든 쥐를 잡는 고양이가 좋은 고양이다."라는 의미였다.

1979년 등소평이 미국 방문을 마친 뒤 "중국을 발전시키는 데는 자본주의 경제체제건 사회주의 경제체제건 관계없다"고 주장하고 나섰다. 개혁개방 이후 흑묘백묘론은 중국식 사회주의 시장경제를 대표하는 용어가 되었다. 두 번째는 '모(摸)론'으로서 '돌다리이론(石頭論)'을 가리킨다. 경거망동하지 않고 돌멩이의 위치와 높이를 확인하며 한 걸음 한 걸음 신중히 강을 건너겠다(摸著石頭過河)는 의미이다. 세 번째는 '등(燈)론'으로서 '신호등이론'을 가리킨다. 이는 밀어붙이기식으로 나아가지 않고 기회와 위기를 살피면서 빨간불이면 돌아서 가고 노란불이면 조심해서 걸어가며 초록불을 만나면 기회를 살려서 뛰어가자는 것이다.

6) 삼보주(三步走)전략

등소평의 삼보주 전략은 '3단계 발전전략'이라 불린다. 1978년에 중국공산당의 기본 노선을 개혁·개방으로 선언하며 건국 100주년인 2050년을 향해 3단계 발전 전략인 삼보주의 방안을 제안하였다. 제1단계(1980~1990)는 GDP를 배가하여 온 포(溫飽)문제를 해결하는 것이고, 제2단계(1990~2000)는 GDP를 배가하여 소강 (小康)을 실현하는 것이며, 제3단계(2001~2050)는 1인당 GDP를 중진국 수준으로 향상시켜 사회주의 현대화를 실현하는 것이다.

7) 남순강화(南巡講話, 1992.1.18.~2.21)

> · 1992년 2월 12일 당정치국 확대회의에서 인준하였고 1992년 6월에는 강택민 총서기가 등소평의 '남순강화'를 구체화 해 '사회주의시장경제'를 공식적으로 제창하였다.
> · 1992년 10월 제14차 전국대표대회에서 '사회주의 시장경제'를 개혁·개방의 최대 목표로 결정하였다.

등소평의 남순강화는 중국정치경제 변화에 중대한 영향을 주었다. 1989년 천안문 사건발생이후 이붕 등의 정치사상을 강조하는 보수파가 일시적으로 주도권을 쥐게 되면서, 개혁개방진행속도가 다소 느려졌다. 이러한 현상에 대해서 등소평은 남부지 역을 시찰하면서 지속적인 개방정책을 강조하였고, 중국 사회에 전면적인 각성을 촉 구하였다. 등소평은 남순강화를 통해 개혁개방정책의 이론적 기초를 제공하였으며, 확고한 시장경제 도입의지를 밝혔다. 그리고 남순강화에서 등소평은 그동안 진행되 어 왔던 성자성사 논쟁을 결론지었다. 1992년 1월 18일부터 2월 21일까지 등소평은 남부지역인 무창, 심수, 주해, 상해 등지를 시찰하면서 개혁개방정책을 지속적으로 해야 한다고 강조하였다. 주요 내용은 주로 경제개혁·개방정책 견지와 이의 가일층 심화, 확대에 관한 것으로 이후 대외경제부문의 개혁·개방정책이 더욱 확대되었다. 등소평은 남순강화에서 "사회주의에 시장이 있으며 자본주의에도 계획이 있다"고 지적하였고, '계획'과 '시장'이 현대국가에 필요한 조절수단이라고 밝혔다.

4. 호요방의 3개세대(梯隊(제대)론

1983년 10월에 개최되었던 12차 2중전회 결정에 의한 정당(整黨) 과정에서 총서기 호요방은 후계자를 준비하는 문제의 중요성을 강조하면서 간부를 3개 세대로 나누었다. 현재 당중앙 고문위원회 위원들을 비롯하여 고문역을 담당하는 고참혁명가를 제1세대(장정을 참가한 간부급)라 하고, 그들의 직무를 인계받은 50~60대의 현직 실권층을 제2세대(항일전쟁말기와 국공전참가자), 그리고 현실권층의 직무를 인계받기 위하여 준비하고 있는 40~50대의 후계자집단을 제3세대라고 칭하였다.

5. 조자양의 사회주의 초급단계론(社會主義初級段階)

사회주의초급단계론은 1981년 6월 제11차 6중전회에서 통과되었던 "건국 이래 약간의 역사문제에 관한 결의"에서 처음 제기되었다. 1982년 9월 제12차 전국대표대회와 1986년 9월 제12차 6중전회에서 구체화되었다. 1987년 10월 당 제13차 전국대표대회에서 조자양 총서기가 정치보고를 통해 당 공식입장으로 발표하였다. "중국이 사회주의를 건설해 나가는 과정에서 필연적으로 거쳐야 하는 특정단계가 사회주의초급단계"라고 규정하였다. 즉, 중국경제는 아직 생산력이 낮고, 상품경제가 발달하지 않은 상황에 있으므로 성숙된 자본주의로 이행하기 위해서는 반드시 거쳐야하는 과정이 있다고 보고, 그 과정을 사회주의 초급단계라고 규정한 것이다.

6. 강택민의 주요 이론

3개대표론은 2002년 제16차 전국대표대회에서 당장(黨章)에 정식으로 삽입되었다. 총강은 이어 마르크스·레닌주의와 모택동 사상, 등소평 이론의 당에 대한 공헌을 열거한 뒤 "강택민 동지의 3개 대표 중요 사상은 현 세계와 중국의 발전을 위한 새로운 요구를 반영한 강대한 이론 무기"라면서 '당의 입당지본(入黨之本), 집정지기(執政之基), 역량지원(力量之源)'이라고 강조하였다.

3개대표론은 자본가 계급의 입당을 공식으로 허용한 혁명적인 이론이다. 주요 내용은 "'선진 생산력(자본가 계급)', '선진 문화(지식인)', '광범위한 인민군중(노동자. 농민)'의 이익을 대표한다."이다. 2004년 3월 14일 폐막되었던 제10차 전국인민대표대회 2차 회의에서 3개대표 이론에 따라 "농민과 노동자와 사영기업가"의 국가로 헌법을 수정하여, 사영기업의 장려와 사유재산 보호 등을 골자로 하는 헌법 개정안을 가결하였다.

1) **사회주의 시장경제**(社會主義 市場經濟. 1993)

사회주의 시장경제는 등소평의 주요 이론으로 들어가기도 하고, 강택민의 주요 이론으로 들어가기도 한다. 등소평은 1992년 '남순강화'에서 "사회주의에 시장이 있으며 자본주의에도 계획이 있다"고 지적하였다. 등소평의 이러한 대전제에 따라 내부논쟁을 통한 이론정립 과정을 거쳐 1992년 2월12일 당정치국 확대회의에서 이를 인준하였다. 1992년 6월에는 강택민 총서기가 등소평의 '남순강화'를 구체화해 '사회주의 시장경제'를 공식적으로 제창하였다. 그리고 1992년 10월 제14차 전국대표대회에서 '사회주의 시장경제'를 개혁개방의 최대목표로 결정하여 채택되었다. 신헌법 17조에서는 '사회주의 시장경제'체제하에서 정부가 경제 입법과 거시경제적 수단을 사용하여 경제를 운용한다고 규정하였다. 즉 과거에는 생산자료를 국가가 소유하고 경영도 국가가 담당하는 국영경제를 지향하였으나, 신헌법에서는 생산자료를 국가가 경영하되 경영은 기업이 담당하는 국유경제로 전환한 것인데, 이를 '사회주의 시장경제'라고 한다. 1993년 3월 29일 제8차 전국인민대표대회 제1차 회의에서 개정된 헌법에 명시하였다.

구헌법은 제 15조에서 경제체제를 '계획경제'로 규정하고 국가의 종합계획을 근간으로 시장경제를 보조적으로 활용하여 국민경제의 소비와 투자, 각 산업간의 균형을 조정하면서 발전한다는 것을 기본 방침으로 정하고 있었다.

사회주의시장경제의 특징으로, 사회주의시장경제는 공유제를 주체로 하여 사유경제를 포함한 다양한 경제요소가 함께 발전한다는 전제 하에 운영된다. 자본주의 시장경제에서 나타나는 개인자본의 무제한 증대와 수입의 양극화를 방지하기 위해 정부가 통제하고, 적절한 분배와 조절정책을 통해 최종적으로 전 인민이 함께 부유해지는 것을 목표로 한다. 강력한 국가의 거시적 관리와 사회주의라는 정치적 우위성을 배경으로 정부가 경제, 사회정책, 경제법규, 계획지도 등 필요한 행정관리를 통해 시장경제운영의 질서를 지켜나간다.

2) 애국주의(愛國主義, 1994)

1990년대에 시작된 중국 애국주의는 당시 급변하고 있던 세계와 중국의 변화 속에서 중국을 온전하게 지켜야 한다는 것에서 출발하였다. 대외적으로 동부유럽 사회주의체제의 붕괴와 소련의 붕괴 등은 사회주의 국가인 중국을 긴장케 하였다. 대내적으로 1980년대 말 발생하였던 티베트 민족주의와 6·4천안문 사건은 중국 지도자에게 국정안정이 필요함을 느끼게 하였다. 중국정부는 중국 국민에게 중화민족을 강조하면서 조국에 대한 애국심을 갖도록 교육하고자 하였다. 강택민은 1991년 중국공산당 창당 70주년 기념식에서 "애국주의는 평화연변에 대응하는 효과적인 무기로 전환될 수 있다"고 하였다. 그리고 1994년에는 "애국주의교육실시강요(愛國主義教育實施綱要)"(이하 강요)를 발표하여, 애국주의 교육을 전국적으로 전개하였다. 강요의 기본원칙으로는 "등소평의 중국특색의 사회주의이론과 당의 기본노선을 지도로 삼아야 하고, 사회주의현대화건설과 개혁개방을 촉진하는데 이바지해야 하며, 국가와 국민의 명예와 존엄 그리고 단결과 이익을 보호해야 하며, 조국통일에 이바지해야 한다고 되어 있다. 그리고 이러한 것이 신시기 애국주의교육의 기본적인 지도사상"이다.

3) 5·29강화(講話, 1997.5.29.)

1997년 5월 29일 강택민은 중국공산당 중앙당교 성부급 간부 진학반 졸업식에서 중요한 말을 발표하였는데, 이를 가리켜 '5·29강화'라고 부른다. 당시 "등소평의 중국특색의 사회주의 이론 건설, 사회주의초급단계, 경제발전과 경제체제 개혁, 당의 건설" 등을 강조하였고, 등소평의 중국특색의 사회주의 이론 기치를 높이 들고 어떠한 시련과 곤경 속에서도 동요하지 말 것을 강조하였다. 또 현재 중국이 처한 문제를 해결할 수 있는 것은 등소평의 이론이라고 강조하였다. 중국공산당 15차 전국대표대회를 위한 사상적 이론적 기초가 되는 작용을 하였다. '5·29강화'는 오랫동안 사람들이 성이 공(公)인지 성이 사(私)인지하는 곤란스럽게 하는 의혹을 해결하였다. 국유기업개혁을 위해 사상장애를 없앤 것이다. '5·29강화'는 당의 15대에서 사상이론적인 기초를 추정하도록 하였다. '5·29강화'는 중국이 확고부동하게 개혁개방과 시장경제의 길을 걸어간다는 목표를 명확하게 이끌었다. 그러나 "사영경제의 발전은 앞으로 사회주의국가의 기초를 위협한다."는 논조는 여전히 매우 많이 존재하고 있었고, 많은 사람들의 의문과 관망 속에 있었다.

4) 광동강화(2000)와 7·1담화(2001)

강택민의 광동강화와 7·1담화에서 '3개대표(三個代表)' 학습을 공식적으로 천명하였다. 강택민의 광동강화는 2000년 2월 21일 광동성을 시찰하던 중 영도간부회의에서 처음으로 3개대표를 언급하였고, 등소평의 남순강화에 비유되고 있다. 7·1담화(2001)는 2001년 7월 1일 중국공산당 창당 80주년 기념 담화로서, "중국공산당은 중국선진생산력의 발전요구를 시종 대표해야 하며, 이것이 바로 당의 이론, 노선, 강령, 방침, 정책과 각 업무이다. 따라서 공산당은 생산력의 발전기율에 부합하도록 노력해야 하면 사회생산력의 해방과 발전의 추진을 실현해야 한다. 특별히 선진생산력의 발전추진을 실현하고 생산력 발전을 통해 인민군중의 생활수준을 향상 시켜야 한다"고 강조하였다. 그리고 5·31강화(2002.5.31.)는 2002년 5월 중앙당교 졸업식에서 "실천으로써의 3개대표"를 주장하였는데, '3개대표'를 21세기 중국공산 당의 새로운 좌표로 삼을 것을 역설하였다. 그리고 중앙방송과 인민일보 등 관영매체를 통해 군중에 대한 선전작업을 본격적으로 시작하였다.

7. 후이즘(호금도, 과학발전관 외)

1) '7 · 1강화'(2003)와 화해사회

호금도의 '7 · 1강화(七一講話)는 중국공산당 창립 82주년인 2003년 7월 1일 담화이다. 주요 내용은 "군중의 이익은 조그마한 것이라도 소홀히 할 수 없음"을 처음으로 명확하게 제시하였다. 또 "감정은 인민과 교감하고, 권력은 인민을 위해 사용하고, 이익은 인민을 위하여 도모한다."이다. 2004년 제16차 4중전회에서 "화해사회의 건설을 중요 위치에 두어야 함"을 명확하게 제시하였다.

> 강택민은 1997년 제15차 공산당대표대회에서 2020년에는 2000년보다 1인당 GDP를 4배 더 늘리겠다는 등의 구체적인 청사진을 제시하였다. 2002년 11월 제16차 전국대표대회에서 "2020년까지 중국에 소강사회를 전면적으로 건설한다."는 발전목표를 제시하였고, 주요 내용 중의 하나가 '사회를 더욱 화해롭게 하는 것'이라고 하였다.

2) 사회주의화해사회(2004)

호금도는 2004년 9월, 제16차 4중전회에서 공동부유를 기본으로 하는 '사회주의화해사회 건설'을 처음으로 제시하였다. 이 때 당정, 학계 등에서 이와 관련하여 광범위한 연구와 토론이 일어났다. 2007년 16차 6중전회의 공보(公報)는 '2020년에 사회주의화해사회의 건설'이라는 목표와 9대 임무 및 화해사회를 건설하기 위한 '6개 필수요건'을 제시하였다. 호금도가 제시한 화해사회의 6대 특징으로 "민주법치(民主法治), 공평정의(公平正義), 성신우애(誠信友愛), 충만활력(充滿活力), 질서안정(安定有序), 사람과 자연의 화해공존(和諧相處)"의 28글자로 체계적으로 제시하여 화해사회 건설의 연구를 위한 방향을 제시하였다. 2005년 16차 5중전회에서는 11차 5개년 규획안(2006~2010)을 다루면서 공동부유론을 구체적인 거시경제정책에 반영하였다. 2006년 10월, 제16차 6중전회에서는 '화해사회' 건설이 호금도의 통치이념으로 공식적으로 제기되었다. 2007년 10월, 제17차 전국대표대회에서 조화사회와 같은 개념의 과학발전관이 '당장'에 포함됨으로써 등소평, 강택민의 지도이념과 같은 수준으로 당의 공식통치이념으로 받아들여지게 되었다.

3) '6·25 강화'(2007.6.)

호금도의 '6·25 강화'는 2007년 6월 호금도 국가주석이 북경 중앙당교에서 전국의 고위 간부를 대상으로 한 강론이다. 호금도는 자신이 주창한 '과학발전관'을 이론적으로 설명하며 사상의 통일을 강조하였다. "'과학 발전관'의 요지는 발전이요, 핵심은 '이인위본(以人爲本)'이며, 기본적인 요구는 전면적이고 지속적인 조화사회"이며, "발전이란 인민을 위해, 인민에 의지해 실현하는 것으로 과학 발전의 성과는 반드시 인민과 함께 향유해야 한다."고 강조하였다.

4) 과학발전관(科學發展觀, 2007)

호금도의 대표적인 사상은 과학발전관이다. 과학발전관은 2007년 제17차 전국대표대회에서 당장으로 삽입되었다. 그리고 2012년 제18차 전국대표대회에서 마르크스·레닌주의, 모택동(毛澤東) 사상, 등소평(鄧小平) 이론, 삼개대표론(三個代表論)과 함께 지도 사상으로 격상되었다. 핵심가치는 인간중심(以人爲本)이고, 중국이 추구하는 경제발전의 최종 목표는 인민의 생활수준 개선이라는 점을 강조하였다. 과학발전관은 '16차 4중 전회'이래 줄곧 중국공산당의 관심사였다. 2002년 제16차 전국대표대회를 계기로 호-온 체제가 등장하면서 과거 등소평과 강택민 시대의 개혁개방 정책의 업적과 문제점을 평가하고, 제4세대 지도부가 추구하는 발전 목표와 전략을 제시하는 과정에서 제기되었다. 과학발전관은 대국이 성장하는 과정에서는 국내·국제적으로 불균형과 마찰을 야기할 소지가 큰 만큼 균형발전에 주의를 기울여야 한다는 방법론이다. 또 세계 원자재 가격에 미치는 영향도 상대적으로 큰 만큼 에너지, 환경, 자원에도 각별한 관심을 기울여야 한다는 원칙이다.

5) 4개 확고부동(堅定不移)론(2007.6.25.)

호금도는 2007년 6월 25일 중앙당교의 성장·부장급 연수반에 참석하여 '4개 확고부동(堅定不移)론'을 천명했다. 4개 확고부동은 "사상해방을 지속시키고, 개혁개방을 견지하며, 과학발전을 추동하고, 조화사회를 촉진해 나간다"이다.

호금도는 "새로운 시대의 새로운 임무를 맞이하여 등소평이론과 3개대표 중요사상을 견지하고 과학발전관을 깊이 관철시켜 소강(小康)사회의 새로운 승리를 전면적으로 건설하기 위해 분투하자"고 강조하였다. 그러면서 "사상해방은 당 사상노선의 본질적 요구이며 당의 사업을 끊임없이 개척해나가는데 있어 담보해야 할 보배로운 가치"이고 "개혁개방은 사회생산력의 해방과 발전이자 사회 시스템의 필연적 요구"라고 강조했다. 또 "과학발전과 조화사회는 중국특색의 사회주의 발전의 기본요구이며 경제사회 발전에 있어 없어서는 안 될 요소"라고 강조했다.

6) 3불이론(2008)

호금도는 2008년 12월 18일 개혁개방 30주년 기념발언(언론사에서는 이를 '1218기념사'라 명명함)에서 '3불이론'을 제기하였다. 즉, '앞으로 개혁개방 노선을 지속해 나아갈 것'이라며 '동요하지 말고(不動搖), 태만하지 말며(不懈怠), 낭비하지 말라(不折騰)'는 3가지 원칙을 제기한 것이다. 이 때 동요하지 말라는 것은 1992년 남순강화 때 등소평의 연설에서 나온 말이다.

8. 시진핑의 정치관

1) 중국공산당 개혁 발언(2008)

2008년 중앙당교 개교식 연설에서 시진핑은 "혁명 계급투쟁에서 벗어나야 한다"고 강조했다. 혁명 정당에서 탈피해 행정 정당, 집권 정당, 그리고 관리 정당으로 발전해야 한다는 역사적 필요성을 제기하였다.

2) 중화민족의 위대한 부흥과 중국몽(2012)

시진핑의 정치사상을 알려면 기존에 언급하였던 여러 글과 말에서 알 수 있다. 2012년 11월15일 제18차 1중전회에서 시진핑은 "전 당과 인민이 단결해 역사적 성과를 이어가고 중화민족의 부흥에 분투노력하는 게 우리의 책임이며 그로써 중화민족을 세계 속에 스스로 세우고 인류에 공헌해야 한다."라고 하였다. 연설에서 시진핑은 '중화민족의 위대한 부흥'이라는 말로 시작하면서 5000년 중화문명과 중국공산당에 대해 여러 차례 반복해서 강조하였다. 시진핑의 사상은 2012년 11월에 개최되었던 제18차 전국대표대회 정치보고에서 가장 잘 나타난다. 당시 정치보고 초안 작성 팀장은 시진핑 부주석이었다. 보고서에서 계급투쟁을 강조하는 문화대혁명식 구태 정치도, 서구식 자본주의 정치제도도 따르지 않겠다는 얘기다. 좌도 우도 아닌 '중용에서 안정을 구하겠다(中庸求穩)'는 것이다. 이는 중국식 '제3의 길' 선언이다.

3) 사회주의핵심가치관(社會主義核心價値觀)

2012년 제18차 전국대표대회에서 "부강(富強), 민주(民主) 문명(文明), 화해(和諧), 자유(自由), 평등(平等), 공정(公正), 법치(法治/ 法制), 애국(愛國), 경업(敬

業), 성신(誠信), 우선(友善)"이라는 24글자로서 '사회주의핵심가치관'을 표현하였다. 사회주의핵심가치관은 마르크스주의를 지도사상으로 하고, 중국특색의 사회주의 공동이상을 실현하는 것을 목표로 한다. 애국주의를 핵심으로 하는 민족정신과 개혁창신을 견지하고, 핵심적인 시대적 정신과 결합을 견지하는 시대적 배경 하에 실현되었는데, 이는 사회주의핵심가치체계에서 가장 핵심적인 것이다.

오늘날 시진핑 정부가 강조하고 있는 사회주의핵심가치관은 유가사상과 매우 관련이 있다. 사회주의핵심가치관은 크게 3개 부문을 얘기하는데, 국가적 측면에서는 '부강, 민주, 문명, 화해', 사회적 측면에서는 '자유, 평등, 공정, 법치', 공민적 측면에서는 '애국, 경업, 성신, 우선'이다. 이 내용에는 그동안 중국이 강조하였던 애국주의가 보이는데, 전체적으로 보면, 국가와 개인은 분리될 수 없음을 강조하고 있다. 중국은 사회주의핵심가치관을 통해 유가문화의 부흥을 일으키려 하고, 유가문화의 부흥으로 사회주의핵심가치관의 기초를 실현하려 한다. 중국 각 학교에서는 이러한 사회주의핵심가치관을 교육하는 시스템을 마련하고 있다.

시진핑 총서기는 중공중앙정치국 제13차 집체학습에서 "중화의 우수한 전통문화에서 인애(仁愛)를 말하고, 민본(民本)을 중시하고, 신뢰(誠信)를 지키고, 정의(正義)를 숭상하고, 화합(和合)을 숭상하고, 대동(大同)을 구하려는 시대적 가치를 발굴하고 밝혀야 한다. 그래서 중화의 우수한 전통문화를 사회주의핵심가치관을 수양하는 중요한 원천이 되도록 해야 한다."라고 강조하였다.

4) 8·19강화정신(2013)

'8·19강화정신'은 2013년 8월 전국선전사상공작회의에서 시진핑이 발표하였던 연설을 가리킨다. '8·19강화정신'에서 시진핑은 "네 가지를 명확하게 말해야 한다"고 강조하였다. 그 내용을 살펴보면, "첫째, 국가와 민족마다의 역사전통·문화축적·기본적인 국정의 다른 점을 명확하게 말해야 한다. 둘째, 중화문화가 축적되어 있는 중화민족의 가장 깊은 정신추구를 명확하게 말해야 한다. 셋째, 중화의 우수한 전통문화는 중화민족의 두드러진 우수함임을 명확하게 말해야 한다. 이는 우리의 가장 탄탄한 문화소프트파워이다. 넷째, 중국특색의 사회주의는 중화문화의 옥토에 뿌리를 내렸고, 중화민족의 바람을 반영하며, 중국과 시대발전진보요구에 적응함을 명확하게 얘기를 해야 한다"고 하였다.

5) 4풍(風)반대와 3신(愼)강조 (2013)

시진핑은 중국공산당 내 부패척결을 위해 4풍 반대운동을 강조하고 있다. 시진 핑은 2013년 6월 18일 북경에서 개최된 '당군중노선교육실천활동회의'에서 '형식주의(形式主義), 관료주의(官僚主義), 향락주의(享樂主義), 사치풍조(奢靡之風)'를 당 기풍의 '4대 문제'로 규정하였고, 이러한 것을 '대청소'해야 한다고 강조하였다. 이를 이른바 '4반(反) 운동'의 시작이라 말하고 있다.

또, 6월 20일 중남해에서 공산주의청년단(공청단) 신임 간부에게 공산당 간부들이 갖추어야 덕목으로 '3신(愼)'을 강조하였는데, 3신(愼)은 '신시(愼始), 신독(愼獨), 신미(愼微)'인데, 그 내용은 "시작함에 있어 신중해야 하고, 혼자 있을 때 신중해야 하고, 미미한 일에도 신중해야 한다."라는 것이다.

6) 4개 전면(2014, 2015)

시진핑은 2014년 12월 강소조연(江蘇調硏) 때 처음으로 제기되었던 '4개 전면(四個全面)'을 강조하고 있다. '4개 전면'은 '전면적 소강사회건설, 전면적 개혁심화, 전면적 의법치국 추진, 전면적 당 관리강화전략'로, 2015년 양회 때 리커창 총리의 정부공작보고에서 한층더 강조되었다.

2015년 3월 15일 전인대 폐막식에서 시진핑 국가 주석이 제창한 '4개 전면(全面)'을 국가 통치이념과 전략으로 확정했다. '4개 전면'은 "① 전면적인 샤오캉(小康·모든 국민이 의식주를 해결한 상태) 사회 건설 ② 전면적인 개혁심화 ③ 전면적인 의법치국(依法治國) ④전면적인 당풍쇄신"을 말한다.

2015년 2월25일 인민일보는 "전면적 소강(小康)사회 건설, 전면적 개혁 심화,

전면적 의법치국, 전면적 종엄치당(從嚴治黨)"을 4대 전면으로 소개하면서 민족부흥을 이끌 전략적 포석이라고 규정했다. 국영CCTV와 신화통신을 비롯한 언론 매체들도 '4개 전면'을 비중있게 보도하면서 대대적으로 선전하고 있다. '4개 전면' 사상은 시진핑의 경제개혁과 반부패 및 법치를 통해 중국 사회전반을 혁신하려는 지도 이념이다.

7) 시진핑의 총체적인 국가안전관(2015)

2015년 5월 19일 북경에서 개최되었던 전국국가안전기관총결표창대회(全國國家安全機關總結表彰大會)에서, 시진핑은 국가안전업무의 중요성을 재차 강조하였다. 시진핑은 "총체적인 국가안전관을 실시하여, 이상신념을 굳건하게 하고, 당의 사업을 성실히 하고, 여시구진으로 국가안전업무의 새로운 국면을 열어나가자"고 하였다.

시진핑은 총서기가 된 이래로 국가안전업무를 중시하였다. 2014년 4월 15일 중앙국가안전위원회 제1차회의에서 처음으로 '총체적인 국가안전관(總體國家安全觀)'이라는 개념을 제안하였다. 이는 중국특색의 국가안전관 시스템이 정식으로 운영하기 시작함을 의미한다. 중국발전의 안정과 지속을 확보하는 것은 중국 국가안전의 최고 사업이 되었다.

한편, 중국은 2014년 11월 1일 ≪중화인민공화국반간첩법(中華人民共和國反間諜法)≫을 제12차 전인대 상무위원회 제11차 회의에서 통과하여 시행하였다. 2014년 12월 12기 전인대 상무위원회 12차회의에서 국가안전법 초안이 심의되었다. '국민 안전을 목표'로 하는 국가안보관을 부각시키기 위해 초안에서는 입법 취지에서 '국민의 근본이익을 보호'하고, 국가안보 위기관리에서 여러 가지 조치를 선택할 수 있는 경우에 '국민과 단체의 권익을 최대한 보호할 수 있는 조치를 응당 선택'해야 한다고 강조했다. 이에 따라 중국정부는 국가안전에 위협을 줄 수 있는 기관과 개인의 활동에 대해서는 안보기관이 조사하고 행위를 중단·변경시킬 수 있게 되었다.

2014년 5월 29일, 중국정책과학연구회 국가안전정책위원회는 중국 최초로 강소성 남통시 여동현에 위치하고 있는 여동고급중학(如東高級中學)과 병다고급중학(枡茶高級中學)에 '국가안전교육시범기지(國家安全教育示範基地)'를 설립하였다. 7월 6일에는 사천성 공래시(邛崍市)에 공래시제일중학(邛崍市第一中學)을 '국가안전교육시범기지'로 삼았는데, 이는 서남지역 최초의 시범기지이다.

2014년 11월 제12차 전인대 상무위원회 제11차회의에서 ≪중화인민공화국반테러법(초안)≫을 처음으로 심의하였다. 11월 3일에 ≪중화인민공화국반테러법(초안≫은 전인대 홈페이지에 공포되었고, 12월 3일까지 법안 내용에 대한 의견을 수렴했다. 2015년 12월 27일 제12차 전국인민대표대회 상무위원회 제18차 회의에서 반테러법이 통과되었고, 2016년 1월 1일부터 발효되었다. 총10장 97조로 된 반테러법은 "테러의 정의, 안전예방, 정보, 조사, 대응조치, 국제협력, 지원, 법적책임 등"을 규정하고 있다. 반테러법은 테러리즘을 "폭력·파괴·위협 등의 수단으로 사회적 공포를 조장하고, 공공안전을 저해하고, 개인과 재산권을 위협하는 것, 혹은 국가기관과 국가조직을 위협해 정치적, 이데올로기적 목적을 담은 주장과 행동을 실현하려는 것"으로 규정했다. 또 법에서는 중국내 모든 호텔은 투숙객 정보를 등록해야 하며 테러가 의심되는 인물이 투숙할 경우 정부의 수사의 적극적으로 협조해야 한다고 규정하고 있다.

한편, 테러사건 보도와 관련하여 법에서는 언론 매체들은 당국이 발표한 대테러 내용 외에는 그 어떤 보도도 할 수 없다고 명시했다. 그리고 중국정부의 승인 없이는 소셜미디어 등을 통해 테러 현장의 개인과 인질에 관한 개인정보, 당국의 대응을 전파하는 행위를 할 수 없게 되었다. 중국공안부 관계자는 "반테러법은 중국정부의 반테러활동과 국제사회와의 협력에 법률적 지원을 제공하게 될 것"이라고 밝혔다.

8) 시진핑의 '8·19강화(講話)'(2013)

시진핑의 '8·19강화'는 2013년 8월 19일에서 20일까지 개최되었던 전국선전사상공작회의(全國宣傳思想工作會議)에서 연설한 주요 내용을 가리킨다. 회의에서 시진핑은 "경제건설은 당의 중심사업이며 이데올로기 사업도 당의 매우 중요한 사업"이라고 강조했다. 그리고 "사상공작회의는 당의 매우 중요한 사업"이고 "사상공작회의는 당의 매우 중요한 사업"이며 "선전사상공작의 핵심은 의식영역의 지도이념으로 마르크스주의를 공고화하는데 있다."고 하면서 "당원과 간부는 마르크스주의와 공산주의 신앙을 더욱 확고히 해야 한다."고 강조했다. 또 "당교와 고등교육 기관 등이 마르크스 사상을 연구하고 선전하는 기지가 돼야 한다."고 강조했다. 또 "사상선전공작이 강해지기 위해서는 먼저 당간부가 강해져야 하고, 부서도 강해져야 한다."고 강조하였다. 회의에서 시진핑은 사상선전공작에 관계되는 중대한 이론과 현실 문제를 심도 있게 언급하면서, 새로운 형세 하에서의 사상선전공작의 방향목표, 중점임무와 기본준칙을 명확하게 제시하였다.

제8장

중국의 주요 민족정책

중화주의(중화민족주의)		신중화주의(신중화민족주의)
1. 한족중심의 역사관 2. 소수민족 인정(중화민족 용어는 민족 총칭으로 사용) 3. 1930-1940년대 민족사 책이 출간되면서 중화민족사 라는 용어 사용하기 시작.	비 효 통 의 중 화 민 족 개 념 1988	1. 중화민족중심의 역사관 2. 1949년 건국이래로 한족과 소수민족은 융합 3. 중화민족은 중국을 구성하는 모든 민족을 가리키면서 구체적화되어 있음) 4. 1990년대 중반에 중화민족의 역사를 재출간

주요 민족문제

신강 위구르족
민족주의

티베트
민족주의

1. 건국 이전 민족정책

1) 공동강령(1949. 9.29)

중국공산당은 1947년 내몽고자치구를 설립하기 이전까지만 하여도 각 소수민족들의 독립된 국가를 건설할 수 있는 '자결권'을 허용하였지만, 내몽고자치구를 설립한 이후부터는 자결권보다는 '자치권'을 강조하였다. 1949년 9월 29일 건국직전에 선포하였던 '공동강령'에서도 소수민족의 민족자결보다는 민족자치만을 허용하였다. 공동강령의 주요 내용을 살펴보면 아래와 같다.

제 50조: 중화인민공화국내의 각 민족은 일률적으로 평등하다. 단결하고 서로간에 돕는 것을 실행한다. 제국주의와 각 민족내부의 공민의 공적을 반대한다. 중화인민공화국은 각 민족이 우애로 이루어진 대가정이다. 대민족주의와 지방민족주의에 반대하다. 민족간의 멸시, 압박과 각 민족의 단결을 분열시키는 행위를 금지한다.

제 51조: 각 소수민족이 모여 거주하는 지역에는 민족 구역자치를 실행하고자 한다. 모여 사는 사람들의 인구의 많고 적음과 지역이 크고 작은 것에 따라서 각 민족자치기관을 구분하여 건립하다. 모든 각 민족이 섞여 사는 지방과 민족자치지역내의 각 민족은 당지의 정권기관에는 균일하게 대표가 될 수 있다.

제 52조: 중화인민공화국내의 소수민족은 균등하게 통일된 국가의 군사제도에 따라서 인민해방군 및 지방인민공안부대에 참여할 수 있는 권리가 있다.

제 53조: 각 소수민족은 균일하게 그 언어와 문자를 발전시키고, 그 풍속습관과 종교신앙을 유지하거나 개혁시킬 수 있는 자유가 있다. 인민정부는 마땅히 소수민족의 인민군중이 정치, 경제, 문화, 교육의 건설사업을 발전시키는데 도와야 한다.

중국공산당은 공동강령에서 소수민족의 자치권을 인정하였는데, 이는 이전에 소수민족에게 약속하였던 자결권을 허용하지 않겠다는 의미였다. 건국이후 '공동강령'을 좀 더 구체화한 것이 1952년에 발표한 ≪민족구역자치실시강요(民族區域自治實施綱要)≫'였다.

2. 건국 이후 민족정책

1) 민족조사

중국 변강 지역에는 건국 이전부터 제국주의와 지방민족주의의 영향권 안에 있었거나 소수민족이 세운 독립된 국가가 존재하였다. 1920,30년대의 외몽고지역은 러시아, 티베트 지역은 영국, 만주지역은 일본의 영향권에 있었다. 특히 신강지역은 동투르키스탄(동돌궐)이 건국되었던 곳이었다. 중국은 점차적으로 확대되어 가는 소수민족의 민족자각의식으로 인해 영토가 분할될 것을 염려하였다.

일부 지역에서 특정 소수민족이 독립된 국가를 건설하게 되면 다른 소수민족들도 자신들의 독립된 국가를 원할 수 있었다. 만약 소수민족이 독립국가를 건설하게 되면, 영토 분할이 이루어지게 되고, 자연적으로 중국 영토는 축소되어진다. 이를 막기 위해서 중국공산당은 소수민족의 자결권보다는 자치권만을 허용하였던 것이었다.

중국공산당은 건국 초기에 소수민족지역의 영토안정뿐만 아니라 정치적 안정을 자신할 수 없었다. 만약 건국 이후 민족자결과 연방제가 다시 부상할 경우, 지역과 인구비례에 의한 결정이 아닌 민족별 1표에 의한 결정이 이루어질 수 있었을 것이다. 이 경우 한족을 제외한 몽골족, 이슬람을 믿는 여러 민족, 티베트민족들이 연방회의에서 독립을 주장할 가능성이 있었다.

한편, 1954년에 개최될 제1차 전국인민대표대회의 민족대표를 선출하기 위해서 1953년에 민족등기를 받았을 때 자신이 민족이라고 여긴 숫자가 400여 개였다. 중국 당국에서는 이러한 많은 숫자가 전국인민대표대회의 민족대표로 참여하게 된다면 국론의 분열이 있을 거라고 여겼다. 하지만, 민족명칭을 중화민국시기에서처럼 통칭해서 폭넓게 분류해버리면, 소수민족의 숫자가 커질 뿐만 아니라 소수민족이 지배하는 지역 또한 매우 넓어지게 된다. 이러한 이유로 중국공산당은 이러한 민족을 분리해 놓을 필요가 있었던 것이다. 하나의 예로 살펴보면, 과거 중화민국 시기에 '5족공화론'에서 다섯 개 민족 중 '회(回)'는 오늘날의 '회족'을 가리키지만, 엄격하게 구분한다면, '회강'지역을 가리켰다. 즉, 회강 지역에 분포하는 이슬람교를 믿는 여러 지역을 포함하는 것이다. 결국 당시 회족은 이슬람교를 믿는 민족들의 통칭이었는데, 민족식별을 통해 회족·합살극족·탑길극족 등으로 나뉘어지게 되었다. 또 서남지역의 민족은 대체적으로 '묘'로 분류되었지만, 민족식별을 하는 과정에서 서남지역의 민족들은 아주 세부적으로 분류되었다.

중화인민공화국의 건국에 중국 내 소수민족도 중요한 역할을 하였다. 중국공산당은 새로운 국가를 건국한 뒤, 우선적으로 그동안 안고 있던 민족문제를 해결하고자 하였다. 이를 위해 중국 당과 정부에서는 소수민족의 정황을 상세하게 알기 위해서 몇 단계를 거치면서 조사와 연구를 하였다.

첫째는 '민족식별조사'였다. 1954년 전국보통선거 때 민족의 수가 수백에 달하였다. 이러한 족칭(族稱)이 단일민족인지 아닌지를 명확하게 하기 위해서, 당과 정부에서는 민족학자와 역사학자 그리고 언어학자를 모아서 민족식별조사팀을 조직하여 전국 범위 내에 민족식별조사를 실시하였다. 이 때, 마르크스사상의 민족과 민족문제의 주요 이론을 근거로 하여, 각 족칭의 단일한 언어, 지역분포, 경제생활과 문화전통, 각 민족의 뜻에 따라 조사하고 연구하였다.

둘째는 '소수민족언어조사연구'였다. 1956년, 중국과학원과 중앙민족사무위원회에서는 7개 언어조사팀을 조직하여, 총 700여명이 각 지역으로 가서 보편적인 조사연구를 하였다. 이러한 조사연구는 1959년까지 15개 성, 자치구의 42개 민족언어의 기본적인 정황에 대해 조사하였다. 그런 뒤 60여종의 언어 계통관계를 명확하게 하였고, 민족언어사전, 어법과 교과서를 출판하였다.

언어의 계보를 작성하는 과정에서 '지계'라는 것을 설정하게 되었는데, 이러한 언어학에서의 개념은 고대민족을 연구하고 고찰할 때 적용되었을 뿐만 아니라, 민족식별에서 민족을 판별하고 분류할 때, '지계'의 관점이 많이 반영되었다.

셋째는 '소수민족사회역사조사'였다. 1956년부터 전국 범위 내에 1차적으로 대규모적인 소수민족사회역사조사를 실시하였다. 처음에는 전국인민대표대회민족위원회가 영도하여 1958년에는 중국과학원민족연구소가 주도적으로 이끌었다. 민족학·역사학·고고학·사회학·경제학 등의 학과의 전문가들 약 1000명이 참가하였다. 그리고 16개 조사팀을 조성하여 각 민족지역으로 가서, 각 개 소수민족의 사회생산력, 소유제와 계급관계, 역사발전과 풍속습관에 대해서 조사하였고, 매우 많은 자료를 수집하였고, 동시에 매우 많은 중요한 민족문물을 수집하였다. 소수민족과 관련된 역사적인 기록영화를 촬영하였다.

2) 민족정책

1950년 11월, 중앙인민정부는 ≪소수민족간부배양시행방안(培養少數民族幹部試行方案)≫을 통과하였다. 보편적이고 대량으로 각 소수민족의 간부를 배양한다는 방침을 제출하였던 것이었다.

1951년 5월 중앙인민정부는 ≪정무원의 소수민족을 차별 혹은 모욕하는 성격을 띤 명칭·지명·비석·현판과 편액(扁額)을 처리하는 지시(政務院關於處理帶有歧視或侮辱少數民族性質的稱謂、地名、碑碣、區聯的指示)≫를 발표하였다. 역사적으로 전해 내려오던 멸시적이고 모욕적인 의미가 담겨있는 소수민족의 지명 등 모든 흔적을 사용금지하거나 바꾸도록 하였다.

1952년 8월, ≪중화인민공화국민족구역자치실시강요(초안)(中華人民共和國民族區域自治實施綱要(草案))≫을 반포하였다. 내용을 살펴보면 2조에서 각 민족자치구는 모두 중화인민공화국 영토와 떨어질 수 없는 한 부분을 차지하고 있다고 하였다. 3조에서는 공동강령은 중화인민공화국 각 민족의 단결투쟁의 모든 지침이며, 각 민족자치구의 인민은 본 민족 내부 사무를 관리함에서 있어서 반드시 이 모든 지침에 따라 전진해야 한다고 하였다.

1952년 12월 7일 ≪중앙의 소수민족지역의 5개년 건설계획에 관한 약간의 원칙성 의견(中央關於少數民族地區的五年建設計劃的若干原則性意見)≫에서 전국 소수민족지역의 건설과 민족사무의 기본임무를 언급하였다. 주요 내용은 "전력을 다해 민족구역자치 및 민족민주연합정부의 정책을 추진하고, 현재 처한 기초 하에서 소수민족의 경제와 문화를 발전시키고 점차적으로 소수민족인민의 생활을 개선해 나간다. 그리고 소수민족의 간부를 배양하고 훈련시켜 민족단결을 강화하고 공고해 나간다."는 것이었다.

1953년 7월, 중공통전부는 1952년 전국민족정책대조사의 상황을 근거로 하여 ≪과거 몇 년간 당의 진행한 소수민족 공작의 주요 경험에 관한 총결(關於過去幾年內黨在少數民族中進行工作的主要經驗總結)≫에서 건국이래의 민족정책 집행 상황에 대해 전면적으로 평가하였다. 중화인민공화국성립으로 국내 각 민족은 해방을 하게 되었고, 민족압박을 근본적으로 없앤 이후에, 당과 국가는 유관민족공작의 임무는 바로 "조국의 통일과 민족의 단결을 공고히 하고, 공동으로 위대한 조국의 대가정을 건설한다. 통일된 조국대가정 내에서 각 민족이 모든 권리방면에서 평등함을 보장하고, 민족구역자치를 실현한다. 조국의 공동사업의 발전 속에서 조국의 건설과 밀접하게 결합시켜 안정되고 필요한 사회개혁 내에서 각 민족의 정치, 경제, 문화를 점차적으로 발전시킨다. 역사적으로 전해졌던 각 민족 간의 사실상의 불평등을 없애고, 낙후된 민족을 선진된 민족으로 바꾸고, 사회주의사회가 되도록 한다고 하였다. 1954년 10월 중국공산당 중앙은 ≪중공중앙이 과도시기의 당의 민족문제에 관한 임무(中共中央關於過渡時期黨在民族問題方面的任務)≫라는 내용에서 총결을 당내에 전달하였다.

1954년 9월, 중화인민공화국 최초의 헌법이 탄생했다. 헌법 제3조에서는 각 민족자치방은 모두 중화인민공화국의 불가분의 부분이라고 규정하였다. 6조에서는 전국의 지방각급인민위원회는 모두 국무원의 통일된 다민족국가로 민족구역자치를 실시하는 지역은 모두 중화인민공화국의 불가분의 부분이다고 규정하였다. 헌법 제70조 규정에서 자치구, 자치주, 자치현의 자치기관은 그 지역 민족의 정치 경제 및 문화의 특성에 따라 자치조례를 제정할 권리를 가지며, 전국인민대표대회에 보고 하여 비준을 신청한다고 규정하였다.

1955년 12월 국무원은 헌법에 근거하여 ≪구(區)에 상당하는 민족자치구의 개편에 관한 지시(關於更改相當於區的民族自治區的指示)≫와 ≪민족향건립에 관한 약간의 문제 지시(關於建立民族鄉若干問題的指示)≫를 반포하였다. 헌법과 국무원의 구체적인 지도하에, 민족구역자치 실시가 신속하게 민족지역에서 전개되었다.

내몽고자치구(內蒙古自治區): 1947. 5.1.
신강위구르자치구(新疆維吾爾自治區): 1955.10.1
광서장족자치구(廣西壯族自治區): 1958.3.15.
영하회족자치구(寧夏回族自治區): 1958.10.25.
서장자치구(西藏自治區): 1965.9.9.

중국 주요 지도자들의 민족문제에 대한 관점을 살펴보면 다음과 같다. 먼저 모택동은 1956년 4월 25일 ≪론십대관계(論十大關系)≫에서, 한족과 소수민족의 관계를 말할 때, "우리 정책은 비교적 안정되었고, 비교적 소수민족이 찬성한 것이다. 우리는 대한족주의를 반대한다. 지방민족주의도 반대한다. 그러나 일반적으로 중점(重點)은 아니다"라고 하였다. 그리고 1957년 2월에는 "한족과 소수민족의 관계는 반드시 좋아야 한다. 이 문제의 관건은 대한족주의를 극복하는 것이다. 지방민족주의가 존재하는 소수민족 사이에서 지방민족주의를 극복해야 한다. 대한족주의 혹은 지방민족주의를 막론하고 모두 각 족의 인민의 단결에 이롭지 못하다. 이것은 극복해야 할 인민 내부 모순이다."라고 말하였다.

유소기는 1954년 9월 15일 ≪중화인민공화국헌법 초안에 관한 보고(關於中華人民共和國憲法草案的報告)≫에서 "각 민족은 서로 다른 역사조건을 갖고 있고, 결코 국내 각 민족이 모두 동일한 시기에 동일한 방식으로 사회주의에 진입할 수 있다고 여길 수 없다"고 언급하였다. 그리고 1956년 9월 25일 ≪중국공산당 제8차 전국대표대회 정치보고(在中國共産黨第八次全國代表大會上的政治報告)≫에서 "소수민족문제를 정확하게 처리하는 것은 우리의 국가공작 중 중대한 임무이다.

우리는 반드시 각 소수민족의 경제와 문화가 진보하는데 돕도록 노력해야 한다. 소수민족이 사회주의건설사업에서 충분히 발휘하고 적극적인 역할을 하도록 도와야 한다."고 말하였다.

주은래는 1958년, 청도민족공작좌담회(青島民族工作座談會)에서 ≪민족정책에 관한 몇 가지 문제(關於我國民族政策的幾個問題)≫를 발표할 때 "대한족주의 경향은 물론이고, 지방민족주의경향이든 간에 모두 인민내부모순에 속한다. 당연히 인민내부모순을 처리하는 원칙으로 해결해야 한다."고 강조하였다.

3) 민족구역자치법(民族區域自治法)

1952. 2. 중화인민공화국민족구역자치실시요강
1984.5.31.민족구역자치법(民族區域自治法)
2001.2.28. ≪<중화인민공화국민족구역자치법_수정에 관한 결정(關於修改<中華人民共和國民族區域自治法>的決定)≫ 통과

---

(1) 민족구역자치실시강요(民族區域自治實施綱要)

1952년 2월 통과된 "중화인민공화국민족구역자치실시요강(中華人民共和國民族區域自治實施要綱)"은 공동강령을 더욱 구체화한 것이다. 실시요강에서 소수민족 거주지역을 거주지의 크기에 따라 '자치구(自治區)', '자치주(自治州)', '자치현(自治縣)'의 세 가지 형태로 나누어서 민족구역자치를 제도화하였다.

중국의 민족구역자치는 단일제 국가 내에서 각 소수민족이 모여 거주하는 곳이며, 국가의 통일적인 영도 하에 헌법과 법률의 규정에 따라 민족구역과 자치를 결합한 원칙에 따라 자치기관을 설립하고, 각급 지방에 상응하는 국가정권과 자치권을 행사하며 본 지역의 국가사무와 민족내부의 사무를 관리하는 제도이다. 중국내 소수민족 자치지역의 기본조건은 해당 소수민족의 전체인구 중 구성 비율이 30% 이상 되어야 한다. 소수민족 자치지역의 행정 책임자는 그 지역 소수민족이지만 인사·재정 등 실권은 한족이 쥔다.

(2) 민족구역자치법(1984)

1952년 2월 통과된 "중화인민공화국민족구역자치실시요강"에 기초하여 1984년 5월 31일 제6차 전인대 제2차회의에서 '민족구역자치법(民族區域自治法)'을 통과시켰다. 그리고 2001년 2월 28일 제9차 전인대 상무위원회 제2차회의에서 ≪<중화인민공화국민족구역자치법>수정에 관한 결정(關於修改<中華人民共和國民族區域自治法>的決定)≫을 통과시켰다.

중국정부는 4개현대화를 성공하기 위해서 1984년 민족구역자치법을 공포하였다. 민족자치구는 자치법의 규정에 의거해서 자치지역의 상황에 맞지 않는 경우 중앙정부가 제정한 법이나 규정을 바꾸거나 적용을 중지시킬 권한을 갖고, 지방의 경제적 조건에 따라 특별한 정책을 채택하거나 융통성 있는 조치를 채택할 수 있게 되었다.

민족문화와 민족언어면에서는 "소수민족은 자신들의 언어와 문자를 사용할 수 있는 권리, 제정할 권리를 가지며, 민족풍속습관을 보존할 자유를 가지며, 자체적인 교육제도와 교육과정을 만들 수 있게 되었다. 이 법에서 중국은 5개 자치구와 30개 자치주, 120개 자치현 및 1100여 개의 민족향을 두고 있다.

(3) 민족구역자치법 수정에 관한 결정(2001)

2001년 2월 28일 중국 제9차 전국인민대표대회 상무위원회 제20차 회의에서 ≪<중화인민공화국민족구역자치법>수정에 관한 결정≫을 통과시켜 공포하였다. 서언의 내용에서 "중화인민공화국은 전국 여러 민족인민이 공동으로 건립한 통일된 다민족 국가이다. 민족구역자치는 중국공산당이 맑스-레닌주의 이론에 근거해 민족문제를 해결하고자 제정한 기본정책이며 국가의 기본 정치제도이기도 하다."로 바꾸었다. 다음 표는 민족구역자치법(1984)과 민족구역자치법 수정에 관한 결정(2001)의 주요 내용을 비교한 것이다.

중화인민공화국민족구역자치법 1984	중화인민공화국민족구역자치법 수정(2001)
민족자치지방의 여러 민족 인민들은 중국공산당의 영도아래 맑스-레닌주의, **모택동사상을 바탕으로 인민민주독재를 견지해야 하고, 사회주의 길을 견지하며,** 사회주의 현대화 건설에 역량을 **집중하며, 민족자치지방**의 경제와 문화 발전을 가속화하여, 단결되고 번영한 민족자치지방을 건설하며, 여러 민족의 공동한 번영을 위하여, **조국을 고도의 문명과 고도의 민주화된 사회주의 국가를 건설하기 위하여 분투하여야 한다.** (1984)	민족자치지방의 여러 민족 인민과 전국 인민들은 하나가 되어, 중국공산당의 영도 아래 맑스-레닌주의, **모택동사상과 등소평이론을 바탕으로 인민민주독재와 개혁개방을 견지하고 중국특색의 사회주의 길을 견지해** 사회주의 현대화 건설에 역량을 집중하며, **사회주의 시장경제를 발전시키며, 사회주의 민주와 법제 건설을 강화하고 사회주의 정신문명건설을 강화하며,** 민족자치지방의 경제와 문화발전을 가속화하여, 단결되고 번영한 민족자치지방을 건설하며, 여러 민족의 공동한 번영을 위하여, **조국의 부강, 민주, 문명한 사회주의 국가로 건설하기 위하여 분투하여야 한다.**(2001)

중화인민공화국민족구역자치법 1984	중화인민공화국민족구역자치법 수정(2001)
민족구역자치의 실시는 각 민족 인민들이 나라의 주인공적 태도로 평등, 단결, 상호 협조의 정신으로 사회주의 민족관계를 발전시키며 국가의 통일을 공고히 하고 민족 자치지방과 나라의 사회주의 건설 사업을 발전시키는데 모두 커다란 역할을 일으켰다. 향후, 민족**구역자치제도를 국가의 사회주의 현대화** 건설사업을 추진하는데 더욱 큰 역할을 일으키게 하여야 한다.(1984)	민족구역자치의 실시는 각 민족 인민들이 나라의 주인공적 태도로 평등, 단결, 상호 협조의 정신으로 사회주의 민족관계를 발전시키며 국가의 통일을 공고히 하고 민족 자치지방과 나라의 사회주의 건설 사업을 발전시키는데 모두 커다란 역할을 일으켰다. 향후, 민족구역자치제도를 **계속 견지하고 완벽화 함으로써** 국가의 사회주의 현대화 건설사업을 추진하는데 더욱 큰 역할을 일으키게 하여야 한다.(2001)

4) 중국공민의 민족성분 확정에 관한 규정(1990)

오늘날 중국의 민족성분은 민족식별 작업이 아닌 1990년에 정해진 ≪중국공민의 민족성분 확정에 관한 규정(關於中國公民確定民族成份的規定)≫(1990년 5월 10일)에 의해 결정된다. 그 내용을 살펴보면 다음과 같다.

첫째, 공민의 민족성분 확정은 반드시 국가가 정식으로 인정한 민족의 족칭(族稱)에 준한다. 국가가 아직 확정하지 않은 족칭을 자기의 민족성분으로 삼을 수는 없다. 그리고 개인의 민족성분은 아버지 혹은 어머니의 민족성분에만 의거하여 정해진다.

둘째, 다른 민족의 공민과 결혼해서 태어난 자녀, 혹은 다른 민족의 아이를 데려다 키운 경우는, 만 18세 이전에는 부모 혹은 양부모가 상의하여 민족성분을 결정한다. 만 18세가 되면 본인이 자유롭게 결정할 수 있다. 그런데 만 20세가 되면 민족성분을 더 이상 바꿀 수 없다.

셋째, 다른 민족의 공민이 재혼할 경우, 쌍방의 원래 자녀는 양자와 같다. 그 민족성분은 18세 이전에는 모친과 계부 혹은 부친과 계모가 서로 상의하여 결정한 다. 쌍방 간 원래 있었던 아이가 이미 만 18세가 되었다면, 더 이상 원래의 민족성 분을 바꿀 수 없다. 다른 민족의 성년들 간에 생겨난 수양관계, 혼인관계는 각자의 민족성분을 변하게 하지 않는다.

넷째, 원래부터 이미 확정되어 있던 어떤 소수민족 성분의 사람이 마음대로 기 타민족성분으로 변경할 수 없다.

5) 양개불리개(兩個不離開)와 삼개불리개(三個不離開)

1981년 7월 6일, 중앙서기처 회의에서 신강공작을 연구하였고 회의기요를 작성 하였다. 7월 16일 ≪中共中央關於轉發<中央書記處討論新疆工作問題的紀要>的 通知≫에서 처음으로 '양개불리개'의 관점을 제출하였다. 기요를 근거로 하여 등 소평은 "민족관계를 좋게 하려면 민족단결을 강화하여야 한다. 그리고 한층 더 신 강에 대한 여러 공작을 잘 하는 게 관건이다. 신강의 한족간부는 이러한 관점을 확 립해야 한다. 즉 소수민족간부가 떠나면, 신강의 각 공작은 좋지 않게 된다. 신강의 소수민족간부 또한 이러한 정확한 관점을 확립해야 한다. 즉 한족간부가 떠나면 신 강의 각 공작도 좋지 않게 된다. 만약 한족간부가 소수민족간부가 떠나도 된다고 여긴다면, 그리고 소수민족간부도 한족간부가 없어도 된다고 여긴다면 모두 착오 이고 위험한 것이다"라고 말하였다.

같은 해 호요방은 전국소수민족참관단 책임자를 접견할 때 "중앙서기처에서 최 근에 신강민족문제를 토론하였는데, 한족과 소수민족의 관계는 한족이 소수민족을 떠나면 안되고, 소수민족이 한족을 떠나도 안된다. 두 민족은 서로 의존하고 도와 야 하는 관계이다. 누구도 떠나서는 안된다"라고 하였다. 그리고 '양개불리개'사상 은 신시기 중국민족관계에 부합하는 실제이고, 매우 빠르게 전국 각 민족간부들이 받아들여야 하고, 지지해야 한다고 하였다.

한편, 1990년 9월 강택민은 신강을 시찰할 때 가는 곳마다 "한족은 소수민족을 떠나서는 안되고, 소수민족은 한족을 떠나서는 안된다"라고 강조하였다. 게다가

'양개불리개'사상을 한 층 더 발전시켜 '삼개불리개' 사상을 강조하였다. 강택민은 "각 민족 간의 관계는 평등, 단결, 상호 협조하는 사회주의의 새로운 형태의 민족 관계이다. 한족은 소수민족을 떠나서는 안되고, 소수민족은 한족을 떠나서는 안된다. 그리고 소수민족 간에도 서로 떠나서는 안된다."라고 하였다. '양개불리개'사상이 발전한 '삼개불리개'사상은 중국 56개 민족이 역사발전과정에서 동고동락하고 상호 협조하는 긴밀한 관계임을 치밀하게 개괄하였다. 이러한 사상은 중국 민족이 중화민족다원일체 구조임을 보여주는 것이다. 또 강택민은 내몽골 시찰 중 중화민족은 중화대가정과 사회주의 조국 속에서 서로 떨어질 수 없는 친밀한 관계로 성장하였다고 언급하였다.

2005년 호금도는 중앙민족공작회의에서 "평등, 단결, 협력, 화해의 사회주의민족관계 공고와 발전을 견지해야 한다. 애국주의정신을 발양하고, 한족이 소수민족을 떠나지 않고, 소수민족이 한족을 떠나지 않으며, 각 소수민족 간에 떠나지 않는다는 사상을 견고하게 수립해야 한다."라고 하였다. 그리고 "각 민족 청소년에게 여러 형식의 민족단결선전교육활동을 전개해야 한다. '삼개불리개'의 사상을 각 민족 청소년 마음 속 깊이 뿌리내리도록 해야 한다"라고 하였다.

6) 민족백서(2009)

2009년 9월 27일 발표된 민족관련 백서를 통해 중국정부의 민족정책 변화를 알 수 있다. 2009년 7·5우루무치 사건은 중국정부가 지속적으로 실시해 왔던 민족정책과 경제개발정책 변화에 영향을 주었다. 국무원은 2009년 9월 27일 ≪중국민족정책과 각 민족공동번영 발전(中國的民族政策與各民族共同繁榮發展)≫이라는 민족 관련 백서를 발표하면서 중국 민족정책을 다시 강조였다. 특히 테러와 분열을 조장하는 중국 내외 세력들을 경고하였다. 이 백서는 지난 1999년의 '중국 소수민족정책과 그 실천'과 2005년의 '중국민족지역자치'에 이어 3번째였다.

백서를 통해 중국정부는 민족구역자치를 천명하였다. 중국정부는 국가의 통일된 영도 하에 각 소수민족이 집거하는 지역에 구역자치를 실시하였고, 자치기관을 설립하고 자치권을 행사도록 한다고 한번 더 강조하였다. 또 백서에서는 한족이거나 소수민족이거나 모두 중앙정권을 중화정통으로 삼고, 모두 다민족국가의 통일의 실현을 최고정치목표를 삼는다고 하였다. 백서에서는 민족단결은 중국이 민족문제를 처리하는 근본원칙이고, 중국민족정책의 핵심내용이라고 명확하게 밝혔다. 또 중국의 민족문제는 내부의 일이라고 명확하게 밝혔다.

중국정부는 외부세력이 '민족, 종교, 인권'의 구호를 갖고 개입하고, 중국의 민족문제에 참여하는 것을 결사코 반대하고 저지하겠다고 하였다. 또 중국 영토내외의 각종 폭력주의세력, 분열주의세력, 극단주의세력이 중국에 침투, 파괴, 전복활동을 하는 것을 엄격하게 경계하고 법에 따라 척결하겠다고 하였다. 백서에서는 국가는 어떤 형태의 민족차별과 압박을 결사코 반대한다고 하였다.

3. 중화민족주의

국민국가로서의 단일민족의 성격을 띤 중화민족 개념은 1980년대부터 조성되기 시작하였다. 중국 사회학자인 비효통(費孝通)이 제기한 중화민족 개념으로부터 영향을 받았다.

비효통은 지난 1988년 중화민족의 개념을 새롭게 정의를 내렸다. 중국 정부는 새로운 중화민족 개념을 중국 애국주의와 민족주의를 강조할 때 적용해 왔다. 당시 비효통은 중화민족이란 만들어진 하나의 자각적 실체로서 오랜 역사과정에서 형성되어 왔다고 하였다. 그리고 중화민족은 다원일체(多元一體)로 이루어져 있으며, 한족이 지속적으로 다른 민족을 흡수하거나 한족 중심으로 융합되었다고 보았다.

1988년 홍콩에서 비효통은 "나는 앞으로 중화민족이라는 단어를 사용할 때 중국 강역 내에 민족으로 인정받은 11억 인민을 가리킨다. 50여 개의 민족은 '다원(多元)'이고, 중화민족은 '일체(一體)'이다. 이들을 모두 민족이라 부르지만, 그 단계는 다르다"고 하였다.

1996년 10월, 비효통은 일본국립민족학박물관에서 ≪중화민족다원일체론(中華

民族多元一體論)≫이라는 주제로 개최된 국제학술대회에서 "나의 민족연구 경력과 사고 간술(簡述我的民族研究經歷和思考)"라는 글을 발표하는 가운데, '중화민족다원일체구조'이론의 주요 관점을 "중화민족은 중국 영토 내에 56개 민족을 포괄하는 민족 실체이다. 결코 56개 민족을 더한 총칭을 아니다"라고 말하였다. 즉, 중국을 구성하는 56개 민족이 서로 의존하고 결합하여 이제는 더 이상 분리할 수 없는 존재가 되었다고 해석하였고, 이들의 민족 실체는 고도의 민족의식을 갖고 있다고 하였다. 또, 그는 다원일체구조에서 56개 민족은 기층이고, 중화민족은 고층이라고 하였으며, 분산되어진 다원(多元)에서 일체(一體)로 합쳐지는 과정에 있으며, 이 과정에서 응집력을 갖도록 작용하는 핵심적 역할은 한족이고, 한족은 다원 기층의 일원(一元)이고, 다원이 일체가 되었을 때는 더 이상 한족이 아니라 중화민족이라고 보았다.

1) 중국의 역사관

1980년대부터 일기 시작한 중국 역사의 재정립은 한족 중심의 민족관과 역사관을 더욱 고착화하는 한편, 중화민족주의적 민족관과 역사관을 여실히 드러내는 것이었다. 중국정부는 오늘날 중국의 영토를 보존하고 국정을 안정시키기 위해 중국 영토 내에서 발생한 역사와 문화를 중화민족의 역사와 문화로 간주하면서 역사를 재해석하기 시작하였다. 이러한 형태로서 서남공정, 서북공정, 동북공정, 단대공정, 탐원공정 등이 진행되었다. 중국당국은 추상적인 중화민족을 실체화하기 위해서 중화인민공화국 건국 이래로 동일한 국가 테두리 속에서 한족과 소수민족은 서로 융화되어 새로운 민족체가 되었다고 인식하고 있다.

한편, 한족은 서구에서 발생한 민족이라는 개념이 청으로 들어온 뒤, "한인+민족"의 합성어이다. 일반적으로 한나라를 구성하고 있던 사람을 "漢人" 혹은 "秦人"이라고 불렀는데, 중국에서는 한나라를 기준으로 해서 춘추전국시대를 지나서 진한 왕조를 거치는 동안에 한족이 형성되었다고 보고 있다. 그리고 한족의 선민족은 '화하족(華夏族)'이며, 한족과 화하족이 중국의 역사의 중심 민족이라고 여기고 있다. 그러나 한족의 민족기원은 뚜렷하지 않기 때문에, 고대 왕조나 민족을 연구할 때, 한족이라는 선입견과 편견을 가져서는 안된다.

2) 중화민족주의

중국의 중화민족주의에는 한족우월주의가 내포되어 있다. 중국의 중화민족주의를 접근할 때, 중화민족주의와 신중화민족주의로 구분할 필요가 있다.

중화민족주의는 흔히 중화주의로, 신중화민족주의는 신중화주의로 부르고 있다. 중화주의는 한족의 역사관과 세계관이라고 한다면, 신중화주의는 중화주의에서 좀 더 변용된 것으로서, 중국 애국주의 혹은 중국 민족주의라고 할 수 있다. 신중화주의는 한족우월주의에다가 소수민족의 역사와 문화까지도 중국의 역사와 문화로 포함시킨다.

(1) 중국의 중화민족주의의 시작

중화민족주의는 청말부터 서구 열강에 항거하는 과정에서 시작되었다. 중화민국이 건국되고, 1930~40년대에 중국민족사가 편찬되는 과정에서 한족중심의 중화민족주의가 고착화되었다.

지금까지 중국을 포함한 동아시아의 역사와 문화의 중심된 주인공은 한족이라 여기고, 오랜 역사 기간 동안 한족이 중국의 역사와 문화를 지배하였다는 시각이 바로 한족중심의 중화주의이다.

(2) 신중화주의

1980년대 이후의 신중화주의는 '중화민족만들기'로 정의할 수 있다. 단대공정, 탐원공정, 서북공정, 서남공정, 동북공정, 시조공정, 청사공정 등을 통해 중국대륙에서 발생한 여러 민족의 역사와 문화를 모두 중국의 것으로 간주하고자 하고, 심지어는 민족정체성까지도 한족으로 동화하려는 의도를 나타내고 있다.

신중화주의란 기존의 중화주의에서 한층 심해진 한족주의가 내재된 중국 중심의 애국주의이고 중화민족주의이다. 즉, 신중화주의는 중국 건국 이래로 한족과 소수민족이 하나의 민족으로 융화하여 새로운 민족체인 중화민족이 되었다고 보고, 이를 토대로 하여 중국을 구성하는 국민과 민족을 중심으로 하여 중국대륙에서 발생한 역사와 문화를 해석하는 것이다. 이러한 인식은 1980년대부터 일기 시작하였다. 특히 비효통이 제기한 중화민족의 새로운 개념은 이후 중국 전반에 많은 영향을 주었다.

	중화주의	신중화주의
중심민족	○ 화하족, 한족	○ 중화민족
민족관	○ 대부분의 고대민족과 역사민족이 한족으로 동화됨 ○ 중국내 소수민족 인정	○ 1949년 중국 건국이래로 점점 한족과 소수민족은 동화와 융화를 통해 새로운 중화민족으로 됨: 중국을 구성하는 있는 한족과 소수민족은 중화민족이고 중국민족임 ○ 중국은 고대부터 통일된 다민족국가임 ○ 중국 내 소수민족 인정 → 불인정
역사관	○ 한족의 관점	○ 중화민족의 관점

① 북방공정

1995년 '몽골국통사' 3권을 출판하면서 "몽골의 영토는 중국의 영토"라고 주장했다. 몽골공화국이 강하게 반발했지만 "학술활동일 뿐 중국 정부의 공식 입장은 아니다"라는 말로 비켜갔다. 중국이 몽골 역사에 집착하는 것은 몽골이 현재 몽골공화국과 중국의 내몽고자치구로 분할돼 있어 언제든지 영토분쟁이 일어날 수 있기 때문이다. 몽골은 청의 멸망을 틈타 1911년 독립을 선언했다. 현재 몽골공화국인 당시의 외몽골은 소련의 지원을 받아 1924년에는 몽골인민공화국의 개국을 선언했다.

② 남방공정

1997년에 시작된 남방공정은 운남을 비롯한 미얀마, 태국, 베트남 접경지역 관련 공정이다. BC 208년 중국 역사에 처음 등장하는 남월(南越)의 수도는 지금의 광주(廣州)인 피언응우다. 남비엣(Nam Viet: 남월: 南越)은 BC 196년 중국에 대한 조공관계를 인정했다가 BC 112년 이를 철회했다. 베트남은 남비엣이 자주독립 국가였다고 주장하는 반면, 중국은 사서에서 남방지역에 할거한 지방정권으로 기술하고 있다고 주장한다. 중국은 남비엣 건국 이전과 멸망 이후에도 영토 대부분이 중국영토라고 주장한다. 이는 미래에 발생할 베트남의 광동과 광서에 대한 영유권 주장에 대비하는 중국 중심의 영토관과 역사관에서 비롯된다.

③ 서남공정

서남공정은 인도차이나 지역의 국경 정리와 운남성에 거주하는 소수민족을 효율적으로 관리하기 위한 정책이다. 중국정부의 주요 대상 지역은 티벳이다. 1986년에 시작된 서남공정은 티벳을 중국의 역사로 편입시키려는 프로젝트이다. 주요 내용은 티벳의 역사, 지리, 민족문제 등을 연구하는 국가적 사업이다. 티벳 연구의 핵심은 '한장동원론(漢藏同源論)'으로 요약되는데, 한족(漢族)과 티벳인(장족, 藏族)은 문화와 언어의 뿌리가 같다는 주장이다. 그리고 티벳은 늘 중국의 일부라고 주장하였다.

중국의 티벳에 대한 역사편입은 1986년 등소평의 지시에 따라 중국 사회과학원이 주도한 서남공정이라는 이름으로 이뤄졌다. 중국 사회과학원 산하 중국장학연구중심(中國藏學硏究中心)이 주도하에 작업이 이루어졌다. 서남공정에서 중국은 원과 청 대를 제외하고는 독립된 왕조를 이루었던 티벳의 역사를 왜곡하거나 부정하는 프로젝트이다. 특히 당 대 장안(長安, 현재의 西安)까지 세력을 넓혔던 8세기의 티벳 역사를 완전히 빼버렸다.

서남공정의 실질적인 목적은 티벳의 독립운동을 막는 것이고, 나아가서는 운남지역 소수민족의 정체성을 약화시키기 위함이다. 이를 위해 서남공정을 추진하면서 티벳이 13세기 원나라 이후 중국의 일부였다며, 티벳 역사를 중국사에 포함시켰다.

티벳은 7세기초 국가를 형성한 이후 원나라와 청나라 시대를 제외하고는 독립적인 국가형태를 유지해왔지만 서남공정 이후 중국의 일개 지방정부로 격하됐다. 중국은 티벳을 자국 역사에 편입시킨 이후 이주(이민)정책으로 티벳 내에서 한족의 반경을 넓혔고, 2006년 7월 청장(靑藏)철도(서녕-라싸(랍살))가 개통된 이후에는 티벳으로의 한족 유입이 빠르게 늘어났다.

④ 서북공정

서북공정은 신강위구르자치구에 거주하는 위구르족을 대상으로 한 역사 및 지리에 대한 종합연구이다. 이 프로젝트는 2002년 동북공정과 함께 시작했다.

중국의 실질적인 의도는 위구르족의 독립운동을 막기 위함이다. 즉, 1991년 소련의 해체에 영향을 받은 신강위구르 지역의 분리·독립운동을 사전 차단하기 위해 추진됐다.

이 프로젝트는 이미 마무리돼 '서역 통사' 등 단행본도 나와 있다. 위구르족은 역사민족인 돌궐과 관련이 있다. 583년 돌궐은 수나라에 패해 동돌궐과 서돌궐로 나뉘었다. 그리고 약 반세기동안 당의 지배를 받았다.

당의 지배에서 벗어난 위구르족은 독립된 왕조를 건국하며 등 중앙아시아지역에서 역사적 활동을 하였다. 1755년 청 건륭제가 이 지역에서 발생한 반란을 진압하면서 돌궐의 영토는 청에 편입되었다. 중국 영토가 된 지 250년밖에 안 됐기 때문에 지금도 위구르족 일부는 동투르키스탄 개국을 목표로 독립운동을 벌이고 있다.

⑤ 단대공정(斷代工程)

단대공정의 정식명칭은 '하상주단대공정(夏商周斷代工程)'이고, 보통 '단대공정'이라 부른다. 1996년에 시작되어 2000년 11월 9일에 완료되었으며, 역사학자와 고고학자, 천문학자 등 각 분야 전문가 200명이 투입되었다. 주된 내용은 하·상·주 3대 왕조의 연대를 확정하는 것이다. 먼저 하(夏)왕조가 BC2070년에 시작된 것으로 확정하였고, 상(商)왕조는 BC1600년 무렵에 건국했다는 학설을 정립하였으며, 상 임금인 반경이 은(殷)으로 천도한 때는 BC1300년 무렵이라고 하였다. 주왕조의 시작은 BC1046년으로 설정하였다. 그리고 중국 역사에서 연대가 알려진 가장 이른 시기는 BC841년 서주(西周)말 공화(共和) 원년(元年)이라고 하면서 약 1200여년이나 끌어올렸다.

⑥ 탐원공정(探源工程)

탐원공정의 정식명칭은 '중화문명탐원공정(中華文明探源工程)'이다. 2002년 11월 중국언론에서 시작을 예고하였고, 2003년 6월부터 정식으로 시작하였다. 단대공정을 계승하는 프로젝트로서 주된 내용은 '중화문명의 시원(始源)을 캐는 계획으로, 신화와 전설을 역사 영역으로 포함시키는 일이고, '중국'이라는 실체를 1만년 이상 끌어올렸다. 주요 사업은 2002년 봄에 4곳을 선정하여 발굴작업을 진행하였고, 이러한 지역이 화하족이 활동한 영역으로 추정하였다. 선정된 4곳은 하남성 신밀시의 古성터와 新성터, 등봉시의 왕성강(王城崗), 산서성의 도사(陶寺)이다.

⑦ 동북공정

동북공정의 정식명칭은 '동북변강사여현상계열연구공정(東北邊疆史與現狀系列研究工程)'이고, 내용은 "동북변경의 역사와 그것으로 파생되는 오늘의 현상에 대한 연구"이지만, 실질적으로는 한국 역사와 문화를 왜곡하고 부정하고 있다. 대표적으로는 고구려를 "고대 중국의 지방민족 정권"으로 규정하였다.

중국 광명일보를 통해 알려진 이 프로젝트는 중국사회과학원 변강사지연구중심(邊疆史地硏究中心)에서 2002년 2월에 시작하여 2007년 1월 31일에 종결되었다. 그런데 동북공정은 1996년에 이미 중국사회과학원의 핵심연구과제로 지정되어 있었고, 2016년 현재에도 다른 형태로 진행되고 있다.

2000년 호금도 국가부주석은 중국사회과학원의 동북공정 연구계획을 비준하고 승인하였다. 2002년 2월 사회과학원 변강사지연구중심과 동북3성이 공동으로 동북공정을 실시하였다. 2004년 8월에는 한국과 중국 정부는 고구려사 문제를 정치적으로 쟁점화하지 않고 학술연구에 맡기기로 구두합의 하였다. 하지만 중국은 2006년 9월 변강사지연구중심(邊疆史地硏究中心) 홈페이지에서 19개 연구주제 요약문을 공개하면서 동북공정을 다시 쟁점화하였다. 2006년 10월 호금도 국가주석은 북경에서 개최된 한중정상회담에서 고구려사를 학술적으로 해결키로 한 2004년 합의를 준수하기로 약속하였다. 그러나 2007년 1월 동북공정 107개 연구과제 중 56개가 한국 관련부분으로 밝혀졌다. 2007년 4월에 노무현 대통령과 온가보(溫家寶, 원자바오) 총리는 동북공정을 비롯한 한중간 고대사문제가 양국 관계 발전에 걸림돌이 되지 않도록 노력한다고 합의하였다.

중국은 동북공정을 진행하면서 금속활자의 발명국은 중국이고, 측우기도 중국의 것이라고 주장하였다. 그리고 고려를 세운 왕건을 한족의 후예로 주장할 뿐만 아니라 1948년 이전의 한국사를 삭제하였다.

⑧ 청사공정(淸史工程)

청사공정은 중국정부 주도 하에 청(淸·1644~1911)대 역사를 수정하고 보완하는 작업으로, '역대수사(易代修史)'와 '성세수사(盛世修史)'를 기반으로 하여 2012년에 완성한다는 목표를 삼았다. '역대수사'란 "새로 들어선 왕조가 이전 왕조의 역사를 기록해 중국의 역사를 이어 간다"는 말이다.

이 사업을 위해 2003년부터 2012년까지 10년 동안 총 6억 원(RMB, 한화 약 1100억 원) 이상의 국가예산을 들였다. 중국은 청사를 재정리하면서 강건성세(康乾盛世)를 통해 가장 강건하였고 영토가 가장 넓게 확장되었던 청대의 통일시기를 재조명하면서 오늘날 중국을 설명하고자 하였다. 이러한 청사공정은 청대의 역사를 정리한 것으로 보이지만, 실질적으로는 중화민족주의 역사관과 민족관을 기반으로 한 작업이다.

3) 전국애국주의교육시범기지(全國愛國主義敎育示範基地, 1997~)

1996년 11월, 국가교위(國家敎委), 민정부(民政部), 문화부(文化部), 국가문물국(國家文物局), 공청단중앙(共靑團中央), 해방군총정치부(解放軍總政治部)가 명명을 결정하고, 전국 초중고생에게 100개의 애국주의교육기지를 추천받았다. 2009년 5월까지 전국 총 343개의 경구(관)가 네 차례에 걸쳐 전국애국주의교육시범기지로 명명되었다.

1997년 7월, 중선부는 제1차 애국주의교육시범기지 100개를 발표하였다. 이 영향으로 전국에 전국애국주의교육기지가 건설되기 시작하였다. 발표된 100개의 시범기지 중에는, 중화민족의 역사문화 내용이 19개가 있고, 근대중국 당시 제국주의 침략의 내용과 침략에 항거하는 인민과 영웅들의 투쟁내용을 반영한 것이 9개가 있다. 그리고 현대 중국인민투쟁과 사회주의건설시기를 반영한 내용이 75개가 있다. 2001년 6월 11일에는 중국공산당 역사의 주요 내용을 담고 있는 100개를 제2차 애국주의교육시범기지로 발표하였다.

2005년 11월 20일에는 66개를 제3차 애국주의교육시범기지로 발표하였고, 2009년 5월 21일에는 87개를 제4차 애국주의교육시범기지로 발표하였다. 목표는 애국주의교육기지건설을 한층 더 추진하고, 애국주의교육기지 역할을 잘 할 수 있도록 하는데 있다. 또 군중성 애국주의교육활동을 더욱 심도깊게 전개하여, 애국열정과 인민을 단결, 민족정신배양을 불러일으키도록 하는데 있다. 애국주의교육시범기지 중에는 공자고택(孔子故居), 황제릉(黃帝陵), 염제릉(炎帝陵) 등이 있으나, 대부분 중국공산당의 역사와 관련이 있다.

중선부(中宣部)는 전국애국주의교육시범기지를 만든 이유 중에 하나로, 애국주의를 핵심으로 하는 민족정신을 널리 알리고 배양하는 것에 있다고 밝혔다. 그리고 혁명전통교육을 강화하고, 홍색관광활동을 추진한다고 밝혔다. 여기에서는 당간부, 대중, 청소년들을 대상으로 여러 종류의 교육을 실시하고 있다.

4) 공자학원(孔子學院)의 설립(2004)

2004년 11월에 한국 서울에 공자학원이 첫 번째로 설립하였고, 아시아, 아프리카와 유럽 각지에 분포되어 있다. 2015년 12월 1일 현재, 전 세계 134개 국가(지역)에 500개의 공자학원과 1000개의 공자과당(孔子课堂, 공자학당)이 설립되어 있다. 공자학원은 125개국(지역)에 총 500개인데, 그 중 아시아 32개 국가(지역)에 110개가 설치되어 있고, 아프리카 32개 국가에 46개 설립되어 있으며, 유럽 40개

국가에 169개가 설립되어 있고, 미주 18개 국가에 157개가 설립되어 있고, 대양주 (오세아니아주) 3개 국가에 18개가 설립되어 있다. 공자학당은 72개 국가에 100개 가 설립되어 있다. 이 중 코모로(Comoros), 미얀마, 말리, 튀니지, 바누아투, 그라 나다, 레소토, 쿡 제도, 유럽연합에는 공자학당만 있고, 공자학원은 없다. 아시아 18개 국가에 90개, 아프리카 14개 국가에 23개, 유럽에 28개국가에 257개, 미주 8 개 국가에 544개, 대양주 4개국에 86개가 설립되어 있다.

중국이 공자학원 설립을 대규모로 추진하고 나선 직접적인 이유는 경제 발전에 따라 중국어와 중국문화를 배우려는 사람이 급속히 늘어나고 있기 때문이다. 그리 고 중국이 한국에 제1호 공자학원을 세운 것은 중국에 있는 해외 유학생 가운데 절반 가량이 한국 학생으로서 한국의 중국어에 대한 관심이 높기 때문이다. 중국에 서 중국어와 중국문화를 세계에 널리 알리기 위해서 '공자'를 붙인 것은 공자가 세 계적으로 널리 알려진 대학자이기 때문이다.

공자학원은 '공자아카데미'라고도 하고 있는데, 중국어 표기로는 '孔子學院'이고, 영어로는 'Confucius Institute'다. 공자학원에서는 현지인에게 중국어를 가르치고 중국의 문화와 정치 이념, 정책을 소개해 중국에 대한 이해를 높이고자 하고 있다. 구체적으로는 중국어와 무술, 수묵화, 젓가락 사용법 등을 가르치고 중국의 고전과 사회주의 이론 등 중국문화 전반에 대한 정보를 제공하는 기능을 갖추고 있다.

공자학원이 설립되었을 당시, 마전비(馬箭飛) 국가대외한의교육영도소조 부주임 은 "2010년까지 세계 주요 지역 100곳에 공자학원을 세울 것"이라고 밝혔다. 2005 년 유럽에는 스톡홀름대학에 처음으로 공자학원을 열었고, 아프리카에는 2005년 12 월 19일 아프리카 케냐 나이로비 대학에 공자학원을 처음으로 개설하였다. 한편, 2006년 2월에는 미국 메릴랜드대학에 공자학원이 처음으로 개설되었고, 2006년 4 월에 런던에는 처음으로 '비즈니스 공자 아카데미'가 설립되기도 하였다.

5) 중화사상문화술어전파공정(中華思想文化術語傳播工程, 2014)

중국은 중화사상과 관련된 문화학술용어를 전 세계에 알리기 위해서 2014년부터

'중화사상문화술어전파공정(中華思想文化術語傳播工程)'을 실시하고 있다. 이는 2004년에 설립된 공자학원을 잇는 하나의 중화민족주의라 할 수 있다. 내용을 좀더 구체적으로 살펴보면 다음과 같다.

2014년 12월 24일 '중화사상문화술어전파공정' 제1차 술어(전문학술용어) 세미나가 북경외국어대학교에서 개최되었다. 이 날 발표된 술어는 모두 81개이다. 중화전통문화특징과 사유방식을 반영한 도(道), 기(氣), 인(仁), 의(義) 등의 핵심술어를 포함하였다. 또 음양(陰陽), 시언지(詩言志, 시란 뜻을 말하는 것이고), 수제치평(修齊治平, 수신제가치국평천하) 등의 교차학문의 술어도 포함되었다. 그 중에서, 개별항목인 "不學詩, 無以言(시를 배우지 아니하면 할 말이 없다. 논어 계씨편)" 등의 술어도 포함되었다. 제1차 대회는 학과술어(學科術語)를 발굴하여 정리하였다.

중화사상문화술어전파공정은 2014년에 시작되었다. 이 프로젝트의 목적은 중국전통문화특징과 민족사유방식을 잘 정리하고 반영하거나, 중국핵심가치관의 사상문화술어를 구체적으로 드러내는데 있다. 또, 구두표현에 용이하거나, 교류의 간결되고 세련된 언어로 객관적이고 정확하게 설명하는데 있다. 이로써 정부기구와 사회조직, 전파매체 등의 대외교류활동에서 중국의 발음을 잘 전파하고, 중국고사를 잘 얘기하여, 세계가 더욱 더 중국국정과 역사 및 문화를 이해할 수 있도록 하는데 있다.

중화사상문화술어전파홈페이지(中華思想文化術語傳播網站, http://www.chinesethought.cn/)가 정식으로 개설되었다. 홈페이지는 두 언어(중국어와 영어) 판본이고, 독자들이 자유롭게 언어를 교환하며 이미 공포된 술어를 대강 볼 수 있다. 게다가 상호교류를 통해 건설적인 의견을 피드백 할 수 있다.

이렇게 중국은 중화사상과 관련된 주요학술용어를 전 세계에 전파를 하면서 유가사상을 포함한 중국의 전통사상을 알리려 하고 있다. 이는 중국의 경제력이 부상하면서 미국과 함께 G2로 불리기는 하지만, 패권국가가 갖추어야 할 보편성이 있는 가치관이 부족하다고 언급되고 있는데, 유가사상 등 중국 전통사상에 함의하고 있는 '인본주의'와 '대동사회'적 색채가 농후한 용어를 널리 알리면서, 중국에 대한 편견을 제거하고자 한다.

6) '중화민족만들기'를 위한 '민족단결' 정책

중국은 55개 소수민족을 중화민족의 일원으로 여기는데서 한발짝 더 나아가 이제는 한족과 55개 소수민족이 동화와 융합을 거쳐 하나의 단일한 중화민족 혹은 중국민족이 되었다고 여긴다. 특히 '중화민족만들기' 작업을 통해 중국은 민족단결을 강조하면서 하나의 단일한 중화민족을 만들고자 하고 있다.

아래는 2000년대에 진행되었던 소수민족에 대한 정책을 정리하였고, '중화민족만들기' 작업과 관련된 내용이다.

첫째, 2005년의 "국무원의 전국민족단결진보 모범집체와 모범개인 표창에 관한 결정(國務院關於表彰全國民族團結進步模範集體和模範個人的決定)"이다.

둘째, 2006년 국가민족사무위원회가 3년에 한번씩 전국민족단결진보교육기지를 선정하기 위해 ≪전국민족단결진보교육기지심사명명방법(全國民族團結進步教育基地評審命名辦法)≫를 반포하였다.

셋째, 2009년 7월 16일 교육부와 국가민족사무위원회가 '전국 중소학(초중고교) 민족단결교육 공작부서회의 기요(紀要)'를 발표하였다. 앞으로 민족단결 과목을 전국의 초·중·고교와 직업학교에 개설해 정식으로 가르치기로 결정하였다. 정치 과목의 일부로 다뤄진 민족단결 교육이 별도 과목으로 독립되기는 이번이 처음이다. 초등학교 3~4학년 '중화대가정(中華大家庭,중화한가족)', 5~6학년 '민족상식', 중학교 1~2학년 '민족정책상식', 고교 1~2학년 '민족이론상식', 중등 직업학교에는 '민족이론상식 실천교육' 과목이 신설되었다. 교과서와 영상자료 등 교재도 교육부와 국가민족사무위가 일괄 제작해 배포키로 했다. 국가 차원에서 중화민족 교육을 강화하기로 결정한 것이다.

넷째, 2010년 ≪민족단결교육 청소년독본≫을 출판하였다. 국가출판기금지원프로젝트로 공청단 중앙 선전부와 국가민족사무위원회 연구실에서 공동 집필. 민족출판사에서 조선문, 몽골문, 장족문, 위글문, 까자흐문 등 5종 소수민족 문자로 번역 출판돼 전국으로 발행하기 시작하였다. 이 책은 민족단결진보사업의 줄기찬 발전을 힘있게 추진하기 위하여 중공중앙 판공청과 국무원 판공청에서 계획한 ≪민족단결선전교육활동을 깊이 있게 전개할 데 관한 의견≫의 요구에 따라 집필한 책이다.

다섯째, 대학생의 정치사상교육 강화이다. 2013년 11월 신강 현지 대학 지도자들은 대학생의 정치·사상 교육을 강화해 대학을 분열주의 침투를 막는 기지로 만들어야 한다는 데 의견을 같이했다. 카스(喀什)사범학원 서원지(徐源智, 쉬위안즈) 당서기는 "정치적인 자격이 기대에 부응하지 못하는 학생들은 전공 실력이 뛰어나도 졸업을 시켜서는 안 된다"고 주장했다. 신강대학 이중요(李中耀, 리중야오) 당서기는 "대학은 무엇보다 민족단결 유지 원칙을 자각하고 민족 분열에 반대하는 정치적 자질을 가진 인재를 배양해야 한다"고 강조했다.

여섯째, 사회주의핵심가치관 전파이다. 2014년 2월 인민일보는 중국공산당 중앙판공청이 발표한 사회주의핵심가치관의 기본 내용을 소개했다. 국가 가치로는 '부강, 민주, 문명, 화해'가 제시됐고, 사회 가치로는 '자유, 평등, 공정, 법치'가 강조됐으며, 개인 가치로는 '애국, 직업 충실, 성실, 우애'가 내세워졌다.

일곱째, 민족단결과 종교적 조화를 강조하였다. 2014년 5월 시진핑 국가주석이 신강위구르자치구를 시찰하면서 "종교는 사회주의에 순응해야 한다"고 하였다 그리고 한 이슬람교 성직자(이맘)와의 만남에서 시진핑은 "종교는 사회주의사회에 순응해 사회주의건설에 도움이 되는 좋은 관념을 적극적으로 널리 알려야 한다"고 말하며 '민족단결, 종교적 조화'를 동시에 강조하였다. 시진핑은 종교계 인사들과의 좌담회나 신강지역 당·정 지도부와의 회의 등에서도 "한족은 소수민족과 분리될 수 없고, 소수민족은 한족과 분리될 수 없으며, 소수민족끼리도 분리될 수 없다"며 '민족단결', '종교적 조화'를 시찰 기간 내내 반복적으로 강조했다고 전했다.

여덟째, 2014년 11월 중국교육부는 초·중·고·대학에 '사회주의핵심가치관 중점 교육'을 지시하였다. 교육부와 공청단은 "모든 학생이 이 가치관을 마음에 새기고 실천에 옮기도록 하는 것이 이번 조치의 목표라면서 이 가치관에는 중국 특색의 사회주의의 위대한 기치, 등소평이론, 강택민의 3개대표론, 호금도의 과학발전관 등이 포함돼 있다"고 밝혔다. 총 6개조에 20개 소항목으로 된 문건은 사회주의핵심가치관 교육에 대한 구체적 사례로 이 내용을 담은 동요 작곡과 도덕교육,

어문(국어), 역사 과목 교재의 편집 수정 등을 제시했다. 문건은 또 초·중·고 교재에 사회주의 핵심 가치의 내용으로 '국가주권의식', '중화우수전통문화', '민족단결 교육' 등을 담으라고 지시했다. 문건은 이 가치관 교육은 교육 영역의 종합적인 개혁을 이룩하고 지·덕·체·미를 갖춘 사회주의 건설자와 후계자를 양성은 물론 중화민족의 위대한 부흥과 중국의 꿈을 실현하는 데도 중요하다고 강조했다.

4. 동북공정의 연장

1) 조선족 중화민족만들기

(1) 조선족 자치주

1952년 8월 21일 연길시에서 연변조선민족자치구 여러 민족, 계층 인민대표대회 준비회의를 소집하고 인민대표대회를 위한 준비사업을 시작하였다. 동년 8월 29.일 길림성 연변조선민족자치구 제1기 여러 민족, 계층 인민대표대회가 연길시에서 정식으로 소집하였다. 동년 9월 3일 연길시에서 연변조선민족자치구 창립대회를 소집하고 주덕해주석이 자치구의 창립을 선포하였다. 연변조선민족자치구는 중화인민공화국의 분리할 수 없는 한 부분으로서 그 자치기관은 중앙인민정부의 통일령도하의 일급지방정권에 속한다고 하였다. 1955년 12월 헌법의 규정에 근거하여 연변조선족자치구를 자치주로 고쳤다.

1952년 7월, 중공연변지위는 "길림성연변조선민족취거구실시구역자치적계획"을 만들었다. 그리고 "길림성연변조선민족자치구인민정부조직조례(초안)"을 입안하였다. 8월에는 연변 각족각계인민대표회의준비위원회가 성립되었다. 그리고 9월 3일 연변조선민족자치구성립대회가 연길시에서 개최되었고, 조선민족자치구의 성립을 선포하였다. 1955년 12월에는 조선민족자치주로 바뀌었다. 조선족의 연변자치주건립은 중국건국이래 세 번째로 자치구역이 되었다.
흑룡강성에는 1956년에 33개의 조선족향이 있었고, 요녕성과 내몽골자치구에는 각각 3개의 조선족향이 있었으며, 길림성에는 7개의 조선족향과 1개의 조선족·만족 혼합향이 있었다. 장백조선족향은 1958년에 장백조선족자치현으로 승격되었다. 조선족 자치는 조선족을 위한 정치적 행정적 틀을 제공하였다.

---

(2) 조선족에 대한 중화민족만들기정책

중국은 동북공정 이후, 계속해서 조선족을 중화민족의 일원으로 만드는 작업을 해 오고 있다. 조선족의 무형문화유산을 국가급문화유산으로 선정하였거나 조선족의 아리랑을 세계 각지에서 공연하면서 중화민족의 문화로 소개하고 있다. 아래는 2003년 이래로 중국에서 진행되었던 '중화민족만들기'와 관련된 내용이다.

① 2003년 중국 정부는 백두산을 포함한 '중화(中華) 10대 명산'을 공식 선정·발표하였다.

② 2006년 5월 20일 국무원이 발표한 '제1차 국가급비물질문화유산목록에 관한 통지'에는 길림성연변조선족자치주의 농악무와 널뛰기 및 그네, 요녕성 본계시의 상모무와 걸립무가 포함되었다. '조선 농악무'는 길림성 연변조선족자치주와 요령성 본계(本溪)시가 각각 '신촌 농악무'와 '본계 걸립무(乞粒舞)'라는 명칭으로 신청한 것을 하나로 묶어 '무도(舞蹈)'항목으로 분류, 무형문화재로 지정하였다.

③ 2006년 백두산을 세계무형문화재로 등재하였다.

④ 2007년 제2차 전국민족단결진보교육기지 선정에서 길림성의 연변박물관(延邊博物館)이 선정되었다.

⑤ 2008년 6월 7일에 '제2차 국가급비물질문화유산목록과 제1차 국가급비물질문화유산확대항목목록에 관한 통지'를 발표하였는데, 이때, 길림성 연길시와 본계시의 조선족 통소음악, 길림성 도문시의 조선족 농악무, 길림성 화룡시(和龍市)의 조선족 연극 삼로인(三老人), 요녕성 단동시와 길림성연변조선족자치주의 조선족 화갑례(花甲禮), 길림성 연변조선족자치주의 조선족 학춤(鶴舞), 전통혼례와 복식, 민족악기제작기예, 요녕성 철령시의 조선족 농악무가 포함되었다.

⑥ 2009년 9월 조선족 농악무가 유네스코 '인류무형문화재대표작명록'에 수록되었다.

⑦ 2010년 7월에는 중국조선족비물질문화유산전람관(中國朝鮮族非物質文化遺産展覽館)이 연변조선족자치주에 개관되었다. 이 전람관은 인터넷에서도 관람할 수 있게 되어, 중국인뿐만 아니라 세계의 많은 사람들이 관람할 수 있다. 이는 조

선족의 문화가 중국 중화민족의 문화이며, 한국과는 별개인 것처럼 인식하게 한다.

⑧ 2011년 5월 23일 중국 국무원은 '제3차 국가급비물질문화유산목록에 관한 통지'를 발표하였다. 이때, 길림성 연변조선족자치주의 아리랑, 요녕성철령시와 길림성연변조선족자치주의 판소리, 길림성연변조선족자치주의 혼속(회혼례), 길림성 연길시의 씨름, 길림성연변조선족자치주의 추석, 흑룡강성목단강시의 조선족화갑례가 포함되었다.

⑨ 2011년 6월 길림성은 제3차 성급 무형문화유산을 지정하면서 조선족의 지신밟기와 달집태우기를 포함하였다.

⑩ 2011년 6월, 조선족농악무를 전문적으로 소개하는 사이트(http://www.nongyuewu.cn/)가 정식으로 개통하였다.

⑪ 2014년 제4차 전국민족단결진보교육기지 선정에서 흑룡강성 하얼빈조선족예술관(哈爾濱市朝鮮民族藝術館)이 선정되었다.

⑫ 2014년 11월 11일 국무원은 '제4차 국가급비물질문화유산대표성항목목록에 관한 통지'를 발표하였다. 이때 길림성 연길시의 조선족김치제작기술, 요녕성철령시의 추석이 포함되었다.

⑬ 2015년 1월 22일 연변조선족자치주 제14차 인민대표대회 제4차회의에서 통과되었던 《연변조선족자치주조선족비물질문화유산보호조례(延邊朝鮮族自治州朝鮮族非物質文化遺産保護條例)》는 제10회 문화유산일이 다가오는 시점에서 연변자치주가 《연변조선족자치주조선족비물질문화유산보호조례》를 당일부터 정식으로 실시한다고 선포하였다. 이 조례는 길림성이 처음으로 비물질문화유산보호 방면을 입법한 지방입법이다. 그리고 연변주비물질문화유산보호공작이 법에 의거한 새로운 시기에 진입하였음을 의미한다.

2) 한국에 대한 중국의 중화민족주의

(1) 장백산(長白山, 한국명 백두산) 문화론

중국 관영 중앙TV(CCTV)는 2011년 11월 12일에 방영한 다큐멘터리 장백산(6부작)을 방영하였다. 그런데 한중수교 20주년이 되는 해의 2012년 1월 10일에 CCTV~9에서 장백산을 방영하였다. 내용에서 중국은 발해를 당나라의 군정기구이자 지방 정권이었다고 주장하였다.

중국은 백두산을 만주족의 성지(聖地)로 해석하면서 한국과 직접적으로 관련 있는 백두산에 대한 해석을 달리하였다. 이를 통해 중국은 동북3성에서 중심된 역사활동을 한 민족이 한(韓)민족이 아닌 만주족으로 정리하고 있다. 그러면서 백두산을 중화민족문화의 발상지로 알리고 있다.

(2) 성씨공정(姓氏工程)

한국의 많은 성씨를 중국에서 건너온 성씨로 여기며, 일부 한국인을 중국 '화예(華裔)'로 삼고자 한다. 본질적으로는 한국의 역사와 문화 및 한국 민족의 정체성을 왜곡하거나 부정하려는 의도가 있다. 중국에서는 역사적으로 중국의 성씨가 한국으로 이주해 왔다면 중국인의 후예로 간주하기 때문에, 한국인이 원하든 원하지 않든 중국에서 말하는 화예가 되는 것이고, 중국인이 되는 것이다. 한국과는 무관하게 중국에서는 한국에 있는 많은 성씨들이 중국과 관련이 있다고 주장하고 있다. 한국 이씨 성 109개 본관 중, 약 30여개는 중국에서 들어왔고, 정(鄭)씨 35개 본관 중 서산(瑞山) 정씨(鄭氏)와 랑야(琅琊) 정씨(鄭氏)는 본관의 시조가 중국에서 들어왔다고 밝히고 있다. 또, 북한과 한국의 안(安), 변(卞), 변(邊), 채(蔡), 조(曹, 조), 진(陳), 지(池), 정(丁), 범(範), 방(方), 방(房), 홍(洪), 장(蔣), 길(吉), 강(康), 공(孔), 염렴(廉), 로(盧), 명(明). 남(南), 반(潘), 천(千), 진(秦), 추(秋), 임(任), 심(沈), 신(愼), 석(石), 송(宋), 위(魏), 염(閻), 엄(嚴), 양(楊), 은(殷), 인(印), 우(禹), 주

(朱) 등은 한당(漢唐)에서 명(明)시기의 중국에 그 집안의 족보가 보여지고 있다. 또 임(林), 로(魯), 류(柳), 차(車), 라(羅), 여(呂), 남궁(南宮), 예(芮), 왕(王), 오(吳) 등의 성씨는 시조가 상주전국진한(商周戰國秦漢)시대에 조선(朝鮮)으로 들어온 중국인이라고 주장했다.

(3) 시조공정(始祖工程)

> "염황(炎黃·炎帝와 黃帝)의 자손들은 시조(始祖)를 잊지 않는다."
> "염제(炎帝·신농씨)의 정신을 널리 펴서 중화민족을 단결시키자."

중국인은 염제와 황제를 시조로 삼는다. 황제는 청말에, 염제는 1980년대에 중국인의 시조로 삼았다. 한족 나아가서는 중화민족의 역사와 문화를 확대하고자 하였다. 한국과 관련이 있는 고대 동이족의 군장이면서 천자라 불리는 '치우(蚩尤)'를 중국(한족)의 선민족으로 해석하고 있다. 염제족이 동이족(東夷族)인 치우를 누르고 후에 황제족에게 복속됨으로써 중화민족의 시조가 되었다는 것이다.

중국에서 하북성 탁록현에 삼조당(三祖堂)을 만들었다. 중화삼조당(中華三祖堂)은 헌원호(軒轅湖)의 동쪽에 있으며, 황제천(黃帝泉) 북쪽으로 200m에 있다. 1994년 8월에 공사를 시작하여 1997년 10월 4일에 준공되었다. 화교가 투자를 하였고, 사당 내에는 황제(黃帝), 염제(炎帝), 치우(蚩尤)의 대형석상이 있다. 순서는 치우, 황제, 염제 순이다. 중화삼조당은 1994년부터 실시해 오고 있는 애국주의교육에 의해 소개되고 있으며, 민족응집력을 증강시키는 이상적인 곳으로 인식하고 있다. 동시에 중화아녀와 각 민족, 해외 애국인사들이 조상에게 예를 올리는 성지로 여기고 있다.

그리고 하남성 정주(鄭州)에 '염황이제상(炎黃二帝像)'을 세웠다. 염황이제상은 중국의 시조로 여기고 있는 염제와 황제를 새긴 석상이다. 2007년 4월 18일, 높이가 106m로 뉴욕에 있는 '자유의 여신상'보다 8m나 더 높은 화강암으로 만든 세계 최고(最高)의 석상이 공개되었다. 염황이제상은 1987년 화교들이 공동으로 발기하였고, 1억8천만 원을 공동으로 투자하였다.

한편, 한국과 관련된 시조에 대해서 중국은 2007년 이래로 시조공정을 하고 있다. 길림성 왕청(汪淸)현 '만천성 선녀봉 경구(景區·관광을 목적으로 풍경이 빼어난 곳에 만든 구역)'에 세워진 높이 18m, 무게 500t의 석조 웅녀상으로 왼손에 쑥, 오른손에 마늘을 들고 있다. 한 중국 관광객은 석상의 주인공이 누구냐고 묻자 "중국 소수민족의 시조"라고 대답했다. 그리고 안내판은 "백의신녀는 조선민족 고대신화에 나오는 시조모"라며 곰이 사람으로 변해 환웅과 결혼하기까지의 과정을 서술한 뒤 "이들의 자손이 고대 조선민족"이라고 설명했다. 이어 "그녀는 중국 조선민족 부녀(婦女)의 근로·용감·선량·미려(美麗)를 표현하고 있다"고 써 놓았다. 그러나 '백의신녀'의 의상은 중국 옷에 가까웠고, 안내판에는 '웅녀'나 '단군'이라는 이름은 보이지 않았다.

(4) 온돌공정(2006.12.)

중국은 한국의 전통문화라 할 수 있는 것들을 중화민족의 문화라고 간주하고 있다. 대표적인 사례로는 단오절을 중국의 것이라 주장하였고, 온돌도 중국의 것이라고 주장하였다. 중국 학자들이 외국 사이트에서 '온돌의 기원은 캉(坑)으로 중국 북방에서 발생해 한반도에서 그 명맥을 유지하고 있으며, 상해 등에서 중국 문화로 다시 살아나고 있다'는 주장을 펼쳤다.

(5) 만리장성확장(2012.6.)

2012년 6월에 중국 국가문물국에서는 2007년부터 진행한 역대 만리장성의 총 길이가 2만 1196.18km라고 하고, 만리장성의 동쪽 끝이 압록강 지역의 고구려 산성으로 확장하였다.

중국은 중국대륙에서 활동하였던 모든 민족은 중화민족이라는 민족관을 내세우면서 한국과 관련된 고구려와 발해 등의 역사를 중국의 역사로 가르치기 시작했다. 또, 고구려의 장성을 만리장성의 일부로 간주하기 시작하면서, 고구려의 장성을 만리장성으로 가르치기 시작하였다.

중국은 2006년 국무원 명의로 '(만리)長城 保護條例'를 제정하면서 만리장성의 길이를 계속 늘려 발표해 왔다. 특히 만리장성의 동쪽 끝과 관련된 내용을 살펴보면, 중국 요녕성 관광지역을 설명하는 홈페이지에는 "호산장성(虎山長城)은 명 성화 5년 1469년에 건축하였다. 당시에는 주로 건주여진인(建州女真人)의 침략을 방어하기 위함이었다. 사람들은 만리장성 동쪽 끝이 천하제일관이라 불리는 산해관이라고 잘못 알고 있다. 사실 ≪明史‧兵志≫에는 "終明之世, 邊防慎重, 東起鴨綠, 西至嘉峪"라고 적고 있는데, 이미 명장성은 '동은 압록강에서 시작하여, 서로 가욕관에 이른다'라는 게 명확하다."라고 소개하고 있다.

그런데 호산장성(虎山長城)은 고구려의 박작성(泊灼城)이다. 2009년엔 요녕성 단동의 고구려성 박작성이 만리장성의 일부로 확인됐다고 주장하며 '만리장성 동단 기점'이라는 대형 표지판을 박작성에 세우기도 하였다. 이후에도 중국은 고구려의 발원지인 백두산 근처 길림성 통화(通化)현에서 진한시대의 것으로 추정되는 만리장성 유적이 발굴됐다고 발표했다. 특히 2009년 중국은 만리장성의 동쪽 끝이 압록강변이라는 주장을 내놓았다.

2014년 3월부터 10월까지 요녕성 단동시 루방진(樓房鎭, 러우팡진) 동성촌(東城村) 동쪽의 압록강 지류 하천변에 있는 요새 유적 1만 8800㎡를 발굴했다. 발굴팀은 1565년 명나라가 세운 이 요새가 요동 지역의 만리장성 유적 가운데 압록강에 가장 가까이 있는 것으로, 만리장성의 동쪽 끝이 압록강변이라는 점을 보여준 것이라고 평가했다. 중국의 이러한 주장은 명나라가 여진족의 침입을 막기 위해 산해관 동쪽에 설치한 '요동변장'이 만리장성의 연장이라는 전제를 깔고 있다. 이렇게 중국은 만리장성의 동쪽 끝을 확대하면서 한국의 고대사를 왜곡하고 있다.

(6) 윤동주의 민족정체성 바꿈

2012년 8월에 준공되었던 윤동주(尹東柱) 생가를 2014년 7월에 국가급관광지로 결정하였다. 길림성 연변조선족자치주가 용정(龍井)시에 있는 시인 윤동주 생가를 '국가급 관광지'로 결정하였다. 연변에서는 400만위안(약 6억7000만원)을 투입해 윤동주 생가를 수리하면서 **'중국 조선족 애국 시인 윤동주 생가'**라고 적힌 가로 4m, 세로 2m의 표지석을 세웠다. 윤동주의 국적을 '중국'으로 적고 있고, 민족명칭을 조선족으로 함으로써 윤동주를 중국 사람으로 표기하고 있다.

그런데, 더욱 심각한 문제는 조선을 건국한 이성계를 조선족, 상해임시정부 김구 주석, 안중근 의사를 조선족이라고 칭하고 있다. 게다가 한국 박근혜 대통령도 조선족으로 지칭하면서, 조선족이 한국에서 대통령을 하고 있는 것처럼 여기도록 하였다.

이러한 현상은 중국 바이두 홈페이지의 바이두백과(百度百科)에서는 그대로 나타나고 있다. 바이두 홈페이지는 '바이두백과(百度百科)'라는 카테고리를 통해 인물정보를 제공하고 있는데, 대통령뿐 아니라 조선왕조 역대 왕은 물론 안중근, 김구, UN 반기문 총장까지 광범위하게 한국 역사적 인물에 대해 '조선족'이란 민족 표기를 쓰고 있다.

尹东柱 ✎编辑

尹东柱（윤동주），原名尹海波。他于1917年12月生于明东小学、大砬子汉族小学、恩真中学、崇实中学和光

中文名	尹东柱
国 籍	中国
民 族	朝鲜

http://baike.baidu.com/view/2487349.htm

朴槿惠 民族

网页　新闻　贴吧　知道　音乐　图片

百度为您找到相关结果约1,080,000个

朴槿惠民族：

朝鲜族

朴槿惠（韩语：　；罗马拼音：Pi
任韩国总统，韩国第18任总统。
党代表、国会议员，韩国前总统

中文名	安重根
外文名	안중근
别 名	应七、多默（Thomas）
国 籍	朝鲜
民 族	朝鲜族
出生地	黄海道海州

http://baike.baidu.com/subview/198404/10241497.htm

5. 시진핑 시대의 민족정책[3)]

1) 2013년 중국소수민족 뉴스

시진핑 정부의 민족정책과 방침은 2014년 1월 14일 국가민족위원회가 발표한 "2013년 중국소수민족10대뉴스"에서 잘 나타난다. 몇 가지를 살펴보면 다음과 같다.

첫째, 2013년 3월 국무원판공청이 ≪전국민족단결진보모범평선표창판법(全國民族團結進步模範評選表彰辦法)≫을 배포함으로써 민족단결진보모범표창활동은 규범화궤도에 들었다.

둘째, 2013년 4월, 정협 부주석 겸 국가민족위원회 주임인 왕정위(王正偉)는 "중국의 꿈은 56개 민족공동체의 꿈으로 귀결된다. 중국의 꿈은 민족지역이 전국과 전면적으로 소강사회건설이라는 발전적인 꿈이다. 56개 민족이 하나의 가정으로 되는 단결의 꿈(團結夢)이다."라고 강조하였다.

셋째, 2013년 7월에는 '국가민족위원회정책결정자문위원회'가 성립하였다. 위원회의 설립 이유는 형세를 연구하고 판단하며, 규율을 파악하고 대책을 제시하여, 민족공작정책결정이 과학화·민주화·체계화 되도록 하는데 있다.

넷째, 2013년 9월 제4차 전국신강지원공작회의에서 정협주석 위정성(俞正聲, 유정성)은 신강을 지원하는 정책을 명확하게 하였다. 위정성은 취업과 교육 및 인재를 제고해야만 신강공작을 지원하는 역량을 확보하고, 신강공작의 새로운 단계로 올릴 수 있는 원동력이 된다고 하였다.

다섯째, 2013년 10월 13일에 정식으로 시작된 소수민족영화프로젝트는 1개의 소수민족이 적어도 1편의 영화를 제작하여 민족문화를 알리고 민족단결을 촉진하게 하였다.

여섯째, 2013년 10월 국무원은 '서장의 발전과 진보(西藏的發展與進步)'라는 백서에서, 서장의 각 족 인민의 공동체 희망에 부합하는 것은 중국이 전면적으로

---

3) 졸고, "시진핑(習近平) 시대의 중국민족정책 연구," 동북아문화연구 제43집, 동북아시아문화학회, 2015. pp. 205~232. 편의상 각주는 생략하고, 출처는 논문을 참조하기 바란다.

발전하는 필연적인 결과라고 하였다.

2) 제6차 전국민족단결진보표창대회(第六次全國民族團結進步表彰大會, 2014)

시진핑은 2014년 제6차 전국민족단결진보표창대회에서 민족공작에 대한 방침을 다음과 같이 강조하였다.

첫째, 통일된 다민족은 중국의 커다란 특색과 발전의 매우 유리한 요소이고, 전 당은 중국이 통일된 다민족국가의 기본적인 국정을 굳게 해야 한다.

둘째, 중국특색은 민족문제를 해결하는 정확한 길인 과학적인 함의이고, 굳건하게 당의 민족정책을 견지해야 한다.

셋째, 민족공작은 당면한 새로운 단계의 특징이다. 민족이론정책창신은 새롭게 '4개의 공동인식(四個認同)'의 원칙을 증강하도록 견지해야 한다.

넷째, 민족구역자치제도는 중국의 커다란 기본적인 정치제도이다. 민족구역자치 제도를 견지하고 완성하여 '두 개의 결합(兩個結合)'을 이루어야 한다.

다섯째, 민족단결은 중국 각 민족인민의 생명선이다. 민족단결을 강화하려면 전 략성·기초성·장구성이 있는 일을 해야 한다.

여섯째, 민족지역의 전면적 소강사회건설은 총체적인 것으로, '4개 방면, 8개 중 점(四個方面, 八個重點)'의 공작을 이루어야 한다.

일곱째, 민족공작에서 물질적 방면과 정신적 방면의 문제를 잘 해결해야 하고, 각 민족이 공유하는 정신 가정을 건설하여 전략적인 임무로 만들어야 한다.

여덟째, 중국은 각 민족의 지역을 넘어서는 상황의 역사적 추세에 진입하였다. 도시가 더욱더 소수민족을 잘 받아들이고, 소수민족은 더욱더 도시에 잘 유입해야 한다.

아홉째, 민족공작을 잘 해야 하는 관건은 당과 사람에게 있다. 중국공산당의 영 도는 민족공작 성공의 근본적인 보증이고, 또한 각 민족단결의 근본적인 보증이다.

이 중, '4개의 공동인식'은 "정책의 새로운 창신과 완성을 통해 각 민족이 위대 한 조국에 대한 공동인식을 증강시키고, 중화민족에 대한 공동인식, 중화문화에 대한 공동인식, 중국특색의 사회주의 길에 대한 공동인식을 증강시켜야 한다."는 것이다. '두 개의 결합'은 '통일과 자치의 상호 결합'과 '민족요소와 구역요소의 상호 결합'이다. 제5세대 지도부는 이를 통해 민족구역자치제도를 견지하고 완성하고자 한다.

'4개의 방면과 8개의 중점'에서, '4개의 방면'은 "기초를 닦는 것에 입각하고 오랜 기간을 계획하여 효과를 보도록 해야 하며, 그러면서 민족지역이 예정대로 전면적 소강사회건설을 확보해야한다."이다. '8가지 중점'은 "민생에 중점을 둔 채 발전하면서, 취업과 교육에 역점을 두는 것이다. 자원의 풍부함을 활용하여 현지의 혜택과 생태보호에 역점을 두고, 가난에서 벗어나는 개발을 하여, 가난을 탈피하는 데 역점을 둔다. 변강건설을 보다 더 강화하여, 기초시설과 대외개발에 역점을 두고, 온갖 방법으로 민족지역의 전면적 소강사회건설의 과정을 가속화한다."는 내용이다.

3) 중앙정치국 중앙서기처의 조직 확대(2012)

시진핑 정부에 들어와 민족정책기능을 강화하기 위해 중국공산당 중앙정치국 중앙서기처의 조직을 확대하였다. 중앙서기처는 중앙정치국의 일상 업무를 관장하는 조직이다.

2012년 11월 15일 통과된 18차 중앙서기처는 기존의 6명에서 1명이 늘어난 7명으로 구성되었다. 7명은 류운산(劉雲山), 류기보(劉奇葆), 조락제(趙樂際), 율전수(栗戰書), 두청림(杜靑林), 조홍축(趙洪祝), 양정(楊晶)이다.

4) 새로운 기구설립과 법률제정(2013)

시진핑 정부의 민족정책 중 두드러진 특징은 새로운 기구설립과 법률제정이다. 2013년에 국가민족위원회 내에 '민족어문공작전문가자문위원회(民族語文工作專家咨詢委員會)'와 '정책결정자문위원회(決策咨詢委員會)'가 설립되었다.

국가민족위원회 민족어문공작전문가자문위원회는 4월 9일에 설립된 기구로, 언어학과 정보기술 및 표준화관리 등의 전문가와 학자들로 구성되었다. 이 위원회는 국가민족위원회가 당의 18대정신 관철을 위해 설립한 것으로, 민족어문공작정책결정의 과학화 수준을 높이는 중요한 조치이다. 제1차 회의에서 "국가민족위원회어문공작전문가자문위원회장정(초안)(國家民委民族語文工作專家咨詢委員會章程(草案))"을 통과시켰다.

7월 30일에 설립된 국가민족위원회 정책결정자문위원회(國家民委決策咨詢委員會)를 두고, 왕정위는 "정책결정자문위원회가 성립된 이유는 민족사업 정책결정의 과학화·민주화·체계화를 추진하기 위함이다. 국가민족위원회 지도하의 고급자문기구이고, 민족사업을 잘 하려는 싱크탱크이며 전문위원회이다."고 강조하였다.

5) 소수민족영화프로젝트(2013)

2013년 10월 13일에 정식으로 시작된 소수민족영화프로젝트는 1개의 소수민족이 적어도 1편의 영화를 제작하여 민족문화를 알리고 민족단결을 촉진하게 하였다. 이 프로젝트는 국가민족위원회와 중국작가협회가 참여하는 것으로, 민족문화를 선양하고, 영화산업을 번영하며, 단결진보를 촉진하는 것을 주제로 삼았다. 그리고 각 소수민족은 적어도 영화 한 작품을 제작해야 한다. 소수민족주제의 영화, 연속극, 만화영화 등을 프로젝트 속에 포함시키면, 소수민족문예의 발전을 촉진시키는데 유리하다고 밝혔다.

중국작가협회서기처 서기인 백경승(白庚勝, 바이경성)은 "이는 각 민족간의 문화평등문제에 영향을 줄 것이다. 중국은 56개 민족이 공동으로 조성된 대가정이고, 각 민족은 평등하게 문화발전의 성과를 향유해야만 한다. 진정한 민족평등이 실현되어야만 민족의 단결과 번영이 있을 수 있다. 어떤 민족은 자신의 극본과 자금 및 배우 등이 부족하다. 정부의 지지가 있게 되면 그들은 자신들의 민족을 주제로 한 영화를 만들 수 있고, 자신들의 생활을 기록할 수 있다. 이는 민족의 문화자부심을 증강시킬 수 있고, 구심력과 응집력을 만들 수 있다. 각 소수민족은 모두 독특한 특징을 갖고 있는데, 열심히 촬영을 하면 각 민족자신들의 문화 개성을 나타낼 수 있다. 이로써 우리 문예분야는 충분히 다원화를 할 수 있고, 진정으로 문화번영을 실현할 수 있다.”고 여겼다.

6) 백서 '2013년 중국 인권사업의 발전(2013年中國人權事業的進展)'(2014)

2014년 5월 26일에 발간된 '2013년 중국 인권사업의 발전'이라는 백서를 통해 중국정부는 소수민족 인권을 포함한 중국의 인권개선 업무가 분야별로 큰 성과를 거두었다고 평했다. 백서에서 중국은 헌법과 법률 및 제도를 통해 각 민족의 평등을 확립하였고, 각 민족의 차이와 특징을 존중하였다고 밝혔다. 그리고 소수민족의 정치·경제·문화·언어 및 풍속습관·종교신앙 등의 평등한 권리를 보장하였다고 밝혔다. 2013년, 중국소수민족과 민족지역의 각 사업은 새로운 성과와 발전을 거두었고, 각 소수민족은 각 기본권리를 누리고 있고, 소수민족의 정치 권리를 충분히 보장되고 있다고 밝혔다. 하지만, 시진핑 정부에도 소수민족의 종교와 인권에 대한 탄압은 여전히 진행되고 있는데, 특히 신강과 서장에 대한 통제와 종교탄압은 더욱 강경해지고 있다.

7) 중앙통전부(中央統戰部) 겸직(2015)

중앙통전부(中央統戰部) 사이트에 따르면, 2015년 4월 2일 중국당국은 정협 부주석이면서 국가민족위원회 주임인 왕정위(王正偉)가 중앙통전부 부부장을 겸직한다고 발표하였다. 왕정위가 민족위원회주임의 신분으로서 통전부 부부장을 맡는 것은 18대이후 중앙의 민족공작과 통전공작에 대한 변화를 보여 준다. 18대이전의 민족공작은 정법공작을 분담하는 중앙정치국상무위원회가 책임졌다. 그런데, 18대 이후에 중앙은 소수민족 업무방향을 조정하고, 중앙정치국상무위원회와 정협 주석이 민족공작을 주관하는 것으로 전환하여, 소수민족문제를 통일전선공작과 긴밀하게 연계하고 있다.

8) 위구르족에 대한 정책

(1) 통혼장려방안(2014)

2014년 9월, 신강위구르자치구 체모어(且末)현에서는 "소수민족과 한족 간 통혼가정 장려 방안(시행)(關於民漢通婚家庭獎勵辦法(試行))"을 시범적으로 시행하면서 통혼 가족에게 정치·주택·취학·취업 등의 방면에서 혜택을 주고 있다. 결혼증명서를 취득한 이후에는 매년 1만 위안의 장려금을 주지만, 5년을 초과하지는 않는다. 만약, 한 명이 고정적인 직업이 없는 경우, 개인의 문화정도에 따라 취업을 해결해 준다. 결혼한 지 만 3년이 되면, 쌍방 부모는 주택과 의료에 관한 혜택을 누릴 수 있다. 부부 가운데 고정적인 직장이 없는 사람에게는 정부에서 직장을 알선해 주기로 했다. 자녀들이 현 내에 진학 하면, 유치원에서부터 고등학교까지의 모든 비용을 면제해 준다. 중등전문학교(직업고등학교)에 진학하면 매년 3000위안의 장학금을 주고, 전문대학 이상의 학교에 진학할 경우에는 매년 5000위안의 장학금을 주기로 하였다.

현 당서기 주신(朱新)은 "우리는 소수민족과 한족의 통혼을 적극 지원하고 있으며 이는 다른 민족 간의 교류를 강화함으로써 민족 단결과 통합을 이루고, 이를 통해 중화민족 부흥의 꿈을 이루기 위한 것"이라고 주장했다. 한편 신강위구르자치구는 중국의 다른 소수민족 지역과 달리 이슬람교를 믿는 위구르인과 한족과 통혼을 기피하는 성향이 매우 크다.

(2) 위구르족 이슬람복장금지 입법화

신강에서는 위구르족의 복장단속을 통해 위구르족을 감시하고 있다. 2014년 8월 신강 카러마이시(克拉瑪依市)에서 체육대회 보안이라는 이유로, 부르카(이슬람 여성의 전통의상)와 터번, 히잡, 이슬람의 상징인 성월(星月·초승달과 별) 표식이 있는 옷을 착용한 사람과 수염을 기른 젊은 남자의 공공버스 탑승을 금지했다. 이는 2014년 7월 테러로 인해 100여명이 죽은 사건 때문이었다. 특히, 2014년 12월 10일 신강 우루무치시 인민대표대회 상무위원회는 ≪우루무치공공장소 복면과 긴 겉옷 착용금지 규정(烏魯木齊市公共場所禁止穿戴蒙面罩袍的規定)≫을 통과시켰다. 그리고 2015년 1월 10일 신강위구르자치구 제12차 인민대표대회상무위원회 제13차회의에서 비준한 후에 16일에 공포하였고, 2월 1일부터 시행하였다. 우루무치는 중국에서 이슬람복장금지를 입법화한 최초의 도시가 되었다. 총13개조로 된 규정에서 머리부터 발목까지 전신을 가리는 여성 복장인 부르카, 머릿수건인 터번·히잡 등을 금지하였다. 또 공공장소에서 종교극단사상을 선양하는 복식, 휘장·기물·기념품·표지·상징 등의 패용 혹은 사용을 금지하였다. 공공장소로는 기관, 단체, 사업단위의 사무실, 기업생산경영장소, 공공교통수단, 정류소, 학교, 병원, 유치원, 가도 및 도로와 사구공공구역, 여가장소, 인민정부가 정한 기타 장소 등이다. 규정을 위반하면 공안기관이 법률에 의거하여 처벌을 줄 수 있다.

9) 티베트에 대한 정책

(1) 노서장정신(老西藏精神)과 양로(兩路)정신

시진핑 정부는 '노서장정신(老西藏精神)'과 '양로(兩路)정신'을 강조하면서 서장 지역을 도모하는 한편, 종교탄압이라는 강경책을 실시하고 있다. 서장발전전략의 대표적인 것은 18대에서 제기한 '6개 서장건설'이다.

'6개 서장'은 '부유한 서장(富裕西藏), 조화로운 서장(和諧西藏), 행복한 서장(幸福西藏), 법치서장(法治西藏), 문명서장(文明西藏), 아름다운 서장(美麗西藏)'이다. 2012년 12월 서장은 '6개 서장'건설을 관철하여 실시하기로 하였고, 서장의 비약적인 발전과 장기적인 안정을 추진하여 '6개 부서'를 건설할 새로운 계획을 제안하였다.

2012년 12월 서장자치구 제8차위원회 제3차 회의에서 ≪중공서장자치구위원회 당18대정신 심화와 관철에 관한 서장의 비약적 발전과 장기적 안전 추진 의견(中

共西藏自治區委員會關於深入貫徹落實黨的十八大精神, 推進西藏跨越式發展和 長治久安的意見)≫이 통과되었다.

시진핑 정부는 '노서장정신'을 강조하며 서장의 발전과 안정을 강조하였다. 2013년 양회에 참가한 서장 각 민족 간부에게 시진핑은 "특히 괴로움을 견뎌낼 수 있어야 하고, 투쟁과 인내 및 공헌을 할 수 있어야 한다는 '노서장정신'을 선양해 야 한다."고 강조했다. 시진핑은 "노서장정신은 서장 각 민족 인민이 단결해야 하 고 힘써 쟁취해야 하고, 분발하여 국가 부강을 도모해야 하며, 과학발전 역량의 원 천이고, 서장의 많은 간부와 군중의 핵심가치관이다. 중국특색과 서장 특징이 있는 발전의 길을 변함없이 걸어가야 하고 민족단결을 공고히 하고 발전시켜야 한다. 서 장의 비약적인 발전과 장기적인 안정을 빠르게 추진해야 하고, 2020년 전면적 소 강사회건설이라는 웅대한 목표를 함께 실현해야 한다."고 강조했다.

2014년 8월 6일 시진핑은 2개의 고속도로 노선(兩路)이 서장자치구에 개통된 지 60주년을 맞아 '양로(兩路)'정신을 계속해서 선양해야 한다며 서장의 발전과 민 족 간 단결을 강조했다. 특히 천장(川藏)과 청장(靑藏)고속도로는 '민족단결의 길'·'서 장문명 진보의 길'·'서장 각 민족 동포의 공동부유의 길'이라고 강조했다. 시진핑의 발언은 신강을 중심으로 한 분리독립 세력의 잇따른 테러 등을 염두에 두고 소수 민족을 포함한 민족 간 단결을 강조하려는 의도가 담긴 것으로 보인다.

2014년 8월 12일 서장대학에서 개최된 당위이론중심소조학습회(黨委理論中心組 學習會)에서 시진핑의 "천장고속도로와 청장고속도로 개통 60주년에 관한 주요 지 시(關於川藏靑藏公路建成通車60周年重要批示)"의 정신을 학습하였고, 시진핑의 "국가를 다스리려면 반드시 변강을 다스려야 하고, 변강을 다스리려면 먼저 서장을 안정되게 해야 한다(治國必治邊, 治邊先穩藏)"의 주요전략사상을 언급하였다.

(2) 서장에 대한 민족공작

2014년 9월 24일 인민일보에 "시진핑은 '민족공작의 대국에 관계되는(民族工作 關乎大局)'을 제안하였다."라는 기사가 실렸다. 기사에는 "최근, 서장자치구 당위와 정부는 당의 민족정책을 전면적으로 관철하여 실시하였다. 그리고 시진핑의 주요 연설정신, 특히 '국가를 다스리려면 반드시 국경을 다스려야 하고, 국경을 다스리려면 먼저 서장을 안정되게 해야 한다'의 주요 전략사상과 '서장건설을 민족단결촉진의 모범이 되게 한다'는 주요 지시를 관철하여 실시하고 있다. 또 위정성을 "법에 의거하여 서장을 다스리고, 장기적으로 서장을 건설하고, 서장의 인심을 쟁취하여 기초를 잘 다진다"라는 지시요구를 관철하여 실시하였고, '10개의 견지'를 근본으로 삼아 사회주의민족관계를 발전과 평등 및 단결하도록 확실하게 공고히 한다."고 하였다.

10개의 견지는 "첫째, 고도중시(高度重視)를 견지하여 민족단결을 각 민족 인민의 생명선으로 삼는다. 둘째, 의법치장(依法治藏)을 견지하여 끊임없이 민족구역자치제도를 집행한다. 셋째, 조주관건(抓住關鍵)을 견지하여 장대한 민족간부인재대오를 배양한다. 넷째, 고호인도(搞好引導, 안내를 잘 하는 것)를 견지하여 민족단결선전교육을 광범하게 전개한다. 다섯째, 강화격려(强化激勵, 격려를 강화하는 것)를 견지하여 민족단결진보창건활동을 심도있게 전개한다. 여섯째, 전승홍양(傳承弘揚, 전승하고 선양하는 것)을 견지하여, 민족특색의 문화를 보호하고 발전시킨다. 일곱째, 존중신앙(尊重信仰)을 견지하여 당의 종교정책을 전면적으로 실시한다. 여덟째, 항실기초(夯實基礎, 기초를 단단하게 다지는 것)를 견지하여 각 민족의 심도 있는 교류와 융합을 촉진한다. 아홉째, 흥변부민(興邊富民, 변방을 발전시키고 백성을 부자 되게 하다)을 견지하여 끊임없이 민족경제발전수준을 제고시킨다. 열째, 성과공향(成果共享, 성과를 함께 누리다) 견지하여 각 민족 군중의 행복지수를 확실하게 증강시킨다."이다.

10) 시진핑 시대의 민족정책에 대한 인식

시진핑 시대의 민족정책에 대한 인식은 중국공산당의 이론 간행물인 ≪구시(求是)≫의 2014년도 제20기에 실린 중앙민족공작회의(中央民族工作會議) 겸 국무원 제6차 전국민족단결진보표창대회의 내용에도 잘 소개되어 있다. 글에서 이 회의가 민족공작이 당면한 새로운 기회와 도전의 배경 하에 소집된 매우 중요한 회의라고 밝혔다. 회의에서 시진핑은 중국 민족공작의 커다란 방침을 신중하게 언급하면서, 새로운 사상과 논단 및 새로운 인식을 제출하였고, 새로운 정책결정과 부서 및 요구를 제안하였다. 이는 새로운 형세 하에서의 민족공작을 잘하는 강령성 문헌이다.

2014년 3월 제12차 정협 2차회의를 앞두고 중앙정치국상무위원 7명은 조별토론을 희망하였고, 국가방침을 상의하자고 제안하였다. 이때 시진핑은 소수민족 각계위원연합회의에서 "전면적으로 당의 민족정책을 관철하여 실시하고, 민족구역자치제도를 견지하고 완수해야 한다. 각 민족인민은 위대한 조국에 대한 동일한 인식, 중화민족에 대한 동질성, 중화문화에 대한 동질성, 중국특색의 사회주의의 길에 대한 동질한 인식을 끊임없이 증강시켜야 한다. 더욱이 민족단결과 사회안정, 조국통일을 보호하고 유지해야 한다. 모든 방법을 동원하여 소수민족과 민족지역경제사회발전을 빠르게 하여야 한다. 민족지역의 군중은 실질적인 혜택을 누릴 수 있도록 해야 한다."고 강조하였다. 또 "전국 각 민족은 민족단결의 정치국면을 중요하게 여겨야 하고, 각 민족대단결을 위해(危害)하는 언행을 굳건하게 반대해야 한다. 각 민족이 명운을 함께 하고, 마음과 마음을 잇는 영광스러운 전통을 대대로 이어야 한다."고 강조하였다. 그리고 '민족공작의 대국에 관계되는(民族工作關乎大局)'을 제안하였는데, "중국특색의 사회주의 길을 견지하는 것은 새로운 형세하에서 민족공작을 필수적으로 뚜렷하게 파악하는 정확한 정치방향이다. 당의 민족정책을 전면적으로 관철하여 실시해야 한다. 단결안정은 복이고, 분열동란은 재앙이다. 각족 인민은 민족대단결의 정치국면을 중요시 여겨야 하고, 민족단결을 위해하는 언행을 굳게 반대해야 한다. 그리고 민족단결과 사회안정 및 국가통일의 철옹성 같은 방비를 공고히 해야 한다. 새로운 형세하의 민족공작이 잘 할 수 있도록 소수민족계 위원들은 참모와 조수 및 정책결정방향의 자문역할을 해야 한다"고 희망하였다.

2014년 9월 28일 개최되었던 중앙민족공작회의 및 국무원 제6차 전국민족단결진보표창대회에서, 시진핑은 중국의 민족공작이 직면한 국내외 형세를 전면적으로 분석하고, 중국민족공작의 커다란 방침을 설명하였다. 또 리커창(李克强)은 "민족지역발전을 빠르게 하고, 전면적 소강사회건설을 촉진시키자"고 하였다. 회의에서 "다민족은 중국의 커다란 특색이고, 또 중국발전의 커다란 유리한 요소라고 하였다. 각 민족은 공동으로 중국의 금수강산과 광활한 강역을 개발하고, 공동으로 유구한 중국역사와 찬란한 중국문화를 창조해야 한다고" 하였다. 그리고 중국의 역사발전특징은 각 민족이 분포상의 교차잡거, 문화상의 겸수병축, 경제상의 상호의존, 정감상의 상호친근을 만들었고, '서로 분리될 수 없는 단결체임(你中有我 我中有你)'를 형성하였으며, 누구도 다원일체 구조를 떠날 수 없다고 하였다. 그리고 대회에서 시진핑을 비롯한 중국 지도부는 "대(大) 한족주의와 편협한 민족주의를 결연히 반대한다. 국가최고이익과 민족단결구조를 자발적으로 옹호한다"고 밝혔다.

대회에서 제5세대 지도부의 소수민족에 대한 인식과 정책을 엿볼 수 있다. 주요 내용을 살펴보면 다음과 같다.

첫째, 회의에서 시진핑은 "이번 회의의 주요 임무는 새로운 형세 하에서의 민족문제, 민족공작의 특징과 규율을 정확하게 파악하는 것이고, 사상인식을 통일하고, 목표임무를 명확하게 하며, 확신과 결심을 군건하게 하여, 민족공작을 잘하는 능력과 수준을 제고해야 한다. 중화민족과 각 민족의 관계는 하나의 대가정과 가정 성원의 관계이다. 각 민족의 관계는 하나의 대가정 속에서 다른 구성원의 관계이다. 민족문제를 잘 처리하고, 민족공작을 잘 하는 것은 조국통일과 변강을 공고히 하는 대 업무와 관계가 있다. 또 민족단결과 사회안정이라는 커다란 공작과 관계가 있으며, 국가의 장기적인 안정과 중화민족번영창성이라는 커다란 공작과 관련이 있다. 전 당은 중국이 통일된 다민족국가라는 기본 국정을 명심해야 하고, 민족단결과 국가통일을 옹호하는 것을 각 민족 최고 이익으로 삼고, 각 민족 인민의 지혜와 역량을 최대한 모아서, 한 마음 한 뜻이 되어 '두 개의 백년(兩個一百年)' 목표를 실현하고, '중화민족의 위대한 부흥'이라는 '중국의 꿈'을 실현하도록 분투해야 해야 한다"고 하였다.

둘째, 회의에서 "민족단결은 중국 각 민족 인민의 생명선이다. 민족공작을 잘 하기 위한 주요 관건은 민족단결을 잘 하는 것이고, 가장 보증할 수 있는 것은 사람의 마음을 쟁취하는 것이다."라고 하였다. 그리고 "매체와 방식을 혁신하여 각 민족이 정확한 조국관과 역사관 및 민족관을 굳건하게 수립하도록 인도해야 한다. 법률로 민족단결을 보장하고, 각 민족의 법률의식을 증강한다."고 하였다. 또 "민족문제를 잘 해결하려면, 물질방면의 문제를 잘 해결해야 하고, 정신방면의 문제도 잘 해결해야 한다. 잘못된 사상관념은 명확하게 반대해야 하고, 각 민족 간부들은 시시비비를 식별할 수 있고 국내외 적대세력의 사상침투를 막아내는 능력을 강화해야 한다. 중화민족의 대단결을 강화하는 것은 장기적이고 근본적으로는 문화의 동질감을 증강시키는 것이다. 각 민족이 갖고 있는 정신적 가정건설은 중화민족의 공동체의식을 적극적으로 배양하는 것이다. 각 민족이 함께 갖는 정신적 가정건설은 전략적인 임무로 삼아야 하고, 애국주의교육을 잘 하여, 중화를 사랑하는 씨앗을 각 아이들의 마음 깊은 곳에 심어야 하고, 사회주의핵심가치관이 조국의 다음 세대 마음속에 싹트도록 해야 한다."고 강조하였다.

셋째, 회의에서 "민족지역의 경제사회발전을 빠르게 하는 것을 지지하는 것이 중앙의 기본방침이다. 전면적인 소강사회건설의 목표를 중심에 두고, 각 민족의 새로운 기대에 따른다. 민족지역의 특수한 우세를 발휘하여, 발전잠재력을 뿜어낸다. 민족문화를 전승하고 선양하는 것은 민족지역발전을 위해 강대한 정신원동력을 제공한다."고 하였다. 회의에서 "기초시설, 부빈개발, 도시화와 생태건설을 강화해야만, 끊임없이 민족지역발전의 잠재력을 뿜어낼 수 있다. 민족지역의 교통건설은 민족지역과 외지를 연결하는 '대통로'가 되어야 하고, 또 '대통로'와 연결하는 '정맥' 혹은 '모세혈관'이 되도록 해야 한다. 그리고 소수민족 지역의 도시화 추진은 주요 교통간선규획건설과 긴밀하게 결합되어야 한다. 독특한 지리적 특색과 문화특징을 이용하여 민족특색의 도시 건설을 규획한다."고 하였다. 또 "소수민족 지역의 의무교육학교표준화와 기숙사제 학교건설을 가속화하고, 무료 중등직업교육을 실시하며, 소수민족지역의 고등교육 실시, 쌍어(雙語, 중국어와 소수민족 언어) 교육을 강화한다."고 하였다. "개혁개방이래, 각 소수민족이 여러 지역으로 이주하였고, 도시민족공작을 잘 하는 것은 나날이 중요해졌다. 그래서 소수민족 유동인구에 대해 폐쇄주의적인 태도를 취해서는 안되고, 방관하는 태도를 취해도 안된다. 각 민족의 합법적인 권익보장을 중시해야 한다. 그리고 소수민족을 경시하거나 민족 감정을 훼손하는 언행을 시정하고 근절시켜야 한다. 도시로 유입하는 소수민족이 스스로 국가법률과 도시관리규정을 준수할 수 있도록 이끌어야 하고, 도시가 소수민족을 더 잘 받아들이도록 해야 하고, 소수민족이 도시로 더욱 잘 유입되도록 해야 한다"고 하였다.

'4개 전면' 중 '전면적 개혁심화'는 제18차 3중전회에서 통과되었던 ≪중공중앙의 전면심화개혁의 약간의 중대한 문제에 관한 결정(中共中央關於全面深化改革若干重大問題的決定)≫와 ≪중국공산당 제18차 중앙위원회 3중전회의 공보(中國共產黨第十八屆中央委員會第三次全體會議公報)≫에 잘 나타나 있다. 이 내용은 몽고, 장(藏), 위구르, 카자흐(哈薩克), 조선, 이(彝), 장(壯)족의 7개의 소수민족 문자로 중국민족어문번역국(中國民族語文翻譯局)에서 번역되었는데, 몽고·장·위구르·카자흐·조선어판은 민족출판사에서 출간되었고, 이(彝)과 장(壯)의 언어판은 사천민족출판사, 광서민족출판사에서 각각 출간되었다.

시진핑 시대의 민족정책은 기존의 '중화민족만들기'의 연장선이다. 제5세대 지도부는 '중화민족의 위대한 부흥'의 전제조건은 '민족단결'이라고 강조하고 있다. 이를 위해 중국정부는 각 소수민족 지역의 경제발전을 강조하고, 소수민족이 중화민족의 일원임을 강조한다. 2014년 10월 10일, 중앙민족공작회의에서 시진핑은 "중화민족의 대단결을 강화하고, 장기적이고 근본적으로 문화공동인식을 증강하고, 각 민족이 공유하는 정신을 건설하며, 적극적으로 중화민족공동체의식을 배양하는 것이다."라고 강조하였다. 또 "민족단결은 중국특색의 사회주의를 실현하는 중대한 요소이고, 각 민족 인민의 생명선이다. 중화 각 민족은 자신의 운명을 중화민족의 운명과 긴밀하게 해야만 밝은 미래가 있고 희망이 있다"고 밝혔다. 그리고 시진핑은 "각 민족은 정확한 조국관과 민족관을 견고하게 수립해야 하고, 사회주의핵심가치체계와 사회주의핵심가치관을 선양해야 한다."고 강조하였다.

2015년 2월 28일, 전국에서 선정된 '문명' 도시·마을·기관 대표들을 초청한 격려행사에서 시진핑은 "우리는 끈기있고 일관되게 사회주의 정신문명을 건설함으로써 전국 각 민족 인민을 위해 사상적 보장, 정신적 역량, 풍부한 도덕적 자양분을 제공해야 한다."고 주장했다. 또 "인민에게는 믿음이, 민족에게는 희망이, 국가에는 역량이 있다"며 사회주의핵심가치관의 교육과 실천강화를 통해 사회주의 정신문명건설에 더욱 매진할 것을 촉구했다. 특히 "국가와 민족은 사상과 행동이 완전히 일치돼 앞으로 나아가야 한다"고 강조했다.

중국당국은 소수민족에게 사회주의핵심가치관을 교육하기 위해서는 각 민족의 언어와 문자를 사용해야 하고 각 민족언어로 선전하고 전파해야 한다고 강조하였다. 소수민족마다 자신들의 고유문화를 전승하기 위한 방식이 있는데, 이러한 방식으로 선전을 하면 많은 소수민족이 사회주의핵심가치관을 쉽고 즐겁게 받아들일 수 있을 것이라고 여겼다. 그리고 애국은 사회주의핵심가치관의 주요 내용이고, 공민의 기본도덕에 대한 요구인데, 소수민족에게 애국사상을 갖게 하는 것은 역사상 소수민족의 애국사상과 역사사실에 결합해야 한다고 하였다. 소수민족에게 사회주의핵심가치관을 교육하는 사례로, 운남성 홍하주(紅河州)에 소수민족대학생사회주의핵심가치관선전단을 들 수 있다. 이 단체는 방학기간이나 명절과 휴일을 이용하여 소수민족지역으로 돌아오는 대학생에게 소수민족언어로 사회주의핵심가치관을 강연하게 하였다. 또 지원활동과 도덕실천활동 및 중대한 명절문예전시활동방식 등을 통해, 사회주의핵심가치관을 변강민족지역에 전파하고 배양하도록 하였다. 특히 현지 민족언어를 이용하여 현지 인민에게 발생하는 모범적인 사람과 일을 강연하게 하였다. 그래서 현지 인민으로 하여금 듣기를 좋아하고, 들어서 이해할 수 있도록 하고, 효과가 있게 하여, 사회주의핵심가치관이 변강민족지역 구석구석에 널리 펼쳐지도록 하였다.

제9장

중국의 주요 사건과
정치적 관계

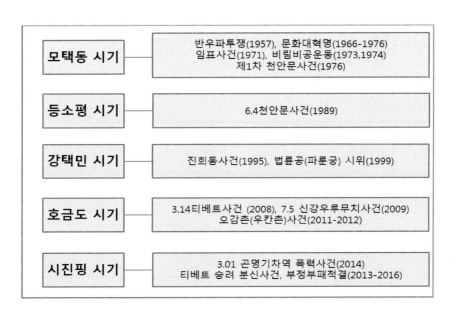

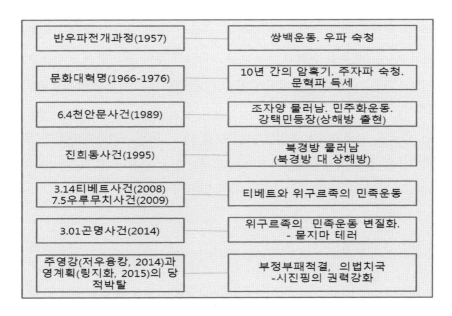

1. 중국건국(1949) ~ 제11차 3중전회(1978)

1) 중국건국(1949) ~ 흐루시초프 중국 비판(1960)

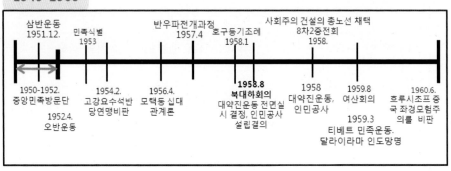

1949년 5월 중국공산당은 대만·팽호·금문·마조서사·남사 등 도서와 서장 (티베트)을 제외한 중국대륙을 차지하였다. 1949년 10월 1일 중화인민공화국이 건국되었지만, 중국대륙을 여전히 완전하게 장악하지 못하였다. 당시 국민정부는 중남·서남·화동 지역에 백숭희(白崇禧)·여한모(餘漢謨)·호종남(胡宗南) 장군이 지휘하는 3개 집단군 70만 명이 주둔하고 있었다.

한편, 중국은 건국초기에 중앙민족방문단을 각 지역에 파견하여 새로운 국가가 건국되었음을 알리는 동시에 각 지역을 조사하였다. 그러나 고강(高崗)·요수석 (饒漱石) 사건 등도 발생하여 국정은 불안정한 상태였다.

(1) 1차 정풍운동(1951)

정풍의 중점적 대상은 각급 지도 간부였다. 정풍의 주요 내용은 간부와 일반 당원의 사상적 수준과 정치적 수준을 고양하여 관료주의와 명령주의를 극복하고 당과 인민 군중의 관계를 개선 강화하려는 것이다. 정풍의 방법은 아래에서 위로 간부의 정풍회의, 혹은 정풍훈련반을 소집하여 모택동이 제7차 2중전회에서 제출한 보고와 지정한 문건을 학습하며, 비판과 자아비판을 전개하여 사상을 고양하고 사업을 개선하는 것이었다. 당은 국가기관과 국영기업에서 3반운동(1951.12.)과 5반운동(1952.1)을 전개하였다.

> 3反: 부정부패와 낭비, 관료주의를 반대
> 5反: 뇌물수수와 탈세, 국가재산의 횡령, 날림공사, 국가경제정보의 누설 반대

(2) 고강(高崗)·요수석(饒漱石) 사건(1953)

1949년부터 고강은 당과 국가의 지도대권을 탈취할 목적으로 활동을 전개하였다. 고강은 동북지역과 다른 여러 지역에서 당 중앙의 지도급 동지를 모함하였고, 동북지역에서 당 중앙의 정책을 적극적으로 반대하며, 당의 단결과 통일적인 지도를 파괴하였다. 고강은 동북지역에 고강독립왕국을 건설하였다. 화동지역에서 당 업무를 관장하고 있던 요수석은 1953년 고강의 권력탈취활동이 성공할 것으로 믿고, 고강과 함께 반당연맹을 결성하였다.

1955년 4월 5일 중국공산당 중앙위원회는 이들의 직위와 당적을 모두 취소하였다. 반당연맹을 결성하였던 고강은 자살하였고 요수석은 죄를 끝까지 인정하지 않아 불구의 몸이 되었다.

(3) 반우파투쟁(反右派鬪爭)(1957)

반우파투쟁은 우파를 반대하는 투쟁이다. 모택동이 전개한 '대명대방'운동으로 반공·민주인사들이 스스로의 정체를 노출시킨 것을 기회로 삼아서 이들을 우파로 몰아 숙청하였다. 1957년 2월, 모택동은 최고 국무회의에서 "인민내부의 모순된 문제를 정확히 처리하는데 관하여"라는 문제를 제기했고, 동년 5월 1일부터 '대명대방운동, 즉 백가쟁명(百家爭鳴)·백화제방(百花齊放) 정책에 따라 '당내외와

전체인민의 협조에 의하여 공산당의 잘못을 바로 잡고, 문제당원을 숙청할 것'을
선포했다. 이것을 '쌍백(雙百)운동'이라고도 부르는데, 백가쟁명은 학술·과학에
관한 것이고, 백화제방은 문학·예술에 관한 내용이다.

> 예술면에서 모든 양식과 내용의 작품을 자유롭게 발표시키며, 학술면에서 모든 학설과 이론을 자유롭게 논쟁
> 시키는 것을 말한다.

모택동은 인민이 중국공산당과 그 정책을 크게 찬양하는 반면 비판은 적을 것이
라 기대하였으나 오히려 정반대로 전개되었다. 처음에는 조심스럽게 말하던 사람
들도 그동안의 불평불만을 쏟아내기 시작하였다. 상황이 악화되자 모택동은 1957
년 6월, ≪인민일보≫에 '반우파투쟁을 전개하자'는 사설을 싣고, 주동적 교수·교
사·문학예술인과 청년학생들을 모두 우파(右派)로 규정하고 이들을 숙청하도록
명령하였다. 이후, 민주당파 소속 지도자 대부분을 체포하였다. '대명대방'운동은
드러나지 않던 반공주의자를 색출하여 처형하기 위한 모택동의 함정이었다는 비난
속에 1개월 만에 종결되었고 후속조치로서 대대적인 '반우파투쟁'이 전개되었다.

(4) 3면 홍기운동(총노선, 대약진, 인민공사)

① 사회주의 총노선 (1958년 5월, 당의 8대 제 2차회의)

사회주의 총노선은 중국 경제 문화의 낙후된 면모를 하루빨리 일신하여 번영과
행복 속에 강대한 사회주의 중국을 하루빨리 건설하고자 하는 것이다. 모택동은
"열의를 높이자, 높은 목표를 세우자, 많이, 빨리, 멋지게, 낭비없이 사회주의를 건
설하자"라는 슬로건을 제시하였다.

② 대약진운동(1958)

중국의 풍부한 자원인 '인력'을 '자본재'로 바꾸자는 것이다. 즉, 국공내전시기에
중국군이 신병들을 잘 훈련시켜 현대적인 훌륭한 전사, 군사력으로 전환시키는 것

과 같은 방식으로 간주하였다. 실업자에게 일을 주고, 직장에 근무하는 사람들에게는 더욱 더 열심히 일하게 하고, 엄격한 군사적인 규율 하에서 노동집약과 소규모 생산의 확대를 통하여 공업생산력의 대약진을 성취하자는 것이다. 여기서 중요시되는 것은 군중동원전략이다.

③ 인민공사(1958)

'政社合一'(정치권력과 경제조직의 일체화)의 조직으로서 농촌의 기층행정단위이기도 하다. 인민공사는 지방정부와 같은 것으로서 농업, 공업, 교육, 사회복지, 보건위생, 공공사업, 군사방위 등의 다양한 기능을 수행하고 있다. 농민들은 다섯 가지(식량, 의복, 주택, 의료, 교육)의 보장을 받는다. 1958년 초기단계에서 공동취사가 실시되어 부녀자들을 부엌에서 해방시켜 생산활동에 투입하였다.

(5) 참새소탕작전(1958~1960)

모택동의 "참새는 해로운 새다"라는 한 마디에 참새소탕작전이 진행되었고, 이로 인해 중국에 대기근이 발생하여 1958년 한 해에 아사(餓死)한 사람들이 172만 명이나 되었고, 1958년부터 1960년까지 약 4,000만 명이 사망하는 사건이 발생하였다. 모택동은 쌀 수확량이 줄어들자 그 원인이 무엇인지 찾다가 벼 이삭을 쪼아먹는 참새를 발견하고는 "참새는 해로운 새다"라는 말을 하였다. 이를 들은 주위 사람들은 곧장 '참새섬멸 총 지휘부'를 신설하여 참새가 곡식에 미치는 영향을 조사하였다.

사천성 한 농촌마을의 참새가 쌀을 쪼아먹는 양을 조사해 보니, 참새로 인해 없어지는 쌀이 사람 3만 2천명이 1년간 먹는 양이었다. 이에 중국에서는 대대적인 참새소탕작전이 시작되었다. 남녀노소 할 것이 없이 참새를 죽였는데, 그 양이 2억 마리 정도 되었다. 그런데 쌀 생산량이 늘어난 게 아니라 오히려 극심하게 줄어들었고, 식량 부족으로 굶어죽는 사람이 늘어났다. 1958년부터 1960년까지 무려 4,000만 명이 사망하는 대기근이 발생하였다. 일부 지역에서는 시신을 먹는 일까지 생겨났다. 참새 소탕작전으로 인해 해충의 천적인 참새가 사라지자 해충들은 빠르게 번식하였고, 벼를 닥치는 대로 갉아먹었던 것이다. 참새소탕작전이 초래한 대기근은 모택동이 권력에서 물러나게 한 원인 중의 하나가 되었다.

2) 중국경제조정기(1961)~제11차 3중전회(1978)

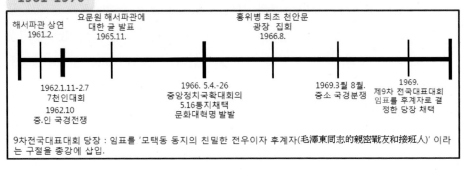

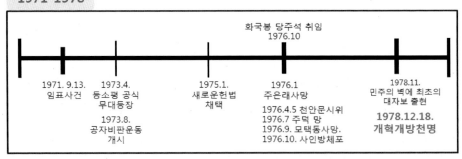

(1) 7천인대회(七千人大會, 1962. 1.11.)

약 4천만 명이 굶어 죽은 것으로 알려진 1962년 대기근 때 1월 11일 중공중앙은 북경에서 확대된 업무회의, 즉 '7천인대회'를 소집했다. 1958년에 정식으로 결정된 대약진정책은 기술과 자본의 뒷받침이 없이 인민대중의 의욕에만 의지했기 때문에 대실패로 끝났다. 농촌에서는 인민공사가 조직되었으나 생산량은 늘지 않았고 지방 간부는 엉터리 증산보고를 중앙에 올렸다. 그 직후 공교롭게도 1959년부터 3년간 전국 각지에서 심각한 자연재해가 발생하였다.

1962년까지 4년간 굶어죽은 사람이 약 3800명에 이른 것으로 알려졌다. 7천인 대회는 증산운동이 대실패로 끝나 혼란에 빠진 지방 간부와 인민의 분노를 달래기 위해 개최되었다. 이 대회에서 유소기는 대약진, 인민공사화의 실패를 "3할의 천재(天災)에 7할의 인재(人災)"라고 결론지었다. 반면, 임표는 곤란에 처했을 때 우리는 마땅히 더욱 당의 지도를 의지하고 믿어야 한다고 했다. 대회에서 모택동은 지방 간부 앞에서 자기비판을 함으로써 최고지도자의 위신을 잃었다. 모택동은 회의를 주재한 유소기에게 강한 적개심을 품게 되었다. 이 대회로 모택동과 유소기는 결정적으로 대립하게 되었다.

(2) 중소분쟁(수정주의 대 교조주의, 1963)

1963년 9월 6일자 인민일보에 게재되었던 "소련공산당 지도부와 우리들과의 의견차이의 유래와 발전"에서 중국공산당과 소련공산당 간의 갈등의 시작이 1956년 2월에 개최되었던 소련공산당 제20차 대회부터라고 밝혔다. 1961년 10월 모스크바에서 개최되었던 22차 소련공산당대회는 중소분쟁에 결정적인 영향을 주었다.

1963년 4개의 인민일보 논설에서 흐루시초프를 공격하기 시작하였고, 6월 15일 주소 중국 대사를 통해 중국정부가 소련공산당을 거부하는 25개항의 질의서를 제출하였는데, 그중에 "사회주의 사회에서는 우월한 당이라는 것은 없다"는 내용이 있었다. 이것은 소련공산당이 주도적일 수 없다는 중국공산당의 도전이었던 것이다. 그리고 미국과 타협적인 자세를 보였던 소련을 '수정노선'이라고 비판하였고, 이에 소련은 중국이 국제정세를 정확하게 파악하지 못하고 사회주의 원칙만을 고집하다면서 '교조주의'라고 비난하였다. 1964년 7월 14일 중국이 발표한 글에서 흐루시초프를 '사이비 공산주의자'라고 공격하였다.

(3) 4청(清)운동

모택동은 1962년에 들어서면서부터 경제가 조금씩 호전되면서 한 숨을 돌릴 수 있었다. 모택동은 1964년에 들어 4개 부문을 맑게 하는 이른바 '4청(清)', 즉 "① 당 간부들의 독직(瀆職)에 반대하고, ② 낭비에 반대하고, ③ 많이 먹고 많이 소유하는 것에 반대하고, ④ 반혁명의 파괴에 반대하는" 운동이 부족하다며 철저한 혁명이 필요하다고 다그쳤다.

(4) 해서파관(海瑞罷官) 비판(1965.11.10.)

해서파관은 명대 역사 전문가인 오함(吳晗)이 모택동의 요청으로 쓴 신편 역사극이다. 해서파관은 해서(海瑞)가 응천순무(應天巡撫)로 있으면서 지방 세도가들의 부정을 낱낱이 들춰내고, 억울하게 투옥된 자를 풀어주고, 탐관오리를 처단하고 백성들의 원한을 풀어주자, 황제가 그를 파면했다는 내용의 역사극이다. 오함은 해서가 황제에게 충성은 하였지만, 인민이 반란을 일으킬 수 밖에 없을 정도로 굶주리는 동안 명 조정이 자원을 낭비하고 있음을 비판했던 사실에 초점을 맞추었다. 이러한 내용이 1959년 6월 16일 ≪인민일보≫에 발표되었다. 같은 해 여산회의에서 모택동이 팽덕회를 비판할 때 좌파 해서와 우파 해서의 문제를 제기했다. 오함은 9월에 '해서를 논함'이라는 글에서 ≪인민일보≫에 실린 글은 팽덕회와 아무런 관계가 없었다고 하면서 우경기회분자와 반대파를 비판하는 말을 하기도 하였다. 해서파관은 연극으로 공연된 뒤 해서를 칭송하는 연극이 여러 곳에서 공연되었는데, 강청 등이 해서파관에 대한 반응을 모택동에게 보고하였다. 모택동도 처음에는 이에 동의하지 않았다가, 강생(康生)이 해서파관을 반영된 것이 여산회의와 관계가 있고 팽덕회와 관련이 있다고 언급하면서부터 반응을 보였다. 팽덕회는 자신을 해서라고 자칭하였으며, 오함은 글에서 삼면홍기 정책으로 도탄에 빠진 인민들의 감정을 풀어주려는 의도가 숨어 있었다. 그것을 계기로 1965년 11월 10일 요문원(姚文元)이 해서파관을 평하면서 문화대혁명이 거세게 폭발하게 되었다.

(5) 5·16通知(1966. 5.16.)

5·16통지의 정식 명칭은 '중국공산당 중앙위원회 통지'이다. 이는 문화대혁명
의 강령적 문건이다. 1966년 5월 16일 정치국 상무위원회는 모택동이 제기한 '5·
16 통지'를 채택하였다. 5·16 통지가 통과된 이 날을 문화대혁명의 기점으로 삼
는다.(5월 10일 팽진 등 실권파 주요 인사가 해임된 날을 삼기도 한다) 모택동의
'5·16 통지'는 3개 부문으로 구성되어 있다.

첫 번째 부분은 '2월제강(二月提綱)'과 '문화혁명 5인소조' 및 그 사무기구의 철
폐하도록 하고 새로운 '문화혁명 소조'를 구성하여 정치국 상무위에 소속시키도록
하였다. 이는 문화대혁명을 이끌고 나갈 조직 지도부 구성을 확립하였다.

두 번째 부분은 '2월제강'의 10가지 죄목을 축소 비판하고 새로운 '좌(左)'의 이
론, 노선, 방침, 정책 등을 제시하였다. 세 번째 부문에서 각급 당위원회가 '2월제
강'의 집행을 즉각 정지하고 문화영역의 영도권을 탈취할 것을 지시하였다. 아울러
당·정·군 및 문화계에 '자산계급 대표인물'에 대한 맹렬한 공격을 전개하도록
촉구했다.

5·16 통지는 1966년 2월 12일 당 중앙위원회가 통과시킨 2월제강을 비판한 내
용을 담고 있다. 2월제강은 1964년 당중앙과 모택동의 지시에 의해 팽진을 조장으
로 하고, 육정일·강생·주양(周揚)·오랭(吳冷)을 조원으로 하여 구성된 '문화혁
명 5인소조'에 의해 작성되었다. 5인소조는 '현 학술토론에 관한 회보제강(關於當
前學術討論的匯報提綱)'이라는 문건에서 1965년 11월 요문원이 발표한 '신편 역
사극 해서(海瑞)파관을 논평한다'가 야기한 갈등과 충돌을 학술적인 논쟁으로 축
소하였다.

제강은 중국 문화체계에 대해 총체적으로 공격하지 않았으며 "학문적인 불일치
의 문제는 보다 복잡하고 어떤 것들은 짧은 시간 내에 정의되기 어려운" 이유로
"이 투쟁을 지도부의 지휘 하에 진지하고 확실하게 또 신중한 방식으로 수행해야
한다"고 주장했다. 또한 "일부 완고한 혁명적 좌파조차 무언가 잘못 말할 수 있다"
고 지적했는데, 모택동은 이를 강청 등 배후의 자신을 겨냥한 것으로 받아들였다.

1966년 6월 1일 ≪인민일보≫는 "모든 우귀사신을 일소하자(橫掃一切牛鬼蛇神)"라는 제목의 사설을 실었다. 이어 5·16 통지를 알리는 사설을 연속으로 게재했다.

(6) 문화대혁명(文化大革命, 1966~1976)

문화대혁명의 정식명칭은 '무산계급문화대혁명(無産階級文化大革命)'이고, 약칭은 '문혁(文革)'이다. 1966년 5월, '5·16통지'의 하달로부터 1976년 10월 '4인방'이 실각할 때까지 10년간에 걸친 대규모 정치적 사건이다. 이 시기에 약 2천만 명이 학살 또는 사망하였다.

1980년대에 들어와 문화대혁명을 "모택동이 잘못 발동하고 임표, 강청 반혁명집단에 의하여 이용되어 당·국가와 각 민족 인민에 커다란 재난을 가져다 준 내란"이라고 완전히 부정하였다. 문화대혁명이 발생한 배경은 모택동이 주도한 대약진이 실패하고, 조정기에서 유소기 등이 정치적으로 부상하자 이에 두려움을 느낀 모택동은 이들을 수정주의자 주자파로 지목하고 군중을 동원하여 숙청운동을 전개했다.

팽진·육정일·양상곤 등이 반당집단으로, 유소기와 등소평이 주자파로, 문혁에 비판적이었던 섭검영·이선념·섭영진 등은 역류로 몰아 숙청하였다. 1976년 9월 모택동이 사망하자 4인방이 권력 장악을 도모하였으나 화국봉과 군 원로간부들이 이들을 체포함으로써 문화대혁명은 끝나게 되었다.

(7) 2월역류(1967.2.)

1967년 2월 전후하여 개최된 여러 회의에서 진의, 섭검영, 이부춘(李富春)·이선념·서향전·섭영진·담진림 등 정치국과 군사위원회 지도자들은 당원과 인민을 대표하여 문화대혁명의 잘못된 방법에 대해 비판하였다. 그리고 임표와 강청 등의 세력과 투쟁을 벌였다. 2월 14일 이후 중남해의 회인당(懷仁堂)에서 개최된 정치국 간담회(회인당회의)에서 섭검영·섭영진·담진림 등은 당시 상해와 군 상황을 비난하였다. 게다가 담진림은 임표에게 편지를 보내 강청을 "측천무후보다 더 흉악하다"고 욕을 하였다. 이러한 상황을 보고 받은 모택동은 1967년 2월 18일 일부 정치국위원이 참석한 회의에서 이들을 비난하였고, 2월 25일부터 3월 18일까지 회인당에서 일곱차례의 정치생활회를 열어 이들을 비난하였다. 그리고 1968년 10월 제8차 12중전회에서 '2월역류'를 공식적으로 비판하였다.

(8) 임표사건(林彪事件, 1971.9.13.)

중국공산당 부주석이던 임표가 모택동 암살계획에 실패하여 공군기를 타고 몽골로 가는 도중에 추락사한 사건을 '임표사건' 혹은 '9·13사건'이라 일컫는다. 임표는 모택동사상을 절대화하였고, 모주석어록을 만든 사람이었다. 게다가 1969년 제9차 전국대표대회에서 모택동의 후계자로 지명되었다.

중국공산당은 1971년 12월부터 1972년 7월까지 '임표 반당 집단의 반혁명 정변을 분쇄한 투쟁'이라는 자료를 세 차례나 당 내부에 배포하였다. 공식적으로 임표가 쿠데타 시도 실패로 인해 도주하였다고 평가하였다.

이 사건은 1973년 제10차 전국대표대회 주은래 총리의 정치보고에서 밝혀졌다. 주은래는 "1970년 8월 제9차 2중전회에서, 반혁명 쿠데타를 일으켰다가 미수에 그쳤다. 이어 1971년 3월 반혁명 무장쿠데타 계획인 '571 공정기요(工程紀要)'를 입안하였고, 9월 8일 반혁명 무장쿠데타를 일으켜 주석 모택동을 모살(謀殺)하고, 별도로 중앙정부를 수립하려고 하였다. 음모가 실패로 끝나자 임표는 9월 13일 비행기를 타고 소련 수정주의(修正主義) 진영으로 도피, 당과 국가를 배반하려다가 몽골의 운데르한에서 추락해 죽었다."고 발표하였다.

(9) 비림비공(批林批孔)운동(1973 ; 1974.1.18.)

비림비공운동은 문혁 기간 중에 비림정풍(批林整風)운동과 비공(批孔)투쟁을 결합시킨 말이다. 공자의 '극기복례(克己復禮)'는 노예제도를 복귀시키려는 것이고, 임표의 '반혁명수정주의 노선' 역시 극기복례를 통해 '지주·자산계급의 전제(專制)'를 복귀시키려는 것이라고 공격하였던 운동이다. 모택동은 임표의 우경과 임표가 개인적으로 숭상하는 공맹의 도리와 관련이 있다고 여겼고, 전 당이 공동으로 '비림비공'을 인식하였으면 하였다.

1973년 5월 이후, 모택동은 여러 차례 "공구를 비판한다(批孔丘)"라고 언급하였다. 강청 등은 이러한 구호를 접하였고, 청화대학과 북경대학에 "대비판조(大批判組)"를 조직하여 임표와 공맹의 도(林彪與孔孟之道)의 자료를 모아 편집하였다.

1973년 8월에 개최되었던 10차 전국대표대회 이후, 4인방은 각 기관·군부대·공장·인민공사·학교 등에 비림소조(批林小組)나 비공판공실(批孔辦公室)을 만들어서 한층 더 격렬하게 전개하였다. 하지만 이면에는 4인방의 문혁세력과 주은래·등소평 등 주자파 세력의 권력투쟁이 있었다.

1974년 1월 18일 모택동은 중공중앙 1974년 1호 문건에서 강청이 주관하여 편집한 ≪임표와 공맹의 도(林彪與孔孟之道)≫를 하급기관에 전달하였고, 이후 전국에는 비림비공 운동이 전개되었다.

(10) 4·5천안문사태(1976.4.5.)

1976년에 발생하였던 천안문사건을 제1차 천안문사태라고도 말한다. 1976년 1월 8일 숨진 주은래 총리를 추모하기 위해 청명절에 천안문 광장에 모였던 20만명 군중들이 시위를 벌였다. 시위대들은 "주은래 총리를 반대하는 자는 모두 타도하라!"고 외쳤다. 이 사건은 주은래를 주자파로 몰아 격하하려는 4인방을 비롯한 극좌파에 대한 반발이었다.

2. 경제특구개설(1979) ~ 강택민 국가중앙군사위원회 주석(1990)

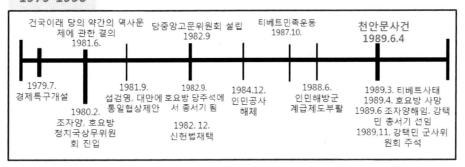

1978년 개혁개방을 천명한 중국은 1979년부터 경제특구를 개설하여 대외개방을 본격적으로 시작했다. 1979년은 중국과 베트남 간의 전쟁이 발발한 해이기도 하다. 1979년 2월 17일 중국인민해방군은 베트남 국경 26개 지점을 통해 베트남을 공격했다. 1980년대 중국에서 발생한 가장 커다란 사건은 6·4천안문 사건이다. 그리고 강택민이 총서기가 되면서 중국정치계에 상해방이라는 계파가 등장하게 된다. 1982년에 설립된 당중앙고문위원회는 중국에서의 원로정치의 시발점이라 할 수 있다. 그 밖에 문화대혁명을 평가한 1981년 제11차 6중전회, 1982년 신헌법 등은 중국정치변화의 중대한 사건이라 할 수 있다.

1) 중국-베트남 전쟁(1979)

최근 중국과 베트남 간에 서사군도와 남사군도에서 영토문제로 인해 갈등이 빚어지고 있다. 그런데 중국과 베트남은 1979년 2월 17일 국경분쟁으로 인해 전쟁을 벌였다. 이 전쟁을 '중월전쟁' '중국-베트남 전쟁' '제3차 인도차이나 전쟁'이라고 명명하기도 한다.

1979년 2월 17일 운남성에 집결한 중국 인민해방군은 베트남을 공격하기 시작하였다. 중국이 베트남을 공격한 목적은, 베트남군의 공격으로 중국이 지원하던 캄보디아의 폴포트 정권이 붕괴되자, 중국지도부는 캄보디아에 머물던 베트남군의 주력부대를 철수시키기 위해 베트남 북부를 공격하였던 것이다. 당시 베트남군은 중국의 공격을 막기는 쉽지 않았지만, 오랜 기간 동안의 실전경험과 현지 지형에 익숙하였기에 지형에 익숙하지 않은 중국군에게 타격을 주었다. 3월 6일 중국군은 국경에서 40㎞ 떨어진 베트남 북동부의 랑선(Lạng Sơn, 諒山)을 점령한 뒤 "징벌적 목적을 달성했으므로 철군한다"고 발표하고는 랑선을 파괴하고 철수하였다.

중국과 베트남은 1980년대에 국경선 획정을 두고 지속적인 갈등이 있었다. 1989년 베트남군이 캄보디아에서 철수하자 양국 간에 평화협상이 진행되기 시작하였고, 1999년에 중국과 베트남 간의 육지 국경선을 획정하는 '중·베트남 육상국경조약'이 체결되었다. 구엔 만 캄 베트남 외무장관과 당가선(唐家璇, 탕자쉬안) 중국 외교부장이 하노이에서 국경 협정문에 서명하였다. 이때 양측은 2008년 12월 31일을 마감시한으로 설정하였다. 9년 동안의 측량 작업과 국경을 표시하는 경계석 설치 작업을 진행하였고, 2008년 12월 31일 하노이에서 양국 간 전체 육지 경계선 획정 작업이 완료되었다고 공동성명을 발표하였다.

2009년 11월 18일 중국 외교부 부부장 무대위(武大偉, 우다웨이)와 베트남 외교부 차관 호 쉬안손은 '중·베트남 육지국경획정협정서' 등에 서명하였다. 이번 협정에 따라 양국이 분쟁을 벌여온 227㎢의 지역 중 114㎢는 중국에, 113㎢는 베트남에 귀속되었다. 또 이번에 새로 세운 400여 개를 포함해 2000여 개의 경계비가 양국의 국경선을 나타낸다. 하지만 해상 경계 문제는 해결이 되지 않았다.

2) 건국 이래 당의 약간의 역사문제에 관한 결의(1981.6.27.)

1981년 6월 27일, 11차 6중전회에서 '건국 이래 당의 약간의 역사 문제에 관한 결의'(이하 '역사결의'로 표기함)를 만장일치로 채택하였다. 역사결의는 모택동이 주도한 문화대혁명의 극좌노선을 부정하고, 등소평 체제를 확실한 이론적 기반 위에 올려놓은 역사적 문헌으로 8개 부문, 38개 항, 약 3만 字로 구성되었다.

역사결의의 실무는 호교목(胡喬木) 등이 맡았지만, 전문에는 등소평의 의지라고 할 수 있는 실용주의 정신이 반영되어 있다. 등소평은 "나에게도 잘못이 있었다." 고 말하면서 "모택동 동지가 만년에 이르러 사상에 일관성이 없고 어떤 이야기는 서로 모순되기도 하였다는 것은 분명하다"고 말하였다. 그리고 "대체로 1957년(전 반기)까지 모택동 동지의 영도가 옳았으나 1957년 (여름의) 반우파 투쟁 이후부터 오류가 점점 늘어났다"고 말하였다. 등소평은 문화대혁명 시기 중 '모택동 동지의 오류'와 '4인방의 도전'과 홍위병의 난동을 극복한 것에 대하여 중국공산당과 인민 이 힘을 합쳐 '역전승한 기록'으로 평가했다.

3) 6·4 천안문사건(1989.6.4.)

6·4 천안문사건은 1989년 6월 4일 천안문광장에 모여 민주화를 주장하던 학생 과 군중을 계엄령으로 출동한 군이 강제로 해산시키면서 막대한 희생자를 낳게 한 사건을 일컫는다. 천안문사건이후 천안문광장은 '민주화'로 연관되기도 한다. 천안 문 사건은 1989년 4월 15일부터 5월12까지, 호요방의 죽음으로 야기된 학생시위가 5·4운동 70주년 기념집회를 정점으로 점차 확산되었다.

1989년 4월 중남해에서 소집된 중앙정치국회의에 참가하였던 호요방이 심장병 으로 사망하자(4월 15일) 학생들은 호요방에 대한 재평가를 요구하며 시위를 벌였 다. 호요방의 장례식이후 시위는 순수한 정치민주화운동으로 전환되었다.

5월 13일부터 5월 19일까지 학생들의 민주화 요구가 단식투쟁으로 점차 격렬해 지기 시작하였다. 그리고 5월 20일부터 6월 3일까지 계엄령이 발표되었다. 정부와 학생 간에 대화와 강경 대치가 거듭되었으며 6월 3일 자정이 넘고 새 날이 시작되 면서 시작된 군의 강경 진압으로 학생들의 시위는 진압되었다. 조자양은 대화를 통 해 학생들의 시위를 막으려 했으나, 등소평은 반혁명으로 간주하였다.

6월 4일 군대가 천안문광장으로 진입해 시위 군중을 진압하면서 민주화운동은 실패로 끝났다. 이후 개방파 가운데 보수세력인 이붕(李鵬) 등이 당권과 정부를 장 악하였다. 천안문 사건을 해결하는 과정에서 강택민이 총서기가 되었고, 이후로 상해방이 정치권에 등장하기 시작하였고, 1990년대의 중국을 이끌었다.

조자양의 국가의 죄수(Prisoner of the State)
6·4 천안문사건에 대한 언급

"당시 상황은 이미 명확해졌다. 아래의 3가지 질문에 답해야 한다.
첫째, 당시 학생 시위에 지도부가 있었고 계획이 있었고 시위는 사전에 모의된 '반당반사회주의' 정치 투쟁
　　이라고 했는데, 도대체 누가 지도를 하고 무슨 계획이 있었고 무슨 사전 모의가 있었는가? 어떤 자료가
　　이를 충분히 설명할 수 있는가? 당내 반동분자가 있다고 했는데 도대체 누가 반동분자인가?
둘째, 이 시위의 목적이 공화국을 전복하고 공산당을 뒤집는 것이라고 했는데, 무슨 근거가 있는가? 내가 당
　　시에 말했듯 많은 사람들은 우리의 잘못을 바로잡기를 요구했을 뿐 우리의 제도를 통째로 뒤집는 것을
　　원치 않았다. 이렇게 많은 시간이 흐르는 동안 조사 결과 무슨 근거를 찾아냈는가?
셋째, 6·4 천안문사건을 '반혁명 폭란'이라고 규정했는데 이런 규정이 존립할 수 있는가. 학생들이 줄곧 질
　　서를 지켰음은 많은 자료에서 입증되고 있다. 인민해방군이 시위대를 포위 공격할 때 곳곳에서 학생들
　　이 오히려 군인을 보호해주었다."
회고록에서 조자양은 "나는 어떤 일이 있어도 학생들을 진압하기 위해 군을 동원하는 당서기가 되지 않겠다
고 스스로 다짐했다"고 말했다.

---

3. 중소동부경계선 협정(1991)~ 강택민 3개대표론 주창(2000)

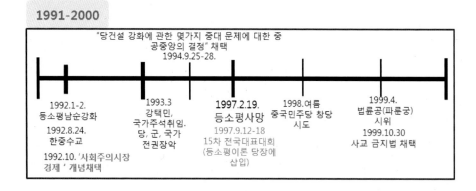

1989년 6·4천안문 사건 이후 총서기가 된 강택민은 중국을 이끌기 시작하였다. 그러나 여전히 중국의 최고지도자는 등소평이었다. 등소평은 1994년 춘절 이후 등소평은 다시는 공개 장소에 나타나지 않았고 1997년 2월 19일 사망하였다. 이후 강택민의 시대가 본격적으로 돌입하였다고 볼 수 있다. 이 기간에는 강택민을 중심

으로 한 상해방이 중국을 이끌었다. 1991년 5월 강택민은 소련을 방문하여 중소 동부경계선 협정에 정식으로 서명하였다. 1999년 법륜공(파룬궁)시위가 일어났을 때 많은 사람들이 체포되는 사건이 발생하였다. 이 사건으로 인해 강택민은 여러 차례 기소를 당하기도 했다.

2015년 8월 10일, 스위스 주요 정계 인사 10명은 시진핑 국가주석에게 강택민 고소사건과 같은 중대한 사건을 추진할 것을 촉구하는 연명 서신을 보내었다. 2016년 6월 8일, 스위스 정계 인사 36명이 자이드 라드 알 후세인(Zeid Ra'ad Al Hussein) 유엔 인권최고대표에게 연명서한을 보내 강택민의 기소진행을 촉구하였다. 이들의 연명서한 내용에는 "대표께서 전 인류에게 치욕을 안겨준 전 중국공산당 총서기 강택민 및 기타 파룬궁 박해 책임자들을 체포해 이들을 법에 따라 심판·처벌할 수 있도록 시진핑 주석에게 지지와 격려를 보낼 수 있기를 기대합니다."라고 적혀 있다고 한다.

1) 진희동(陳希同) 사건(1995): 북경방 몰락

1995년에 발생하였던 진희동 사건은 외형적으로는 북경시 당위 서기의 부정부패에 관한 사건이었다. 그러나 내면에 숨어 있는 의미로는 당시 상해방과 북경방의 갈등에서 빚어졌고, 상해방의 승리로 보기도 한다. 진희동 북경시 前당위 서기 겸 前정치국원에 대한 조사보고와 처리결과에 대한 당중앙 문건에서 진희동이 당중앙을 분열시킨 구체적 행동 2가지를 제시하였다.

문건은 제14차 4중전회에서 연합세력을 구축해 오방국(吳邦國)과 강춘운(姜春雲)의 부총리 겸 당중앙서기처 서기로의 승진에 반대하였고, 당원로들에게 강택민을 포함한 중앙 주요 지도자들을 고자질하는 내용이 담긴 투서를 연대 서명하여 전달해 당내 분열을 조장했다고 밝혔다. 이러한 내용의 문건은 성·자치구·직할시 및 성(省)·부급(部級)의 주요간부들에게만 한정적으로 전달되었다. 그리고 일반 당원들에게 전달되던 문건에는 중대 경제범죄들과 생활부패·타락, 친인척 비호, 행정상의 1인(一人)독재, 측근 정실기용 등 6개 죄악 중 나머지 5개 죄악만 포함되었다.

2) 법륜공(法輪功, 파룬궁) 사건(1999.4.25.)

1999년 4월 25일 법륜공 수련자 5000여명은 북경 중남해에서 법륜공 합법화를 요구하는 침묵시위를 벌였다. 이를 '4·25'청원이라고 부른다. 이 사건의 발단은 중국공안이 기공수련장에서 수련하던 법륜공 회원들을 연행하였기 때문이었다. 법륜공은 기공의 한 종류로 건강을 향상시키기 위해 수련하는 심신수련법이다. 1992년 5월 13일 이홍지(李洪志)가 처음으로 전수하였다.

1999년 4월 25일 이후, 강택민은 여러 차례 법륜공에 대한 지령을 하달했다. 그날 밤, 강택민은 총서기 명의로 정치국 상무위원회와 관련 지도자들에게 편지를 써서 4·25청원을 '누군가 배후에서 책동하고 지휘한 정치적 사건'으로 규정했다. 그리고 5월 8일에는 중앙정치국과 서기처, 중앙군사위원회에도 직접 서한을 보내 법륜궁을 비판했다.

청원내용에는 법륜공 수련생을 석방할 것과 파룬궁 관련 서적에 대한 출판을 허가할 것 및 법륜공 수련생들이 방해를 받지 않고 자유롭게 연공을 할 수 있도록 허가할 것 등이었다. 7월 20일, 강택민은 "중국에서 법륜공을 소멸하라"는 지령을 내렸다. 이에 중국 전역에서 법륜궁 수련자들에 대한 대규모 체포와 가택수색이 시작됐다. 탄압소식을 들은 수만 명의 법륜공 수련생들이 국무원 신방사무실로 가서 청원하다 체포된 뒤 북경시 풍대(豐臺)체육관과 석경 산구 체육관 등 규모가 큰 체육관에 감금되었다. 강택민은 중국공산당이 통제할 수 있는 모든 조직과 역량을 동원하여 법륜공을 탄압하였다 텔레비전 라디오 신문 잡지 등에 하루 종일 법륜공을 비방하고 모독하는 문장이나 프로그램을 보냈다.

법륜공 사건 주요 일정
1996년: 법륜공 서적 출판 금지. 국영 매체 법륜공 모독운동 전개
1999년: 공안은 법륜공수련생들의 아침 연공을 중단시킴. 수련생의 가택수택
1999년 4월 25일: 1만 여명의 법륜공수련생 민원사무실 청원하러 찾아갔다가 체포(주용기((朱鎔基) 총리가 법륜공수련생 접견 후 체포된 수련생 석방 약속) 하지만, 강택민은 주용기를 비판함과 동시에 법륜공 박해 명령 하달.
1999년 6월: 강택민의 명령 하에 '610' 사무실을 설립하여 법륜공 말살 시도
1999년 7월: 공안 법륜공 수련생 체포 시작
1999년 7월 22: 매체에서 반 법륜공 선전운동 시작
1999년 10월: 강택민은 법륜공을 'X교'로 규정하는 명령을 하달

---

4. WTO가입(2001)~13 · 5규획(2016)

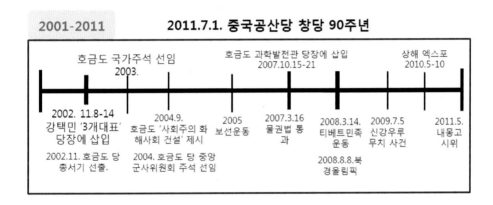

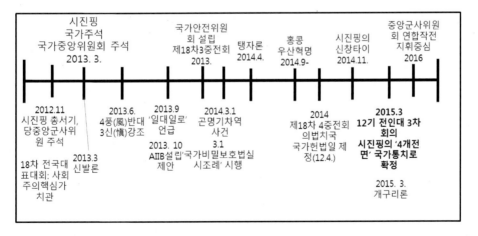

2001년은 중국이 입세(入世)를 한 해로, 중국이 세계무역기구(WTO)에 가입하였다. 2002년부터는 호금도를 중심으로 한 제4세대지도부가 중국을 이끌었고,

2012년부터 현재까지 시진핑을 중심으로 한 제5세대지도부가 중국을 이끌고 있다. 이 기간에는 강택민의 3개대표론과 호금도의 과학발전관이 중국공산당 당장에 삽입되었고, 티베트와 위구르족의 독립을 위한 민족주의운동이 활발하게 진행되었던 시기이다.

시진핑시대에 들어와 반부패정책을 실시하면서 강택민과 호금도 계열의 주요 인사들이 부정부패로 인해 당적박탈을 당하거나 구속당하는 사건들이 발생하였다.

1) 3·14 티베트사건(2008.3.14.)

2008년 3월 14일 중국 서장(티베트)자치구에서 티베트인들이 시위가 발생하였다. 티베트인들의 관점에서 보면 주권회복을 위한 광복운동이었고, 중국 정부의 입장에서 보면 중화민족에 반하는 분리주의운동이었다. 식민지를 경험한 한국의 입장에서 보면 티베트인들의 관점이 더 와 닿아야 할 것이다.

당시 티베트 민족운동은 라싸를 비롯하여, 청해성과 감숙성 등의 일부 지역까지 확대되었다. 티베트 민족주의가 인근 지역까지 확대된 이유는 이 지역들이 과거 티베트의 옛 영토였기 때문이다. 중국 관영 통신인 신화통신은 책임자의 말을 인용하여 "최근 며칠간 라싸에서 극소수의 인물들이 폭력을 행사하고, 부수고, 약탈하고, 불 지르고, 파괴하는 활동을 벌여 사회질서를 교란하고, 인민 군중들의 생명과 재산 안전을 위해하고 있다"고 보도했다. 그리고 중국 외교부의 진강(秦剛) 대변인은 "최근 발생한 사건은 티베트의 안녕과 질서를 해치는 것"이라며 티베트의 민족주의 움직임에 대한 단호한 대처를 강조했다. 티베트에서 발생한 민족주의 운동을 중국정부는 국가통합과 민족통합에 반하는 행위로 간주하였다. 중국정부는 티베트처럼 민족주의 운동을 활발하게 하는 위구르족에게까지 확대될까봐 우려하였고, 결국 티베트 사태를 해결하기 위해 중국은 무력으로 강경하게 진압하였다.

2008년 4월 12일에 개최된 보아오포럼(BFA: Boao Forum for Asia) 개막식에서 호금도는 "티베트 사건은 인권문제가 아니다"라고 선언하였다. 호금도는 "티베트 라싸 등지에서 발생한 사건은 일부 인사들이 주장하는 것처럼 평화 시위도, 비폭력 행동도 아니며 적나라한 폭력 범죄"라면서 "티베트 문제는 전적으로 중국의 내정에 속하며 조국의 통일과 분열의 문제"라고 주장했다. 이러한 호금도의 언급에서 중국에서의 티베트 문제는 서구에서 말하는 인권문제가 아니고, 또 민족문제도 아니라는 것을 알 수 있다. 티베트 문제는 중국의 통일에 저해하는 내정문제로 보는 것이다.

1956년에 서장자치구 등 각 위원회가 설립되었다. 1965년 9월 9일, 서장자치구가 정식으로 성립되었으며, 자치구의 수도는 라싸이다. 티베트의 면적은 120여 만㎢로 중국 전체 면적의 1/8(남한의 12배)을 차지하고 있다.

1949년 10월 중국이 건국되면서 모택동은 티베트의 독립을 무효라고 선언하였다. 하지만 티베트는 그해 11월 전 세계에 독립국가임을 재차 선언하였다. 1950년 6월 25일에 한국전쟁이 발발하였을 때, 같은 해 10월 7일 중국공산당은 티베트를 공격하였으며, 티베트는 중국의 티베트 침략을 UN에 알려 도움을 청하였다. 그러나 UN은 티베트의 요구를 거절하였다. 당시 UN과 세계는 한국전쟁에는 관심을 두었지만, 티베트에 대한 관심은 없었다. 티베트를 점령한 중국정부는 11월 1일 티베트에 '서장장족자치구' 인민정부를 설립하였다. 이후 중국은 티베트를 자국의 정치 지배 범위 속에 넣었고, 티베트는 역사 대대로 중국에 포함되어 있었다고 주장하였다.

2008년 티베트의 주권회복을 위한 민족주의 운동은 어느 해보다 더 적극적이고 광범위하였다. 세계 각국의 비난과 북경올림픽 보이콧의 거론에도 불구하고 중국이 무력을 사용하여 티베트사태를 해결하고자 하였던 가장 커다란 이유는 중국의 영토보존과 정치안정 때문이었다. 티베트가 독립을 천명하면서 광복을 주장하는 가장 커다란 이유 중의 하나는 1950년 중국이 티베트를 점령하면서 티베트 북부를 청해성, 동부를 사천성, 운남성에 분할하여 티베트 면적이 축소되었는데, 이를 원상 회복해 달라는 것이다. 중국정부는 이를 받아들이지 않을 뿐만 아니라, 티베트에서의 질서 회복을 위해 '인민 전쟁'을 선언하였다. 호금도 총서기는 공산당 당원들에게 지난 3·14티베트 사태를 두고 "티베트 안정은 국가 안정의 문제고, 티베트 안보는 국가안보의 문제다"라고 강조하였다.

2) 7·5 우루무치 사건(2009.7.5.)

2009년 7월 5일 신강위구르자치구의 성도인 우루무치(烏魯木齊)에서 발생하였던 위구르족과 한족 간의 유혈충돌 사건은 중국정부가 그 동안 진행해 왔던 민족

통합정책에 커다란 영향을 주었다. 이른바 '7·5 우루무치 사건'이라 불리기도 하는 이 사건은 대내외적으로 중국정부의 통합정책에 의문을 부여하였을 뿐만 아니라 호금도 정부의 화해사회 건설을 위한 정책을 재확인토록 하는 계기가 되었다. 2009년 6월 말 광동성에서 발생하였던 위구르족과 한족 간의 발생한 사건은 우루무치 사건의 주요 원인이 되었다. 7·5 우루무치 사건의 직접적인 원인은 2009년 6월 25일 광동성 소관시(韶關市)에 있는 홍콩계 장난감 공장 '욱일(旭日, 쉬르)'에서 발생하였던 한족의 위구르족 숙소 습격 사건 때문이었다. 당시 100여명의 한족 노동자는 무장을 한 채 800여명이 묵고 있던 위구르족 노동자 숙소를 습격하였다. 한족노동자가 위구르족 숙사를 습격한 이유는 위구르족 노동자들을 채용한 뒤 이 지역의 범죄가 증가하였다는 소문과 위구르족 노동자가 한족여성을 성폭행하였다는 소문 때문이었다. 이 사건이 신문에 보도되었는데, 당시 6월 28일 홍콩 일간 <사우스차이나모닝포스트>는 "유혈 사태로 병원으로 옮겨진 부상자만도 중상자 10여 명을 포함해 118명에 이른다."고 하였고, "이 가운데 81명이 위구르족 노동자"라고 밝혔고, 한족 노동자들이 일방적으로 위구르족 노동자 기숙사를 습격하였다. 한편, 중국 관영 <신화통신>은 "공안당국이 사건의 발단이 된 괴소문을 유포한 용의자를 체포했다."고 보도했다. '주아무개'로 알려진 한족 출신 용의자는 욱일(쉬르) 공장에서 일하다 퇴사한 뒤 재취업을 원했으나 뜻을 이루지 못하였는데, 그 이유가 이주해 온 위구르족 노동자 때문이라고 여겼다. 그는 "신강 녀석들이 무고한 한족 여성 2명을 쉬르 공장 기숙사에서 성폭행했다."는 소문을 인터넷사이트에 올려 퍼뜨리다가 잡혔다.

이 사건이 신강으로까지 전해지면서, 소식을 듣고 화가 난 위구르족들이 7월 5일 우루무치에 모여 노동자의 죽음에 항의하는 시위를 벌였다. 이 과정에서 한족과의 유혈충돌이 벌어졌고, 위구르족의 시위는 점차적으로 확산되었다. 7·5 우루무치 사건은 6·4천안문사건 이래로 가장 심각하였던 유혈사태로 간주되었다. 물론 신강 지역의 위구르족과 한족 및 중국 정부 사이의 갈등은 있었으나, 주로 소수 이슬람 무장 독립 세력에 의한 폭탄테러나 암살 등이 주를 이루었다. 7·5 우루무치 사건과 같은 대규모 시위는 거의 없었다. 당시 중국정부는 유혈사태로 인해 약 197

명의 사망자가 발생하자 신강 지역의 정보의 유입과 유출을 차단하는 조치를 취했다. 뿐만 아니라, 당시 테러리스트와 분리주의자, 종교적 극단주의자들이 각종 뜬소문과 혐오 감정을 퍼트리기 위해 인터넷과 전화 및 문자 메시지를 이용한다며 이를 차단하였다. 그리고 2009년 7·5 우루무치 사건을 두고 많은 학자와 언론에서는 그동안 중국 내에 잠재해 있던 민족갈등이 아닌 위구르족의 지속적인 독립운동과 결부지었다. 이러한 관점은 중국 내 민족정책과 대외정책으로까지 관련지어 해석하게 하였다. 특히 홍콩 ≪빈과일보(蘋果日報)≫는 7월 8일 "인종적으로는 서양인에 가깝고, 대부분 무슬림이고, 고유의 위구르어를 사용하며, 생활방식도 전혀 다른 이민족(위구르족)을 경제 발전으로만 통합시키려 한 중국 정부에도 이번 사태의 책임이 있다"고 지적했다.

7·5 우루무치 사건 당시 한족도 몽둥이와 쇠파이프, 삽 등으로 무장하여 시위를 벌였다. 한족들은 시가행진을 하며 위구르족에 대한 보복시위를 하면서 경찰과 대치하였을 뿐만 아니라, 위구르족이 경영하는 가게를 부수기도 하였다. 특히 7월 8일 오전, 700~800명의 한족들은 우루무치 사범대학 부근에 모여 위구르족의 테러로부터 스스로를 보호해야 한다며 도로를 점거하며 시위를 벌였다. 이날 남부지역에 거주하던 위구르족들도 한족으로부터 자신들의 집과 가게를 지키기 위해 무장을 하였다. 또 이 중 위구르족 30~40여명은 중산로(中山路) 인근 남문(南門)광장에서 정부의 편파적인 사건 처리에 항의하는 시위를 벌였다.

중국외교부 대변인 진강(秦剛)은 7월 14일 "중국 측에서는 관련국가가 우루무치 사건의 진상을 정확하게 알기를 희망한다."고 밝혔다. 또 "중국정부가 국가통일과 영토안정, 민족단결의 보호와 사회안정을 위한 노력을 이해와 지지해 달라"고 밝혔다. 그리고 기자회견장에서 7·5 우루무치 사건은 중국국경내외의 '삼고세력(三股勢力·테러리즘, 분리주의, 극단주의)'이 계획을 세워 조직적인 엄중한 폭력범죄사건이라고 하였다. 그는 "실질적인 것은 민족문제와 종교문제가 아니고, 또 인권문제도 아니라, 중국통일과 민족단결을 파괴하려는 문제이다. 중국정부는 법에 의거하여 완전하게 조치를 취하고자 하는 것은 헌법과 법률의 존엄을 보호하기 위함이고, 사회안정과 각 민족의 이익을 확보하기 위함이다."라고 하였다.

3) 내몽골 시위(2011.5.10.)

내몽고자치구에서 2011년 5월 10일 서조기(西鳥旗, 시우치)에서 몽골족 유목민 1명이 한족의 트럭에 치여 숨지면서 발단되었다. 석탄 트럭 한대가 기존 운송로가 아닌 초원을 가로질러 운행하였는데, 유목민 30여명이 트럭 운행 저지에 나섰고, 그 중 두 팔을 벌려 트럭의 주행을 막은 유목민 막일근(莫日根, 모르건)을 그대로 치고 지나갔다. 목격자들에 따르면 그는 트럭 앞바퀴에 끼인 채 150m를 끌려갔으며 현장에서 즉사했다. 사건 발생 5일 뒤에는 인근 석탄광산에서 항의시위에 나선 몽골족 근로자들이 한족이 대부분인 회사 측 직원들에게 집단 구타를 당해 한 명이 숨지고, 7명이 부상하는 사건도 발생하였다. 당국은 한족 트럭 운전수를 체포했다고 발표했지만 가벼운 처벌을 받을 것이라는 소문이 돌자 반정부 시위로까지 사태가 확대됐다. 시위 양상도 단순한 항의에서 반정부 구호로 변하는 것으로 알려졌다. 이번 사태는 내몽고에서 30년 만의 최대 규모 시위로 꼽힌다. 중국공산당이 1981년 한족 수십만 명을 한꺼번에 내몽고로 집단 이주시키겠다는 계획에 항의해 대규모 시위를 벌인 이후, 몽골족들의 분리·독립 움직임은 그리 두드러지지 않았다. 2011년 5월 10일 내몽골자치구에서 발생한 사건은 최근 중국 민족문제가 심각해짐을 알 수 있다. 중국당국은 티베트와 신강 지역에 비해 민족주의 운동이 상대적으로 적은 내몽고지역에서 이번 사건을 계기로 민족주의 운동이 확대될까 우려하고 있다. 이에 중국 차세대 지도자 후보로 꼽히는 호춘화(胡春華) 내몽고자치구 당서기는 관영CCTV에 등장해 "가해 운전자를 엄정히 처벌하고 유족들을 안전하게 보호할 것"이라고 밝혔다. 또 5월 27일 시위의 주축인 대학생들과 만나 "범인들을 법적인 절차에 따라 엄격하고 신속하게 처벌해, 희생자의 권리와 법의 존엄성을 지키겠다"며 진화에 나섰다. 중국 당국은 시위 예정지역에 무장 경찰을 배치한 것은 물론 그동안 유목민 사망 소식 전파와 집회 제안 등이 오가는 통로 역할을 해온 인터넷에 대해서도 강도 높은 검열을 실시했다. 이번 사태와 관련된 글과 동영상, 언론 보도 등이 일제히 삭제됐고 검색도 금지됐다. 호화호특(呼和浩特, 후허하오터) 민족대학 등 몽골족이 주로 다니는 각급 학교는 몽골족 학생들의 외출이 금지됐고 기숙사 내 인터넷 연결도 차단된 상태라고 외신은 전했다. 5월 24일부터 석림호특(錫林浩特, 시린하오터)시 정부 청사 앞에서 학생 2000여명이 항의 시위를 벌이는 등 크고 작은 시위가 이어졌다. 그리고 이 지역에서는 대학생들의 주말 외출금지령이 내려졌고, 각급 학교는 휴교하였다. 그리고 인터넷상의 토론사이트와 메신저가 끊어지는 사태도 발생했다. 내몽고자치구 공안당국은 5월 28일부터 호화호특과 석림호특 등 주요 지역에 계엄령에 준하는 봉쇄조치를 취한데 이어, 30일에도 대규모 공안과 무장경찰을 여러 도시에 배치하고, 휴대전화와 인터넷을 통제하였다.

중국은 경제 발전으로 에너지 수요가 늘어나자 내몽고 지역의 자원개발에 착수하였다. 2000년대 초반부터 30여 개의 국영 석탄업체들이 내몽고지역으로 와서 석탄광산을 마구잡이로 개발하는 바람에 유목민들의 생활 기반인 초원을 크게 훼손했다. 게다가 자원개발의 이익은 모두 한족들이 가져가 몽골족들의 불만이 심했다. 특히 2008년 광산업체들이 탄광 개발을 시작하면서 유목민들은 지하수 부족, 탄광 분진, 소음 피해를 호소하며 탄광 개발 중단과 보상을 요구해왔다.

내몽고 출신으로 몽골공화국에 망명 중인 투멘 울지는 로이터 통신에 "중국이 내몽고 자원을 무분별하게 개발하면서 몽골족들이 큰 타격을 입고 전통적 삶의 방식을 잃어가고 있다"며 "한 몽골인의 죽음이 도화선이 돼 중국내 몽골족들을 단결시키고 있다"고 말했다. 호금도는 5월 30일 중국 공산당 중앙위원회에서 "중국은 중대한 사회적 모순을 겪는 시기에 진입했다."면서 "이 때문에 사회를 감독하는 작업은 매우 힘들어질 것"이라고 말했다.

4) 오감(烏坎)촌 사건(2011~2012)

오감촌 시위가 발생하였을 때, 현지 정부는 무력이 아닌 설득과 타협을 통해 해결하였다. 그 결과로 시위지도자였던 임조련(林祖戀)이 당서기로 임명되었고, 중국 내 처음으로 민주적인 선거방식으로 투표위원회가 구성되었다. 이러한 점에서 오감촌사태를 민주주의와 정치개혁의 신호탄이라 말하고 있다. 광동성 당 서기인 왕양은 "오감촌 사건은 인민의 근본적인 이익을 최고 우선순위로 둔 것"이라며 "파격적인 것이 아니라 '촌민위원회 조직법'과 '광동성 촌민위원회 선거법'을 충실히 이행했을 뿐"이라고 강조했다. 왕양은 주소단(朱小丹) 광동성 성장이 체제개혁을 거론하자 "개혁은 집권당과 인민정부의 머리에서부터 시작돼야 당과 정부가 인민의 근본 이익을 대변할 수 있다"고 거들었다.

오감촌은 광동성 동북부에 위치한 육풍현 현청에서 멀지 않은 도시근교 농어촌 마을이다. 인접지역에 해풍(海豊)현이 있기 때문에 보통 해풍 지역이라고 부른다. 오감촌이 도시근교에 위치하고 있다 보니, 육풍현 당국은 도시개발을 위해 2011년 9월에 이 지역 농지 수용을 결정하였다. 그런데 노지수용과정에서 주민들의 동의 없이, 일방적으로 33만여 평방미터의 토지를 홍콩 부동산 개발업자인 진문청(陳文淸)에게 7억 정도(인민폐) 정도의 가격으로 팔아버렸다. 이 때 대부분의 돈을 현지 관료들이 차지하였고, 경작권을 갖고 있던 농민들에게 돌아간 보상금은 500원(인민폐) 정도였다. 이 사실을 알게 된 1만 7천 여 명의 현지 농민들은 관련 기관에 항의를 하였으나, 아무런 성과가 없었다. 그래서 농민들은 시위를 통해 문제를 해결하고자 하였다. 약 3,4천명의 촌민은 토지 징발에 대한 정당한 보상을 주장하며 대대적인 시위를 벌였다.

9월 24일, 촌민이 선출한 13명의 대표와 육풍시, 동해진에서 3개 요구사항을 정부에 제출하였다. 3개항은 첫째 개혁개방 이래 오감촌의 토지매매정황을 분명히 조사할 것, 둘째, 촌위원회 임기만료 선거 상황을 분명히 조사할 것, 셋째 村의 사무와 재무를 공개할 것 등이었다.

육풍시위원회와 부시장은 촌민의 요구사항을 검토하고 조사하기 위해 오감촌으로 들어갔다. 그런데 시정부는 농민들의 요구사항을 들어주지 않고 시간만 끌었다. 두 달 넘도록 진척이 없자, 농민들은 11월 21일 상급 행정기관으로 가서 "탐관을 타도하자, 우리 경작지를 돌려 달라"며 집단 시위를 벌렸다. 12월 11일에는 촌민들이 중국판 트위터인 웨이보에 사진과 현장 내용을 올리면서 주요 쟁점으로 되었다. 당일, 촌민과 경찰 간에 무력충돌이 발생하였고, 구류되어 있던 마을 대표 설금파(薛錦波)가 3일 만에 의문사하는 사건이 발생하였다. 이 사건으로 주민들의 분노가 폭발하였고, 주민들은 당과 공안조직을 몰아내고 마을을 '해방구'로 만들었다. 오감촌에는 '무정부상태'로 8일 넘게 지속되었다. 오감촌 문제를 해결하기 위하여 인민해방군 제41, 42집단군이 도로를 차단하며 무력 진압 준비를 하였다. 3개월간 진행된 오감촌 주민 시위는 12월 20일 중공 광동성위 서기 주명국(朱明國)이 방문한 후에 비로소 변하기 시작하였다. 2011년 9월 21일과 11월 21일에, 광동성 육풍시 오감촌 촌민은 두 차례 정도 당지정부를 방문하여 토지와 기층선거문제를 반영하도록 요구하였다. 하지만 만족스러운 답변을 얻지 못하였고, 이후 촌민들은 자신들의 이익을 옹호하기 위해 촌지서를 쫓아버렸다. 그리고 임시대표이사회를 성립하였고, 암거래된 토지를 회수하려 하였다.

오감촌 문제를 해결하기 위해 파견된 주명국은 다음과 같이 5개 사항을 제시하였다. 첫째, 민의를 중시하여, 최대의 결의, 성의, 노력을 다해 군중의 합리적 요구를 해결하려고 노력해야 한다는 입장을 견지한다. 둘째, 항시 군중을 우선으로 하며, 군중에 의존하여 우칸 문제를 해결하여야 한다는 원칙을 견지한다. 오감촌 사람들의 중요한 요구는 합리적이었다. 당위원회나 정부도 군중 공작 중에 확실히 실수가 있고, 촌민들에게도 일부 비이성적 행위가 있다는 사실을 이해해야 한다. 파출소 습격 등이 그 예이지만, 정부 역시 성의를 다해 문제를 해결하려 하지 않았다는 사실을 인정해야 한다. 셋째, 인본주의를 중시하여, 사망자의 가족에 대해 전력을 다해 위로와 구휼을 해야 한다는 원칙을 견지해야 한다. 넷째, 투명하게 사건의 처리 과정을 제 때에 공포해야 한다는 원칙을 견지해야 한다. 그래야 유언비어가 나돌지 않는다. 다섯째, 법률을 기본으로 삼되, 情理도 이야기하면서 문제를 해결하려는 자세를 견지해야 한다.

그리고 웨이보를 통해 알려진 오감촌 사건에 대한 특징은 다음과 같았다. 첫째, 당지인의 요구는 민주적 선거에 집중되었고, 그 중 "인권 보장"이란 구호가 등장한 것은 농민들의 공민의식을 명백하게 보여준 것이라 할 수 있다. 곧 경제 분규의 배후에는 실로 정치적 요소가 있는 셈이다. 둘째, 항쟁에 적극 참여한 대부분이 청년들로서 대부분 1990년대 이후 출생자로 고급 과학기술을 항쟁에 활용한 사실이다. 그들은 한 가옥을 개방하여 내외에서 취재하는 것을 환영하였으며, 수시로 뉴스를 제작하여 미디어나 웨이보에 쏘아 올려 자신들의 상황을 내외에 널리 알렸다. 셋째, 마을의 대변인이 브리핑을 통해 대륙 전체에서 관원을 민선하는 것이 가능하며, 지역성에 매몰될지도 모를 경향성을 돌파하기를 희망하였다.

5) 박희래(1949~, 보시라이) 사건

광동성 서기 왕양(汪洋)의 '광동모델'과 함께 주목을 받았던 박희래의 '중경모델'! 제17차 중앙정치국 위원이며 중경시 당서기를 지낸 박희래는 혁명원로의 한 명인 박일파(薄一波)의 아들로 '중국의 케네디'라고 불렸다. 대련 시장으로 있을 때 '북방의 홍콩이자 상해'로 만들었고, 국무원 상무부장을 역임하면서 지방과 중앙을 경험하여 2002년 16차 전국대표대회를 앞두고 차기 총리로 주목받기도 하였다. 그러나 시진핑과 리커창에게 밀려 전인대상무위원장이나 정협주석이 될 수 있다는 전망도 나왔다.

2007년 중경 당서기로 발령 난 이후 4년간 재임하는 동안 중경을 개혁하기 위한 여러 정책을 실시하였다. 2008년 7월부터 중경관리의 부정부패척결과 함께 조직폭력범죄자 소탕(일명 범죄와의 전쟁)을 실시하여 1,500명 이상을 적발하였다. 2010년 3월, 홍색가요를 선전함으로써 '창홍타흑(唱紅打黑)'이 끝이 났다.

당시에는 모택동시대의 회귀하는 게 아니냐는 우려가 나오기도 하였다. 그러다가 2011년 11월, 닐 헤이우드(Neil Heywood) 사건이 발생했다. 닐 헤이우드가 호텔에서 사망하였는데, 중국당국은 급성 알코올중독으로 사망하였다고 밝혔으나, 닐 헤이우드는 술을 마시지 않는다는 증언이 나오면서 타살의혹이 일어났다. 2012년 4월 10일 중국 언론은 닐 헤이우드의 타살설을 보도하면서 박희래의 아내 구카이라이(谷開來)와 관련이 있다고 밝혔다. 닐 헤이우드 사건을 조사하는 과정에서 중경시 공안국장 왕립군(王立軍, 왕리쥔)이 박희래측으로부터 수사중단 압력을 받았고, 이에 왕립군은 미국총영사관에 망명을 신청하는 사건이 발생하였다. 이후 박희래의 사건은 언론을 통해 세상에 알려졌다.

2012년 3월 9일, 박희래는 기자 회견을 열어 "나는 부정부패 관련 조사 대상이 아니다"라고 밝혔지만, 동년 3월 14일 전국인민대표대회가 폐막된 후 온가보 국무원총리는 기자회견을 통해 박희래의 '창홍타흑 운동' 등을 문화대혁명에 비유하여 비판하였다. 동년 3월 15일, 박희래는 중경시 서기적에서 해임되었다. 동년 9월 28일, 중국공산당 중앙정치국은 박희래의 공직과 당적의 박탈 및 사법처리를 결정하였다. 동년 10월 26일, 전국인민대표대회 상무위원회가 박희래의 전인대 대표자격을 박탈했다. 2013년 9월 22일, 중급인민법원은 박희래에게 1심에서 무기징역을 선고했다. 동년 10월 25일, 산동성 고급인민법원은 2심에서 박희래에게 무기징역을 선고했다.

박희래의 낙마는 차기지도부 권력투쟁의 서막으로, 태자당과 공청단 그리고 상해방 간의 역학관계가 만든 결과라고 보기도 한다.

6) 2014년 곤명기차역 '3·01' 폭력사건

2014년 3월 1일 21시 20분경 운남 곤명기차역에서 테러가 발생하였다. 일명 '곤명 3·01사건이라 불린다.

검은색 복장에 복면을 쓰고 4,50㎝ 정도의 칼을 든 10여 명의 폭도들이 운남성 곤명기차역 광장에서 시작하여 매표소 등지에서 여객들에게 칼을 휘둘러 160여 명의 사상자가 발생하였다. 현장에서 테러리스트 4명을 사살하고 1명을 체포하였다. 곤명 시정부는 신강분열세력이 조직적으로 계획한 사건이라고 발표하였다. 신강위구르족의 분열운동은 대체적으로 독립을 위한 민족주의운동이었으나 이번 사건으로 위구르족의 분열주의가 테러형태로도 나타나고 있음을 알 수 있게 한다.

사건과 관련하여, 시진핑은 법에 의해 엄격하게 다스릴 것을 요구하였고, 사상자들의 사후처리를 잘 할 것을 요구하였다. 리커창 총리는 사건처리에 대해 지시를 내렸다.

동년 3월 3일 중국공안부는 곤명기차역 '3.01' 폭력테러사건의 배후는 테러 조직 두목 아부두예이무·쿠을반(阿不都热依木·库尔班)의 주도하에 이루어졌다고 밝혔다. 또 공안부는 테러범은 여성 2명을 포함해 총 8명이고, 현장에서 4명을 사살하였고, 여성 1명과 나머지 3명은 생포하였다고 밝혔다.

리커창 국무원 총리는 동년 3월 5일 제12차 전국인민대표대회 제2차회의에서 정부사업보고를 할 때 곤명 '3.01' 폭력테러사건을 특별히 언급하였다. 리커창 총리는 "국가법률의 존엄을 모독하고 인류문명의 하한선에 도전하는 모든 폭력테러범죄행위에 대해 단호히 타격해야 한다"고 강조했다. 그리고 "우리는 사회치안을 종합적으로 다스리고 폭력테러범죄행위를 단호히 타격하며 국가안전을 수호하고 양호한 사회질서를 정립해야 한다"고 강조했다.

국제사회에서도 테러사건을 규탄하였다. 몽골공화국 에르베그도르그 대통령 등 많은 국가의 대통령들이 시진핑 국가주석에게 위문전을 보내면서 폭력테러행위를 강력히 규탄하였고, 중국정부의 테러에 대한 타격을 지지한다고 밝혔다. 브라질과 폴란드 등의 국가에서는 성명을 발표하거나 폭력테러를 강력하게 규탄하였다.

7) 홍콩 우산혁명(雨傘革命, 2014.9.)

2014년 센트럴 점령(佔領中環, Occupy Central with Love and Peace)이라는 시민단체가 주도하는 시위였으나 홍콩 시민들의 열렬한 지지를 받으며 전 홍콩에서 시위가 일어났다. 홍콩경찰이 최루액과 최루탄 및 살수차로 진압할 때 시민들이 우산으로 막아냈는데, 그것을 본 미디어들이 '우산혁명'이라고 명명하였다. '2014년 홍콩시위(2014年9月香港示威)'라고도 부르는데, 2014년 9월 22일부터 홍콩 24개 대학교 학생이 동맹휴업을 하면서 시위를 하기 시작하였고, 28일 홍콩 금융중심가인 센트럴을 점거하면서 본격화되었다. 시위는 전인대의 홍콩 행정장관 직선제 개편안을 철회하라는 것에서 비롯되었다. 학생들과 시민단체는 '2017년 홍콩 행정장관 선거'에서 친중(親中) 인사만 후보로 나설 수 있고 반중(反中) 인사를 후보군에서 배제하려는 방침을 철회할 것을 요구하였다.

중국 전인대에서 2014년 8월 31일 "2017년부터 행정장관 선거를 직선제로 전환하되 1200명의 후보 추천위원 중 절반 이상의 지지를 후보 2~3명에게만 입후보 자격을 주는 선거제도 개편안"을 확정하였다.

한편, 홍콩에서는 1997년 주권이 중국으로 넘어간 이후, 매년 7월 1일 시민단체 '민간인권전선'이라는 시민단체가 주관하는 '7.1 대집회'가 연례행사로 자리잡았다. 2015년 7.1 대집회에서는 2014년 우산혁명을 이끌었던 대학 학생회 연합체인 홍콩학생연회가 주도적인 역할을 하면서 '렁춘잉(Leung Chun-ying) 홍콩 행정장관의 사퇴와 헌법 격인 기본법의 수정' 등을 요구하였다. 2016년 7월 1일 영국에서 중국으로 반환된 지 19주년이 되는 7월 1일에 홍콩 도심에서 진정한 민주주의 실현을 요구하는 대규모 행진이 열렸다.

제10장

중국의 외교정책과 영토분쟁

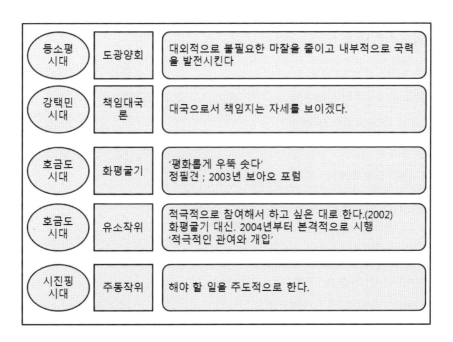

등소평시대	도광양회	대외적으로 불필요한 마찰을 줄이고 내부적으로 국력을 발전시킨다
강택민시대	책임대국론	대국으로서 책임지는 자세를 보이겠다.
호금도시대	화평굴기	'평화롭게 우뚝 솟다' 정필견 ; 2003년 보아오 포럼
호금도시대	유소작위	적극적으로 참여해서 하고 싶은 대로 한다.(2002) 화평굴기 대신. 2004년부터 본격적으로 시행 '적극적인 관여와 개입'
시진핑시대	주동작위	해야 할 일을 주도적으로 한다.

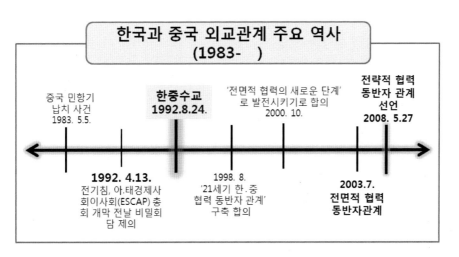

한국과 중국 외교관계 주요 역사 (1983-   )

중국 민항기
납치 사건
1983. 5.5.

한중수교
1992.8.24.

'전면적 협력의 새로운 단계'
로 발전시키기로 합의
2000. 10.

전략적 협력
동반자 관계
선언
2008. 5.27

1992. 4.13.
전기침, 아.태경제사
회이사회(ESCAP) 총
회 개막 전날 비밀회
담 제의

1998. 8.
'21세기 한.중
협력 동반자 관계'
구축 합의

2003.7.
전면적 협력
동반자관계

1. 외교수립단계와 외교전략

1) 외교수립단계

중국은 상대국과의 친소(親疏) 관계에 따라 외교 용어를 달리 사용하고 있다. 중국은 1996년부터 수교국과의 관계를 '단순 수교 → 선린우호 → 동반자 → 전통적 우호협력→ 혈맹'의 5단계로 분류하여, 관계 증진에 따라 등급을 변화

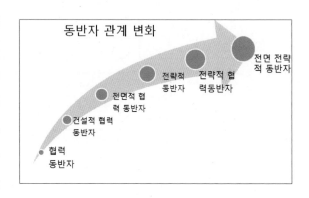

동반자 관계 변화

시키고 있다. 선린우호는 경제·통상 중심의 관계이다. 그리고 동반자 관계는 "서로 대항하지 않고, 같은 것을 추구하고 생각이 다른 것은 일단 제쳐 둔다는 '구동존이(求同存異, 이견은 뒤로 미루고 같은 분야부터 협력한다.)' 원칙을 지키고, 어느 특정한 제3국을 겨냥하지 않는다."는 특징을 갖고 있다. 이 중 동반자 관계는 다시 '협력 동반자 → 건설적 협력 동반자 → 전면적 협력 동반자 → 전략적 동반자 → 전략적 협력동반자 →전면 전략적 동반자'로 구분한다.

동반자 관계 중에서 '전면적 협력동반자 관계'란 정치·경제·사회·문화 등의 제반 분야에서 공동이익을 창출하는 호혜적 협력관계의 확대를 의미한다. 동반자 앞의 '전략적'이라는 용어는 선진국이나 강대국과의 외교 관계 설정에 주로 사용된다. 즉 세계 경영을 함께 논하는 수준이라는 뜻을 내포하고 있는 것으로, 정치·경제·외교는 물론 군사·문화 등 모든 부문에서 협력이 가능한 큰 상대라는 의미를 갖고 있다.

한국은 2008년 5월 27일 중국과 '전략적 협력 동반자' 관계를 수립하였다. 수교할 당시 1992년에는 단순 수교 관계였다가 경제·통상 중심의 '선린우호' 관계를 거쳐

1998년 '협력 동반자', 2003년 이후엔 '전면적 협력 동반자' 관계로 상향 조정되었다.

반면, 북한은 최고 수준인 '혈맹' 관계였다가 한·중 수교 이후 '전통적우호협력 관계'로 한 단계 내려앉았다. 2008년 5월 7일 호금도가 일본을 방문하였을 때 후쿠다 야스오 일본 총리와의 정상회담에서 양국 외교단계를 전략적 호혜관계로 격상하였다. 그 밖에 중국은 미국과는 '건설적 협력 동반자', 러시아와는 '전면적 전략 협력 동반자' 관계이다.

2. 중국 외교정책 유형

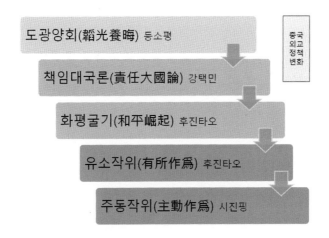

1) 도광양회(韜光養晦, 1980년대말 등소평시대)

도광양회는 등소평 시대의 중국의 대외정책으로 일컬어진다. 원래 '도광양회(韜光養晦), 유소작위(有所作爲)'는 1980년대말 미국과 소련이 주도하는 패권주의 속에서 등소평이 펼친 28자의 대외정책전략이다. 당시 등소평은 "냉정하게 관찰하고, 진영을 공고히 하여, 침착하게 대응하되, 능력을 드러내지 않도록 하며, 우두머리가 되지 않으며, 재능을 드러내지 않고 힘을 기르고, 해야 할 일을 한다.(冷靜觀察, 穩住陣腳, 沉著應付, 善於守拙, 決不當頭, 韜光養晦, 有所作爲)"라고 하였다. 이

방침은 중국공산당 내부에서만 알려져 있다가 1990년대 중반 이후에 외부에 알려졌다. 이 중에서 '도광양회와 유소작위'가 많이 인용되었다.

도광양회는 "자신의 재능을 밖으로 드러내지 않고 인내하면서 기다린다."는 고사성어이다. 도광양회의 한자를 풀이하면 "칼날의 빛을 칼집에 감추고 어둠 속에서 힘을 기른다."는 뜻이다. 도광양회 전략은 1990년대 고도 경제성장을 통해 중국의 위상이 오르는 데 중요한 역할을 하였다.

2) 책임대국론(責任大國論, 1997)

1997년 강택민 국가주석은 "대국으로서 책임지는 자세를 보이겠다"고 선언했다. 1997년 아시아금융위기 속에서 중국정부는 '국제사회 속의 책임있는 대국'이 되겠다고 선포하였다. 이러한 중국의 자세는 개혁개방이래로 중국은 점점 '책임을 지는 대국(負責任大國)'의 신분을 확립하였고, 이는 중국 국력의 굴기와 국가신분의 변혁에 기인한다.

3) 화평굴기(和平崛起, 2003/2004)

2003년 10월 보아오 포럼에서 정필견(鄭必堅) 중앙당교 상무부장이 주창한 화평굴기는 호금도 국가주석의 2004년 1월 유럽순방에서 새로운 외교노선으로 떠올랐다. 화평굴기는 당시 거론되었던 중국위협론을 완화시키는 데 1차적인 목적이 있었다. 하지만, 내면에는 미국보다는 유럽을 중시하고, 대국외교의 틀을 이어받아 국제사회에서 중국의 위치에 걸맞은 행동과 책임을 다하겠다는 자주성과 독립성의 의미도 숨어 있었다. 화평굴기는 "평화롭게 일어선다."는 뜻으로, 주변국과의 외교관계 설정에 있어서 중국을 '화목한 이웃(睦隣)', '안정된 이웃(安隣)' 그리고 '부유한 이웃(富隣)'이 될 수 있도록 하겠다는 삼린(三隣)정책을 기본 축으로 삼았다.

중국은 경제발전을 통해 힘이 축적되자, 2003년부터는 세계평화를 지지하면서 대국으로 발전하겠다는 뜻의 화평굴기 정책을 펼쳤다. 이 당시 중국은 이미 경제대국으로 성장하였고, 앞으로도 계속해서 경제성장을 할 것으로 전망하였다. 이러한 전망 때문에 당시 미국은 중국을 세계에서 가장 위협적인 국가로 여겼고, 전략적 경쟁자로 간주하였다. 화평굴기는 대외적으로는 우호, 공동이익, 공동번영을 모색하고, 대내적으로는 개혁개방의 강화를 통해 국력을 신장시키고, 환경과 에너지 문제 등 고도성장의 후유증을 최소화시킨다는 것이다.

4) 유소작위(有所作爲, 2002/2004)

유소작위는 "적극적으로 참여해서 하고 싶은 대로 한다."와 "어떤 일에 적극적으로 개입해 자신의 뜻을 관철시킨다"는 뜻으로, 2002년 이후 중국이 취하고 있는 대외정책 전략이다. 2002년 11월 호금도 체제로 들어서면서 시작되었고, 본격적으로 펼치기 시작한 것은 2004년부터이다. 이 기간 동안은 강택민이 실질적인 권력자이다보니, 보통은 강택민의 외교정책으로 간주하고 있다. 그러나 엄격히 따지면 호금도 시기에 펼쳐진 외교정책이기 때문에 호금도의 외교정책으로 간주해야 할 것이다.

2004년에 이르러 중국정부는 화평굴기 대신 '적극적인 관여와 개입'을 뜻하는 새로운 외교 전략을 펼쳤다. 유소작위는 국제 관계에서 관여와 개입을 통해 중국의 역할을 강조하고, 국익을 확대하고자 하는 적극적이고 공세적인 대외정책이다. 유소작위는 경제력뿐 아니라 국방력에서도 국제적 위력을 행사한다는 부국강병 정책의 전 단계에 해당한다. 중국이 미국·북한 사이의 핵 문제 해결에 적극 뛰어들어 6자회담을 성사시킨 것이 유소작위 정책의 대표적인 예라고 할 수 있다.

5) 화해세계(和諧世界, 2005)

"중국이 조화로운 국제사회 건설에 공헌하겠다."는 의미를 담고 있다. 호금도 국가주석이 2005년 9월 유엔 창립60주년 기념식 연설에서 '화해세계(和諧世界)'라는 말을 언급하였다. 화해세계는 세계에서 일고 있는 중국위협론에 대응하는 한편,

능동적으로 세계질서구축에 나서겠다는 적극적인 외교전략 개념이라 할 수 있다. 중국 언론에서는 외교사안을 보도할 때 화해세계란 용어를 사용하기 시작하였다.

화해세계는 중국이 내치(內治) 분야의 국정 이념으로 내세웠던 '화해사회(和諧社會)' 개념을 대외전략으로 확장한 것이다. 중국에서는 정치, 경제 등 모든 분야에서 '화해'라는 말을 사용하였고, '화해'는 한국에서는 '조화'로 해석하여 사용하고 있다. 중국 내 화해사회의 취지는 빈부격차를 줄이고, 지역 간 불균형을 없애며, 또 민족과 종교 간 갈등을 완화하여 사회갈등을 없애자는 의미이다. 이러한 의미가 확대되어 "평화적인 발전의 길을 견지하고 조화로운 세계를 건설하는 데 공헌해야 한다."고 중국은 강조하고 있다.

6) **주동작위**(主動作爲, 2013)

2013년 시진핑 체제가 출범하면서 '할 일을 주도적으로 해야 한다'는 주동작위(主動作爲)로 전환했다. 최근 중국은 주동작위와 유소작위라는 말을 자주 사용한다. 즉 '국력에 걸맞게 해야 할 일을 주도적으로 한다'는 것이다. 시진핑이 '주동작위' 즉 세계의 규칙에 중국 이익을 반영하겠다는 새로운 대외 정책을 세웠다. 이런 원칙은 시진핑의 입을 통해 더욱 구체적으로 제시되었다.

중국 외교부가 만드는 주간지 '세계지식(世界知識)'은 최근호에서 중국 외교가 "도광양회(韜光養晦·빛을 숨기고 어둠 속에서 힘을 기른다)에서 주동작위(主動作爲·할 일을 주도적으로 한다)로 바뀌고 있다"고 말했다. 잡지는 2013년 중국외교를 평가하고 2014년에 직면할 문제를 예상하면서 최근 중국 외교의 특징을 '주동작위'로 정리했다. 잡지는 "한반도 정세 변화에 대비해 중국은 전술을 조정하고, 외교적 주도권을 장악해야 한다"고 썼다.

7) **일대일로**(一帶一路, The Belt and Road Initiative)

일대일로는 '신실크로드경제권'을 형성하고자 하는 중국의 국가전략이다. 영문명으로는 한국에서는 일반적으로 'One Belt One Road'라고 부르지만, 중국에서의 정식 영문명칭은 'The Belt and Road Initiative'이다.

'일대(一帶)'는 여러 지역이 통합된 '하나의 지대'를 가리킨다. 구체적으로는 중국-중앙아시아-유럽을 연결하는 실크로드경제대를 가리킨다. '일로(一路)'는 '하나의 길'을 가리킨다. 동남아-서남아-유럽-아프리카로 이어지는 '21세기해양실크로드'를 뜻한다. 시진핑 국가주석이 2013년 9월 7일 카자흐스탄의 한 대학에서 새로운 협력 모델을 강조하며 처음으로 '실크로드경제벨트(일대)'를 공식적으로 언급하였다. 이 때 시진핑은 중점사업으로는 '5통(五通)' 즉, '정책소통(政策溝通), 도로연통(道路聯通), 무역창통(貿易暢通), 자금융통(貨幣流通), 민심상통(民心相通)'을 제시하였다.

시진핑은 2015년 3월 28일 해남성 보아오(博鰲)포럼(BFA)의 기조연설에서 "일대일로는 공허한 구호가 아니다"며 "가시적인 계획이 될 것이고 동참하는 국가에 실질적인 이익을 가져다줄 것"이라고 말했다. 또 "아시아는 운명 공동체를 향해 나가야 한다."고 밝혔다. 이날 시진핑은 "아시아 운명 공동체"를 강조하며 중국의 '일대일로'라는 구체적인 역할을 제시하였다.

8) 친성혜용(親誠惠容)

2013년 11월 시진핑은 한국을 포함한 중국 주변 국가들에 대한 외교정책의 기본 개념으로 '친성혜용(親誠惠容)'을 제시했다. '친(親)'이란 중국과 산수(山水)가 서로 이어지고, 혈통이 비슷하며, 같은 문화를 지닌 국가에는 상대방의 감정을 중시하는 외교를 하겠다는 것이고, '성(誠)'이란 주변 국가들의 대소와 강약, 빈부를 가리지 않고 평화공존 5원칙에 따라 성의를 다하는 외교를 하겠다는 개념이다. '혜(惠)'란 주변 국가들과의 협력에는 상호 이득이 되는 호혜호리(互惠互利)의 외교를 하겠다는 것이며, '용(容)'이란 '바다가 많은 강줄기의 물을 받아들이듯이' 포용력이 있는 주변국 외교를 하겠다는 선언이었다.

시진핑은 2014년 7월 서울을 방문해서 박근혜 대통령과 정상회담을 하면서 이 '친성혜용'을 한국에 대한 기본 외교정책으로 삼을 것이라고 밝혔다.

9) 기타 용어

(1) 여시구진(與時俱進)

2002년 호금도(胡錦濤, 후진타오) 체제가 들어선 중국에서 유행했던 말이다. 시대가 변했으니 사상도 체제도 인물도 달라져야 한다'는 의미로 쓰였다. "중국공산당은 시대와 더불어 함께 나아간다"는 의미이다.

(2) 돌돌핍인(咄咄逼人)

"거침없이 상대를 압박한다"는 뜻의 '돌(咄)'은 원래 '남을 윽박지르는 소리'라는 뜻을 가진 글자였다. 일종의 의성어였던 셈이다. 중국에서 '돌돌(咄咄)'은 지금도 '남을 꾸짖다'라는 의미로 쓰인다. '기세흉흉(氣勢洶洶)'이 돌돌핍인과 같은 말이다. 기세의 강성함을 물결이 솟구치는 것(洶洶)에 비유했다. '돌돌핍인'이 꼭 사람만을 대상으로 한 것은 아니다. 중국 언론은 '일본 전자제품이 돌돌핍인의 기세로 중국 시장을 잠식하고 있다' '한여름 더위가 돌돌핍인의 기세로 베이징을 엄습하고 있다'는 등 사물이나 자연현상에도 이 말을 쓴다. 이 단어가 국내 언론에 본격적으로 등장한 것은 중국과 일본 사이에 발생한 조어도(釣魚島) 충돌 사건 이후다. 중국이 대외적으로 '힘의 외교'를 쓰는 것이 아니냐는 지적이 일면서 이를 형용하는 말로 쓰이기 시작했다.

(3) 구동존이(求同存異) 또는 구존동이(求存同異)

구동존이는 1955년 4월 인도네시아의 반둥에서 열린 "아시아-아프리카 회의"에서 중국 외교부장 주은래의 연설에서 나온 말이다. 구동존이는 "공통점은 찾아서 먼저 합의하고 이견은 남겨둔다"라는 뜻이다. 주은래는 29개 참가국의 마음을 움직여 회의를 중국의 뜻대로 이끌어 갔다. 이후 구동존이는 중국 외교의 협상기조가 되었다.

'구동존이'란 사자성어는 대립과 반목으로 치달리던 북-미 당사자를 협상테이블까지 끌어낸 중국의 유연한 외교 전략을 한 마디로 집약한 표현이다. 구존동이(求存同異)는 차이점을 인정하면서 같은 점을 추구한다는 뜻이다.

2010년 한국을 방문한 온가보 총리는 한·중 FTA(자유무역협정) 협상과 관련한 '구동존이 원칙'을 제시했다. "쉬운 것을 먼저 합의한 뒤 어려운 것은 나중에 하고(先易後難), 공통점을 찾아서 합의하고 이견이 있는 것은 뒤로 미루고(求同存異), 순서에 맞춰 점진적으로 추진하자(循序漸進)"고 했다. 낮은 수준의 FTA라도 좋으니 일단 논의를 하고 작은 것부터 시도해 보자는 유연하고 실용적인 제안이었다.

3. 국제기구

1) 상해협력기구(SCO: Shanghai Cooperation Organization)

상해협력기구는 중국, 러시아, 카자흐스탄, 키르기스스탄, 타지크스탄, 우즈베키스탄의 6개 국가로 이루어져 있다. 1996년 4월 상해에서, 이들 국가 간의 첫 정상회담이 개최되었다. 옵서버 국가로 몽골, 이란, 파키스탄, 인도 등이 참여하였다. 중국어와 러시아를 공용어로 사용하는 기구로, 중국 내 처음으로 성립한 국제기구이다.

상해협력기구는 1989년 5월 중·소 관계 정상화 이후, 같은 해 11월부터 중소 양국은 국경지역 군사력 축소 및 군사적 신뢰구축 문제를 협의하기 시작하였다. 소련이 해체됨에 따라 이 의제는 러시아 및 중앙아시아 3개국(카자흐스탄, 키르기스스탄, 타지키스탄)과 중국 등 5개국 간 문제로 확대되었다. 1996년 4월 상해에서, 이들 국가 간의 첫 정상회담이 개최되었고, '상해-5'가 탄생하였다. 상해에서 개최된 제1차 정상회담에서는 국경지역에서의 신뢰 구축을 통한 안정 확보 및 우호 왕래를 목적으로 '국경지역의 군사적 신뢰구축에 관한 협정'을 체결하였다. 2001년 6월 상해에서 제6차 정상회담이 개최되었는데, 이때, '상해-5' 정상회의를 한 차원 높은 협력기구로 출범시키기로 합의하였고, 지역안보뿐만 아니라 국제정치 문제 및 회원국 간 경제 통상 분야에서의 협력 확대를 합의하였고, '상해협력기구를 공식적으로 출범한다.'고 선언하였으며, 對러독자노선을 추구해 온 우즈베키스탄을 6번째 회원 국으로 정식 영입하였다. 그리고 '테러리즘 분리주의 및 극단주의 척결을 위한 상해 협약'에 서명함으로써 중앙아시아 지역에서의 이슬람 테러단체의 활동을 막기 위한 각국 안보기관 간 협력 및 반테러센터 설립을 위한 법적 기초를 마련하였다.

상해협력기구의 설립 목적은 회원국 상호간의 신뢰와 우호 증진, 정치·경제· 무역·과학기술·문화·교육·에너지 등 각 분야의 효율적인 협력관계 구축, 역 내 평화·안보·안정을 위한 공조체제 구축, 민주주의·정의·합리성을 바탕으로 한 새로운 국제정치·경제질서 촉진 등이다. 그리고 기본 이념은 국제연합헌장의 목적과 원칙 준수, 상호 독립과 주권존중 및 영토적 통합 존중, 회원국 사이의 내 정간섭과 무력 사용 및 사용 위협 배제, 회원국 사이의 평등 원칙 준수, 모든 문제 의 협의를 통한 해결, 역외 국가·기구와 적극 협력 모색 등이다.

지난 2008년에는 상해협력기구 성원국들은 대만이 '유엔가입 공민투표'를 추진 하는 것에 반대하기도 하였는데, 성원국은 대만의 행위는 '유엔헌장' 관련 규정에 어긋날 뿐만 아니라 양안 간에 긴장을 초래하고, 지역안정과 인민들의 안전에 위협 적이라고 밝혔다. 또 대만은 중국 영토에서 갈라놓을 수 없는 한 부분이라고 하면 서 중국정부의 입장을 지지하였고, 대만의 '독립'을 도모하려는 모든 시도를 반대 한다고 밝혔다. 한편 2009년 7월 5일 신강 우루무치에서 위구르족과 한족 간의 유 혈사태가 벌어졌을 때 중앙아시아 일부국가들이 중국의 무력진압을 비난하지 않은 것은 중국의 외교관계 때문으로 지적되고 있다.

2) 아시아인프라투자은행(AIIB)

아시아인프라투자은행(AIIB)은 'Asian Infrastructure Investment Bank'로 약어로 는 'AIIB'이다, 중국어로는 '亞洲基礎設施投資銀行'(약어 '亞投行')으로 표기한다. 아시아인프라투자은행의 설립 목적 아시아 지역의 부족한 인프라 투자를 지원함으 로써 아시아의 경제 및 사회 발전을 촉진하고 부를 창출하는 것을 목적으로 설립된 다자개발은행이다. 본부는 중국 북경에 있다. 초대 총재는 중국 재정부 부부장인 김립군(金立群, 진리췬)이다.

2013년 10월 시진핑 중국 국가주석이 아시아를 순방하던 중에 아시아 지역에 인프라 건설에 필요한 자금지원을 목적으로 기구 설립을 제안했다. 2014년 5월 카자흐스탄에서 열린 아시아개발은행(ADB, Asian Development Bank) 연차 총회에서 자본금 규모와 중국의 분담 비율 등의 계획을 밝혔다. 동년 10월 북경에서 참여를 희망하는 21개국이 모여 양해각서(MOU)를 체결하고 AIIB의 설립을 공식적으로 선언했다.

한국은 2015년 3월 26일 AIIB 참여를 결정했으며, 4월 11일 창립 회원국으로 확정되었다. 동년 5월 25일 한국은 AIIB에서 3.5%의 지분율을 확보했다. 지분을 가장 많이 확보한 국가는 중국으로 25% 이상의 지분을 확보하여 거부권을 행사할 수 있다.

2015년 6월 29일 오전 북경 인민대회당에서 한국, 러시아, 인도 독일 등 AIIB 50개 회원국 대표들이 참석해 AIIB의 운영의 기본 원칙을 담은 협정문에 서명하였다. AIIB 가입국은 총 57개국이나 이번 서명식에 참석한 국가는 각국 내 관련 절차를 완료한 50개국이다.

협정문의 주요 내용은 '지배·지분구조, 업무, 협정문 발효 요건 등이다. 먼저 지배구조는 일반적 개발은행과 마찬가지로 총회, 이사회, 총재 및 1인 이상의 부총재 및 임직원으로 구성된다. 이사회는 비상임기구로 출범하되 총회의 의결에 의해 상임기구로 전환될 수 있으며, 모든 투자결정 권한 보유한다. 다만, 회원국 총투표권 3/4 동의 시 총재에게 권한 위임 가능하다. 이사회는 12인의 이사(역내 9명, 역외 3명)로 구성되며 2년의 임기로 재직하고 연임 가능하다. 총재는 총회에서 최대다수결 투표(국가수 2/3, 투표권 3/4 이상 찬성)로 선출, 5년 임기로 재선이 가능하다.

주요 업무는 융자, 보증, 지분투자, 기술원조 등을 통해 인프라 투자를 지원한다. 회원국, 회원국의 기관 및 기업 등에게 자금을 제공할 수 있으나, 총회 의결로 비회원국에게도 자금제공이 가능하다. 지원자금 잔액이 자본금, 준비금 및 유보이익 합계를 초과할 수 없으나 총회 의결로 250%까지 가능하다. 건전한 은행업의 원칙을 따라 자금을 제공한다.

4. 중국군

1) 중앙군사위원회 연합작전지휘중심(中央軍委聯合作戰指揮中心, 2016)

2016년 4월 20일 중국관영CCTV와 신화통신은 시진핑이 '중앙군사위원회 연합작전중심'을 시찰한 사실을 전하였다. 중앙군사위원회 연합작전중심은 약칭하여 '중앙작전중심(中央作戰中心)'이라고 부른다. 2013년부터 거행된 '行動使命-2013'부터 시작하였고, 시진핑은 여러 차례에 걸쳐 '중앙작전중심'에 연습작전방안을 심의하였다. 2013년 시진핑은 남경군구와 광주군구 병력 4만 명을 동원한 '行動使命-2013 훈련을 참관했고, 중국 첫 항공모함 요녕(遼寧)도 직접 둘러보기도 하였다.

지휘중심은 북경서산총참작전부(北京西山總參作戰部) 지하에 지휘소를 설치하였다. 그리고 '중앙군사위원회 연합지휘중심 지휘'라는 호칭을 사용하였다.

시진핑은 2016년 미국식 합참시스템을 도입 등의 군개혁을 단행하였다. 중앙군사위원회 연합작전지위중심은 미국의 합참지휘본부에 해당된다. 시진핑은 시찰을 한 뒤, "능히 싸울 수 있고 싸우면 이기는 강군(強軍)의 꿈을 이루기 위해 연합작전 지휘를 방해하는 모순과 문제들을 돌파해야 한다"고 강조했다.

2) 중앙군사위원회(당중앙군사위원회, 국가중앙군사위원회)

중국에는 중앙군사위원회가 당중앙군사위원회와 국가중앙군사위원회가 있다. 당중앙군사위원회는 중국공산당 최고 군통치기구로, 주석책임제이다. 국가중앙군사위원회와 이름만 다를 뿐 실제는 동질의 기구이다. 당 중앙군사위원회는 주석과 부주석을 포함한 상무위원을 중심으로 운영되며 중앙위원회에서 선출된다. 중앙정치국 및 그 상무위원회의 지도 아래 당의 군사업무와 관련되는 노선·방침 및 정책을 제정, 집행하고, 모든 군사업무에 대한 지도를 담당한다.

반면, 국가중앙군사위원회는 1982년 헌법에 의해 신설된 기구로 전국무장력의 최고 영도기관이다. 국가중앙군사위원회는 당 중앙군사위원회와 완전히 중복되기 때문에 현재는 당군과 국군의 차이를 제도적으로 찾을 수 없다. 이로써 당군에서 국군에로 전환 근거를 마련했다.

국가중앙군사위원회는 전국의 군을 지휘하며 '주석책임제'를 실시하고 있다. 부주석과 위원은 주석이 지명하면 전국인민대표대회 혹은 전국인민대표대회 상무위원회에서 결정하게 된다.

1954년 헌법은 국가기구로서 국방위원회를 두고 있었지만, 군 통수권은 국가주석에게 부여했다. 1975년과 1978년 헌법은 당중앙위원회 주석에게 군의 통솔권이 주어졌고, '전국무장역량'은 당의 중앙군사위원회의 지휘를 받도록 하였다. 그러나 1982년 헌법에서는 국가의 중앙군사위원회가 군의 업무를 총괄하도록 하였다.

현재 당중앙군사위원회 주석단과 국가중앙군사위 주석단은 동일한 인적구성을 갖고 있고, 한 사람이 두 기구의 주석을 겸임하고 있다.

3) 군개혁(2016, 5대전구)

2016년 2월 1일 시진핑 국가주석 겸 중앙군사위원회 주석은 7대군구를 통폐합한 '5대 전구(戰區)' 창설을 선언하고 북경에서 전구 창설대회를 주재했다.

시진핑은 북경 팔일(八一) 대루에서 5대 전구로의 개편은 "중국꿈과 강국꿈을 실현하기 위한 전략적인 결정이자 통합작전 지휘체제의 구축을 향한 역사적인 진전으로 국가안전을 효과적으로 지키는데 있어 큰 의미가 있다"고 강조했다. '심양, 북경, 제남, 남경, 청도, 란주, 광주 군구'라는 7대 군구를 '동부, 남부, 서부, 북부, 중부 전구'라는 5대 전구로 바꿨었고, 5대 전구마다 육해공군 등을 총괄하는 통합작전 지휘체제를 구축하였다. 그리고 4대 총부를

5대전구

해체하고 중앙군사위원회 직속으로 15개 부문의 기관을 설치했다.

5대전구	관할구역	사령부
동부	강소, 복건, 절강, 상해, 안휘, 강서	남경
남부	광동, 광서, 호남, 운남, 귀주, 해남	광주
서부	사천, 감숙, 영하, 청해, 신강, 서장, 중경	성도
북부	요녕, 산동, 흑룡강, 길림, 내몽고	심양
중부	북경, 하북, 천진, 하남, 산서, 섬서, 호북	북경

시진핑은 각 전구가 "전략적인 국가안전 위협에 대응하고 평화를 유지하며, 전쟁을 억제하고, 전쟁에서 승리해야 하는 사명을 띠게 되었다"고 역설했다. 시진핑 지도부는 병력 30만 감축 등 대대적인 인민해방군 개혁을 시행하고, 지상군을 지휘할 육군사령부를 설치하였다. 또 전략미사일 부대인 제2포병을 로케트군으로 개편하는 동시에 사이버와 우주전략 등을 담당하는 전략지원부대를 신설하였다.

4) '2015년 중국국방백서(2015年中國國防白皮書)' 발표

중국은 2012년 첫 항공모함을 취항시켰고, 잠수함과 전함 전력을 확대하는 등 해군력을 빠르게 증강시키고 있다. 최근 중국 해군이 러시아와 함께 지중해와 흑해에서 사상 처음으로 연합 군사훈련을 실시하는 등 중국 해군의 작전 범위는 전 세계로 확대되고 있다.

중국 국방부와 인민해방군은 2015년 5월 26일 "중국의 군사전략(中國的軍事戰略)"을 발표했다. 중국 정부가 1998년 처음 국방백서를 발간한 이후 2년에 한 번씩 국방백서를 펴냈다.

2015국방백서에서의 핵심 내용은 "국가안전형세(國家安全形勢), 군대사명과 전략임무(軍隊使命和戰略任務), 적극적방어전략방침(積極防禦戰略方針), 군사역량건설발전(軍事力量建設發展), 군사투쟁준비(軍事鬪爭準備), 군사안전협력(軍事安全合作)"이다. 그리고 "중국의 국가전략목표는 바로 중국공산당성립 100년 때 전면적소강사회건설을 실현하는 것이고, 신중국성립 100년이 되는 시기에 부강한 민주문명화해를 이룬 사회주의현대화국가를 실현하는 것이다. 또 중화민족의 위대한 부흥이라는 중국의 꿈을 실현하는 것이다. 그리고 '중국의 꿈(中國夢)'은 '강국의 꿈(強國夢)'이고, 군대로 말하면 바로 '강군의 꿈(強軍夢)'인 것이다. 강군이어야 국가를 보호할 수 있고, 강국은 반드시 강군이 필요하다"고 밝혔다.

백서에서는 "중국군대는 새로운 역사시기의 군대사명을 효과적으로 이행하여, '중국공산당의 영도와 중국특색의 사회주의제도, 국가발전의 주요한 전략시스템, 지역과 세계평화, 국가주권·안전·발전이익'을 군건하게 보호하고 유지하고, 전면적소강사회건설과 중화민족의 위대한 부흥의 실현을 보장할 수 있도록 해야 한다."고 밝혔다.

백서에서는 "적극적 방어전략사상은 중국공산당 군사전략사상의 기본이다. 방어, 자위(自衛), 후발제인(後發制人·나중에 손을 써서 남을 제압)이 원칙을 견지하고, '다른 사람이 나를 범하지 않으면 나는 다른 사람을 범하지 않고, 다른 사람이 만약 범하면, 나는 반드시 다른 사람을 범한다'를 견지한다.(我不犯人；人若犯我, 我必犯人)"라고 하였다. 이는 조어도와 남중국해 영토문제와 관련하여, 다른 국가가 중국영토를 공격하는 일이 발생한다면 반드시 응징하겠다는 경고문이라 할 수 있다.

백서에서는 "세계경제와 전략의 중심이 아시아 태평양지역으로 빠르게 이동함에 따라, 미국은 지속적으로 아시아태평양 '재균형(re-balancing)'전략을 추진하고, 그 지역에 군사력과 군사동맹 체계를 강화하고 있다. 일본은 적극적으로 전후체제를 탈피하려고 시도하고 있고, 군사안정정책을 대폭 조정하고 있다"고 밝혔다. 또 "개별 해상 인접국들이 중국 영토주권과 해양권익문제에서 도발적 행동을 하고, 중국영토를 '불법 점거'하여 군사력을 강화하고, 또 일부 역외 국가들도 남중국해에 적극적으로 개입하면서 저공으로 정찰을 하고 있다."고 밝혔다. 그리고 한반도와 동북아지역에는 여러 형태의 불안정과 불확실한 요인이 존재한다고 밝혔다. 지역테러주의, 분열주의, 극단주의활동이 창궐하는 것도 중국주변안전에 불리한 영향을 준다고 밝혔다. 중국이 백서에서 해상에서의 군사 충돌을 정식으로 언급한 것은 이번이 처음이다.

백서에는 "대만독립, 티베트독립, 동돌궐(동투르키스탄, 이슬람분리주의)"에 대해서 언급하고 있고, 이러한 활동이 중국의 국가안전과 사회안정에 위협을 가하고 있다고 밝히고 있다. 또, "우주 자산의 안전과 사이버 안보"에 대해서도 언급하고 있다.

그리고 백서에서는 육군, 해군, 공군, 제2포병, 무장경찰부대들의 임무를 조정하였고, 우주방위에 대해서 언급하였다. 아래 도표는 2015국방백서에서 언급된 각군의 대응방향과 기존의 임무와의 차이점을 정리하였다.

각 군 임무 변화

이전	2015 국방백서
• 육군: 지역방어형 • 공군: 국토방어형	• 전지역 기동형 • 공격-방어겸비형, 공중-우주 방어 능력 시스템 구축
• 해군: 근해방어	• 근해방어와 원양호위형 결합형태
• 제2포병: : 핵무기 운용	• 핵무기-일반무기 겸비능력 개선, 정밀 타격력 제고 등
	• 무장경찰 부대 : 반테러 역량의 강화 • 우주방위 : 군비 확충 추진

5. 영토분쟁

1) 조어도(釣魚島) 분쟁

대만에서 북동쪽으로 120㎞, 오키나와에서 남서쪽으로 200㎞에 위치해 있는 조어도(釣魚島)는 7개의 조그마한 섬과 3개의 암초로 구성되어 있다. 일본 이름으로는 센카쿠(Senkaku) 열도, 중국명은 '댜오위다오'로 호칭된다.

중국은 조어도가 1895년 청일전쟁 이후에 일본에게 넘어갔다가 회복되지 못한 영토로 여기고 있다. 1951년 9월 8일 미국 샌프란시스코 전쟁 기념 오페라하우스에서 대일강화조약(對日講和條約)이 체결됐다. 일명 샌프란시스코조약이다. 이 조약이 체결될 때 미국과 소련 등 52개국이 참가하였으나 중국과 대만 및 한국은 참가하지 못하였다. 이때 소련 등 3개국은 서명을 거부하였다. 이 조약으로 조어도는 일본에서 미국으로 이양되었다. 1971년 미국이 오키나와와 함께 조어도를 일본에 돌려주자, 중국과 대만은 강하게 항의하였다. 1992년 2월 중국은 조어도를 자국 영토에 포함시키는 영해법을 발표해 일본의 거센 반발을 불렀다.

한편, 중국과 대만은 조어도에 대한 관심이 없었다가 1968∼1969년 유엔 아시아극동경제위원회(ECAFE)의 아시아 연안지역 광물자원 공동개발조정위원회(CCOP)가 실시한 동중국해 일대 해저조사에서 석유매장 가능성을 확인한 시점부터 영유권 논쟁이 활발하게 일어났다.

결국 조어도 영유권 분쟁은 천연가스와 석유 등 해저 지하자원을 확보하기 위한 자원 쟁탈에서 출발했다고 보아도 과언은 아니다. 게다가 조어도가 위치한 동중국해는 중국 해군이 태평양으로 군사력을 확장시키는 데 있어서 중요한 교두보이기도 하여 전략적 요충지 중의 하나로 부상하였다. 조어도에 대해 일본뿐만 아니라 미국도 관심을 중요한 지역으로 간주하고 있다.

1996년 2월 중국이 조어도 인근 해역에서 유전 탐사작업을 실시하자 동년 7월에 '일본 청년사'라는 극우단체가 조어도에 상륙하여 등대를 설치하고, 일장기와 오키나와 전투희생자 위령비를 세움으로써 분쟁은 더욱 격화되자 중국은 이 일대 해역에 두 척의 잠수함까지 파견하여 순찰활동을 강화하기에 이른다.

2010년 9월, 일본이 조어도 주변에서 조업을 하던 중국인 어부를 체포하는 사건이 발생했다. 이때 중국이 일본관광을 금지하고 희토류 수출을 중지하겠다가 강하게 항의하자 일본은 중국인 어부를 석방하였다. 동년 10월에 중국어선이 일본순시선을 들이박는 동영상이 올라온 뒤, 일본은 도서지역 방어를 명분 삼아 군비증강과 함께 조어도 근처에 있는 요나구니 섬에 병력을 배치하여 조어도를 감시하고 있다.

2012년 4월에는 도쿄 도지사 이시하라 신타로는 조어도를 사겠다고 밝혔다. 그리고 동년 8월 15일에는 일본정치인들이 태평양 전쟁 희생자 추모를 위해 조어도를 방문한다는 소식을 들은 중국 시민단체 '조어도보호행동위원회'는 조어도 상륙을 감행하였고, 일본은 중국 시민운동가 5명을 체포하는 사건이 발생하였다. 동년 9월 11일 조어도 국유화사건이 발생하였다. 일본은 조어도 3개 섬을 개인소유자에게 20억 5천만 엔을 주고 구입하여 정식으로 국유화하였다. 이 소식을 들은 중국인들은 중국 전역에서 반일시위를 일으켰다. 특히 만주사변이 발생하였던 9월 18일 전후로 반일시위가 절정에 달했다. 그리고 서재후(徐才厚) 중국 중앙군사위원회 부주석은 9월 18일 8.1청사에서 중국을 방문 중인 미국 레온·파네타 국방장관 일행에게 "중국은 조어도를 '미일안보조약'에 포함시키는 것을 단호히 반대하며 미국이 지역의 안정과 세계 평화에 이롭도록 조어도 주권귀속 문제에서 그 어느 편에도 서지 않겠다고 한 약속을 지키기 바란다"고 말하였다. 이에 파네타 장관은 "미국은 중국과 일본의 조어도 분쟁에서 어떤 입장도 취하지 않으며 평화적으로 문제가 해결되기 바란다"고 회답하였다.

2015년 5월 중국해경선 3척이 조어도 부근을 순찰 항해를 할 때 일본은 경고방송을 내 보내기도 하였다. 아직 무력충돌은 없지만 언제든지 발생할 가능성은 매우 높은 지역이다.

그런데 조어도에 대한 미국의 관점은 2012년 힐러리 클린턴 장관의 아시아 순방에서 발언한 내용에서 알 수 있다. 클린턴 장관은 일본에서 조어도가 미일 공동방위 대상이라고 하였다.

2) 남중국해(南中國海)

(1) 남사군도(南沙群島)

최근 남중국해에서 해저자원을 둘러싸고 중국과 미국이 갈등을 빚고 있다. 그동안 남중국에서는 중국-베트남-필리핀 등의 국가들이 영유권 분쟁이 있었다. 남중국해 중 남사군도(스프래틀리 제도, 베트남명 쯔엉사군도, 필리핀명 칼라얀 군도)에서의 중국-베트남-필리핀-미국의 관계가 갈수록 변화가 심해지고 있다. 최근에는 인도네시아도 개입을 하는 등 분쟁이 확산되는 추세로 변모하고 있다.

남사군도는 남중국해에 있는 군도이다. 인도차이나반도와 필리핀 사이에 작은 섬과 암초가 모여서 이루어진 군도로서 산호초가 96개인데, 해면에 드러난 것은 9개이다. 섬의 높이는 평균 3~4m에 불과하며, 그 중 최대의 섬은 북쪽에 있는 태평도(太平島)이다. 현재 중국 최남단에 해당하는 지역으로서 교통·군사상 중요한 위치를 차지하고 있다.

중국공산당 기관지 인민일보 자매지 환구시보는 2011년 9월 27일 '지금은 남중국해에서 무력을 행사하는 호기'라는 제목의 논평에서 중국 정부에 '이 호기를 놓치지 말고, 신속히 조치를 취해야 한다'고 부추기고, '본보기로 필리핀과 베트남을 먼저 제압하라'고 구체적으로 지적했다.

한편, 중국은 2014년부터 적과초(赤瓜礁, 존슨 사우스 암초) 주변에 매립 작업을 했다. 확장한 인공섬에는 건물을 짓고 옥상에는 여러 대의 기관포를 설치했다. 이 인공섬에는 레이더 시설 뿐만 아니라 높이 약 70m의 등대와 소형 항구도 들어섰다.

2016년에 들어와 중국은 남중국해에서 해상안전 등을 명분으로 삼아 등대를 설치하고 있고, 해난구조인력 배치와 주민이주 등을 통해 영토주권을 공고히 하려하고 있다. 중국은 2016년 4월 저벽초(渚碧礁.수비환초)에 설치된 등대를 가동하고 있을 뿐만 아니라 닭과 오리 등 가금류와 돼지 등이 사육하고 있다. 2016년까지 미제초(美濟礁.미스치프환초)와 영서초(永暑礁.크로스암초)에 등대 설치 작업을 벌여 연내에 가동할 예정이라고 밝혔다. 미제초의 등대는 높이가 60m로 남사군도에서 가장 높은 구조물로, 반경 20해리에서 등대 불빛을 볼 수 있다.

(2) 남사군도의 인공섬

중국은 남중국해 남사군도에 총 면적 13㎢ 이상의 인공섬을 매립하고, 군사기지화를 가속화하고 있다. 이에 대해 미국 국방부는 보고서에서 "그간 중국이 남중국해 남사군도 제도에 건설한 3개의 인공섬 중 피어리크로스 암초에는 길이 3㎞에

달하는 활주로가 건설됐으며, 현재 큰 규모의 항구도 여러 개 건설 중이다. 뿐만 아니라 인공섬에는 깊은 수로들과 대규모 항만을 비롯한 정보통신 시설 등도 건설된 것"이라고 밝혔다.

이에 중국 국방부는 중국이 남중국해의 인공섬에 고주파 레이더를 구축하고 있다는 지적에 대해 자위권 수호를 위한 정당하고도 합법적인 행위라고 주장했다. 중국 국방부는 오히려 미국이 함정 등을 파견하는 군사행동으로 무력을 과시하면서 도발을 일삼고 있다고 주장하였다. 또 미국이 일부 동맹국을 끌어들여 연합군사훈련과 연합순찰항해 등을 통해 중국을 겨냥하고 있다고 주장했다. 중국 국방부 신문국은 인공섬에 건설 중인 시설물은 항로안내, 기상장비 등 국제사회에 서비스를 제공하기 위한 민간 용도로 일부 필요한 국토방위시설은 국제법이 부여한 자위권 행사를 위한 것이라고 강조했다.

또 중국이 남중국해 외딴 섬들에 전력을 대량 공급할 수 있게 해양석유시추장이나 사람이 거의 살지 않는 섬에 이동식 원전(floating nuclear power plants) 최대 20기를 건설할 계획이라고 중국 관영언론이 밝혔다.

(3) 중국과 베트남

중국과 영유권 분쟁을 벌이는 베트남은 남중국해의 인공섬에 기관포를 설치하는 등 군사기지화에 속도를 내고 있다고 밝혔다. 뿐만 아니라 베트남 정부는 중국의 인공섬 조성에 대해 "베트남 주권을 침해하고 남중국해 긴장을 고조시키는 행위"라고 반발해왔다. 2016년 2월, 중국은 베트남과 영유권 분쟁지역인 서사군도(파라셀제도, 베트남명 호앙사)의 영흥도(永興島, 우디섬)에 지대공 미사일 발사대 8기와 레이더 시스템을 배치하여 긴장감이 더욱 고조되고 있다.

중국과 베트남은 1979년 전쟁 이후에도 남중국해 영토권을 놓고 줄곧 신경전을 벌여왔다. 중국과 베트남은 1988년 적과초를 놓고 해전을 벌였다. 당시 베트남 병사 64명이 사망했으며 이후 중국이 이곳을 점거하고 있다. 2003년에는 중국이 중국의 남부 해상과 해남도 남부 해상에서 모든 어업행위를 잠정 금지한다고 일방적으로 발표하여 베트남의 반발을 불렀다. 또 2004년에는 중국이 해저유전 탐사작업을 강행하여 베트남의 반발을 불러왔다.

2016년 6월 27일 베트남을 방문한 중국 양결지(楊潔篪, 양제츠) 외교담당 국무위원은 베트남 부총리 겸 외교장관인 팜 빈 민과의 만남에서 양국 9차 협력위원회를 주관하며 우호관계증진과 포괄적 협력 방안에 대해 의견을 나눴다. 그리고 양국 해경의 협력을 위한 양해각서를 맺었다.

현재 베트남은 남중국해 영유권 문제와 관련하여 네덜란드 헤이그의 상설중재재판소(PCA)에 제소한 필리핀과 함께 동남아국가연합(아세안) 내에서 공동 보조를 취하고 있다. 남중국해 영유권 분쟁 사태와 관련하여 양국은 국제법을 존중하며 분쟁 악화를 막고 '남중국해 분쟁 당사국 행동선언'(DOC, Declaration on the Conduct of Parties in the South Chinese Sea, 南海各方行爲宣言)의 이행이 필요하다는 기존의 입장을 재확인하였다.

(4) 중국과 미국

남중국해에서 베트남 뿐만 아니라 미국과의 갈등도 나타날 가능성이 보이고 있다. 미국이 남중국해의 영토분쟁에 관여하기 시작하다보니 중국은 미국에게 자국의 입장을 명확하게 밝혔다. 특히 2009년 11월 워싱턴 미중 정상회담의 공동성명에 티베트, 대만과 더불어 남중국해를 중국의 '핵심이익'이라고 표현하는데 성공하면서, 중국은 미국에게 남중국해 영유권 문제에 관여하지 말라고 요구해 왔다.

그러나 미국은 중국의 요구에는 아랑곳 하지 않고 자국만의 태도를 명확하게 밝히고 있는데, 이는 클린턴의 2010년과 2012년 ARF 석상에서 남중국해 분쟁에 대해 자국의 입장에서 명확하게 드러났다. 당시 클린턴 장관은 베트남 하노이 ARF 회의 석상에서 "남중국해 분쟁의 평화적 해결이 미국 국익과 직결된다"고 강조하였다. 또 2012년 캄보디아 프놈펜 ARF 회의석상에서 "미국은 남중국해에서 영토주권을 갖고 있지 않아 영토·해상 경계선 다툼에 누구 편을 들지는 않을 것"이라면서도 "항행의 자유, 평화와 안정 유지, 국제법 존중, 방해받지 않을 합법적 무역과 관련해 이해관계가 있다"고 강조했다.

한편, 2015년 11월 3일 범장용(範長龍, 판창룽) 중국 중앙군사위원회 부주석은 중국을 방문한 해리 해리스 미국 태평양 사령관과의 회담에서 "중국 영토주권과 관련된 중대한 문제를 처리하는 데 있어 신중하게 해야한다"며 "잘못된 짓과 위험한 행동을 중단할 것을 촉구하고 양국과 양국 군의 건강하고 안정적인 발전을 추진해야 한다"고 강조했다.

2016년 6월 14일, 중국-아세안 외교장관 특별회의 참석 후에 기자회견 장소에서 왕의(王毅) 외교부장은 "중국과 아세안국가의 외교장관은 상호이해 증진 정신에 근거해 남중국해 문제를 심도있게 논의하고 남중국해의 평화와 안정을 공동 수호함으로 역내 안전과 번영을 촉진해야 한다고 강조했다. '남중국해 분쟁 당사국 행동선언'을 전면, 효율, 완전하게 이행하고 '남중국해 분쟁 당사국 행동수칙' 협상을 적극 추진하며, 협상 일치를 통해 조속히 '수칙'에 합의하도록 한다. '남중국해 분쟁 당사국 행동선언' 제4조에 따르면 직접 관련된 주권국 간에 우호적 협상을 통해 평화적으로 분쟁을 해결하도록 규정했다."라고 밝혔다. '남중국해 분쟁 당사국 행동선언'은 2002년 11월4일 캄보디아 프놈펜에서 열린 제8차 아세안 정상회의 직후 발표하였던 선언이다.

2016년 6월 6일 제8차 미중전략경제대화에서 중국은 남중국해에서 영토주권을 수호할 권리가 있다고 주장하며 첨예한 대립 양상을 보였다. 상호존중, 공동이익 유지를 견지해 관련 국가들 간 해결해야 한다고 주장하였고, 동시에 유엔해양법공약(UNCLOS) 제 298조항의 규정에 따라 중국은 공약과 관련된 강제적인 분쟁해결 절차를 거부한다는 입장을 밝혔다. 이에 반해, 미국은 중국의 영유권 확대 행보를 비판하며 해상 분쟁 및 갈등을 평화적인 방법으로 해결해나가야 한다는 입장을 재차 강조하였다. 그리고 필리핀이 상설중재재판소에 제소한 만큼 법률에 근거한 해결책을 호소하며 해상 분쟁과 갈등을 적절하고 평화적으로 해결해나가야 한다고 언급하였다.

(5) 2016년 중재재판소 판결결과와 중국의 반응

2016년 7월 12일 네덜란드 헤이그의 상설중재재판소(PCA)는 중국과 필리핀 간
남중국해 영유권에 대한 첫 번째 중재재판에서 중국의 남중국해 영유권을 주장하는
것은 법적 근거가 없다고 판결하였다. 2013년 1월 필리핀은 남중국해 영유권 문제
를 15개 항목으로 나눠 PCA에 제소했다. PCA는 "분쟁 해결 시도기간 중국의 행동
은 사태를 더욱 악화시켰을 뿐"이라며 "중국이 남해구단선(南海九段線, nine-dash
line)을 근거로 남중국해 영유권을 주장하는 것을 인정할 수 없다"고 밝혔다. PCA
는 "중국이 인공섬을 건설, 필리핀의 어로와 석유 탐사를 방해해 EEZ에서 필리핀
의 주권을 침해했다"고 판결하였고, 또 "중국이 남중국해 남사군도와 미제초(美濟
礁, Mischief Reef ; 미스치프 환초)의 EEZ 권리를 행사할 수 없다"고 판결했다.

남해구단선은 1947년 남중국해 해역과 해저에 대해 영유권을 주장하기 위해 남
중국해 주변을 따라 그은 U자 형태의 9개 선으로 남중국해 전체 해역의 90%를 차
지한다. 남해구단선은 필리핀과 베트남의 EEZ 200해리와 겹친다. 그동안 남해구
단선을 근거로 하여 중국은 남중국해 영유권을 주장하면서 인공섬을 조성하였다.
뿐만 아니라 군사시설화에 나서 필리핀과 베트남 어민들의 조업을 단속했다. 이에
중국은 "수용할 수 없다"고 즉각 반발하고 나섰고, 중국은 외교부 성명에서 "필리
핀 전 정부가 일방적으로 제기한 중재소송은 유엔해양법 협약을 위반한 것으로 중
재법정은 관할권이 없다"고 주장하면서, "필리핀의 일방적인 소송제기는 목적이
악의적이며 중국의 남중국해상에서의 영토주권과 해양권익을 부정하려는 것"이라
고 강조했다. 뿐만 아니라 "중국의 남중국해 영토주권과 해양권익은 그 어떤 상황
에서도 중재판결의 영향을 받지 않을 것"이라며 "중국은 중재판결에 근거한 그 어
떤 주장이나 행동에도 반대한다."고 밝혔고, "중국은 영토주권과 해양경계 분쟁에
서 제3자를 통한 분쟁해결 방식이나 강압적인 분쟁해결 방식을 받아들이지 않을
것이고, 유엔 헌장과 국제법의 준칙에 따라 직접 당사국과 역사적 사실과 국제법
등에 근거해 협상을 해 나갈 것이다."라고 밝혔다.

6. 중미 관계

"G2, 차이메리카(Chimerica!)"

이 용어를 통해 중국의 국제적 위상이 매우 높아졌음을 알 수 있다.

중국과 미국은 1979년 1월 1일 공식적인 외교관계를 수립했다. 물론 1971년 핑퐁외교와 키신저 미 안보보좌관의 비밀 방중을 거쳐 1972년 닉슨 대통령이 중국을 방문하였지만, 커다란 진전은 없었다. 1976년 문화대혁명이 끝나고, 등소평이 집권하면서 중미 관계 변화가 급격하게 일어났다.

1) 신형대국관계(新型大國關係)

시진핑 국가주석이 2016년 6월 6일 제8차 미중전략경제대화 및 제7차 중미인문교류고위급 협상공동 개막식에서 '중미 신형대국관계 건설을 위한 끊임없는 노력'을 주제로 연설했다. 연설에서 "세계에서 가장 큰 개도국과 가장 큰 선진국이면서 세계 양대 경제국인 중미 양국은 양국 국민과 세계인의 근본적인 이익을 고려해 사명감을 가지고 양국 신형대국 관계 구축을 위해 전진해야 한다."고 강조했다.

중국은 2010년 무렵부터 미국에게 신형대국관계 수립을 요구하였다. 그리고 2013년 6월 캘리포니아에서 개최된 양국 정상회담에서 시진핑은 '신형대국관계'의 수립을 강조하였다. 이때 시진핑이 제시한 '신형대국관계'에는 "상호충돌하지 않고 대립하지 않는다(不衝突, 不對抗), 서로 존중한다(互相尊重), 협력하고 윈-윈을 추구(合作雙嬴)하자"라는 내용이 들어 있다. 그리고 이를 실천하는 측면에서 "양국 간의 대화와 상호 신뢰의 수준을 새로운 단계로 높임, 실속있는 협력을 이뤄 새로운 국면을 전개, 대국 간의 상호역할에 대한 새로운 패러다임을 제시, 상호 이견을 관리 및 통제하는 새로운 방법을 모색하고 신형군사관계를 구축"이라는 네 가지의 방법을 거론하였다. 중국에서 말하는 신형대국관계는 중국과 미국 양국이 서로 신뢰하고 존중하는 전제하에서 서로의 핵심이익을 침해하지 않고 상호 협력하는 관계로 발전하자는 것이다.

2014년 11월 12일 인민대회당에서 개최된 미국 대통령 버락 오마마와의 회담에서 "첫째, 고위층 간 소통과 교류를 강화하여 전략적 상호신뢰를 증진한다. 둘째, 상호존중을 바탕으로 양국 관계를 처리한다. 셋째, 다양한 분야 간 교류와 협력을 확대한다. 넷째, 건설적 방식을 통해 이견과 민감한 사안을 관리한다. 다섯째, 아시아태평양지역 내에서 포용적 협력을 전개한다. 여섯째, 각종 지역 및 글로벌 도전에 공동 대응한다."라는 6가지 중점 방향에서 양국의 신형 대국 관계 건설을 한층 추진하자고 제안했다.

2) 미·중전략대화(China-US Strategic Dialogue, SD, 2006)

2004년 11월 중국과 미국 간에 건설적협력 관계 추진에 공감하면서 2005년 전략과 정치적 측면에서 소통을 위해 외교부 차관급 정기대화채널을 구축하였다. 미국 부시 대통령의 제안으로 2006년부터 경제분야 논의를 위한 장관급 전략대화로 개설하였다. 동년 핸리 폴슨 미국 재무장관이 취임한 이후 처음으로 발족하였다. 미국 재무장관과 중국경제부총리를 수장으로 중국의 시장개방과 미국이 대중 무역적자 해소 등 양국 간의 경제현안을 의제로 삼았다.

3) 미·중 전략 및 경제대화(S&ED, US-China Strategic and Economic Dialogue, 2009, 2016)

미·중 전략 및 경제대화(편의상 '미중전략경제대화'라 부르기도 함)는 기존의 전략경제대화(SED: Strategic Economic Dialogue)와 고위급대화(SD: Senior Dialogue)를 합쳐 대화의 레벨과 의제를 격상하고 확대한 것이다. G20 런던회의에서 호금도 중국 국가주석과 오마마 미국대통령과의 합의에 의해 출범하였다. 연간 1차례 만나 양국 간의 경제·무역·통상·외교·안보 문제 등을 폭넓게 논의하는 회의이다. 미중전략경제대화는 경제에 관한 전략적 과제를 상의하는 회합에서 지구 규모의 전략적과제와 경제문제를 상의하는 회합으로 변하였다.

기존의 대화는 미국 재무장관과 중국 경제부총리를 수장으로 중국의 시장개방과 미국의 대중 무역적자 해소 등 양국 간 경제현안을 의제로 삼았던 반면 새로운 대화는 미국 측 수장이 국무장관으로 승격된 가운데 북한 핵 문제 등 국제전략 문제를 논의하고 경제 부문에서도 양국의 경계를 넘어 글로벌 차원으로 대화의 폭을 넓혔다.

2016년 제8차 미중전략경제대화 개막식 축사에서 시진핑은 "중미 양국은 특색과 역사, 문화, 사회 제도, 민중의 생각 등 각 분야에서 서로 다르다"면서 "갈등은 두려운 것이 아니며 중요한 것은 갈등이 서로 대항(대적)하는 이유가 되지 않게 하는 것"이라고 강조했다. 그리고 "한 번에 해결이 불가능한 갈등은 상호존중, 평등, 구동존이(求同存異), 취동화이(聚同化異·공통점은 취하고 차이점은 바꾸는 것) 등과 같은 건설적인 태도로 적절히 통제해 나가야 한다"고 강조하였다.

7. 중국의 한반도정책과 한중관계

1) 對한반도 정책

중국의 전통적인 對한반도 정책의 대표적인 내용은 삼비삼불원정책(三非三不願政策)이다. 이때, 삼비(三非)란 "한반도의 비핵화와 남북한간 비(非)전쟁 그리고 북한체제의 비(非)붕괴이다."이다. 북한체제가 붕괴되지 않기를 원하는 이유 중의 하나는 한반도의 미국 군대의 거점화를 방지하기 위함이다. 삼불원(三不願)은 "한반도가 미국과 밀착되어지는 것과 한반도가 중국과 경쟁 관계에 들어가는 것 그리고 한반도가 민족주의에 의해 통일되어 '조선족'이 동요하게 되거나 통일한국의 '간도 고토수복' 등을 주장하게 되는 것"이다. 특히 두 번째와 세 번째는 "한반도 반통일정책과 한반도 현상유지 정책"이라고 할 수 있다.

한편, 한반도의 평화안정을 위한 중국의 4가지 원칙은 "언덕을 오르고, 구덩이를 건너, 정도를 걷는 것"에 비유하면서, 이 과정에 '두 개의 레드 라인'이 있음을 강조했다. 여기서 언덕은 북한의 비핵화를 의미한다. 비핵화 언덕이 아무리 험하더라도 끝까지 올라가겠다는 것이다. 구덩이는 미국과 북한 간에 신뢰부족을 뜻한다. 신뢰부족으로 한반도 긴장이 생기고 있기 때문에 미국과 북한이 신뢰를 회복해야 한다는 것이다. 정도를 걷는다는 것은 대화와 협상을 하여 풀어보자는 것이다. 마지막 레드라인은 금지선으로, 중국은 문 앞에서 전쟁과 혼란이 일어나는 것을 허용하지 않겠다는 것을 강조하였다.

2) 한중관계[4]

한중수교는 노태우 대통령의 북방정책이라는 전략구상과 중국 최고실권자였던 등소평의 구상 및 중국의 개혁개방이후 경제발전을 우선 목표로 하는 전략에 따라 이루어졌다는 평가를 받고 있다. 이와 관련된 내용은 수교 당시 한국 외무장관이었던 이상옥의 회고록인 『전환기의 한국외교』(삶과꿈, 2002)와 중국 외교부장이었던 전기침(錢其琛)의 회고록인 『외교십기(外交十記)』(世界知識出版社, 2003)에 잘 나타나 있다.

1992년 수교 이후 20년간 양국관계를 돌이켜보면, 수교 당시 '우호협력관계'
1998년 8월 김대중 대통령 중국 방문시 장기적인 양국관계 발전목표로서 '21세기 한·중 협력 동반자 관계'를 구축키로 합의
2000년 10월 주용기총리 방한 시 '한·중 협력 동반자 관계'를 '전면적 협력의 새로운 단계'로 발전시키기로 합의
2003년 7월 노무현 대통령의 중국방문을 계기로 '전면적 협력 동반자 관계'로 격상
2008년 5월 27일 '전략적 협력 동반자 관계'로 발전

특히 중국의 외교수립 배경은 『외교십기(外交十記)』의 다섯번째 항목에서 한중수교 과정을 설명하고 있다. 이 책은 2004년에 『열 가지 외교 이야기』(유상철, 랜덤하우스중앙)라는 제목으로 번역되었다.

1983년에 있었던 '중국민용항공총국'(중국민항) 소속 여객기 불시착 사건이 양국의 교류의 시작이었는데, 이 사건은 1983년 5월 5일 오후 2시에 발생하였다. 이

---

4) 공봉진, "제1장 한중수교 이전의 한중관계," 공봉진 외 5명, 『韓中수교 20년(1992-2012)』, 한국학술정보, 2012. 참조

때 양국은 피납된 민항기와 승객과 승무원의 반환을 위한 양해각서를 체결하였다. 중국정부는 간접교섭방법을 통해 항공기와 승무원의 송환을 협상하려 했다. 하지만, 사건 발생 3일 만에 중국민항총국장 심도(沈圖)와 33명의 관리 및 승무원이 직접 서울을 방문하여, 당시 공로명 외무부차관보와 협상을 벌였다.

이 사건으로 '중화인민공화국'과 '대한민국'이라는 양국의 정식국호를 사용하게 되었다. 당시 김병연 외무부 아주(아시아)국장은 "이번 각서에서 구체적으로 양국이 국호를 정식으로 밝힌 것은 큰 역사적 의의가 있다"고 말했다. 이 사건 이후, 1983년 8월 양국은 중국 민항기가 한국의 비행정보구역을 통과할 수 있도록 합의하였다. 이후 1990년까지, 양국의 접촉은 주로 체육·관광·친척방문 등이 주를 이루었다.

1988년 노태우대통령의 '7·7선언' 다음날인 8일, 대한민국 정부는 '중공'을 '중국'이라고 공식적으로 호칭하기로 발표하였다. 이 선언의 핵심 내용은 남북이 동반자관계로 발전하여 평화통일을 실현하자는데 있다.

1991년에는 한국과 중국의 외교적 교류가 활발해지기 시작하였다. 동년 10월 2일, 중국외교부 국제사(國際司, 국제실) 사장 진화손(秦華孫)과 한국 외무부 외교정책실장 이시영은 뉴욕에서 APEC에 가입하는 양해각서에 서명하였다. 각서에는 중국이 유지했던 기본원칙이 포함되었고, 대만의 칭호와 참가활동 등급도 명확하게 규정하였다. 대만은 '중국타이페이(China Taipei)'의 명칭을 사용하며, 경제업무를 주관하는 장관만 회의에 참석하고, '외교부 부장' 또는 '외교부 부부장'은 회의에 참가할 수 없다는 것이다.

1991년 11월 12일 중국 외교부장인 전기침은 APEC 제3차 장관급회의에 참석하기 위해 서울에 왔다. 당일 노태우 대통령은 전기침 외교부장에게 "최근 들어 양국 관계가 개선되고 1986년과 1988년, 중국 체육 대표단이 서울에서 와서 아시안게임과 올림픽에 참가하면서 양국 무역 교류가 시작돼 기쁘고 만족스럽다. 한국은 소련을 비롯한 동구권 국가와 외교관계를 수립했지만 중국과의 관계는 더욱 밀접해야 한다. 한반도의 평화와 안정을 위해 아시아-태평양 지역의 평화와 발전을 위하여 한국은 진심으로 중국과의 관계 개선을 바란다. 하루 빨리 수교하자."라고 하면서 한국과 중국이 수교를 맺기를 희망하였다. 11월 13일 박철언 체육부 장관은 신라 호텔에 묵고 있던 전기침을 방문하여, 한중수교를 위해 노력하자며 비밀 접촉 채널을 만들자고 제의했다.

　1992년 4월 북경에서 개최된 UN ESCAP(유엔 아-태 경제사회이사회) 제48차 연례회의에 이상옥 한국 외무장관이 참석했다. 이 때 이상옥 외무장관은 한·중 외무장관 회담을 통해 수교협상을 시작하였다. 1992년 8월 23일 제4차 한·중 외무장관 회담에서 수교관련 모든 조건이 타결되었고, 24일 한·중 수교 공동성명이 채택되어 공식적으로 수교가 이루어졌다.

한중 외교관계 수립에 관한 공동 성명(1992.8.24.)
1. 대한민국 정부와 중화인민공화국 정부는 양국 국민의 이익과 염원에 부응하여 1992년 8월 24일자로 상호 승인하고 대사급 외교관계를 수립하기로 결정하였다.
2. 대한민국 정부와 중화인민공화국 정부는 유엔헌장의 원칙들과 주권 등 영토보전의 상호존중, 상호 불가침, 상호 내정불간섭, 평등과 호혜, 그리고 평화공존의 원칙에 입각하여 항구적인 선린우호협력 관계를 발전시켜 나갈 것에 합의한다.
3. 대한민국 정부는 중화인민공화국 정부를 중국의 유일 합법정부로 승인하며, 오직 하나의 중국만이 있고 대만은 중국의 일부분 이라는 중국의 입장을 존중한다.
4. 대한민국 정부와 중화인민공화국 정부는 양국간의 수교가 한반도 정세의 완화와 안정, 그리고 아시아의 평화와 안정에 기여할 것으로 확신한다.
5. 중화인민공화국 정부는 한반도가 조기에 평화적으로 통일되는 것이 한민족의 염원임을 존중하고, 한반도가 한민족에 의해 평화적으로 통일되는 것을 지지한다.
6. 대한민국 정부와 중화인민공화국 정부는 1961년의 외교관계에 관한 비엔나 협약에 따라 각자의 수도에 상대방의 대사관 개설과 공무수행에 필요한 모든 지원을 제공하고 빠른 시일내에 대사를 상호 교환하기로 합의한다.
1992년 8월 24일 북경
대한민국 정부를 대표하여　　중화인민공화국 정부를 대표하여

　　　　　이 상 옥　　　　　錢 基 琛

---

8. 중국의 한시(漢詩)외교

1) 2014년 시진핑 국가주석의 한국 방문

시진핑 국가주석은 2014년 7월 4일 서울대 특강에서 2013년 6월 박근혜 대통령

의 중국 방문 당시 자신이 선물한 서예 글귀인 '욕궁천리목 갱상일층루(欲窮千里目 更上一層樓·천리까지 보기 위해 누각 한 층을 더 오른다)'라는 당(唐)대 시인 왕지환(王之渙)의 한시 구절로 강연을 풀어갔다.

白日依山盡 해는 뉘엿뉘엿 서산으로 넘어가고
黃河入海流 황하는 바다로 흘러 들어가고 있네
欲窮千里目 천 리나 먼 데를 보고자
更上一層樓 한 층 위로 올라가리

왕지환(王之渙)의
<등관작루(登鶴雀樓)>

이 구절은 <등관작루(登鶴雀樓)>라는 시의 두 구절이다.

이 시에서 "更上一層樓(갱상일층루)"는 "큰일을 도모하려면 멀리보고 해야 한다"는 뜻을 지니고 있다.

한편, 시진핑 국가주석은 한중관계에 대해선 이백의 '장풍파랑회유시, 직괘운범제창해(長風破浪會有時, 直掛雲帆濟滄海·거센 바람이 물결 가르는 그때가 오면, 구름 돛 달고 푸른 바다 헤치리라)'라는 시구에 비유했다. 이 싯구는 2008년 호금도 전 국가주석이 미국과 중국의 관계 개선을 희망할 때 인용한 구절이기도 하다.

2) 2012년 천안함 사건: 소동파(蘇東坡)의 류후론(留侯論)

天下有大勇者'
卒然臨之而不惊'
無故加之而不怒.
此其所挾持者甚大'
而其志甚远也.

録東坡《留侯論》
书時千英守兄
崔天凱庚寅年夏

2012년 천안함 사건이 발생하였을 때, 천영우 외교통상부 차관이 중국을 방문하였다. 안보리의 천안함 사건 대응 조치에 대한 중국의 협조를 요청하는 것이 목적이었다. 이때 중국 외교부 부부장인 최천개(崔天凱, 추이텐카이)는 소동파의 '류후론'의 일부를 자필로 쓴 나무 액자를 선물하였다. 류후론은 소동파가 적은 산문의 앞부분이다.

액자에 "天下有大勇者, 卒然臨之而不驚, 無故加之而不怒. 此其所挾持者甚大, 而其志甚遠也"라는 내용이 적혀 있다. 그 뜻은 "세상에 큰 용기를 지닌 이는 돌연 일을 당해도 놀라지 않으며, 억울하고 당혹해도 노여워하지 않으니, 그가 가슴에 품은 것이 매우 크고 그 뜻은 매우 원대하다"이다.

글귀에 내포하고 있는 의미는 "어떠한 일에도 감정에 휘둘리지 않고 인내하고 절제하면 결국 상대를 이긴다"는 것으로써, 한국정부에게 타국의 도움을 받으려 하지 말고 인내하라는 메시지를 담고 있다.

'류후론'은 한(漢)나라 개국공신인 유후(留侯) 장량(張良, ?~BC189)이 사소한 일에 화내지 않고 인내심을 보이자 이에 감탄한 한 노인이 '태공병법'을 주었고, 장량은 이 책을 익혀 한 시대의 지략가가 됐다는 이야기이다. 소동파는 "장량의 도량이 부족한 것을 우려한 노인이 작은 화를 참고 큰일을 도모하도록 가르치려 한 것"이라고 풀이했다.

3) 호금도 국가주석 미국방문: 두보(杜甫)의 망악(望嶽)

2006년 4월 20일 호금도 국가주석이 미국 워싱턴을 방문하였을 때 시성(詩聖)이라 불리는 두보(712~770)의 망악을 읊으면서, 미국의 무례함을 꾸짖었다. 당시, 호금도 국가주석이 미국을 방문할 때 국빈방문을 요구했으나, 미국은 격을

會當凌絶頂   반드시 산 정상에 올라
一覽衆山小   뭇 산들의 작은 모습을 보리라

두보(杜甫)의
망악(望嶽)

한 단계 낮추어 공식방문으로 하였다. 뿐만 아니라 백악관 환영행사장에서 중국 국가가 아닌 대만 국가를 연주하였다. 게다가 부시 대통령은 중국의 인권유린을 공개적으로 비난하였다. 호금도 국가주석이 연설을 할 때 백악관 출입기자였던 법륜공(法輪功, 파룬궁) 신도가 반(反)중국 구호를 외쳤다. 심지어는 연설을 마친 호금도 국가주석이 자리로 돌아갈 때에는 부시 대통령은 호금도 국가주석을 안내하며 소매를 잡아끄는 결례를 하였다.

이러한 미국의 푸대접에 호금도 국가주석은 두보의 시를 인용하였는데, 특히

"반드시 산 정상에 올라 뭇 산들의 작은 모습을 보리라"는 구절을 읊으면서 일침을 가하였다. 한편, 두보의 망악은 2008년 5월 메드베데프 러시아 대통령을 맞이할 때 '망악' 액자를 가운데 두고 회담을 하였다. 아래는 두보의 시 '망악'이다.

망악(望嶽)
岱宗夫如何 (대종부여하) 태산 마루는 그 어떠한가 하니,
齊魯靑未了 (제로청미료) 제와 노나라에 걸친 그 푸르름 끝이 없다.
造化鍾神秀 (조화종신수) 천지간에 신령스럽고 빼어난 것 모두 모았고,
陰陽割昏曉 (음양할혼효) 응달 양지는 저녁 아침 갈린다.
蕩胸生層雲 (탕흉생층운) 층층이 펼쳐진 운해 가슴 후련히 씻겨 내리고,
決眥入歸鳥 (결자입귀조) 눈 크게 뜨고 돌아가는 새를 바라본다.
會當凌絶頂 (회당릉절정) 반드시 산 정상에 올라
一覽衆山小 (일람중산소) 뭇 산들의 작은 모습을 보리라.

4) 강택민과 호금도의 미국방문: 이백(李白)의 시(詩)

2002년 10월 미국을 방문한 강택민 주석은 텍사스주 휴스턴에서 열린 만찬석상에서 시 한 구절을 읊었다. 시선(詩仙)이라 불리는 이백(701~762)의 "이른 아침에 백제성을 떠나다(早發白帝城)"라는 시였다.

早發白帝城(조발백제성): 이른 아침에 백제성을 떠나다
조사백제채운간(朝辭白帝彩雲間)
　　　아침에 빛깔 무늬 구름 사이 백제성을 하직하고
천리강능일일환(千里江陵一日還)
　　　천리 길 강릉 땅 하루 만에 당도하네
양안원성제불주(兩岸猿聲啼不住)
　　　양쪽 언덕의 원숭이 울음소리 처절히 들려올 새
경주이과만중산(輕舟已過萬重山)
　　　가벼운 배는 어느덧 첩첩 산중 만산 다 누볐노라

강택민은 시를 통해 25년 전 주중대사를 지냈던 조지 부시 전 대통령을 향해 중·미관계의 발전이 양국은 물론이고 세계의 평화에 이바지한다는 점을 강조하였다.
호금도 국가주석은 2008년 4월 19일 시애틀에서 열린 상공인들과의 오찬모임에

서 이백의 '행로난'의 '장풍파 랑회유시(長風破浪會有時), 직 괘운범제창해(直掛雲帆濟滄 海)'를 인용했다. 이는 '바람을 타고 파도를 넘을 때가 반드시 올 것이니, 높은 돛 바로 달고 창해를 건너겠다'는 의미이다.

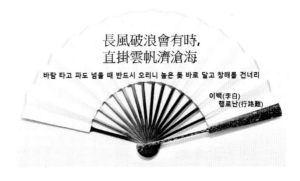

長風破浪會有時,
直掛雲帆濟滄海
바람 타고 파도 넘을 때 반드시 오리니 높은 돛 바로 달고 창해를 건너리

이백(李白)
행로난(行路難)

이에 대해 당시 언론은 이를 양국 관계에 어려움이 많지만 그것을 극복하고 발전시 켜 나가자는 속뜻을 표현한 것으로 해석했다.

행로난(行路難)
금준청주두십천(金樽淸酒鬥十千) 황금 술잔에는 만 말의 청주가 있고
옥반진수직만전(玉盤珍羞直萬錢) 구슬 쟁반에는 만금의 성찬이 있어도
정배투저불능식(停杯投箸不能食) 술잔 놓고 수저 던진 채 먹지 못하고
발검사고심망연(拔劍四顧心茫然) 칼 뽑고 사방을 보니 마음만 아득하네
욕도황하빙색천(欲渡黃河氷塞川) 황하를 건너자니 얼음에 막히고
장등태행설만산(將登太行雪滿山) 태행산을 오르자니 백설이 쌓여있네
한래수조벽계상(閑來垂釣碧溪上) 한가로이 벽계에 낚시를 드리우고
홀부승주몽일변(忽復乘舟夢日邊) 배 위에서 홀연히 햇님의 꿈을 꾸었네
행로난, 행로난(行路難, 行路難) 행로가 심히 어려운데
다기로, 금안재(多岐路, 今安在) 갈림길도 많구나, 제 길은 어디 있나
장풍파랑회유시(長風破浪會有時) 바람 타고 파도 넘을 때 반드시 오리니
직괘운범제창해(直掛雲帆濟滄海) 높은 돛 바로 달고 창해를 건너리

5) 자크 시라크 프랑스 대통령 방문

자크 시라크 프랑스 대통령은 2006년 1월, 중국 사천성에서 열린 '국제 이 문화관 광절'에 축하 메시지와 함께 이백의 시 한 구절을 써 보냈다. 바로 왕륜(汪倫)이라는 친구와 헤어지는 마음을 읊은 "왕륜에게 드림(贈汪倫)"이라는 시였다. 시라크 대통 령은 "도화담 물 깊이가 천 자라지만 나를 떠나보내는 왕륜의 정에는 미치지 못하 리"라는 시 구절이 '프랑스와 중국 간의 영원한 친선'을 뜻하는 것이라고 덧붙였다.

'贈汪倫(왕륜에게 드림)'

李白乘舟將欲行(이백승주장욕행) 이백이 배를 타고 길 떠나려는데
忽聞江上踏歌聲(홀문강상답가성) 강위에서 별안간 노랫소리 들리네
桃花潭水深千尺(도화담수심천척) 도화담 물 깊이 천 자나 된다지만
不及汪倫我送情(불급왕륜아송정) 왕륜이 날 보내는 마음엔 못 미치리

　　주덕은 이백의 시를 인용하여 모택동에게 보낸 감사의 마음을 표현하였다. 중국 공산당이 대장정 중, 1935년 준의회의를 개최한 지 얼마 지나지 않아서 귀주의 토성에서 국민당과 격전을 벌일 때, 주덕이 자청하고 전투를 지휘하였다. 이 때 모택동은 주덕 부대를 크게 환송하였고, 주덕은 이에 감사하는 마음으로 이백의 시를 인용하여 "도화담 물이 천 자 깊이만큼이나 깊다고 하지만, 우리 두 사람의 형제의 정에는 감히 미치지 못할 것입니다"라고 답사를 했다.

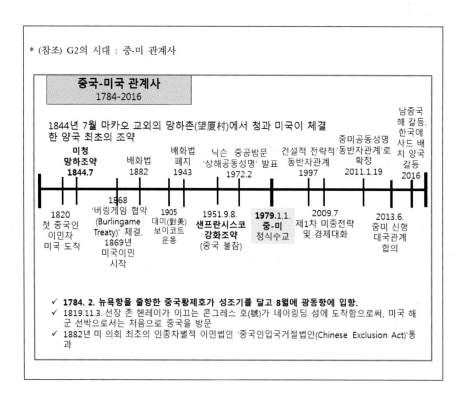

제11장

중국과 대만의 관계
(양안관계)

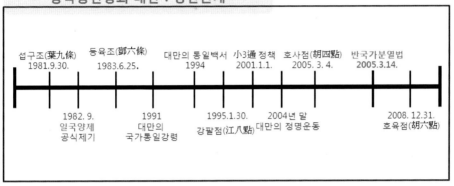

중국공산당과 대만 : 양안관계

| 섭구조(葉九條) 1981.9.30. | 동육조(鄧六條) 1983.6.25. | | 대만의 통일백서 1994 | 小3通 정책 2001.1.1. | 호사점(胡四點) 2005. 3. 4. | 반국가분열법 2005.3.14. |

1982. 9.
일국양제
공식제기

1991
대만의
국가통일강령

1995.1.30.
강팔점(江八點)

2004년 말
대만의 정명운동

2008. 12.31.
호육점(胡六點)

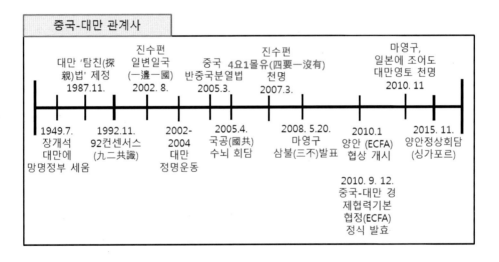

중국-대만 관계사

대만 '탐친(探親)법' 제정
1987.11.

진수편
일변일국
(一邊一國)
2002. 8.

중국
반중국분열법
2005.3.

진수편
4요1몰유(四要一沒有)
천명
2007.3.

마영구,
일본에 조어도
대만영토 천명
2010. 11

1949.7.
장개석
대만에
망명정부 세움

1992.11.
92컨센서스
(九二共識)

2002-
2004
대만
정명운동

2005.4.
국공(國共)
수뇌 회담

2008. 5.20.
마영구
삼불(三不)발표

2010.1
양안 (ECFA)
협상 개시

2015. 11.
양안정상회담
(싱가포르)

2010. 9. 12.
중국-대만 경
제협력기본
협정(ECFA)
정식 발효

1. 중국의 對대만 정책

1) 개혁개방 이전

1958년 8월 23일 금문도 공격
1959년 인도네시아 반둥: 주은래 "대만은 중국의 영토이고, 대만해방은 중국의 내정문제이다."
1972년 상해성명: 중국은 "중국은 유일한 합법정부", 미국은 "대만은 중국의 일부분"이라고 강조.
1975년 제4기전인대 제1차회의: 주은래 "반드시 대만을 해방해야 한다"고 주장

모택동 시기의 對대만정책은 1958년 8월 23일을 기점으로 매우 차이가 난다. 1958년 8월 23일은 중국 인민해방군이 대만의 금문도(金門島)에 4만여 발의 포탄을 발사하였고, 해군과 공군이 금문도를 봉쇄한 날이다. 이렇게 중국은 군사력을 통해 대만을 통일하려 하였다. 하지만 그 이전에는 정치적 해결을 통한 통일을 이루려 하였다.

대만 통일과 관련하여, 중국이 건국되기 전인 1949년 9월 30일 중국공산당 제1차 정치협상회의 1차 전체회의에서 통과된 '중국인민정치협상회의공동강령(中國人民政治協商會議共同綱領)'에서 "중화인민공화국 중앙인민정부는 인민해방 전쟁을 통해 전 중국영토를 반드시 해방시키고 중국통일을 이룰 책임이 있다"고 규정하였다. 그리고 1949년 12월 31일 중국공산당은 ≪전선의 장병과 전국 동포에게 고하는 글(告前線將士和全國同胞書)≫에서 "대만·해남도·서장(西藏)을 해방시켜 조국통일의 과업을 완수하고, 미국 제국주의 침략세력이 우리 영토에서 어떠한 근거지도 갖지 못하게 하자"고 하였다.

중국은 1957년 5월 대만에게 10가지 회담조건을 제시하였다. 여기에서 중국은 '하나의 중국'이라는 개념을 드러내고 있었는데, 10가지 조건 내용은 다음과 같다.

첫째, 장개석(蔣介石, 1887~1975, 본명은 장중정)은 북경정부 부주석으로 대만자치구의 주석이다. 둘째, 대만은 중국의 일부분으로 자치권을 누리고 자치구를 설치할 수 있다. 셋째, 국민당군은 그대로 장개석의 통수권 하에 있을 수 있다. 그러나 인민해방군으로 개편되어 장개석은 북경정부의 국방위원회 부주석으로서 대만

의 군사권을 갖는다. 국방위원회 주석은 모택동이고, 부주석은 주덕 등이다. 넷째, 국민당의 군정인원은 지원에 따라 대륙으로 돌아오든지 미국 등지로 가든지 자유롭게 선택할 수 있다. 대륙으로 돌아오는 사람들에겐 일자리를 마련해주며, 미국 등 그 밖의 지역으로 떠나기를 원하는 사람들도 언제든지 다시 돌아올 수 있다. 다섯째, 해외 중국인들은 어떠한 당파를 불문하고 대륙으로 돌아와 적당한 공직을 맡을 수 있는데, 호적(胡適, 1891~1962)은 북경 중국과학원 부원장으로 재임할 수 있다. 전인대와 정협은 조직을 확대하고 인원을 증가할 것이다. 여섯째, UN 대표단은 북경정부가 파견하는데 송경령(1893~1981)을 대표단장으로 하며 현재의 국민당 대표는 철수한다. 일곱째, 대만과 해외에 있는 각 당의 지위는 협상을 통해 해결한다. 국민당은 국민당혁명위원회와 협상하며 민사당(民社黨)·청년당(靑年黨) 등은 민주동맹과 협상하여 합병 혹은 독립적인 존재 여부를 결정한다. 여덟째, 종교는 자유이며, 어빈(於斌, 1901~1978, 천주교 남경총교구 총주교)은 대륙으로 돌아올 수 있는데, 외국과 정치상 특수연계를 맺을 수는 없다. 아홉째, 학술문화의 자유로 '백화제방, 백가쟁명' 방침을 확인한다. 열번째, 사유재산은 보호받을 수 있으며, 현재 갖고 있는 외화도 자유롭게 사용할 권리를 준다.

한편, 1959년 4월 18일부터 24일까지 인도네시아 반둥에서 개최된 아시아·아프리카 회의에서 주은래는 "대만은 중국의 영토이고, 대만해방은 중국의 내정문제이다."고 주장하였다. 1959년 9월 당시 국가주석이던 유소기는 특별사면령을 공포하였고, 1949년 중국 건국 이후 처음으로 '개전의 정이 뚜렷한 국민당의 전범'에 대한 사면을 단행했다.

중국은 1971년 10월 25일 UN에 가입하였고, 이듬해 2월 미국의 닉슨 대통령이 중국을 방문하였을 때 맺은 '상해성명'에서 對대만정책 변화가 나타났다. 성명에서 "중국은 중화인민공화국정부로 중국의 유일 합법정부이며, 대만은 정부의 하나의 성에 지나지 않으며, 대만해방은 중국의 내정으로 다른 나라는 간섭할 권리가 없다."고 하였다. 그리고 중국정부는 '하나의 중국 하나의 대만(一中一臺)', '하나의 중국(一個中國)', '두 개의 정부(兩個政府)', '두개의 중국(兩個中國)'을 반대한다고 하였다. 또 대만독립과 대만지위를 결정짓지 않는다는 것(未定論)을 반대한다고 하였다. 미국측은 성명에서 "대만은 중국의 일부분"이라고 강조했다.

　1975년 1월 13일 주은래는 제4기 전국인민대표대회 제1차회의 정부 공작보고에서 "우리는 반드시 대만을 해방해야 한다. 대만동포와 전국 인민은 단결해야 하며, 대만 해방과 조국통일의 숭고한 목표실현을 위해 함께 노력해야 한다."고 제안하였다.

2) 개혁개방이후의 통일전략과 양안관계

　'양안관계'란 '중국과 대만의 관계'를 일컫는 일반화된 용어가 되었다. 원래의 의미는 중국 복건성과 대만의 양 해안을 가리키는 것이었다. 중국정부는 대만은 중국영토의 일부분이며 중화인민공화국 정부가 세계 유일한 합법적 중국정부이라고 주장한다.

　1978년 개혁개방정책의 선언은 중국의 정치와 경제 등 모든 방면에 변화를 주었다. 대만에 대한 통일정책도 약간의 변화를 보였다. 1979년 1월 30일 등소평은 더 이상 '대만해방'이라는 구호를 사용하지 않을 것이라고 발언하였다.

　2009년 7월 28일 중국 양의(楊毅)국장은 양안 간의 영구적인 뉴스 아울렛(News oulet)을 설치하자고 제안하였다. 그는 "복잡하지 않은 간단한 문제부터 차근차근 해결해가는 원칙으로 양안 간 언론 교류를 시행해 나가기를 희망한다"고 전했다. 중국의 양안정책 역사는 '섭구조(葉9條)'와 '등육조(鄧6條)', '강팔점(江8點)', '호사점(胡4點)', '호육점(胡6點)' 등으로 이어졌다.

(1) 등소평의 중앙당 3대 임무

　1980년 1월 26일 중앙간부회의에서 등소평은 "80년대의 중앙당 3대 임무"를 언급하였다. 3대 임무로는 "첫째, 국제무대에서 패권주의를 반대하고 세계 평화를 유지하는 것이다. 둘째, 대만을 조국에 복귀시켜 조국통일을 실현하는 것이다. 셋째, 경제건설을 가속화시키는 것이다"라고 제안하였다.

(2) 조국 회귀 5조건

1980년 5월 21일 중국은 홍콩 대공보를 통해 대만에 '조국회귀 5조건' 즉, "1) 사회제도의 불변, 2) 생활수준 유지와 생활방식의 불변, 3) 각 국과의 관계계속 유지, 4) 고도의 자치권, 5) 군대를 보유할 수 있으며 대만당국이 인사권을 가질 수 있다"를 발표하였다.

(3) 섭구조(葉九條, 九條和平方案. 섭9조): 3차 국공합작 제의

1981년 9월 30일 섭검영은 신화사 기자들에게 대만의 사회제도와 자치권 보유를 전제로 한 대만평화통일정책 9가지 기본원칙을 발표하였다.

주요내용은 "1. 중화민족이 분열된 불행한 국면을 빨리 종결하기 위해 공산당과 국민당 양당이 대등하게 담판을 하여 제3차 국공합작을 실현함으로써 조국통일 대업을 완성하길 건의한다. 쌍방은 먼저 대표를 파견하여 접촉하고 충분히 의견을 교환한다. 2. 쌍방이 공동으로 통우(通郵)·통상(通商)·통항(通航)·탐친(探親)·여행 및 학술·문화·체육의 교류를 전개하기 위한 편리를 제공하기 위한 관련 협의를 달성하길 건의한다. 3. 국가통일 후 대만은 특별행정구가 되어 고도의 자치권을 향유하며 아울러 군대를 보유할 수 있다. 중앙정부는 대만의 지방사무에 간여하지 않는다. 4. 대만의 현행 사회·경제제도는 불변할 것이고, 생활방식이 불변할 것이며, 외국과의 경제·문화 관계가 불변할 것이다. 개인재산·가옥·토지·기업 소유권·합법계승권 및 외국투자는 침해받지 않는다. 5. 대만 당국과 각계 대표 인사들은 전국적 정치기구의 영도 직무를 맡아 국가 관리에 참여할 수 있다. 6. 대만 지방재정에 곤란이 생길 때 중앙정부가 정황을 참작하여 보조할 수 있다. 7. 대만 각 민족 인민과 각계 인사가 조국 대륙에 돌아와 정착하고자 하면 적절히 안배하여, 질시를 받지 않고 자유 왕래할 수 있도록 보장할 것이다. 8. 대만 공상계 인사가 조국 대륙에 투자하여 각종 경제사업을 벌이는 것을 환영하며 합법권익과 이윤을 보장할 것이다. 9. 조국의 통일은 모든 사람의 책임이다."이다. 내용을 살펴보

면, 섭검영은 평화통일원칙을 언급하면서 3차 국공합작을 제의하였고, 통일 후에
도 대만은 고도의 자치권을 향유하는 특별행정구로서 자체 군사력을 보유할 수 있
다고 밝혔다. 특히 특별행정구라는 명제와 실천방안이 처음으로 나타나 있다. 또 3
통4류를 추진하고, 대만사람이 중앙정부에 참여하는 것을 허용하였다.

> 1981년 10월 9일 호요방 총서기는 신해혁명 70주년 기념연설에서 대만 장경국(蔣經國) 총통 등 고위인사에게
> 대륙방문과 회담을 제안하였다. 1982년 12월 4일 제5기 전인대 제5차 회의에서 신헌법을 통과시키면서 서언
> 에 "대만은 중화인민공화국의 신성한 영토의 일부분이다. 조국의 통일대업을 완성하는 것은 대만동포를 포함
> 해 전 인민의 신성한 직책"이라고 강조하였다.

⑷ 등육조(鄧六條, 등6조): 중국이 국제사회에서 유일한 대표

1983년 6월 26일 등소평은 미국 센톤 홀 대학(Seton Hall Universiyty)에서 양력
우(楊力宇) 교수와의 만남에서 대만에 대한 6가지의 기본원칙을 밝혔다. 주요 내
용은 "1. 통일 후 북경은 군대를 파견하여 대만에 진주시키지 않으며, 대만 내정에
개입하거나 간섭하지 않으며 대만의 인사와 군사에 간섭하지 않는다. 대만은 스스
로 외국으로부터 무기를 구입하여 자위능력을 보유할 수 있다. 그 외에 경제·사
회제도·생활방식 및 당·정·군과 정보조직을 유지할 수 있다. 2. 통일 후 대만
은 독립된 입법권을 가질 수 있고, 원칙상 현재의 법률을 유지할 수 있다. 중국의
헌법을 위반하지 않는 원칙 아래 입법기관은 스스로 법률을 제정할 수 있고, 아울
러 이에 근거하여 대만을 관리할 수 있다. 3. 통일 후 대만은 독자의 사법권 및 사
법기관을 보유할 수 있으며, 중국의 법률은 대만에 적용되지 않는다. 대만은 최종
심판권을 보유하여 북경의 최고법원에 상소할 필요가 없다. 4. 통일 후 대만은 독
립된 외교권을 보유할 수 있다. 대만은 독립된 대외경제관계를 유지할 수 있고, 외
국인에게 출입경(출입국) 허가증을 발급할 수 있으며, 인민에게 특별한 비자를 발
급할 수 있고, 외국과 협정을 체결할 수 있다. 5. 통일 후 대만은 '중화인민공화국'
의 칭호를 사용할 필요가 없다. 대만은 자기의 기치를 사용할 수 있고, '중국대만'
의 칭호를 사용할 수 있다. 6. 통일 후 대만은 '특별행정구'로 설치되어 완전한 자

치권을 향유하여 삼민주의 또는 자본주의를 실시할 수 있다."이다. 등소평은 대만의 완전 자치를 반대한다는 의사를 분명하게 밝혔다. 그리고 대만은 '중화민국'이라고 다시는 지칭할 수 없으나 '중국대북' 혹은 '중국대만'으로 지칭될 수 있다고 하였고, 중화인민공화국은 외교와 국제관계에 있어 유일한 대표임을 강조하였다.

(5) 1국가2제도(一國兩制, 1982)

중국의 통일정책은 '1국가2제도'로 요약할 수 있는데 이는 중국정부가 역사가 남겨놓은 문제를 해결하고 국가통일을 실현하기 위해 제출한 구상이다. 1949년 건국 당시 홍콩과 마카오는 중국에 반환되지 않았고 대만도 통일되지 않았기 때문에 중국은 국가통일을 위해 노력해왔다. '1국가2제도'의 구상은 1978년 12월 제11차 3중전회 이후 점차 형성된 것으로 '하나의 중국'이라는 전제 하에서 국가의 주체는 사회주의제도를 견지하고 홍콩·마카오·대만은 원래의 자본주의 제도를 유지, 장기불변하는 것으로서 이 원칙에 따라 평화적 통일 대업을 추진하는 것이다.

1982년 9월, 마가레트 대처(Margaret Thather) 영국 수상이 중국을 방문하였을 때, 등소평은 대처 수상에게 홍콩주권의 회수 문제는 '하나의 국가, 두 개의 제도(一個國家, 兩個制度)'의 방안을 이용해 해결할 수 있다고 말했다. 이로써 '1국가2제도(체제)' 방안이 처음 제기되었다. 의미는 단일국가가 이질적인 2개의 체제를 유지하겠다는 것이다. 그리고 미래에 대만과 중국이 통일되어 대만에 대해서도 이 시스템을 적용하겠다는 통일방안이다. 중국은 이것을 '홍콩과 대만에서는 자본주의를 실시하고, 중국대륙에서는 사회주의를 실시하는 것'이라고 표현하였고, 또 헌법 제 31조(1982. 12)로 규정하고 이것을 홍콩처리방식(香港處理方式)이라고 하며 "收回主權 保持繁榮 港人治港 制度不變"의 16자 방침이다. 이 구상은 중국정부의 통일방침으로 되었으며, 중국통일 문제 해결뿐만 아니라 국제상의 유사한 문제 및 여타 중대한 국제분쟁 해결에도 현실적 의의가 있다고 할 수 있다. 등소평은 1984년 2월 22일 미국 워싱턴대학 전략과 국제문제연구센터 고문인 브레진스키(Zbigniew Kazimierz Brzezinski)와의 북경 회견에서 "통일 후 대만은 그들의 자본주의를 계속 유지하고 대륙은 사회주의를 실시하지만 하나의 통일된 중국이다. 하나의 중국, 두 개의 제도이다. 홍콩문제도 같다. 하나의 중국, 두 개의 제도이다."라고 밝혔다.

(6) 14대 평화통일 중국에 대해 말한 의의(談十四大對和平統一中國的意義)

1993년 3월 24일, "14대 평화통일 중국에 대해 말한 의의(談十四大對和平統一中國的意義)"라는 글에서 "對대만정책의 기본방침은 새로운 역사조건 하에서 진일보 발전과 연장된다" "대만에 대한 중국의 방침은 정책의 연속성과 일관성을 추구하며 현실성을 실현하는데, 조국 평화통일 실현의 중대 의의를 지닌다."라고 밝혔다.

(7) 백서: ≪대만문제와 중국통일≫

1993년 8월 31일, 중국은 ≪대만문제와 중국통일≫이라는 백서를 발표하였다. 백서를 통해 중국은 대만문제 해결을 위한 기본방침으로서 일국양제를 구체적으로 제시하였다. '하나의 중국(一個中國)'' 원칙은 일국양제 통일방안 중 가장 핵심적인 부분이다. 중국정부의 대만에 대한 기본적인 입장은 "중국은 오직 하나이고, 대만은 중국의 불가분한 일부분이다. 중국의 중앙정부는 북경에 있다"는 것이다. 이 백서는 기존의 선언과 결의안 등을 하나의 문서로 집대성하고 체계화한 것이었다. 백서는 서언과 결어를 제외하고, 모두 5개 부문으로 구성되어 있다. 첫째, 대만은 중국의 분할 불가능한 일부분임을 천명하였다. 둘째, 대만문제의 유래, 셋째, 대만문제 해결을 위한 중국의 기본방침, 넷째, 대만해협 양안관계의 발전과 걸림돌, 다섯째 국제문제 중 대만과 관련된 몇 가지 문제를 다루었다.

(8) 강팔점(江八點, 강8점): '하나의 중국' 원칙 천명

1995년 1월 30일 춘절 전야, 강택민 총서기는 중공중앙 대만공작판공실(中共中央 臺灣工作辦公室), 국무원대만사무판공실(國務院臺灣事務辦公室), 대만민주자치동맹(臺灣民主自治同盟), 중국화평통일촉진회(中國和平統一促進會), 전국정협조국통일연의위원회(全國政協祖國統一聯誼委員會), 중화전국대만동포연의회(中華全國臺灣同胞聯誼會), 해협양안관계협회(海峽兩岸關係協會) 등이 북경 인민대회당에서 공동으로 개최한 신춘 다화회(茶話會)에서 "조국통일의 대업의 완성을 촉진하기 위해 계속 분투하자(爲促進祖國統一大業的完成而繼續奮鬪)"라는 담화를 발표하였다. 강택민의 양안관계에 관한 8가지의 견해와 주장을 일반적으로 '강팔점(江八點)'이라 부른다. 강팔점의 최대 핵심 내용은 '하나의 중국' 원칙하에 중국의 정통성과 중앙지위를 천명한 것이다. 8개항의 주요 내용은 "첫째, '하나의 중국(一個中國)' 원칙을 견지한다. 중국의 주권과 영토는 절대로 분할할 수 없으며, 대만독립을 조장하는 어떠한 언동과 행동도 결연히 반대한다. 둘째, 대만의 외국과의 민간경제 문화관계에 대해 우리는 이의를 나타내지 않는다. 그러나 '양개중국(兩個中國) 일중일대(一中一臺)'를 실현할 목적으로 하는 대만의 국제 생존공간의 확대라는 활동을 반대한다. 평화통일을 이룩한 후에만 대만동포는 전 국가 각 민족들과 하나의 길을 걸어갈 수 있으며 위대한 조국에 대한 국제상의 존엄과 명예를 진정으로 공유할 수 있다. 셋째, 해협 양안의 평화통일 담판을 갖는다. 담판과정 중 양안 각 당파 단체의 대표성을 띠는 인사들도 참여할 수 있다. 하나의 중국이라는 전제하에 어떠한 것도 대화할 수 있고 대만당국이 관심을 갖는 각종 문제가 포함된다. 제 일보를 위해 양측 모두 먼저 정식으로 양안의 적대 상황을 종식시키는 회담을 가질 수 있으며 협의에 도달할 수 있다. 이러한 기초 위에 공동으로 의무를 맡으며 중국의 주권과 영토보전을 수호하며 향후의 양안 관계발전에 대해 계획한다. 넷째, 평화통일 실현에 노력하며 "중국인이 중국인을 공격하지 않는다." 우리들은 무력사용을 포기하지 않으나 절대로 대만동포에 대한 것이 아니며, 중국의 통일을 간섭하고 대만독립을 획책하는 외국 세력에 대한 것이다. 다섯째, 양안 경제교류와

합작에 진력해 양안 경제가 공동으로 번영을 이루어 전 중화민족을 행복하게 한다. 중국은 정치분열이 영향을 끼쳐 양안경제합작을 방해하지 않기를 주장한다. 어떤 상황 하에 있든 대만상공인의 정당한 권익을 철저히 보호할 것이다. 상호호혜의 기초위에 상당할 뿐만 아니라 대만상공인의 투자 권익을 보호하는 민간협의를 조인하는 것을 찬성한다. 응당 실질적인 절차를 취해 3통을 빨리 실현할 것이며 양안 사무성 회담을 촉진할 것이다. 여섯째, 중화문화는 전 중국인의 정신연대를 유지하며 평화통일을 실현하는 중요한 기초이다. 양안 동포는 서로 중화문화의 우수한 전통을 계승 발전시켜야 한다. 일곱째, 대만동포의 생활방식과 주인노릇하려는 바람을 충분히 존중해 대만동포의 정당한 권익을 보호할 것이다. 재외기구를 포함해 중국공산당과 정부 각 관련 부서는 대만동포와 연계를 강화해 그들의 의견과 요구를 경청할 것이며 그들의 이익에 관심을 갖고 어려움을 해결하도록 가능한 돕는데 진력할 것이다. 중국은 대만 각 당파 각계인사들이 양안관계와 평화통일에 관련된 의견을 교환하는 것을 환영하며 그들의 왕래와 방문을 환영한다. 여덟째, 중국은 대만당국 영도자가 적당한 신분으로 방문하는 것을 환영한다. 중국은 대만측의 초청을 받기를 바라며 대만으로 갈 수도 있고 먼저 어떠한 문제에 대해서도 의견교환을 할 수 있다. 중국인의 일은 중국인 스스로 해내야 하며 어떠한 국제상황의 도움을 빌릴 필요가 없다.”이다.

1995년 9월 21일 UN에서는 “중화민국(Republic of China on Taiwan)”이라는 명의로 대만의 회원가입을 승인하자는 안건이 카리비안, 중앙아메리카, 일부 아프리카 국가들의 지지 하에 제출되었으나 부결되었다. 10월 21일 장만년(張萬年) 당중앙군사위 부주석은 대만이 독립을 시도할 경우 직접적으로 대만에 무력을 투입하겠다는 입장을 밝혔다.

---

(9) 호사점(胡四點, 호4점): 새로운 양안 지도원칙

2005년 3월 4일, 호금도는 제10차 정협 3차회의에서 민혁(民革), 대맹(臺盟), 대련(臺聯)계 위원들을 만나 양안관계 4개 원칙을 밝혔다. 이는 ‘강8점’을 대신하여 중국의 새로운 양안 지도원칙으로 강조되었다.

호금도의 양안 4원칙은 '4개결불(四個決不)'원칙으로 명명되었다가, '강8점'을 의식하여 '호4점(胡四點)'으로 불린다. 주요 내용은 "1. '하나의 중국' 원칙은 결코 흔들리지 않을 것이다, 2. 평화통일 노력을 결코 방기하지 않을 것이다. 3. 대만 인민에 희망을 건다는 방침은 결코 바꾸지 않을 것이다. 4. 대독 분열활동을 반대하는 것과 관련 결코 타협은 없다."이다.

(10) 반국가분열법((反分裂國家法, 2005)

중국의 반국가분열법은 2002년에 시작되었고, 2004년 말 본격적으로 진행되었던 대만의 정명(正名)운동에 대응하는 것으로서, 2005년 3월 14일 제10기 전국인민대표대회에서 통과되었다. 이 법에서는 대만이 실질적으로 독립을 추진하거나 평화적인 통일의 틀을 파괴할 경우, 중국 인민해방군이 무력을 사용할 수 있도록 규정하였다. 반국가분열법은 "1조 입법취지, 2~3조 대만문제의 성격, 4조 통일의 역사적 사명, 5조 하나의 중국원칙, 6조 양안간 안정과 평화를 위한 방안, 7조 평등한 협상과 담판의 원칙, 8조 비평화적 방식 동원조건, 9조 대만인과 대만내 외국인의 권익보호, 10조 공포 일시"로 구성되어 있다.

특히 3조에서는 양안문제가 중국의 내전으로 야기된 내정문제라는 것을 강조하였다. 그리고 8조에서는 대만이 어떤 방식으로는 독립을 시도한다거나, 대만독립을 야기할 수 있는 주요 사건들이 발생하였을 때 혹은 평화통일의 가능성이 완전히 사라졌을 때 비평화적 수단을 사용할 수 있다고 규정하였다.

(11) 호육점(胡六點): 양안통일은 중화민족의 위대한 부흥의 역사적 필연

2008년 12월 31일, "대만동포에게 고하는 글(1979.1.1)" 발표 30주년을 기념하는 연설에서 양안관계에 대한 6가지 기본원칙을 밝혔다. 이를 '호육점(胡六點)'이라 부른다. 호금도는 "전 민족의 단결, 조화, 창성을 실현하기 위해 양안의 통일은 중화민족의 위대한 부흥의 역사적 필연"이라고 강조했다. 이는 양안협력을 주요 정책으로 내걸었던 대만 마영구(馬英九) 총통이 2008년 5월 총통에 취임한 이후 중국 최고지도자가 처음으로 양안정책에 대한 기본원칙을 밝힌 것이다. 주요 내용은 "1. 하나의 중국을 엄수하고, 정치적 신뢰를 증진한다. 2. 경제적 합작을 추진하고, 공동의 발전을 촉진한다. 3. 중화의 문화를 선양하고, 정신적 유대를 강화한다. 4. 사람의 왕래를 강화하고, 각계의 교류를 확대한다. 5. 국가의 주권을 수호하고, 외교적 사무를 협상한다. 6. 적대적 상황을 종결하고, 평화적 협의에 도달한다."는 것이다.

(11) 소3통(小3通) 정책: 통항(通航), 통상(通商), 통우(通郵) 허용

2001년 1월 1일부터 대만의 금문도, 마조도(馬祖島) 2개 섬과, 중국 본토 간의 직접 운항, 교역, 우편교환 등 '3통(通航, 通商, 通郵)'을 허용하는 정책이다. 금문도나 마조도에 6개월 이상 거주한 대만 국민은 관광이나 사업 목적으로 중국 본토를 방문해 최대 일주일 간 머물 수 있고 반대로 본토 관광객이나 기업인도 두 섬을 방문할 수 있게 되었다.

삼통사류(三通四流) 정책: 1987년 대만인의 친척방문을 위한 중국대륙 여행이 허용되면서 중국과 대만 사이에는 실질적인 삼통과 사류가 허용되었다. 삼통(三通)은 양안 사이의 '우편·상업·항공의 직접 교류(通郵, 通商, 通航)'를 일컫고, 사류(四流)는 '학술·문화·체육·과학기술(学术, 文化, 体育, 科技)' 방면의 교류를 일컫는다.

---

3) 92컨센서스(92공식 · 九二共識)

'92 컨센서스'는 1992년 11월 홍콩에서 중국의 해협양안관계협회(海峽兩岸關係協會, 海協會)와 대만의 해협교류기금회(海峽交流基金會, 海基會)가 '하나의 중국(一個中國)'을 견지하는 태도를 표명하고 인정하지만, 그에 대한 해석은 '중국과 대만이 각각 알아서 한다(一中各表)'는 두 나라 간의 원칙이다. 구두 방식으로 표현되었고, "해협양안은 균등하게 하나의 중국이라는 원칙을 견지(海峽兩岸均堅持一

個中國原則)"하는 공통된 인식이다.

1992년 10월말부터 12월 초까지, 중국 해협회와 대만 해기회는 홍콩에서 회담을 하였고, 회담 후에 수차례의 편지와 전보를 통해 최종적으로 "해협양안은 균등하게 하나의 중국을 견지하는 원칙"에 공통으로 인식하였고, 후에 이를 가리켜 '92컨센서스'라고 불렀다. 92컨센서스의 핵심은 '하나의 중국 견지'이고, 92컨센서스의 정수는 '구동존이(求同存異)'이다.

1992년 11월 16일 중국 해협회는 대만 해기회에 "해협 양안은 모두 '하나의 중국' 원칙을 견지한다는 전제 아래 국가의 통일을 추구하자. 단 해협 양안의 실무적 협상을 함에 있어서는 '하나의 중국'의 정치적 의미를 건드리지 않는다. 이러한 정신에 따라 양안의 협정서 작성 혹은 기타 협상 업무의 타협책을 찾는다."라는 전문을 보냈다.

2015년 11월 중국 시진핑 국가주석과 대만 마영구 총통은 싱가포르에서 66년 만에 열린 정상회담에서 '92컨센서스'의 중요성을 재확인했다. 2015년 12월 대만 총통선거 후보였던 채영문(蔡英文, 차이잉원) 민진당 주석은 '92컨센서스'는 하나의 선택권일 뿐 유일한 것이 아니다."라고 밝혔다. 동년 12월 27일 대선 후보 첫 TV 토론에서 차이잉원은 "양안(兩岸) 관계가 안정적으로 유지될 것으로 생각한다."고 말했다.

2016년 차이잉원은 총통 취임사에서 "1992년 양안 간 상호 이해와 구동존이(求同存異)라는 정치적 사유, 소통과 협상을 통해 약간의 공통인식과 양해에 이른 것을 역사적 사실로 존중한다"고 말하였다.

한편, 시진핑 국가주석은 2015년 3월에 개최된 전국인민정치협상회의(정협)에 참석해 '92 컨센서스'는 양안의 정치적 신뢰회복과 대화를 통한 문제해결, 양안관계 발전에 중요한 작용을 하고 있다면서 이런 토대가 무너지면 양안은 다시 동요와 불안의 시대로 회귀할 수밖에 없다고 말했다. 시진핑은 '92컨센서스'의 핵심은 대륙과 대만이 하나의 중국임을 인정하는 것이라면서 대만독립을 주장하는 세력은 국가주권과 영토의 유지를 훼손하는 것이며 양안 민중과 사회의 대립, 양안 동포의 정신적 유대를 단절하게 될 것이라고 경고했다.

4) 2005년 6항공식(六項共識)

2005년 5월 12일, 호금도 총서기는 중국대륙방문단을 인솔해 온 송초유(宋楚瑜, 쑹추위) 대만 친민당(親民黨) 주석과의 회견에서 "중국정부는 송주석과 친민당에서 하나의 중국 원칙을 나타내는 '92컨센서스'와 '대만독립' 반대를 견지하면서 양안관계의 발전을 주장한 것에 대해 높이 칭찬한다"라고 밝혔다.

호금도 총서기는 "얼마 전 련전(連戰) 대만 국민당 주석의 방문과 이번 송 주석의 방문은 중국대륙 동포들의 열렬한 환영을 받았다. 그리고 많은 대만 동포들의 긍정과 지지를 얻었다."라고 하면서 "나는 이 자리를 통해 다시 한번 천명한다. 즉, '하나의 중국 원칙'과 '92컨센서스'를 인정한다면, 어떤 사람, 무슨 정당 또는 과거에 그가 어떤 말을 했고, 무슨 행위를 하였던 간에 중국은 그들과 함께 양안관계를 발전시키고, 평화통일을 촉진하는 것에 대한 협상을 할 것이다"라고 밝혔다. 또 호금도는 "현재 양안관계는 매우 중요한 시기를 맞고 있다. 그러므로 중국공산당과 대만 친민당은 양안관계의 평화와 안정발전에 대한 희망과 전망을 양안 동포들에게 적극적으로 보여주어야 한다"라고 밝혔다.

아래는 호금도와 송초유가 합의한 6개항이다. 이 내용은 회담 후 '회담공보'라는 형식으로 기자회견을 통해 발표됐다.

첫째, '92컨센세스'의 기초 하에 양안 간 평등한 회담의 조속한 회복을 촉진시킨다. 1992년 양안이 달성한 합의는 당연히 존중되어야 한다. 1992년 '양회(兩會: 해협회와 해기회)'는 구두로 다음과 같이 밝혔다. 해기회는 "해협양안이 공동으로 국가통일을 추구하는 과정 중에 쌍방은 '하나의 중국' 원칙을 모두 견지하지만 '하나의 중국'이 함의하는 바에 대해서는 양자가 다른 입장이다."라고 밝혔다. 해협회는 "해협양안은 모두 '하나의 중국' 원칙을 견지한 가운데 국가통일을 이룩하기 위해 노력한다. 그러나 양안 간 사무적 협상 과정 중에는 '하나의 중국'의 정치적 함의를 언급하지 않는다."라고 밝혔다. 양안이 '하나의 중국' 원칙을 각각 표명하며 견지하자는 '92컨센서스'의 원칙 하에 양안 간 평화회담을 조속히 회복한다. 상호존중과 구동존이(求同存異)로 양안이 공동으로 관심을 갖고 있는 중대 문제를 실무적으로 해결한다.

둘째, '대만의 독립(臺獨)'을 공동으로 반대한다. '대만의 독립'은 양안 간의 감정을 악화시키고, 양안의 평화적이며 상호이익을 주는 관계에 불리하다. 양측은 '정명(正名)', '국민투표(公投)', '제헌(制憲)' 등 양안의 평화를 해치는 어떠한 행동에도 강력히 반대한다. 대만 지도자가 2월 24일에 거듭 천명한 '4불1몰유(四不一沒有, 독립을 선포하지 않고, 국호를 바꾸지 않으며, '두개의 중국 원칙을 헌법에 포함'시키려 하지 않고, '독립을 위한 국민투표' 실시로 현상을 변경하지 않는다. '국토강령(國統綱領)'과 '국통회(國統會)'를 폐지하는 문제는 없다.)'를 성실하게 이행하기를 희망한다. '대만독립'으로 발전할 수 있는 가능성이 있는 어떠한 행동도 대만이 하지 않아야만, 대만해협의 군사충동을 효과적으로 피할 수 있다.

셋째, 양안의 적대 상태를 종식시키는 데 노력하고, 평화의 가교 구축을 촉진한다. 양안의 군사 상호 신뢰시스템을 구축하고, 대만해협의 평화와 안전을 공동으로 유지하고 보호하며, 양안관계의 평화 안정발전을 확보한다.

넷째, 양안 간 경제무역 교류를 강화하고 안정적인 양안 경제무역 합작 시스템의 건립을 촉진시킨다. 양안의 실질적인 경제무역교류의 추진은 상호합작을 통해 양자가 혜택을 보는 기초 하에 양안관계의 긍정적인 상호작용을 이룩하기를 희망한다.

양안간의 통항(通航)을 적극적으로 추진하여, 2005년 춘절 전세기의 성공적인 방법을 촉진하여, 전세기가 명절마다 운행되도록 하고 상설화하도록 한다. 게다가 여객기 운항이 편하고 간편해질 수 있도록 한다. 이와 함께 2006년 전면적이고 직접적인 쌍방 직항이 실현될 수 있도록 노력한다. 양안 간의 직접무역과 직접적인 화폐교환을 실현하여 양안의 경제무역관계의 정상화를 한층 더 진척시킨다. 양안 협상을 촉진한 후 양안무역의 편리화와 자유화(양안 자유무역구) 등 장기적이며 안정적인 상호시스템을 구축하는 문제에 관해 협상을 진행시킨다.

양안 간 농업협력을 강화하여 대만상인의 중국 투자를 확대하고 대만 농산품의 중국 내 판매를 증가시킨다. 대륙당국은 통관, 검사와 검역 분야에서 편리를 제공하고 일부 농산품(과일)에 대해 무관세 등 우대조치를 취해 대만이 과일 풍작에 따른 판매 적체현상을 해결하는 데 협조한다. 양안 기업의 상호투자의 실현을 촉진하기 위하여 은행·보험·운수 서비스의 협력을 추진하여 안정적인 경제협력시스템을 구축한다.

양안은 호혜와 상호이익의 기초 아래서 협상을 통해 대만상인들의 투자권익 문제를 해결하고 대만상인의 이중과세 문제를 해결한다. 양안간의 민간왕래를 확대하고 민간인의 왕래에 편리를 제공하기 위해, 대륙당국은 대만 동포의 대륙 출입국 수속을 보다 간편하게 한다.

대륙당국은 대륙에 유학중인 대만 학생들에게 대륙학생들과 동등한 학비를 받도록 하는 조치를 조속히 실천하고, 올해 안에 대만 학생들을 위한 장학기금을 설치한다. 양안은 인재교류를 확대하고, 대륙은 완화정책을 펼쳐서, 대만인들이 대륙에서 취업할 수 있도록 격려하고 촉진한다.

다섯째, 대만 상인과 민중이 국제 활동에 참여하는 문제에 관한 협상을 촉진시킨다. 양안의 평등한 협상을 촉진한 이후에, 대만상인과 민중이 참여하는 국제기구 문제를 토론하는데, 우선적으로 세계보건기구(WHO) 활동 참여를 토의하는 것을 포함하여, 양측은 구동존이의 자세로 해결책을 점진적으로 찾는다.

여섯째, 양안 간 민간 엘리트 포럼 건립을 추진하고, 대만상인을 위한 서비스시스템 설립을 준비한다. 양안 학자와 전문가 및 각계 지혜와 경험을 결집하여, 양안 민간 엘리트 포럼을 준비한다. 양안관계 발전에 도움을 줄 수 있는 의견을 널리 구하고, 양안 발전을 위한 각종 정책 건의에 대해 토론한다. 양측은 대만상인을 위한 서비스시스템이 완비될 수 있도록 공동으로 노력한다.

2. 대만의 통일전략

1) 미국과 단교 이전의 통일전략(1949~1978)

1949년 국민당 정부가 대만으로 철수한 후부터 1978년 미국과의 단교할 때까지 대만의 통일정책은 주로 '공산주의를 몰아내고 국가를 수복하자(反共復國)'를 주요 목표로 삼았다. 1950년 1월 장개석은 ≪전국 동포에게 고하는 글(告全國同胞書)≫을 발표하였다. 이 글에서 장개석은 전 중국 인민에게 끝까지 반공할 것을 요구하였다. 그리고 대만정부는 국가영토, 주권회복, 국민의 생명, 재산의 자유를 보장하고 공산당을 물리치는데 힘쓸 것이라고 강조했다. 같은 해 10월 10일 국경일, 장개석은 "대만건설과 반공대륙, 동포를 구해 중국을 부흥시킬 것"과 "4억 5천만 동포의 의지와 역량을 모아 공산당을 소멸시킬 것"이라고 선언하였다. 1971년부터 1978년까지 대만은 중국에 대한 삼불정책을 펼쳤다. 삼불정책(三不政策)이란 '불접촉(不接觸), 불담판(不談判), 불타협(不妥協)'이다.

2) 1979~1988년 통일전략

1979년 1월 1일 국민당 손운선(孫運璿) 행정원장은 중국이 제안하였던 ≪대만 동포에게 고하는 글≫의 상호교류 제안에 대해, 협상에 참여하는 조건을 언급하였다. 먼저 중국은 마르크스 레닌주의를 버리고 세계혁명을 포기하고, 다음은 공산독재를 폐기하고 자유 민권을 보장할 것이며, 마지막으로는 인민공사를 해체하고 인민의 재산을 반환하여 대륙인민이 대만인민과 동등하게 풍요로운 생활을 할 수 있도록 할 것을 주장하였다.

1980년 10월 10일 장경국(蔣經國, 1910~1988)은 쌍십절 기념식에 '삼불정책(三不政策)'의 입장을 밝혔다. 1981년 4월 5일 국민당은 제12차 전국대표대회를 개최하여 '삼민주의를 관철한 중국통일안(貫徹以三民主義統一中國案)'을 통과시켰다. 국민당은 정식으로 삼민주의에 의한 중국통일을 제기하였는데, 이는 중국의 섭9조에 대응한 것이었다. 같은 해 9월 30일 송초유(宋楚瑜) 행정원 신문국장은 "중국의 통일을 위해선 중공이 공산주의를 포기하고 삼민주의에 의한 헌정을 선행해야 할 것"이라고 언급하였다.

1986년 3월 국민당은 제12차 3중전회를 개최하였는데, 이 때 장경국은 '중국의 통일과 세계 평화'에서 라는 글에서 중국 통일과 관련하여 '정치·경제·사회·문교(文敎)·대외 관계' 5가지를 제기하였다.

1987년 1월 15일 행정원 제 2053차 회의에서 대륙탐친(大陸探親)을 통과시키고, 3개 원칙에 따라 허가한다고 밝혔다. 3개 원칙은 "첫째, 반공국책과 국토수복의 목표불변. 둘째, 국가안정 확보와 중국의 통전의 방지. 셋째, 전통윤리와 인도주의 입장의 기조"였다. 그리고 1987년 7월 계엄령을 해제하였고, 10월에는 인도주의 원칙에 따라 대만인의 대륙탐친을 허가했다. 이 결정은 대만의 對대륙정책의 변화를 주는 시작이었다.

3) 1988년 이후의 통일전략

국민당의 대륙에 대한 태도가 본격적으로 변하기 시작한 것은 1988년 장경국의 사망이었다. 특히 국민당 정부의 대만화 정책이 대만출신 정치인을 중심으로 추진되면서부터 시작되었다.

(1) 이등휘(李登輝) 총통

1988년 2월 22일 대만 출신인 이등휘 총통은 "첫째 지속적인 삼불정책, 둘째 중국은 4항견지와 무력에 의한 대만침략 의도 포기, 셋째 일국양제는 중국에 맞지 않고, 넷째 하나의 중국원칙은 견지한다"라는 내용을 발표하였다.

(2) 현 단계 대륙정제안(1988)

1988년 7월 7일 국민당 제13차 전국대표대회에서 대중국정책 변화가 일어났다. 대회에서 '중공과 중국의 한계분리' '중공정권과 대륙동포 분리간주' 및 '정부의 삼불정책과 해영양안사무(海映兩岸事務)의 분리처리' 등 3가지에 공통된 인식을 갖고 '현 단계 대륙정제안'을 통과시켰다. 그리고 '민간, 간원(間援), 단향(單向), 점진(漸進), 안전'의 원칙 하에 '3통4류(三通四流)'의 처리였다.

(3) 국가통일강령(國家統一綱領, 1991)

1991년 2월 23일 국가통일위원회는 '국가통일강령'을 수정 통과시켰고, 3월 5일 이등휘 총통이 공표하였다. 국가통일강령은 대만의 양안관계와 통일정책의 주요 내용을 담고 있다.

국가통일위원회는 통일을 위하여 '3불정책'을 폐기하고 대신 '통우·통상·통항'의 3통정책 실시와 고위인사 상호방문 등을 내용으로 하는 획기적인 <국가통일강령>을 확정하였으나 성과를 거두지 못하였다. 국가통일강령에서 대만정부는 '하나의 중국' 원칙을 직접적으로 언급하지 않았고, '대륙과 대만은 모두 중국의 영토'라고 하였다. 그리고 상호교류와 상호수혜의 1단계, 상호신뢰와 협동의 2단계, 통일을 협의하는 3단계 통일과정을 제시하였다.

(4) 대만의 <통일백서>

1994년 대만정부는 <통일백서>를 발표하였다. 대만은 중국의 '일국양제'론에 반박하면서 '일국양부(一國兩府)'를 주장하였다. 대만정부는 '하나의 중국'이란 역사적·지리적·문화적·종족적 실체를 의미하며, 반드시 정치적 실체로서 대만의 존재를 부인하는 것이 아니라고 선언하였다.

(5) 련4조(連四條, 1995)

강택민의 '강8조'에 대한 대만의 공식적인 대응은 1995년 2월 21일 대만 행정원장인 련전(連戰)이 발표한 '련4조(連四條)'라 할 수 있다. 주요 내용은 '하나의 중국'에 반대하는 것으로 "현실을 직시하고(面對現況), 교류를 증진시키고(增加交流), 상호존중하고(相互尊重), 통일을 추구하자(追求統一)"는 것이었다.

(6) 진수편(陳水扁)의 '4불1몰유(四不一没有)'

진수편은 2000년 총통 취임식에서 '대만독립 불선포, 국호 불변경, 2개의 중국 원칙 헌법에 불삽입, 독립을 묻는 국민투표 불실시, 국가통일강령과 국가통일회를 폐지하는 문제는 없다(폐지하지 않겠다)'를 선언하였다. 이를 '4불1몰유(四不一没有)' 혹은 '4불1무(四不一無)'라고 부른다.

(7) 정명(正名)운동(2002~2007)

정명운동은 2002년 5월 11일 정식으로 시작되었다. 그래서 이 운동을 '511대만정명운동(臺灣正名運動)이라고도 불린다. 민주진보당(民主進步黨, 민진당) 정부가 2000년에 집권한 후, 여러 운동이 진행되었고, 2006년에서 2008년에 이르기까지 최고조에 이르렀다. 정명운동은 대만과 중국의 관계를 구별하는데 중점을 두었다.

한편, 2004년 총통으로 당선 진수편(陳水扁)은 취임 이후 "해협 양안에는 서로 다른 2개의 국가가 존재한다(一邊一國)"며 '대만 주권의 독립'을 주장해왔다. 2004년 말 대만 정부는 '정명(이름 바로잡기)' 운동을 선포하면서 '중화민국' 국호를 '대만'으로 간칭(簡稱)해야 한다는 주장을 내놓았고, '중국'과의 혼돈을 피해야 한다는 명목으로 모든 해외공관과 국영 및 공영기업의 명칭에 '대만'을 삽입토록 했다. 대만의 독립을 주장하는 민진당은 2007년 10월 당 대회에서 대만의 주권문제에 대한 국민투표를 실시, 새 헌법 제정 등의 요구를 담은 결의안을 통과시켰다. 결의안의 주요 내용은 "대만은 주권 및 독립 국가로 대만과 중국은 서로 속하거나 통치할 수 없다"며 "가능한 한 이른 시일내 국호를 '타이완(Taiwan)'으로 바꾸고 대만이 주권 및 독립 국가임을 알리기 위해 적절한 시기에 새 헌법을 제정하고 국민투표를 개최해야 한다"고 밝혔다.

2008년 마영구(馬英九)가 중화민국 총통이 된 후, 정부 및 주외 대사관홈페이지에 중문명칭을 더 이상 '대만'이라 하지 않았으나, 영문명칭으로 'Taiwan'은 보류하였다.

(8) 국가통일강령 철폐선언(2006)

진수편 총통은 2006년 2월 통일정책기구인 국가통일위원회와 국시(國是)인 국가통일강령의 운용을 각각 중단한다고 밝혀 사실상 철폐를 선언하였다. 1991년 3월 14일 대만 행정원은 '국통강령(國統綱領)'을 통과시켰고, 양안관계의 처리원칙을 결정하였다. 과거 국민당은 중국공산당을 불법정권으로 여겼고, 그 실체를 인정하지 않았다. 그런데 이등휘는 이러한 대만의 중국관에서 벗어나 중화인민공화국이라는 국호를 직접 사용하면서 양안관계를 풀어나가고자 하였다.

(9) 마영구의 '3불(不)정책'

마영구 총통은 임기 내에 양안 체제를 유지하면서도 독자 노선을 걷지 않으며 무력에 반대한다는 '불통(不統), 부독(不獨), 불무(不武)' '3불' 정책을 시행할 것이라고 밝혔다. 또 "차기에 총통으로 당선이 되든 되지 않든 대륙과 평화 협의를 체결하는 것을 배제할 수 없으며, 양안 체제는 계속 유지해 나갈 것"이라고 밝혔다. 2009년 5월부터는 중국 기업의 대만 직접투자를 허용하는 등 전면적인 경제협력을 가속화하고 있다 그리고 2009년 6월 17일 자신의 정책 기조가 통일·독립·무장도 하지 않는 '불통(不統)·부독(不獨)·불무(不武)'라면서 현상유지를 원하고 있다고 밝혔다.

(10) 차이잉원(蔡英文)의 92컨센서스

2016년 총통 선거에서 당선된 차이잉원은 5월 20일 취임연설문에서 "나는 중화민국 헌법에 따라 총통에 당선되었고, 중화민국의 주권과 영토를 지킬 책임이 있다. 동중국해와 남중국해 문제에 대해 분쟁을 보류하고 공동 개발해야 한다고 주장한다. 양안 대화와 의사소통은 현유의 메커니즘의 유지에 노력한다. 1992년 양안 양회(쌍방의 창구 기관)는 상호이해와 '구동존이'라는 정치 개념을 지켜 협의를 하고 약간의 공동의 인식과 이해에 도달했다. 나는 이 역사의 사실을 존중한다. 1992년 이후 20여 년의 쌍방의 교류와 협의 더미에서 형성된 현상과 성과를 양안은 모두 소중히 지켜야 하며 이 기존의 사실과 정치적 기초 위에서 양안 관계의 평화롭고 안정된 발전을 계속 추진한다. 새 정부는 중화민국 헌법 양안 인민(人民) 관계 조례 및 기타 관련 법률에 따라 양안의 사무를 처리한다. 양안의 두 집권당은 과거의 짐을 내려 양성의 대화를 진행 양안의 사람들에게 행복을 가져다 한다."라고 말하였다.

차이잉원의 취임연설에서 '하나의 중국'은 언급하지 않고, '92컨센서스'에 대해서 언급하였다. 이에 중국정부와 관영매체들은 "하나의 중국을 인정하라"고 압박을 하였다. 특히 인민일보가 발행하는 환구시보(環球時報)는 "차이 총통과 천젠런(陳建仁 64) 부총통이 취임 선서를 하면서 대만해협 지구에는 새로운 불확실성을 중요 특징으로 하는 '일막'이 열리게 되었다."고 경고했다.

한편, 차이잉원은 취임 후 첫 번째 해외순방에서 'President of TAIWAN(ROC)'이라고 서명하여 논란이 벌어졌다. 6월 26일 파나마 운하 확장 개통식에서 방문록에 친필 서한 말미에 'President of TAIWAN(ROC)'(대만총통)라고 서명하였다. 이에 대해서 대만의 많은 국민들과 정당들은 지지를 하였다.

대만싱크탱크에서 데이터 분석을 맡고 있는 저우융훙(周永鴻)이 2016년 6월 30일부터 7월 1일까지 실시된 전화여론조사의 내용을 공개하였는데, 응답자 1246명 중 72.4%가 '대만총통'이라는 호칭 사용을 지지한다고 표명했다. 특히 고학력 젊은층에서 강한 지지를 표명하였는데, 대학 학위 소지자 20~30대의 80% 이상이 지지하였다. 또, 지지하는 정당으로는 민주진보당(민진당) 지지자와 신생청년정당인 제3당 시대역량 지지자들은 94%가 지지의사를 밝혔다. 그러나 친중성향을 띠고 있는 중국국민당 지지자들은 35%에 불과하였다.

한편, 2016년 7월 21일 차이잉원은 미국 워싱턴포스트(WP)과의 인터뷰에서 "대만은 하나의 국가"라고 주장하면서 '92컨센서스'를 최초로 공식 부정했다. 그리고 1979년 미국이 중화인민공화국을 중국의 유일한 대표라고 인정하고 대만을 '주권적 실체(entity)'로 규정한 것에 대해서 차이잉원은 "우리는 (미국이 규정한) 'entity'

가 아니라 민주국가"라고 말했다.

3. '차이완(Chiwan)' 시대: 양안 ECFA

중국과 대만 간의 포괄적 경제협정인 경제협력기본협정(ECFA: Economic Cooperation Framework Agreemen)이 2010년 9월 12일부터 정식으로 발효하였다. 이로써 본격적인 '차이완(Chiwan)' 시대가 열렸다.

2010년 6월 29일 중국 중경(重慶)에서 서명되었던 양국 간의 ECFA 협정은 2010년 9월 11일 중국 상무부의 야오젠(姚堅) 대변인의 "양안(兩岸) 간 ECFA가 12일부터 정식 발효된다"는 발표로 공식적으로 출범을 알렸다. 그는 양안 간 협상 창구인 중국 해협양안관계협회(해협회)와 대만 해협교류기금회(해기회)가 상호 통지를 거쳐 12일부터 정식으로 효력이 발생하는 것으로 합의했다고 밝혔다.

양측은 협정 발효 후 6개월 이내에 상품무역 조기수확프로그램을 시행하고, 동시에 '양안경제협력위원회'를 설치하여 협정과 관련된 업무를 처리토록 하였다. 협정문은 서문을 포함하여 총칙, 무역·투자, 경제협력, 조기수확, 기타 등 총 5장 16개 조항의 본문 및 5개의 부속서로 구성되었다. 본 협정의 목표는 "①상호간의 경제, 무역·투자 협력강화 및 증진 ②상호간의 상품 및 서비스무역 자유화 촉진 ③공평, 투명, 투자편리 및 그 보장체계의 점진적 수립 ④경제협력 영역 확대 및 협력체계 수립" 등이다.

양측은 경제협력 측면에서 "①상호간의 실질적인 다수 상품무역의 관세 및 비관세 장벽을 점진적으로 감소 혹은 제거하고, ②상호간 다수 부문이 포함된 서비스무역의 제한적 조치를 점진적으로 감소 혹은 제거하며, ③투자보호를 제공하고, 쌍방향 투자를 촉진하고, ④무역·투자 편리화와 산업교류협력을 촉진한다"는데 동의하였다. 또 양측은 <해협양안 지식재산권보호 협력협정>을 체결하고, 특허권·상표권·품종권 등에 대한 최초 신청일의 효력을 확정하였다.

제12장

중국 정치개혁과 반(反)중국

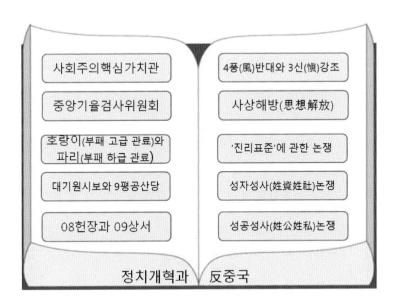

등소평의 정치개혁	강택민의 정치개혁	호금도의 정치개혁	시진핑의 정치개혁
• 실천은 진리를 검증하는 유일한 표준 • 당주석제 폐지, 당총서기제 부활 • 집단지도체제 확립. • 당 정 기능의 분리	• 강택민을 중심으로 한 상해방 형성 • 70세 퇴임 • 7상8하(강택민 퇴임후) • 3개대표론: 자본가 중 국공산당 가입 가능	• '4대 권리(민권론)'와 '4개 민주론' 주장 • '삼불(三不)'선언	• 반부패 • 8항 규정 • 3공경비절약 • 4대 악풍 척결 • 신 4대 기구 신설 • 국가안전법

1. 시진핑 시대의 개혁

2013년 시진핑 국가주석은 '중화민족의 위대한 부흥'을 실현하겠다는 국가적 목표를 내세우면서, "이제는 과감하게 제거할 것은 하고, 새로운 시도를 두려워하지 않겠다"면서 '전면심화개혁영도소조'의 소조장이 되어 당 기율·정치·경제·사회 등 중국 전반에 걸쳐 강력한 개혁을 추진하였다.

2015년 4월 22일 중국 신화망은 국무원 판공청이 '2015년 정부 데이터 공개 업무 요점'(이하 요점)을 발표하고, 중앙 정부 부처별로 각종 데이터 공개를 확대해 경제·사회 발전에 기여하라고 주문했다고 보도했다.

1) '48부작 드라마 등소평' 방영

'개혁개방의 총설계사' 등소평!
'심화개혁의 설계자' 시진핑!

2012년 11월 중국공산당 총서기에 취임한 시진핑은 개혁개방의 상징이라 불리는 심수(深圳)를 첫 번째 시찰지로 삼았다. 이는 중국의 개혁개방을 주도한 등소평에 대한 존경의 표시였다.

2014년 8월 8일 저녁 중국 중앙텔레비전방송국(CCTV)이 황금시간대에 48부작 드라마 "역사적 전환시기의 등소평(鄧小平)"을 방영했다. 등소평 탄생 110주년을 맞아 중공중앙문헌연구실과 중앙TV방송국은 5년에 걸쳐 1억 2천만위안(약212억 원)을 투입하여 드라마 등소평을 제작하였다. 이 드라마는 중국 CCTV에서 방영한 첫 회부터 시청율이 동시간대에 전국 1위를 달성하였고, 매회 평균 6천만 명이 시청하였다.

이 드라마는 중국드라마 개혁의 신호탄이라 할 수 있다. 그동안 정치적으로 민감한 인물이었던 호요방과 화국봉을 중국드라마 사상 최초로 등장시켰다. 뿐만 아니라 문화대혁명을 정면으로 비판하는 등 파격적인 대사와 장면을 묘사하였다.

2) 부정부패척결

시진핑 정부는 2012년 11월 이후 '호랑이'(부패 고급 관료)와 '파리'(부패 하급 관료)를 구분하지 않고 부패 관료를 정리하겠다고 천명하였다. 2013년 국가주석에 취임한 시진핑은 '8항 규정(八項規定)'을 강조하였고, '3공경비절감'과 '6항금지령 (六項禁令)'을 강조하였다. 특히 8항규정은 '4대 악풍'(형식주의·관료주의·향락 주의·사치풍조) 척결과 함께 국가공직자가 지켜야 할 기본적인 윤리로 강조되고 있다.

8항규정은 "① 중앙정치국 전체 동지들은 조사연구를 개진해야 한다. ② 회의활 동을 간소화하며 회의기풍을 확실히 개진해야 한다. ③ 문건과 브리핑을 간단히 해야 한다. ④ 각종 출국방문활동을 규범화해야 한다. ⑤ 경호업무를 개진하여야 한다. ⑥ 신문보도를 개진해야 한다. ⑦ 문장발표를 엄격히 해야 한다. ⑧ 근검절 약을 엄격히 실시해야 한다."는 내용이다.

시진핑 정부는 공무원들의 기강 확립을 위한 개선책을 계속 내고 있고, 3공 경비 를 쓴 공무원을 엄중 처벌하고 있다. '3공경비(三公經費)'는 공금으로 먹고 마시는 것, 공금으로 국내외 여행하는 것, 공무용 관용차 사용하는 것을 말한다.

'6항 금지규정'은 "① 공금으로 상호방문, 선물증정, 연회초대 등 세배활동을 하 는 것을 엄금한다. ② 상급 기관에 특산물을 선물하는 것을 엄금한다. ③ 규정을 위반하고 선물, 축의금, 유가 증권, 지불증빙과 상업 선불카드 등을 주고받는 것을 엄금한다. ④ 금품을 남발하고 격식을 따지고, 사치함을 비하고, 겉치레로 낭비하 는 것을 엄금한다. ⑤ 규정된 표준을 초과하여 접대하는 것을 엄금한다. ⑥ 도박활 동을 조직, 참여하는 것을 엄금해야 한다."이다.

2014년 7월 중국공산당 중앙판공청 및 국무원 판공실은 '중국 공무용 차량 제도 개혁에 대한 가이드라인'과 '중앙정부 및 국가기관 공무용 차량 제도 개혁안'을 발 표했다. 개혁안의 주요 내용으로는 장차관의 간부급 관용차를 제외한 나머지 일반

관용차를 모두 폐지하기로 결정하였다. 국장급 이하 공무원들은 관용차를 탈 수 없으며 월별 차량 보조금을 받게 되었다. 개혁안은 2014년 내에 중앙 당정기관에서 관용차 개혁을 마무리하고 2015년말까지 지방 당정기관, 2016년 말까지 전국적으로 국유기업을 포함한 모든 정부 공공기관에서 관용차 개혁을 완성하기로 했다.

3) 국가안보관

2013년 제18차 3중전회에서는 '국가안전위원회'를 설립하기로 결정하였다. 이후, 당중앙전면심화개혁영도소조(2013년)가 설립되었고, 당중앙 인터넷안전정보화영도소조(2014년)가 설립되었다. 국가안전위원회와 당중앙인터넷안전정보화영도소조의 설립목적은 테러와 외교 및 안보를 관리하고, 인터넷을 통제하는데 있다. 특히 국가안전위원회의 설립은 대내적으로는 신강위구르족과 서장(티베트)이 독립하려는 것을 막겠다는 의미를 담고 있고, 대외적으로는 일본과 동남아 국가 간에 발생하고 있는 영토 위협을 방어하겠다는 의미를 담고 있다.

2014년 3월 1일 중국은 국무령 '중화인민공화국 국가비밀보호법실시조례(中華人民共和國保守國家秘密法實施條例)'를 시행하였다. 조례에 따르면, 기관과 단위는 국가비밀에 관한 정보를 외부에 공개하지 못하며 '비밀보호책임제'를 도입한다. 제34조에 의하면, 기관과 단위는 국가 비밀이 유출되었거나 유출될 가능성을 발견하면 즉각 보완조치를 취하고, 24시간 안에 비밀보호 행정관리기관과 상급 주무기관에 보고해야 한다. 제39조에 의하면, 기관과 단위가 비밀유출 안건과 관련해 규정에 따라 보고하지 않았거나 보완조치를 하지 않았을 경우, 주관 책임자와 관련 책임자는 법적으로 처벌 받게 된다.

시진핑은 2014년 4월 15일에 개최된 중앙국가안전위원회 1차회의에서 처음으로 '총체 국가안보관(總體國家安全觀)'이라는 개념을 사용했다. 동년 12기 전국인민대표대회 상무위원회 제11차 회의에서는 '반(反)간첩법'이 통과되었다. 2014년 10월 27일 제12기 전인대 상무위원회 제11차 회의에서는 '중화인민공화국 반테러리즘법(초안)(中華人民共和國反恐怖主義法(草案))'이 심의되었다. 이 법안은 '국가

대테러정보센터(國家反恐怖主義情報中心)'와 공안부·국가안전부·해방군 등 관련 부서와의 정보공유시스템 확립을 위한 것으로, 관련부서 간 책임·안전방호·정보교류 및 대응조치 등을 규정하고 있다. 중국문제전문가들은 이러한 조치들이 '테러와의 전쟁'을 강력하게 추진하겠다는 시진핑 체제의 의지로 보았다. 반테러법은 2015년 12월 27일 제12차 전국인민대표대회 상무위원회 제18차 회의에서 통과되었고, 2016년 1월 1일부터 발효되었다.

2014년 제18차 4중전회의 핵심 내용은 '의법치국'(依法治國)이었다. 그리고 제18차 4중전회에서는 법치에 대한 인식을 높이기 위해 매년 12월 4일을 '국가헌법일'로 정하였다. 그리고 제18차 4중전회가 폐회한 뒤 10월 28일에는 "의법치국을 전면적으로 추진하는 것과 관련된 약간의 중대 문제에 대한 중공중앙의 결정(中共中央關於全面推進依法治國若干重大問題的決定, 이하 4중전회 결정문)"이 공표되었다. 4중전회 결정문에 따르면, 중국은 의법치국을 전면적으로 추진하여 중국특색사회주의 법치체계를 건설하고자 한다.

2. 등소평시대 ~ 호금도시대의 개혁: 사상해방(思想解放)논쟁[5]

중국의 체제 변화가 본격적으로 이루어지기 시작한 시점은 1978년 11차 3중전회에서 천명되었던 개혁개방이 실시되면서부터이다. 개혁개방의 천명은 범시파(凡是派)와 실무파(實務派, 개혁파) 사이에 있어왔던 '진리표준' 논쟁을 종지부 찍었다.

1) 제1차 사상해방: '진리표준'에 관한 논쟁

등소평의 "解放思想, 實事求是, 團結一致向前看"이라는 말은 제1차 사상해방의 선언서였다. 모택동 사망이후 화국봉의 범시파(凡是派)와 등소평을 중심으로

---

5) 졸고, "중국 '사상해방(思想解放)' 논쟁에 관한 연구," 『중국학』 33집, 대한중국학회. 2009. pp.299~327.에서 요약하였다. 문장 중의 각주는 편의상 생략하였다.(논문 참조)

한 실무파 간의 '진리표준'에 관한 논쟁이 발생했다. 주요 쟁점은 "무엇이 진리표준인가"하는 것이었다. 이 논쟁은 1978년 5월 11일, 남경대학 호복명(胡福明) 교수의 《실천은 진리를 검증하는 유일한 표준이다(實踐是檢驗真理的唯一標準)》라는 글이 《광명일보》에 '특약평론원'이라는 이름으로 발표되면서부터 표면화되었다. 이 글은 당시 최고 권력자였던 화국봉의 '양개범시'와 정면으로 대치되었다.

'양개범시'라는 용어는 1977년 3월에 당 주석, 국무원 총리, 당 중앙 군사위 주석으로 당정군(黨政軍)의 최고 직위를 모두 차지하고 있던 화국봉이 제시한 두개의 구호에서 비롯되었다. 즉, "모 주석이 결정한 정책은 우리 모두 결연히 옹호해야 한다.", "모 주석의 지시는 우리 모두 시종일관 변함없이 따라야 한다."고 주장하였다. 화국봉의 양개범시는 문화대혁명의 중심세력이었던 강청이 포함된 4인방 세력을 축출하는데 중요한 역할을 하였다. 하지만 모택동 노선을 수정없이 지켜나가야 한다는 내용을 주로 하였기 때문에, 등소평을 중심으로 한 실무파의 공격을 받았다. 실무파는 옳고 그름을 판단하는 표준과 진리를 판단하는 표준은 '실천'이지 '양개범시'가 아니라고 하면서 범시파를 공격하였다. '실천'은 실사구시 사상으로서 이후 중국이 개혁개방을 전개해 나가는데 중요한 사상적 기초가 되었다. 이후 '진리표준'에 관한 토론은 전국적으로 확대되었다. "실천은 진리를 검증하는 유일한 표준"이라는 내용을 결론지은 것은 1978년 제11차 3중전회였다.

제11차 3중전회에서 실무파는 '양개범시론' 방침을 비판하였고 진리표준 문제에 관한 토론을 높이 평가하였다. 뿐만 아니라 '4인방'에 대한 비판운동이 끝났음을 확정하였고, '계급투쟁을 강령으로 한다(以階級鬪爭爲綱)', '무산계급전정하의 계속혁명(無產階級專政下繼續革命)'과 같은 구호를 사용하는 것을 중지시켰다. 11차 3중전회는 '중국의 운명을 바꾼 회의'로 기록되었다. 즉, 개혁개방의 기점이 되었을 뿐만 아니라 중국을 계획경제시기와 시장경제도입시기를 구분을 짓는 중요한 기점이 되었다. 그리고 당의 업무의 중심을 사회주의현대화 건설의 조기완성으로 전환시켰다. 결과적으로 '진리표준' 논쟁은 중국의 개혁개방을 이끄는 신호탄이 되었고, 이후 등소평은 여러 연설에서 "이 평론의 역사적 의의를 높이 평가한다"고 강조하며 개혁개방을 지속적으로 이끌었다.

사상해방 논쟁이 끝난 후 중국은 1982년 제12차 전국대표대회에서 '중국식 사회주의시장경제'를 공식적으로 표명하였다. 그리고 중국은 사회주의노선을 견지하면서 자본주의적 요소를 도입하기 시작하였다. 즉 1949년 중화인민공화국 성립 이후 모택동의 정책이 중국사회에 사상적 편향, 경제적 피폐 등 여러 폐해를 가져왔다는 현실적인 진단 하에 '중국 실정에 맞는' 사회주의 건설이라는 목표로 수정되어 제시되었다.

등소평의 실사구시는 계급투쟁의 좌경적 이념보다는 경제개혁을 실천을 통해서 사회주의 건설의 진리를 모색하였다. 제1차 사상해방 논쟁의 중국 경제사적 의의는 계획경제를 벗어나 시장메커니즘을 도입함으로써 중국의 경제발전의 시발점이 되었다.

2) 제2차 사상해방: 성자성사(姓資姓社)논쟁(1992)

등소평의 선부론을 기초사상으로 한 불균형발전전략은 중국 동부 연해지역의 경제성장을 가져왔다. 하지만 심각한 지역 간의 격차, 인플레이션, 도농(都農)간의 격차를 초래하였다. 이로 인해 보수적 성향을 띤 사상이론가와 지도자들로부터 개혁개방에 대한 비판을 받기 시작하였다. 그 과정에서 당시 총서기였던 호요방이 비판을 받고 총서기 자리에서 물러났다. 이후 호요방의 갑작스러운 죽음은 1989년 6·4천안문 사건 발생의 원인이 되었고, 천안문 사건이후 이붕을 비롯한 보수세력이 집권하였으며, 성자성사(姓資姓社) 논쟁이 표출되었다.

'성자성사' 논쟁은 개혁개방 천명이후 경제개발 과정에서 이미 나타났다. 중국 경제와 사회 변화 속에서 "중국은 과연 사회주의인가 아니면 자본주의인가"하는 문제가 제기되었다. 이는 중국이 의도하고 있는 체제의 "성(姓)이 자(資)씨인지, 성(姓)이 사(社)씨인지"하는 논쟁이었다.

1987년부터 1991년까지 약 5년간 진행되었던 '성자성사'에 대한 논쟁은 1992년 1월에 있었던 등소평의 남순강화로 끝을 맺었다. 남순강화에서 등소평은 "계획경제냐, 시장경제냐 하는 것은 사회주의냐 자본주의냐 하는 것은 판단하는 기준이 아니다. 계획경제냐 시장경제냐 하는 것은 모두 경제를 잘하기 위한 수단일 뿐이다"
라고 강조하였다. 이는 그동안 발생하였던 성자성사의 논쟁을 끝맺게 하는 중요한
제안으로서, 본격적인 시장경제체제를 도입하기 시작하였다. 그리고 등소평은 중
국공산당 내에 일고 있는 '좌'를 더욱 경계해야 한다고 강조하였다. 남순강화의 주
요 내용은 '삼개유리어(三個有利於) 표준'으로 집약된다. 등소평은 "중요한 것은
생산력(경제)발전, 국력 증강, 인민생활 수준 제고 등에 유리해야 한다."고 하는 '3
개유리'론을 제시하였다. 1992년 10월에 열린 14차 전국대표대회에서 중국의 경제
체제 개혁의 목표는 '사회주의시장경제의 건설'에 있다고 선언하였다.

3) 제3차 사상해방: 성공성사(姓公姓私)논쟁(1997)

1992년 남순강화 이후 많은 공무원과 지식인들이 돈을 벌기 위해 사영공상(私營
工商)계에 뛰어들었다. 이를 "팔선과해각현신통(八仙過海各顯神通: 여덟 신선이
바다를 건널 때 각자의 독특한 방법으로 법술을 펼쳤다는 의미이다. 현재는 어떤
일에 대해 각자 나름대로 방법이 있거나 해결할 능력이 있다는 의미로 널리 쓰인
다.)"이라 불렀다. 당시 인사부 통계에 의하면, 1992년 관직에 있다가 돈을 벌기 위
해서 그만 둔 사람이 12만 명이었다. 이러한 사회적 분위기 속에서 사유제 경제는
신속하게 발전하였다. 1994년에 이르러서는 사영기업주가 30만 호가 되었고, 일부
연해 지역의 사기업에 고용된 공인은 천명을 넘었다.

중선부(中宣部) 이론국(理論局) 부국장 이군여(李君如)는 "두 가지를 묻지 않는
다."라는 것을 제안하였다. 즉, "성이 자본주의인지 성이 사회주의인지 묻지 않는
것이 제2차 사상해방이고, 성이 공(公)인지 성이 사(私)인지 묻지 않는 것은 제3차
사상해방"이라는 것이다. 1996년부터 시작되어 1997년에 끝을 맺은 제3차 사상해
방 논쟁은 '중국 사회주의의 본질론'에 대한 인식변화 과정에서 나타났고, 주요 쟁
점은 "현재 중국은 공유제이냐 사유제이냐" 하는 '성공성사(姓公姓私)'였다.

제3차 사상해방 논쟁이 등장하게 된 배경은 지난 1988년 12월 ≪토지관리법≫
이 통과되면서 중국 국유토지에 한해 유상취득 제도를 처음으로 도입하면서부터

시작되었다고 할 수 있다.

1992년 중국은 <전인민소유제 공업기업경영 메커니즘 전환 조례>에 의해 기존의 '국영기업'을 '국유기업'으로 바꾸었다. 특히 1993년 헌법 개정 때 '국영기업'이라는 용어를 '국유기업'으로 바꾸었다. 국가가 소유와 동시에 경영을 하는 기업이라는 의미의 국영기업에서 국가가 소유는 하되 경영은 기업 자신이 자주적으로 하는 기업이라는 의미의 국유기업으로 전환하였던 것이다.

사회주의의 가장 근본이고 중요한 내용으로 여기는 것 중의 하나가 '공유제'인데, 중국은 1997년 전후로 사영경제 점유율이 이미 50%를 넘어섰고, 사유제의 비율 또한 공유제의 비율을 넘어서고 있었다. 이러한 중국의 변화 속에서 중국 보수세력은 문제를 제기하였고, 학자들을 중심으로 논쟁이 벌어졌다. 이 때 등장한 것이 바로 '주도권' 개념이었다. 즉, '사유' 부문의 비율이 증가하더라도 '공유' 부문이 결정되는 순간에 '사유'를 지배하면 사회주의를 하는데 문제없다는 것이었다. 특히 중국의 기간산업 부문을 정부가 통제할 수 있느냐 하는 것이 중요한 관건이었다.

개혁이 심층적으로 진행되고 발전됨에 따라, "성이 공(公)인지 성이 사(私)인지" 하는 논쟁도 나타났다. 이것은 "성인 자(資)인지 성이 사(社)인지" 하는 문제의 연속선상이었다. 1997년에 이르러서, 주식제가 개혁이 취해야 할 방향으로 진행됨에 따라 주식제를 비판하는 목소리는 높아지기 시작했다. 이러한 비판 속에서 마르크스어록을 인용하고, 중국이 오늘날 이러하지 못하다 또 그러하지 못하다고 논평하였다. 일순간에, 사람들의 마음 속에 "도대체 지금은 어떤 깃발을 들고 있는가? 어떤 길을 걷는가?"라는 의문을 갖도록 하였다.

이러한 의문이 제기되어질 때, 강택민은 1997년 5월 29일 중국공산당 중앙당교 성부급 간부 진학반 졸업식에서 중요한 말을 발표하였다. 이를 '5·29강화(講話)'라고 부른다. '5·29강화'에서 강택민은 "등소평의 중국특색의 사회주의 이론 건설, 사회주의초급단계, 경제발전과 경제체제 개혁, 당의 건설" 등을 강조하였다. 강택민은 등소평의 중국특색의 사회주의 이론 기치를 높이 들고 어떠한 시련과 곤경 속에서도 동요하지 말 것을 강조하였다. 또 그는 현재 중국이 처한 문제를 해결할 수 있는 것은 등소평의 이론이라고 강조하였다.

'5·29강화'는 오랫동안 사람들이 성이 공(公)인지 성이 사(私)인지하는 곤란스럽게 하는 의혹을 해결하였다. 국유기업개혁을 위해 사상장애를 없앤 것이다. '5·29강화'는 당의 15대에서 사상이론적인 기초를 추정하도록 하였다. 이것은 바로 1978년 이래의 세 번째 사상해방이다.

성공성사 논쟁은 1997년 15대에서 끝이 났다. 15대 이후 강택민의 경제정책의 주된 논점은 공유제의 다양화 실현 형식으로 국유기업의 주식화, 종업원지주제의 실현, 국유기업과 사영기업 간의 주식합작제, 부실 국유기업의 매각, 합병을 통한 현대기업제도의 실현 등으로 구체화되었다. 15대에서 소유제 문제를 새롭게 재해석하였다. 특히 국유기업 개혁을 추진하는데 중요한 영향을 끼쳤다.

4) 제4차 사상해방: 무산유산(無産有産)논쟁(2007)

제4차 사상해방은 이전과 같이 구체적이고도 두드러진 논쟁이 표출화되지 않았으나 대체적으로 중국의 인권, 완전한 사유재산, 호구제도, 민족문제 등이 주요 내용이라 할 수 있다. 즉, '양개범시', '성자성사'의 내용은 문혁이후 중국의 경제발전과 관련이 있는 주요 내용이라면, '성공성사'와 '무산유산'은 정치사회체제와 밀접한 관련이 있고, '개인'과도 밀접한 관련이 있다. 이는 중국의 체제가 달라짐을 의미하고, 인민들의 사고의 변화에도 많은 영향을 줄 것으로 보인다.

호금도는 지난 2006년도 6월 25일 "사상해방은 반드시 확고부동하게 견지해야 한다. 개혁개방은 확고하게 추진해야 한다. 과학발전, 사회조화는 확고부동하게 실현해야 한다."고 하였다. 그리고 "전면적 소강사회를 건설하기 위해서는 반드시 확고부동하게 분투해야 한다. 개혁개방은 중국특색의 사회주의를 발전시키고, 중화민족의 위대한 부흥을 실현시키고 위한 반드시 필요한 방법이다."고 하였다.

2006년 중앙편집국 부국장 유가평(俞可平)은 ≪민주는 좋은 것이다(民主是個好東西)≫라는 글에서, "중국식 민주주의를 표방한 것은 서방의 제도를 따르지 않는다는 점을 명확하게 하여야 한다. 경제와 정치의 안정을 유지하는 기초 위에서 법치를 세우고 점차적으로 정치개혁을 추구하는 '增量民主(Incremental Democracy)'가 중국식 민주주의모델"이라고 언급하였다. 또 그는 오래지 않아 광동청년논단에서 "개혁개방의 역사 또한 바로 사상해방사이다. 중화민족의 위대한 진흥은 반드시 끊임없는 사상해방이다"고 발언하였다. 그는 또 사상해방은 제도혁신에 있다고 말하였다. 중앙고위층은 '사상해방'에 관한 명확한 표현은 지방 정치요인들의 적극적인 지지를 얻어내었다.

광동에서 진행된 "새로운 사상해방의 대토론(新一輪解放思想大討論)"에서의 왕양의 발언은 광동과 광서지역에 '사상폭풍'을 가져다 주었다. 2007년 12월 1일, 제17대에서 중앙정치국 위원인 된 왕양이 중경에서 광동성위 서기로 전근 갔었다. 25일 후 광동성위 10차 2차회의 석상에서 왕양은 "우리는 반드시 인식해야 합니다. 다시 사상해방을 하지 않고, 마음을 단단히 먹고 앞으로 나아가려면, 개혁혁신으로 문제를 해결해야 합니다. 광동은 선두주자의 위치로 스스로 보호하기 힘듭니다. 전면적으로 소강의 실현하려는 목표는 스스로 실현하기 힘듭니다. 등소평동지가 부탁한 임무는 완성하기 힘듭니다."라고 강조하였다.

7일 뒤, 2008년 1월 2일 광동성위는 통지를 보냈는데, "새로운 사상대해방으로 새로운 대발전을 이루자"고 요구하였다. 춘절이 막 지나고 왕양은 최대 규모의 관방관찰단을 인솔하여 상해와 강소성, 절강성을 순방하였고, 장강삼각주경험을 학습하였다. 앞에서 언급한 제11차 전국인민대표의 지방인원들은 예사롭지 않은 언행은 '사상해방'의 열기를 양회(兩會)석상까지 가져갔다.

유가평(俞可平)은 "사상해방 때문에 사상을 해방하는 것이 아니고, 효과를 얻기 위함이며, 사상해방은 공언된 말이 아니다. 사상해방의 가장 중요한 것은 개혁인데, 특히 제도의 개혁이다. 저돌적인 개혁조치가 있어야 한다. 그렇지 않으면 사상해방은 단지 공허한 말일 따름이다. 그래서 사상해방은 반드시 해 나가야 하고, 반드시 제도개혁에서 구현해야 한다. 우리 인민군중의 실제이익을 증가시킬 수 있어야 하고, 우리가 당면한 실제적인 문제를 해결할 수 있어야 한다"고 말하였다. 여기에서 제도개혁을 통해 인민에게 실질적인 이익을 주어야 한다는 것이다.

2007년 2월 26일 신화사는 온가보의 ≪사회주의초급단계의 역사임무와 대외정책에 관한 몇 가지 문제(關於社會主義初級階段的歷史任務和我國對外政策的幾個問題)≫라는 글을 실었고, 국내외 여론을 광범위하게 관심을 끌어들이도록 하였다.

3월 16일, 온가보는 "사회주의 초급단계에서 중국은 양대 임무를 실현하고자 하고, 양대 개혁을 추진하고자 한다."고 말하였다. 온가보가 양대 임무는 "정력을 집중하여 사회생산력을 발전시키고, 사회의 공과 정의를 추진한다"는 것이다. 특히 사회주의제도를 제일 중요한 가치로 삼고, 양대개혁은 시장화를 목표로 삼은 경제체제개혁을 추진하며, 정치체제 개혁을 통해 민주정치 발전을 목표로 삼는 것이다. 그는 "사회주의 민주는 결국 인민으로 하여금 주인이 되게 하는 것이다. 이것은 인민의 민주선거, 민주정책, 민주관리와 민주감독의 권리를 보장하는 것이 필요하다. 바로 일종의 조건을 창조해야 하며, 인민으로 하여금 정부를 감독과 비평하도록 해야 한다. 평등. 공정과 자유의 환경에서 각 사람으로 하여금 모두 전면적인 발전을 얻도록 해야 한다. 사람들의 창조정신과 독립된 사유의 능력을 충분히 발휘하도록 해야 한다"고 언급하였다. 그는 말하기를 "사회주의민주와 법제는 모순되지 않는 것이다. 민주·법제·자유·인권·평등·박애는 자본주의만이 갖는 특권이 아니다. 온전한 세계는 오랜 역사과정에서 공동으로 형성된 문명의 성과이며, 또한 인류가 공동으로 추구하는 가치관인 것이다."라고 하였다.

한편, 호금도는 지난 2007년 6월 25일 중앙당교의 고위급 간부 연수반에서 담화를 통해 "사상 해방은 당 노선의 본질적 요소로 앞으로 나아가는 데 있어 새로운 상황과 문제를 돌파할 수 있는 귀중한 보물"이라고 언급했다. 또 "새로운 정세와 임무에 맞서 등소평이론과 강택민의 '3개 대표' 사상을 위주로 한 지도방침을 견지하는 한편 사상해방과 개혁·개방을 이어나가 과학발전과 조화사회를 이뤄야 한다"고 강조했다.

2007년 10월, 17차 전국대표대회에서 호금도는 새로운 사상해방의 출발점이라고 하였다. 온가보와 시진핑 또한 '사상해방'의 중요성을 강조하였다. 그리고 2008년도 신년사에서 호금도는 서두에 "사상해방을 계속하고, 개혁개방을 견지하며, 사회주의시장경제를 발전시키고, 사회주의민주정치를 발전시키며, 사회주의의 선진문화를 발전시키자"라고 강조하였다. 게다가 "개혁개방 30주년을 엄중하게 기념하자"고 명확하게 언급하였다. 제4차 사상해방은 중국공산당 역사상 중요한 이정표로 여기며, '이론의 창신(혁신)'을 강조하였다. 제4차 사상해방에서 강조되는 점은 마르크스주의의 노선을 견지하는 것으로서, 중국공산당이 "모든 것은 실제에서 출발하는 실사구시"라는 점이다.

한편, 2008년 9월 27일 ≪홍콩상보(香港商報)≫에 왕휘요(王輝耀)는 "중국의 굴기의 최종적으로 지향하는 것은 사람들의 굴기이다. 사람들 속에 각 중국인 자신이 개방, 평등 행복한 생활이다. 과거 30년이 가져온 것은 국가와 사회의 개방이었다면 미래의 30년은 더욱 많은 사람들의 개방을 가져올 것이다. 중화민족의 발전은 반드시 개인의 개방으로 새로운 원동력이 되어야 한다."고 하였다. 즉, 모든 중국이 앞으로 지속적으로 발전하려면 개인에 대한 개방이 있어야 한다는 것이다. 개인은 개방을 낳고, 개방은 민족과 사회의 공통된 인식을 낳으며, 이러한 것이 이루어져야 진정한 '기본국책'이 될 수 있고, 중국이 실현하고자 하는 진정한 '대국굴기(大國崛起)'를 가져올 수 있다. 중국에서는 진정한 국민 민족국가가 되려면 '상상의 공동체'인 민족을 통합해야 한다고 강조한다.

중국에서 제4차 사상해방은 '무산유산(無産有産)'으로 정리할 수 있다. 즉, 마르크스주의에 대한 갈등이라 할 수 있고, 중국공산당의 개선이라 할 수 있다. 제4차 사상해방은 두 가지를 강조하는데, 하나는 '중국발전방식'으로 전면적으로 과학발전관을 실시하는 것이다. 다른 하나는 "사회공정, 조화사회를 보장"하는 말로써 점진적으로 인민민주주의를 근본목표로 삼아서 정치체제를 개혁하는 것이다.

3. 반중국공산당 활동

중국에서 공산당을 비판하면 간첩 혹은 국가전복 죄가 적용되었다. 예를 들면, 2010년 노벨평화상을 수상하였던 류효파(劉曉波, 류샤오보)를 중국은 영장없이 구금하였고, '국가체제 전복선동' 혐의를 씌웠다. 그리고 인권운동가 황기(黃琦)에 대해 간첩 혐의를 적용, 징역 3년을 선고하였는데, 황기는 사천 지진이 발생하였을 때 자신의 블로그에 공산당 간부의 대응을 비판한 전 대학직원이 구속되었다는 기사를 게재하였다는 이유로 구속되었다.

민주인사에 대한 검거와 구속은 지난 2008년 북경올림픽과 2009년 신중국성립 60주년일 때 더욱 집중되었다. 2008년 4월에 인터넷을 통해 환경, 에이즈 문제 등을 비판해온 인권운동가 호계(胡佳, 2008년 유럽의회가 수여하는 '사하로프상' 수상)가 국가전복죄로 3년6개월의 징역형을 선고받았다.

중국과 해외에서 반중국공산당 활동과 인권운동을 하는 집단과 사람들이 많이 늘고 있다. 예를 들면, ≪대기원시보(大紀元時報)≫·9평공산당(九評共産黨)·중국사민당·중국자유민주당·중국신민당·중국과도정부 등이다.

1) 대기원시보(2000.8)와 9평공산당(2004.11)

≪대기원시보≫(Epochtimes, http://www.epochtimes.co.kr/)는 2000년 8월에 창간되었다. 당시 "중국의 실정을 국제사회에 정확히 보도하는 미디어가 부족하다"는 공통된 인식 하에 중국, 대만, 홍콩, 싱가포르 출신 인사들이 세계 각국 중국어 미디어에 손을 뻗치고 있던 중국 공산정권으로부터 완전히 독립해 중국사회를 정확히 보도하고 역사적 전환점을 맞아 약동하는 세계를 새로운 시각에서 제시하며, 시대의 주역으로 적극 참여하겠다는 사명감에 탄생되었다. ≪대기원시보≫는 중국공산당의 본질과 지난 90여 년간 진행되어왔던 중국공산당의 인권을 유린하고 있는 실상을 폭로하고 있다. 2016년 현재 ≪대기원시보≫는 전 세계 35개국 21개 어종으로 출간되고 있다. 한국 지사는 종로구에 위치하고 있다.

한편, 2004년 11월 18일, ≪구평 공산당≫(≪구평≫으로 약칭)이 발표되었다. 9평공산당은 중국공산당의 본질을 9가지로 나누어 논평한 ≪대기원시보≫의 사설이다. 중국공산당 창당이래로, 중공 사령(邪靈)의 사악함과, 교활함, 테러와 광란 등을 전면적으로 철저히 폭로하였다. 이로부터 중국공산당 탈당 열풍이 일고 있다.

9평공산당의 홈페이지(http://www.9ping.org/index.asp)를 보면, 공산당탈당인원수가 집계되고 있고, 현재 중국에서 일고 있는 여러 문제점을 그대로 싣고 있다. 2016년 7월 5일 현재 중국공산당 총 탈당 인원수가 약 242,730,743명으로 집계되었는데, 2014년 8월 20일 총 탈당 인원수인 174,846,197명에서 약 70,000,000명이 늘어났다.

9평 중 첫째인 공산당이란 무엇인가라는 부분의 주요 내용을 간략하게 살펴보면 다음과 같다.

"중국공산당의 성립은 바로 소련공산당이 통제하는 제3공산 국제(the Third Communist International)의 한 지부였으며 자연히 이런 폭력 전통을 계승하였다. 1927년부터 1936년에 이르는 이른바 첫 번째 국공(國共) 내전시기에 강서성의 인구가 2천여 만에서 1천여 만으로 줄었으니 공산당 폭력의 심각한 재난을 가히 상상할 수 있다. (중략) 중국이 공산화된 1949년 이후 중국 공산당의 폭력으로 상해(傷害)를 당한 중국인들의 숫자는 그전 30년의 전쟁시기를 훨씬 능가한다." (중략) 중국 공산당이 정치권력을 잡은 후 숙반(肅反, 역주:반동분자 숙청), 공사(公私)합작경영, 반우파 투쟁, 문화대혁명, 6·4학생운동(역주:천안문 민주화 운동), 파룬궁 탄압 등에 매번 동일한 수단을 채용하였다. 그 중 가장 유명한 것은 1957년에 중국공산당이 지식인들에게 공산당에 대한 의견을 제출하라고 해놓고 그에 따라서 '우파'를 체포한 것이다. 사람들이 이 행동을 음모라고 지적했을 때 모택동은 공개적으로 "그것은 음모가 아니라 '양모(陽謀)'다."라고 말했다.

당백교(唐柏橋) 중국과도정부 대변인은 세미나에서 '9평공산당'은 중공의 가면을 철저하게 벗겨낸 책이라면서 "인간에게 내재되어 있는 정의와 양심을 깨워준다"는 점이 이 책의 가장 큰 가치라고 말했다. 그는 또 '9평공산당'과 탈당운동이 1989년 천안문 민주화운동 이후 민주화에 희망을 잃은 중국인들에게 희망을 안겨줬다고 평가했다.

그리고 뉴욕 탈당센터 본부의 고대유(高大維) 대표는 "9평공산당을 읽으면 공산당이 얼마나 나쁜지 알게 되고 공산당의 잘못된 교육에서 벗어나 도덕적인 사람으로 거듭나야 된다는 생각을 하게 된다"고 말했다. 오범(伍凡) 중국 과도정부 대통령은 탈당운동에 대해 "중공을 평화적으로 해체할 수 있는 방법이고, 정신적으로 공산주의 이데올로기의 굴레로부터 자유로워질 수 있는 방법"이라고 높이 평가했다. 또 건물 외벽이나 지폐에서도 '신(神)이 중공을 멸한다', '빨리 탈당하여 자신의 목숨을 구하자' 등의 구호들을 쉽게 볼 수 있는데, 이는 중국인들이 공산당에 대한 공포에서 벗어나고 있고 탈당운동이 확산되고 있다는 것을 알 수 있는 부분이다.

중국인들이 중국공산당, 공산주의 청년단, 공산주의 소년선봉대 등 3가지 조직으로부터 탈퇴하기 시작한 것은 2004년 11월 말, 해외 ≪대기원시보≫가 공산당의 본질을 폭로한 '9평공산당'을 발표하면서 부터였다.

2) 중국공산당 이외의 신당 창당과 재스민 혁명

(1) 중국 사민당(社民黨)

1989년 6월 4일 천안문사건 이후에 결성되어 비밀활동을 한 단체이다. 중국 사민당은 감숙성의 성도인 란주에서 결성되어 이 지역을 근간으로 하여 북경과 대외 경제개방 지역인 해안지역 등지에서 활동한 것으로 알려졌다. 1992년 6월초에 공산당 1당 독재에 반대하는 이 반체제 단체의 조직원이 모두 검거되었다.

(2) 중국자유민주당과 중국공산당혁명위원회

1995년 2월 10일 중국 무한에서 자유와 민주주의를 부르짖고, 공산당 타도 등을 위해 투쟁할 것을 강령으로 하는 '중국자유민주당'이 결성되었다. 구성원은 대체적으로 노동자와 지식인 등 30명으로 구성되었는데, 이들은 "우리는 서방국가들의 재정지원과 격려를 필요로 하고 있다"고 하면서 중국공산당의 봉건적이고 권위적인 통치를 타도할 것이라고 주장했다. 이들은 가두시위를 비롯해 노동자, 가게종사원의 파업이나 학생들의 수업거부 등을 주도하였다.

한편, 중국민주연합의 양중미(楊中美) 이사는 1990년 6월 25일 중국공산당 내에 현 지도부 타도를 목표로 하는 분파조직 '중국공산당혁명위원회'가 결성되었다고 밝혔다.

(3) 곽천(郭泉)의 중국신민당 창당

2007년 초 곽천은 호금도 주석 등 중국 지도자들에게 다당경선제와 군대의 국가귀속 등 민주화를 요구하는 공개서한을 보냈다. 그리고 2007년 12월17일 중국신민당을 창설했다. 곽천은 다당제 도입 등을 주장하였다. 2009년 10월 강소성 숙천(宿遷)시 중급인민법원은 '국가전복 선동' 혐의를 적용하여 곽천에게 징역 10년형을 선고하였다.

(4) 중국과도정부(中國過渡政府, chinainterimgov.org)

현 중국공산당(중공) 체제를 해체하고 공산정권 이후 새로운 중국 정부를 준비하는 중국과도정부가 2008년 1월 1일 미국에서 설립되었다. 2008년 10월 13일, 중국과도정부는 인터넷에서 기자회견을 갖고 중국 현황을 분석하면서 중국 인민들에게 실제 행동으로 중국공산당을 해체하라고 격려했다.

(5) 인터넷에서의 정치풍자

중국정치에 대한 비판적 시각은 인터넷상에서도 나타나고 있다. 중국의 인터넷에는 표음문자인 중국어의 특성을 이용한 풍자와 은유가 넘쳐난다. 즉, 발음에 전혀 다른 뜻의 단어를 사용하여 정치 등을 풍자하거나 은유한다. 예를 들면, 호금도정부가 내걸고 있는 허셰(和諧, héxié)는 '민물게'를 뜻하는 성조는 다르지만 같은 발음의 허셰(河蟹, héxié)로 표현되곤 한다. 그리고 과거 1980년대 중국정부에 불만이 있을 때 맥주병을 깨던 시절이 있었는데, 이는 등소평의 '샤오핑(小平, xiǎopíng)'과 발음이 같은 '작은 병'이라 뜻을 지닌 '샤오핑(小瓶, xiǎopíng)'에서 연유하여 나타났다.

인터넷상의 풍자와 은유를 막기 위해 2009년 중국정부는 인터넷상에서 비속어나 음란한 표현의 사용을 규제한다는 명목으로 인터넷을 정돈하였다. 그리고 2010년 2월까지 3000개의 웹사이트와 270개의 블로그를 폐쇄했다. 이에 중국 네티즌들은 입에 담기 어려운 욕설인 '차오니마(操你媽)'라는 단어를 '草泥馬(양처럼 생긴 알파카의 일종)'로 고쳐 쓴 뒤 말 모양의 캐릭터까지 만들어 유포시키며 중국정부의 인터넷 통제를 풍자하였다. 또 동요 내에 "馬勒戈壁"라고 표현되지만, 이는 "媽了個X"의 해음(諧音)으로 중국정부를 풍자한 것이다.

"在那荒茫茫美丽**马勒戈壁**, 有一群草泥马, 他们活泼又聪明, 他们调皮又灵敏, 他们由自在生活在那草泥马戈壁, 他们顽强勇敢克服艰苦环境。噢, 卧槽的草泥马!噢, 狂槽的草泥马!他们为了卧草不被吃掉打败了河蟹, 河蟹从此消失草泥马戈壁"

(6) 재스민(Jasmine) 혁명과 중국

재스민혁명은 북아프리카 중앙부, 지중해에 면한 튀니지에서 2011년 1월초에 일어났던 시민혁명을 가리킨다. 2010년 12월 노점을 하던 청년이 경찰의 폭력적인 단속에 항의하다 분신자살한 사건이 페이스북(facebook)을 통해 전역으로 확산되었고, 반정부시위로 확대되었다. 그리고 2주 만에 23년간의 독재정권이 무너졌고,

이집트와 요르단 등 중동국가에 영향을 준 시민혁명이다. 튀니지 국화인 재스민에서 이름을 따 '재스민 혁명'이라고 부른다. 또 'SNS혁명' 혹은 '모바일 혁명'이라고 부른다. 중국에서는 중동지역의 민주화바람이 중국에도 영향이 미칠까봐 인터넷 관리를 엄중하게 하였다. 왜냐하면, 중국 인터넷에서 2011년 2월 19일 '웨이보(微博)' 등을 중심으로 20일 오후 2시 북경, 상해, 광주 등 13개 주요 도시에서 동시에 '재스민혁명'을 일으키자는 글이 퍼졌기 때문이다. 이러한 글은 미국에 서버를 둔 중국어 웹사이트인 보쉰(Boxun.com)에 처음으로 게시되었다. 중국에서는 미니블로그 등을 통해 몇 차례에 걸쳐 동시적으로 시위를 시도하다가 실패하였다. 이 사건으로 강천용(江天勇)과 이천천(李天天) 등 인권변호사와 민주화 운동가 등 100여명이 체포되거나 가택연금된 것으로 알려졌다. 중국에서 인터넷 검열은 더욱 심해졌는데, 중국 검색사이트에서는 영어 'Jasmine'과 '말리화(茉莉花)', 혁명 등을 검색하지 못하도록 조치를 취했다. 그리고 호금도가 부른 말리화 노래 동영상도 검색할 수 없게 하였다. 호금도는 2011년 2월 19일 북경 중앙당교에서 토론회에서 "중국특색 사회주의의 사회관리체계를 확립해 사회갈등 해소와 사회안정 유지에 주력해야 한다"고 강조했다. 그러면서 8가지 의견을 제시하였는데, 그 중에 하나가 "정보인터넷망 관리를 한 단계 강화하고 가상사회의 관리수준을 높이면서 인터넷 여론 지도기구를 정비해야 한다"고 강조했다.

4. 주요 지도자의 개혁 발언과 정치개혁[6]

1) 호금도의 개혁 발언

2007년 6월 중앙당교 고위급 간부 연수반과 10월 제17대 전국대표대회에서 호금도 국가주석은 사상해방을 강조하였다. 사상해방의 주요 내용은 인민민주의 개

---

6) 졸고, "중국 정치 개혁에 관한 연구: 후진타오 2기 정부를 중심으로,"(『국제지역학논총』 제3권 2호, 국제지역연구학회, 2010.12.)의 내용을 수정하고 보완하였다. 관련된 각주는 편의상 생략하였다.(논문참조)

혁과 개인개방 등이었다. 그 중 개인개방은 호구제도(戶口制度)와 독생자녀제(獨生子女制; 1가구 1자녀 정책)와 관련이 있다. 이 두 가지는 중국 공민의 권리를 많이 제약하였고, 오늘날 중국이 안고 있는 농민공문제, 헤이하이즈(黑孩子, 불법출산아동) 문제, 낙태문제, 교육문제, 의료문제, 해외출산 및 여아(女兒) 해외입양 등의 사회문제를 야기하였던 주된 원인이었다. 특히 농촌호구를 지닌 근로자와 자녀들은 당지호구를 지닌 사람들이 누리는 교육, 주택, 의료 등의 혜택을 받을 수 없었다.

2010년 9월 6일 심수 경제특구 성립 30주년 경축대회에서 호금도 국가주석은 "사회주의 정치제도를 발전시켜 인민이 주도권을 갖도록 보장해야 한다. 인민의 알권리, 참여권, 표현권, 감독권을 보장해야 한다. 사회주의 민주확대와 사회주의 법치국가건설, 민주선거, 민주적 정책 결정 등을 실행해야 한다."고 '4대 권리(민권론)'와 '4개 민주론'을 주장하였다.

여기에서 강조하였던 사회주의 민주는 지난 제17차 전국대표대회부터 강조하기 시작하였던 정치개혁의 주요 목표였다. 또 제4차 사상해방에서 강조했던 정치개혁의 큰 틀이라 할 수 있다. 이는 제2차 사상해방의 '성자성사'와는 성격이 다른 새로운 '성자성사'라 할 수 있다.

2) 온가보의 정치개혁 주장

온가보 총리는 2010년 8월 20일 개혁개방 30주년을 맞이한 심수를 방문하여, "중국의 첫 번째 경제특구인 심수가 첫 정치특구가 돼야 한다."고 정치 개혁론을 촉발시켰다. 그 이후 온가보는 정치개혁과 관련된 발언을 지속적으로 하였다. 2011년 제11차 전국인민대표대회 제5차 전체회의 정부 업무보고에서 온가보는 정부개혁에 박차를 가해야 한다면서 "첫째, 사회주의 민주를 확대하고 민주적인 선거와 정책 결정, 관리감독을 시행해 국민의 알권리, 참정권, 표현의 자유, 감독권을 보장해야 한다. 둘째, 치국의 기본전략을 전면 실행, 헌법과 법률의 권위를 존중하고 수호해야 한다. 또 준법 행정에 충실하며 각종 독직행위, 실직행위, 부패행위를 근절시켜야 한다. 셋째, 청렴정치 풍토를 강화하고 부패척결 투쟁을 심화한다. 부패척결시스템 보강을 위한 지속적인 기초업무를 착실히 추진해 대중이 강력하게 불만을 표시한 대표적 문제점들을 우선 해결해야 한다. 넷째, 각종 행정 심사허가사항을 설정, 실시, 규범화해야 한다. 정부조달, 프로젝트 입찰, 토지광업권 경매 등 경제활동에 지도간부의 개입을 엄금한다. 다섯째, 지도간부의 청렴 유지를 위한 규정을 시행한다. 행정감독, 민주감독, 여론감독을 강화한다. 각종 규정위반 및 위법 사건을 적발해 중징계해야 한다."라고 강조하였다.

2011년 3월 14일 북경에서 온가보는 "13억 인구를 가진 대국인 중국이 정치체제개혁을 추진하는 것은 쉽지 않은 일이기에 정치체제개혁은 안정되고 조화로운 사회 환경에서 중국공산당의 영도 하에 질서있게 진행되어야 한다."고 지적했다. 또 "현단계에 있어서 가장 큰 위험은 부정부패라고 하면서 부패를 원천적으로 척결하려면 제도와 체제를 개혁해야 한다."고 강조했다.

2011년 4월 말레이시아를 방문한 자리에서 온가보는 "정치와 경제, 사법체제 개혁을 추진해 상부 구조인 정치가 경제와 발전의 조화를 이루도록 해야 한다"고 언급하면서 중국의 정치체제개혁의 필요성을 주장하였다.

동년 9월 하계 다보스 포럼 회의 개막식 이후 현지기업인들과 가진 대화에서 온가보는 "당이 정부를 대변하고 권력이 과도 집중되는 현상을 바꿔야 할 것"을 당부하면서 "감찰기관 및 사법기관이 독립적으로 운영돼 기타 행정기관이나 사회단체, 개인의 간섭을 받아서는 안 된다"고 강조했다. 또 "중국 내 민주주의 확산은 당 내부에서 외부로 점진적으로 이뤄져야 한다"며 "뿐만 아니라 재산신고 및 공개제도를 실현하고 삼공(三公)경비(공무 접대비, 공무 해외출장비, 공용차 구입 및 운영비)를 공개해야 한다"고 지적했다. 온가보는 법치를 강조하면서 "'공산당이 행정까지 책임지는(以黨代政) 당정일치'를 개혁해 권력 절대화와 권력 과다집중 현상을 바꿔야 한다."고 강력하게 주장하였다.

이날 온가보가 제시한 다섯 가지 관점은 "① 당정분리 및 법치 ② 사회공평 추진 ③ 사법부 독립 ④ 인민의 참정권과 알 권리 보장 ⑤ 반부패"였다.

2012년 3월 14일 전인대 폐막 기자회견에서 온가보는 "정치개혁 없이는 경제개혁을 끝까지 진행할 수 없을 뿐만 아니라 이미 거둔 성과도 잃을 수 있으며 사회적인 문제도 근본적으로 해결할 수 없고, 특히 문화대혁명과 같은 비극이 다시 일어날 수 있다"고 언급하였다.

2012년 4월 16일 제8기 구시(求是)에 온가보의 '권력, 햇빛 아래서 행사되도록 해야 한다'는 글이 실렸는데, 내용에서 "국민이 신뢰하는 정부가 되려면 '위민(爲民), 성실, 청렴' 세 가지를 지켜야 한다."고 강조했다.

3) 08헌장과 09상서

(1) 08헌장(2008.12.10.)

정치개혁의 문제제기로 가장 먼저 거론할 수 있는 것은 2008년 12월 10일에 발표되었던 '08헌장'이다. '08헌장'은 중국 민주주의 표본으로 받아들여지고 있으며, 외신들로부터 1977년 체코 지식인들이 민주화 선언에 빗대 '중국판 77헌장'이라 불려진다. '08헌장'은 변호사, 작가, 지식인, 농부, 기업인을 포함한 국민의 광범한 계층으로 구성된 중국인 303명이 공개서한으로서, 중국의 민주화 개혁과 인권보호를 촉구했다.

'08헌장'의 주요 내용을 살펴보면 다음과 같다. 첫째, 현행 헌법 중에서 주권이 국민에게 있다는 원칙을 위배하는 조항을 삭제하여, 헌법이 인권을 보장하고 공공권력을 허가하여 어떠한 개인과 집단 그리고 당파를 막론하고 결코 위반할 수 없는 실제로 실행 가능한 최상위법으로 만들어서 중국민주화의 법적인 기초를 다진다. 둘째, 입법·사법·행정의 삼권분립을 보장하고, 지방이 충분한 자치를 향유하도록 하여야 한다. 셋째, 인권을 보장하고 인간의 존엄을 지켜야 한다. 국가최고민의기관 산하 인권위원회를 설립하여 정부의 권력남용으로 인한 인권침해를 방지하여야 한다. 특히 공민의 인신의 자유를 보장하고, 어떤 사람도 불법적인 체포, 구류, 소환 신문, 처벌을 받지 않아야 하며 노동재교육제도를 없애야 한다. 넷째, 도시-농촌의 평등이다. 현행의 도시와 농촌을 분리하는 호구제도를 없애고, 도시와 농촌을 막론하고 헌법이 규정한 평등한 권리를 누리도록 하고, 공민의 자유로운 이동권을 보장하여야 한다. 여기에서 국민이 주권을 갖고 있다든가, 인권과 인간의 존엄 강조와 호구제도 철폐 등의 내용은 '08헌장'이 인민민주를 강조하는 정치개혁임을 알 수 있게 한다.

(2) 09상서(上書, 2009.1.20.)

'08헌장' 이후, 2009년에 들어와 정치개혁을 촉구한 것으로는 '09상서(上書)'가 있다. '09상서'는 2009년 1월 20일에 전 신화사부사장이었던 이보(李普)와 전 ≪광명일보≫ 총편집인이었던 두도정(杜導正) 등 원로 지식인 16명의 연대 서명 방식으로 발표한 것으로서 당 중앙의 업무 분위기를 쇄신할 것을 촉구하였다. 주요 내용으로는 "감독기구의 독립성을 증강시키고, 당의 각 급 기율검사위원회는 상하 수직적 지도를 진정으로 실행을 하고, 동급 당위원회의 간섭을 받지 않도록 해야 하며, 공정하고 일을 처리할 수 있도록 보장해야 한다. 그리고 이인위본(以人為本)과 집정위민(執政為民)으로, 헌법에서 규정하는 공민의 권리를 실현하고 보장해야 한다"고 하였다. '09상서' 역시 헌법에서 규정하고 있는 '공민의 권리' 실시를 요구하면서 '인민'을 중심으로 한 정치를 해야 함을 강조하였다.

(3) 언론검열철폐 서한(2010.10.11.)

'08헌장'과 '09상서'에 이어 2010년에도 여러 지식인과 간부출신들의 서한은 계속되었다. 지난 10월 11일 전인대 상무위원회에 발송되었던 중국공산당 前 간부출신 원로 및 지식인 23명의 서한은 중요한 의미를 가진다. 서한의 주요 내용은 언론검열철폐에 관한 것이었다. 이들은 "헌법 제 35조에 따라 뉴스 출판 분야에서의 사전검열을 폐지하고 진정한 공민언론출판자유를 실현하라"고 요구했다. 또 지난 1982년 제정되었던 중국헌법 제35조가 28년간 실현되지 않고 있으니 제대로 실현하라고 강조했다. 그리고 가짜 민주주의로 인해 중국이 국제적인 망신을 사고 있다며 언론의 자유를 주장했다. 이들의 주장대로 언론의 자유가 실시되면 중국 국민들의 정치에 대한 관심이 높아질 뿐만 아니라 비판적 글들도 과감하게 실리게 됨으로써 정치개혁 속도는 한층 더 빨라질 것이다.

http://www.guancha.cn/culture/2014_04_29_225462.shtml

第十屆中國國際動漫節杭州開幕
新中國五代領導人漫畫像亮相

4) 역대 지도자 캐리커처(2014.4.)

중국에서는 신중국 성립이후에 만화나 애니메이션을 통해 정치 지도자를 표현하는 것이 금기시 되어 왔다. 그런데 2014년 4월 29일부터 5월 3일까지 절강성 항주(杭州)에서 제10회 중국 국제 애니메이션 페스티벌이 개최되었는데, 여기에서 모택동(毛澤東), 등소평(鄧小平), 강택민(江澤民), 호금도(胡錦濤), 온가보(溫家寶), 시진핑의 캐리커처가 등장했다. 특히 시진핑의 만화형상은 지난 2월에 처음으로 발표되었다. 이러한 움직임도 중국 사회가 변하고 있는 일면을 엿볼 수 있는 것이다.

5) 중국 "중국인권사업발전보고" 발표

(1) 중국인권사업발전보고(中國人權事業發展報告)(2014)

중국인권연구회(中國人權研究會)가 편찬한 "중국인권사업발전보고(2014)"(인권청서)가 정식으로 발표되었다. 이 청서는 2013년 중국인권사업의 최신진전을 중점적으로 분석하고 연구했다. 청서에는 총 보고와 전문과제보고, 조사연구보고, 사례연구 및 부록 부분으로 구성된다.

청서는 중국의 꿈(中國夢)의 인권적 내용을 체계적으로 분석하였고, 당의 18차 3중전회가 중국인권사업의 발전을 추진하는 중대한 의미를 중점적으로 설명했으며, 2013년 중국인권사업 진전의 전반적인 특징을 결론지었다.

전문과제 보고부분에서 청서는 부패척결(反腐敗), 사회주의협상의 민주건설, 노동교화제도 개혁, 지역사회(社區)의 교정, 공익소송, 농촌에 남아 있는 아동(유수아동)과 생태문명건설 등의 인권보장의 진전을 토론했다. 또 청서는 인권이 입헌된 지 10주년을 맞이하여, 2003년부터 2013년까지 중국에서 출판된 인권저작을 정리하여 연구보고서를 작성했다.

⑵ 중국인권사업발전보고(中國人權事業發展報告)(2015)

중국인권연구회가 편찬한 "중국인권사업 발전보고(2015)"가 정식으로 발표되었다. 이것은 중국인권사업발전과 관련있는 다섯 번째 청서로, 2014년 중국인권사업의 최신 진전을 중점적으로 분석하고 연구하였다. 청서에는 총보고, 전문 주제보고. 조사연구보고, 사례연구 및 부록부분 등이 포함된다.

이 보고서는 2014년 중국인권사업이 전면심화개혁에서 이룩한 새로운 진전을 체계적으로 소개하였다. 그리고 중국공산당 제18차 4중전회에서 통과한 "의법치국을 전면적으로 추진할 때 약간의 중대한 문제에 관한 결정(關於全面推進依法治國若干重大問題的決定)"에서 중국인권사업발전에 대해 제출한 새로운 요구를 분석하였다. 그리고 미래 중국인권사업은 인권보장의 전면적 법치화의 새로운 단계에 진입할 것이라고 지적했다.

주제보고 부분에서 청서는 사회구조권리(社會救助權利), 건강권, 교육을 받을 권리, 생명권, 공민데이터 프라이버시보호, 소수민족 취업권리 등의 인권보장에 대해 심도 있게 토론하였다. 청서는 또 농민공에 대한 법률원조, 사회조직과 중국민중의 반부패관념 조사 등의 조사연구보고서를 작성했다.

(3) 국가인권행동계획(2012~2015년)

2012년 6월 11일 중국 정부는 '국가인권행동계획 2012~2015'를 통해 자연·역사·문화적 제약에다 현재의 경제·사회적 발전 수준을 감안하면 중국의 인권 발전은 많은 도전에 직면해 있으며 완전한 인권 향유라는 목표를 달성하기 위해 앞으로 가야할 길이 멀다고 밝혔다.

중국의 '국가인권행동계획(2012~2015)'은 '2009~2010년분'에 이어 두 번째로 발표된 것으로, 2015년까지의 제12차 5개년규획기간 동안 추진할 경제·사회·사법 등 각 분야별 인권개선을 목표로 삼았다. 중국정부는 '인권행동계획'에서 경제, 정치, 문화, 사회, 환경 건설과 결합하여 인권개선을 위해 노력하고, 더 나은 생활을 바라는 국민들의 희망을 충족시킬 수 있게 공민의 생존권과 발전권을 우선 순위에 두겠다고 밝혔다. 또 시민의 경제·정치·사회·문화적 권리를 실질적으로 보호하고 사회적 평등과 조화를 촉진하는 한편, 사회 모든 구성원이 보다 행복하고 품위 있게 생활을 할 있도록 노력하겠다고 강조했다. 게다가 많은 비난을 받고 있는 과도한 사형판결과 형사재판의 절차를 개선하고, 재소자의 인권향상에 힘쓰겠다고 밝혔다. 이를 위해 사형판결은 모두 재심을 실시하고 사형판결 2심은 공개적으로 진행하되 반드시 피고인의 진술과 변호인의 의견 청취가 이뤄지도록 하겠다고 밝혔으며, 사형유예제도도 정착시켜 나가겠다고 밝혔다.

중국은 법에 따른 종교활동권을 보호하겠다고 약속하였다. 메카 순례 조직 구성과 관리를 개선하고, 사천·운남·감숙·청해 지역 티베트인 거주지의 종교활동 장소를 재건하고 확충하는데 더 많은 예산을 투입하겠다고 밝혔다.

한편, 2016년 6월 14일 북경에서 '국가인권행동계획 2012~2015년' 실시 평가 총결회의를 열고 <국가인권행동계획(2012~2015년)실시평가보고>를 발표하였고, <국가인권행동계획(2012~2015년)>에서 규정한 목표과업을 제때 완성했다고 밝혔다. 국가인권행동규획은 '서언, 경제, 사회와문화권리, 공민권리와 정치권리, 소수민족·여성·아동·노인과 장애인의 권리, 인권교육, 국제인권조약의무의 이행과 국제인권교류와 협력 및 실시와 감독' 7개 부분으로 나뉘어져 있다.

보고는 "이번 행동계획의 각 항 조치가 효과적으로 실행됐으며 전반적인 집행 상황이 양호했다"고 밝혔다. 보고는 2012년부터 2015년까지 중국은 인민을 중심으로 하는 발전사상을 견지하고 전면적 소강사회건설을 위해 박차를 가했으며, 인민의 경제·사회·문화 권리를 보장했다고 밝혔다. 또한 사회주의법치국가 건설을 견지하고 국가 관리체계와 관리능력의 현대화를 실현하기 위해 노력했다고 밝혔다. 그리고 공민의 권리와 정치 권리를 철저히 보장하였고, 사회주의 핵심가치관을 견지하였으며, 인권이론 연구와 인권 교육을 추진하였고, 전 사회의 존중과 인권보장 의식 제고를 위해 노력했다고 밝혔다. 또, 평등과 상호존중을 토대로 국제인권 교류와 협력을 전개해 왔고, 국제인권조약을 철저히 이행하였으며, 국제인권사업의 건전한 발전을 추진하였다고 밝혔다.

구체적인 사례로는 2013년 12월, 노동교양제도가 폐지되었고, 2015년 8월, 네 번째 부류의 수형자들이 특별 사면을 받았다. ≪형법수정안(9)≫가 심의를 통해 통과되었다. 2015년 11월 1일부터 정식으로 실시된 ≪형법수정안(9)≫에는 위챗, 웨이보에 허위정보 전파, 공무원시험 등 국가급시험에서 대리시험보기, 학생전용차량 또는 여객운수차량 정원 초과 등 9가지 행위를 형사처벌 범위에 포함시켰다. 법률 제정에서 9가지 죄명에 대한 사형판결을 폐지하였다. 폐지된 9가지 사형죄명으로는 '무기, 탄약 및 핵재료 밀수죄, 위폐밀수죄, 위폐제조죄, 집금사기죄(集資詐騙罪), 성매매 조직죄, 군사직무집행방해죄, 강박매음죄, 전시 요언날조죄(戰時造謠惑眾罪)'이다.

2011년 5월 1일부터 실행한 ≪형법수정안(8)≫에서는 문물빌수죄, 귀중금속밀수죄, 절도죄 등 13가지 경제성 비폭력범죄의 사형규정을 취소하여 중국의 사형죄명이 55가지도 되었다. 이번의 형법수정을 통해서 중국의 사형죄명이 46가지로 감소되었다. 현재 중국은 13·5규획'과 결합하여 새로운 단계의 국가인권행동을 계획하고 있다.

≪형법수정안(9)≫: 새로 증가된 범죄 유형과 그에 따르는 상응한 처벌
1. 위챗, 웨이보에 허위정보를 전파할 경우 최고 7년 유기도형(有期徒刑).
2. 의료분쟁(醫鬧)으로 이을 챙길 경우 최고 7년 유기도형.
3. 노인, 미성년, 환자, 장애인 등 약자들을 학대할 경우 최고 3년 유기도형.
4. 공무원시험, 대학입시 등 국가급시험에서 타인을 시켜 대리시험을 볼 경우 최고 7년 유기도형.
5. 학생전용차량 또는 여객운수차량이 정원을 초과할 경우 벌금형 외에 단기징역형.
6. 운전면허를 위조, 매매할 경우 최고 7년 유기도형.
7. 법정에서 법관을 모욕하거나 구타할 경우 최고 3년 유기도형.
8. 경찰을 공격할 경우 최고 3년 유기도형.
9. 테러리즘(恐怖主義) 관련도서를 사사로이 소지할 경우 최고 3년 유기도형.

중국정치 관련 읽을거리

JUDITH F. KORNBERG 지음,『중국외교정책』 명인문화사, 2008.

江本隆三,『중국혁명대장정』, 김년중 옮김, 평민사, 1987.

공봉진,『중국공산당(CCP) 1921~2011』, 한국학술정보, 2011.

공봉진,『중국 민족의 이해와 재해석』, 한국학술정보, 2010.2.19.

공봉진,『이슈로 풀어본 중국의 어제와 오늘』, 이담북스, 2009.12.28.

공봉진,『중국지역연구와 현대중국의 이해』, 오름출판사, 2007.10.31.

공봉진, "청! 거센 바람 속에서 길을 잃다"『조선을 향해 불어온 바람, 조선을 몰락 시킨 바람』, 공봉진 외 5명, 도서출판 정언, 2013.

공봉진, 김태욱,『(중국발전의 실험과 모델) 차이나컨센서스』, 한국학술정보, 2013.

공봉진 외 7명,『21세기 중국! 소통과 뉴트렌드』, 산지니, 2015.

공봉진 외 6명,『시진핑 시대의 중국몽: '부강중국'과 'G1'』, 한국학술정보, 2014.

공봉진 외 4명,『글로벌 이슈와 해결방안 Ⅳ』, 부산외국어대학교 출판부, 2013.12.

공봉진 외 5명,『韓中수교 20년(1992~2012)』, 한국학술정보, 2012.

공봉진 외 9명,『10개의 시선, 하나의 중국, 중국현대사회』, 세종출판사, 2009.9.10.

공봉진 외 6명,『쟁점으로 본 동아시아 협력과 갈등』, 오름, 2008년 12월.

공봉진 외 5명,『세계변화속의 갈등과 분쟁』, 세종출판사, 2008년 05월

공봉진, "중화사상의 실체와 중국의 '신중화주의' 만들기," 성균관대학교 유교문화연 구소 추계학술대회 발표문. 2015.

공봉진, "시진핑(習近平)시대의 중국민족정책 연구,"『동북아 문화연구』Vol.43, 동 북아시아문화학회, 2015.

공봉진, "중국 '문화굴기(文化崛起)'에 관한 연구: 화하(역사)문명전승혁신구를 중심 으로,"『동북아 문화연구』Vol.38, 동북아시아문화학회, 2014.

공봉진, "중국 만주족(滿洲族)의 민족문화회복과 중화민족화(中華民族化)에 관한 연 구,"『동북아 문화연구』Vol.34, 동북아시아문화학회, 2013.

공봉진, "중국의 개인인권변화에 관한 연구,"『동북아 문화연구』Vol.26 동북아시아 문화학회, 2011.

공봉진, "중국 정치 개혁에 관한 연구: 후진타오 2기 정부를 중심으로,"『국제지역학 논총』제3권 2호, 국제지역연구학회, 2010.12.

공봉진, "고대 중국의 '화하족'과 '동이족' 기억 만들기,"『사회과학연구』제22권 1호, 국민대학교 사회과학연구소. 2009.8.31.

공봉진, "중국 '사상해방(思想解放)' 논쟁에 관한 연구,"『중국학』33집, 대한중국학회. 2009.

공봉진, "중국 소수민족주의와 중화민족주의:티벳족과 위구르족의 민족운동을 중심으로~,"『국제정치연구』제 12집 1호, 동아시아국제정치학회 2009.6

공봉진, "'중화민족' 용어의 기원과 정체성에 관한 연구,"『CHINA연구』제 2집 부산대학교 중국연구소, 2007.2.

공봉진, "漢族의 민족정체성에 관한 연구,"『CHINA연구』창간호, 부산대학교 중국연구소, 2006.8.31.

공봉진, "중국의 동북공정, 단대공정, 탐원공정에 관한 소고,"『국제지역통상연구』 Vol.1, 국제지역통상학회, 2004.

가오샤오,『대륙의 리더 시진핑: 새로운 중국의 지도자 시진핑 그의 삶을 통해 본 중국의 현대사』, 하진이 옮김, 삼호미디어, 2012.

김세웅,『중국 자본주의인가 사회주의인가』, 해맑음, 1994.

김승환,『내 관도 준비되어 있다(중국개혁의 기수 주룽지)』, 다인미디어, 2000.

김영문,『등소평과 중국정치: 노선투쟁의 변증법적 발전과정』, 탐구당, 2007.

김영화,『강택민과 중국정치』, 문원출판, 1997.

김영화,『중국정치리더십』, 문원출판, 2000.

김유 편 지음,『모택동과 중국공산주의』, 인간과 사회, 2004.

김익도 · 이대우,『현대중국의 정치』, 부산대학교출판부, 2003.

김재기, "동투르키스탄 분리독립운동과 중국의 대응,"『한국동북아논총』제 42집, 한국동북아학회, 2007.

김재기, "티베트의 중국으로부터의 분리독립 운동의 기원과 전개,"『대한정치학회보』 13집 3호, 대한정치학회, 2006.

김재선,『모택동과 문화대혁명』, 한국학술정보(주), 2009.

김재철,『중국의 외교전략과 국제질서』, 폴리테이아, 2007.

김정계,『중국의 권력투쟁사(1949∼1978)』, 평민사, 2002.

김정계,『중국의 중앙과 지방 관계론: 집권과 분권의 변증법』, 평민사, 200.

김정계,『중국정치론』, 평민사, 1997.

김정계,『후진타오 정권: 중국의 권력구조와 파워 엘리트』, 중문출판사, 2008.

김태호,『중국외교연구의 새로운 영역』, 나남, 2008.

김하룡,『신중국정치론』, 나무와 숲, 2000.

김하룡,『중국정치론』, 박영사, 1989.

김흥규, 『중국의 정책 결정과 중앙 지방 관계』, 폴리테이아, 2007.

대기원시보사설, 『구평공산당』, 대기원출판사, 2005.

데이비드 핑클스틴 외 지음, 『21세기 중국의 리더십 중국 정치의 메커니즘』, 이동철 외 옮김, 문화발전소, 2005.

마리-클레르 베르제르 지음, 『중국현대사』, 박상수 옮김, 심산, 2009.

마링 지음, 『13억 중국의 CEO 후진타오를 알면 중국이 보인다』, 시인의 마을, 2003.

마오쩌둥 지음, 『마오쩌둥: 실천론 모순론』, 노승영 옮김, 프레시안북, 2009.

모택동 지음, 『모택동 사상과 중국혁명』, 정차근・김정계 옮김, 평민사, 2008.

모택동, 『모택동 선집1』, 김승일 옮김, 범우사, 2001.

모택동, 『모택동 선집2』, 김승일 옮김, 범우사, 2002.

문흥호, 『대만문제와 양안관계』, 폴리테이아, 2007.

바이강 지음, 『후진타오시대 중국의 정책 결정』, 김수한 외 옮김, 문화발전소, 2005.

박병석, 『중화제국의 재건과 해체』, 교문사, 1999.

박우서 외, 『중국 지방정부의 이해』, 대영문화사, 2003.

샨시우파 지음, 『등소평과 21세기 중국의 전략』, 손상하 옮김, 유스북, 2005.

서진영, 『21세기 중국외교정책』, 폴리테이아, 2006.

서진영, 『21세기 중국정치』, 폴리테이아, 2008.

서진영, 『현대중국정치론』, 나남, 1997.

소숙양 지음, 『인간 주은래』, 이우희 옮김, 녹두, 1993.

심혁주, ""티벳지위"에 관한 중국정부와 달라이 라마의 태도 분석과 전망(1950~2002): "티벳독립" 운동을 중심으로," 아시아연구, Vol.6, No.1, 한국아시아학회 2003.

안치영, "1978년 진리표준 토론과 그 정치적 의의," 『한국정치연구』Vol.13, No.1, 서울대학교 한국정치연구소, 2004.

야부키 스스무, 『마오쩌둥과 저우언라이』, 신준수 번역, 역사넷, 2006.

양중메이 지음, 『후진타오』, 한우덕 옮김, 한국경제신문사, 2002.

엄가기, 고고, 『문화대혁명 上・下』, 최경수 역, 삼우당, 1988.

에드가 스노우 지음, 『모택동 자전』, 신복룡 옮김, 평민사, 2006.

예쯔청 지음, 『중국의 세계전략』, 이우재 옮김, 21세기북스, 2005.

오규열, 『중국군사론』, 지영사, 2000.

오용석, 『현대 중국의 대외경제정책』, 나남, 2004.

우밍 지음, 『시진핑 평전』, 송삼현 옮김, 지식의 숲, 2009.

웨난, 『하상주 단대공정 1, 2』, 역자 심규호 유소영, 일빛, 2005.11.23.

유세희, 『현대중국정치론』, 박영사, 2005.

윤지혜, "중국의 일당체제와 민주화: 당의 민주적 요소를 중심으로," 한국국제정치학회 학술대회 발표논문집. 한국국제정치학회. 2008.

윤휘탁, 『新중화주의』, 푸른역사, 2006.

이건우, 『중국을 말하다: 마오쩌둥에서 후진타오까지』, 지상사, 2009.

이건일, 『중국공산당의 인민군대 통제론』, 다다미디어. 1998.

이건일, 『중국정치 (주제와 이해)』, 다다미디어, 2005.

이계희, 『중국정치학과 중국정치』, 풀빛, 2002.

이도기, 『현대 중국공산당의 이해』, 통일신문사, 2008.

이동률, "소수민족의 분리주의에 대한 중국의 인식과 대응," 『국가전략』 10권 3호, 세종연구소, 2004.

이동률, "중국 신장(新疆)의 분리주의 운동: 현황과 영향력," 『국제정치논총』 제 43 집 3호, 한국국제정치학회, 2003.

이동률, "중국의 티베트 연구(藏學) 동향과 티베트정책," 『중소연구』 Vol.29, No.3, 한양대학교 아태지역연구센타, 2005.

이동률, "정치학: 중국의 변강 및 소수민족정책의 동북지역 함의," 『중국학연구』 Vol.42, 중국학연구회, 2007.

이문기, "중국 중산계층의 성장과 정치민주화 전망," 『아시아연구』 Vol.13 No.3, 한국아시아학회. 2010.

이민자, "티베트 (西藏)의 경제, 종교, 역사, 철학과 사회: 티벳독립운동의 경제적 배경, 동아연구, Vol.36, No.0, 서강대학교 동아연구소, 1998.

이장훈, 『홍군 VS 청군(미국과 중국의 21세기 아시아 패권 쟁탈전)』, 삼인, 2004.

이정남, "최근 중국의 민주화 담론에 대한 비판적 고찰: 당내 민주화론을 중심으로," 『現代中國研究』 제10집 2호, 현대중국학회. 2009.

이정남, 『중국의 기층선거와 정치개혁 그리고 정치변화』, 폴리테이아, 2007.

이종화, "중국의 정치체제개혁과 당내민주의 발전," 『신아세아』 제16권 1호. 신아시아연구소. 2009.

이태환, 『중국의 국내정치와 대외정책』, 한울아카데미, 2007

이홍규, "중국식 민주주의와 정치참여: 기층선거의 성과와 한계," 『世界地域研究論叢』 27집 1호. 한국세계지역학회. 2009.

이희옥, "중국정치체제 개혁의 성격과 한계," 『신아세아』 제4권 4호. 신아시아연구소. 1995.

인민출판사 지음, 『주룽지 기자에 답하다』, 강영매·황선영 옮김, 종합출판범우(주), 2010.

자오쯔양 지음, 바오푸 정리, 『국가의 죄수』, 장윤미·이종화 옮김, 에버리치홀딩스, 2010.

장거 지음, 『마오쩌둥어록: 세월이 흐를수록 빛을 발하는 붉은 처세』, 박지민 옮김, 큰나무, 2010.

장진범 주편, 『중국법제사』, 소나무, 2006,

전병곤, "중국공산당(中國共産黨)의 『범시파(凡是派)』와 『개혁파(改革派)』의 노선비교(路線比較)", 『중국연구』Vol.12, 한국외국어대학교 외국학종합연구센타 중국연구소, 1990.

전성흥 외 6명, 『중국의 권력승계과 정책노선: 17차 당대회 이후 중국의 진로』, 나남, 2008.

전성흥, "개혁기 중국의 티벳 정책~분리주의 운동에 대한 중앙의 '개발주의' 전략," 『동아연구』 Vol.36, 서강대학교 동아연구소, 1998.

전성흥, "중국 16차 당대회에 대한 서설적 평가: 주요 쟁점과 시각을 중심으로," 『신아세아』 제10권 제1호, 2003년 봄.

정동근, 『후진타오와 화해사회』, 동아시아, 2007.

정승욱, 『새로운 중국 시진핑 거버넌스: 태자당 거두 보시라이 정치 파동 전말수록』, 함께북스, 2013.

정재호, 『중국의 중앙 지방 관계론』, 나남, 1999.

정재호, 『중국정치연구론』, 나남, 2000.

제임스 왕 지음, 『현대중국정치론』, 금희연 옮김, 그린, 1999.

제임스왕, 『현대중국정치론』, 이문규옮김, 인간사랑, 1988.

조영남, 『중국 정치개혁과 전국인대』, 나남, 2000.

조영남, 『중국의 꿈 (시진핑 리더십과 중국의 미래)』, 민음사, 2013.

조영남, 『후진타오시대의 중국정치』, 나남, 2008.

조정남, 『현대중국의 민족정책』, KSI(한국학술정보), 2006.

중공중앙문헌연구실, 『시진핑, 개혁을 심화하라』, 성균중국연구소 옮김, 성균관대학교출판부, 2014.

중국공산당 중앙 문헌 연구실, 『모택동선집1』, 이희옥 옮김, 도서출판 전인, 1989.

중국공산당 중앙 문헌 연구실, 『정통중국현대사』, 허원 옮김, 사계절, 1990.

청지룽, 시진핑 지음, 『시진핑, 부패와의 전쟁: 탁한 물은 쏟아버리고 깨끗한 물로 채워라』, 유상철 옮김, 종이와 나무, 2016.

肖效欽, 이양지, 『중국혁명사 1·2·3』, 최윤수 옮김, 거름, 1989.

최경식, 『무관의 눈으로 본 중국, 중국 사회』, 한올, 2008.

최관장, "등소평 실용주의 노선의 등장에 관한 연구: 범시파와의 논쟁을 중심으로," 『중국학연구』Vol.19, 중국학연구회, 2000.

최춘흠, 『중국의 대북한 정책: 지속과 변화,』 통일연구원, 2006.

판웨이, 『중국이라는 새로운 국가모델론』, 역자 김갑수, 에버리치홀딩스, 2010.

한광수 편역, 『현대중국의 정치구조』, 온누리, 1988.

한국국제정치학회 중국분과 지음, 『중국 현대국제관계』, 오름, 2008.

한석희, 『후진타오 시대의 중국 대외관계』, 폴리테이아, 2007.

한홍석 편, 『강택민시대의 중국』, 엘지경제연구원, 1997.

홍순도, 『시진핑: 13억 중국인의 리더 그는 누구인가』, 글로연, 2012.

"四個全面"成爲今年全國兩會主線, 內蒙古發展硏究中心, 2015年第9期.

　　http://www.nmg.cei.gov.cn/jcxx/201503/t20150325_106655.html (검색일: 2015.4.30.)

國家民委發布 "2013年中國少數民族十大新聞", 國家民委網站

　　http://www.gov.cn/gzdt/2014-01/14/content_2566621.htm (검색일: 2014.5.15.)

"中華思想文化術語傳播工程"首批81條術語發布, ≪中國教育報≫2014年12月25日
　　第3版, http://www.jyb.cn/china/gnxw/201412/t20141225_608389.html_(검색일:
　　2015.7.18.)

"習近平: 各民族要像石榴籽那樣緊緊抱在一起," 新華網

　　http://sc.people.com.cn/n/2014/0530/c345167-21318930-2.html (검색일: 2014.6.15.)

"習近平: 堅決反對一切危害民族團結的言行," 三湘都市報, 2014.3.5.

　　http://news.ifeng.com/gundong/detail_2014_03/05/34431464_0.shtml (검색일: 2015.4.30.)

"習近平等參加分組討論 指出民族工作關乎大局," 新華網,

　　http://www.tianjinwe.com/hotnews/gn/jjgs/201403/t20140304_568299.html (검색
　　일: 2014.3.15.)

"中華思想文化術語傳播工程"網站正式上線 2015-03-09

　　http://www.fltrp.com/news/15867 (검색일: 2015.7.18.)

≪中共中央關於全面深化改革若幹重大問題的決定≫ ≪中國共産黨第十八屆中央
　　委員會第三次全體會議公報≫少數民族文字版單行本出版, 新華網

　　http://news.xinhuanet.com/2013-11/21/c_118242989.htm (검색일: 2014.4.30.)

2013年中國人權事業的進展(全文)

　　http://news.xinhuanet.com/politics/2014-05/26/c_1110854939_4.htm (검색일: 2014.6.15.)

http://www.baidu.com/s?ie=utf-8&f=8&rsv_bp=0&rsv_idx=1&tn=baidu&wd=%E6%9C
　　%B4%E6%A7%BF%E6%83%A0%20%E6%B0%91%E6%97%8F&rsv_pq=e0c63
　　c4700009deb&rsv_t=9f95fmVN4rA90SZEFjFHPeRTJBu8AiYjIiP%2FHhYOAsP0
　　IcXJwOhTezBe2xM&rsv_enter=1&rsv_sug3=1 (검색일: 2015.7.25.)

http://www.lnhscc.com/jj.asp 虎山長城 (검색일: 2015.7.25.)

顧海良, "8·19講話: 增强國家精神力量之 "新", "人民網-人民論壇

　　http://theory.people.com.cn/n/2013/0923/c40531-22997900-2.html (검색일: 2013.12.11.)

國家民委民族語文工作專家咨詢委員會成立, 教育科技司

    http://www.seac.gov.cn/art/2013/4/9/art_32_181096.html (검색일: 2015.1.10.)

國務院關於公布第四批國家級非物質文化遺產代表性項目名錄的通知

    http://www.gov.cn/zhengce/content/2014-12/03/content_9286.htm (검색일 ; 2015.6.20.)

國務院關於公布第三批 國家級非物質文化遺產名錄的通知

    http://www.gov.cn/zwgk/2011-06/09/content_1880635.htm (검색일 ; 2015.6.20.)

國務院關於公布第二批國家級 非物質文化遺產名錄和第一批 國家級非物質文化
遺產擴展項目名錄的通知

    http://www.gov.cn/zwgk/2008-06/14/content_1016331.htm (검색일 ; 2015.6.20.)

國務院關於公布第一批國家級 非物質文化遺產名錄的通知

    http://www.gov.cn/zwgk/2006-06/02/content_297946.htm (검색일 ; 2015.6.20.)

克拉瑪依市將擧辦自治區運動會 禁止五種衣著人員乘坐公交

    http://www.guancha.cn/local/2014_08_05_253709.shtml (검색일: 2015.1.20.)

南疆且末縣萬元現金鼓勵民漢通婚, 新華社,

    http://www.snslink.com/mainland/4egvd.html (검색일: 2014.12.20.)

段超, "少數民族傳統文化傳承創新與社會主義核心價值觀培育和實踐," ≪中南民
族大學學報(人文社會科學版)≫ 2014年06期

歷次黨代會

    http://cpc.people.com.cn/GB/64162/64168/64566/http://www.zybang.com/question/
25cbc7665b6e56ca70189d603602a4b7.html (검색일: 2016.6.18.)

論改革開放以來中國負責任大國身份建構

    http://www.cssn.cn/zzx/zgzz_zzx/201411/t20141128_1420407.shtml (검색일: 2015.3.15.)

穆青社論: 烏魯木齊立法禁蒙面罩袍背後, 中國穆斯林青年網

    http://www.muslem.net.cn/bbs/article-12881-1.html (검색일: 2015.1.20.)

社會主義核心價值觀與儒家思想一脈相承

    http://news.sdchina.com/show/3081470.html (검색일: 2015.8.10.)

西藏貫徹落實十八大提出建設 "六個西藏", 中國新聞網

    http://www.chinanews.com/df/2012/12-12/4403057.shtml (검색일: 2013. 10.25.)

西藏大學學習貫徹習近平總書記關於川藏青藏公路建成通車60周年重要批示精神,
西藏大學 http://edu.ifeng.com/gaoxiao/detail_2014_08/15/38224944_0.shtml (검
색일: 2014. 10.25.)

什麼是河蟹? 河蟹是什麼意思?

    http://rumen8.com/html/mingcijieshi/shenghuoxiaochangshi/20081215/43451.html
(검색일: 2010.10.25.)

我國擬建立國家反恐怖主義情報中心, 新華網

　　http://www.npc.gov.cn/npc/cwhhy/12jcwh/2014-10/27/content_1882999.htm

　　(검색일: 2014.11.10.)

楊申宣, "邊疆民族地區涵養社會主義核心價值觀實踐活動研究," 紅河日報

　　http://edu.gmw.cn/newspaper/2014-12/12/content_102831488.htm (검색일: 2015.5.5.)

王正偉, "做好新時期民族工作的綱領性文獻," 中國民族報,

　　http://www.tibet.cn/gc/mj/201410/t20141017_2059964.html (검색일: 2015.1.10.)

王正偉兼任統戰部副部長　http://paper.wenweipo.com/2015/04/16/CH1504160017.htm

　　(검색일: 2015. 5.1.)

已發布的中華思想文化術語,

　　http://www.chinesethought.cn/single.aspx?nid=95&pid=132_(검색일: 2015.7.18.)

人民日報評論員:築牢中華民族共同體的思想基礎:　二論學習貫徹習近平中央民族
　　工作會議重要講話精神

　　http://news.xinhuanet.com/2014-10/09/c_1112756101.htm 新華網　(검색일: 2014.12.15.)

張強紅, "習近平重提 "老西藏精神"意義深遠, "中國共產黨新聞網

　　http://cpc.people.com.cn/pinglun/n/2013/0312/c241220-20765149.html　(검색일:
　　2013. 10.25.)

張自慧: 以儒家元典思想涵養核心價值觀　2014年09月29日16:41 來源: 光明日報

　　http://www.npopss-cn.gov.cn/n/2014/0929/c352106-25762123.html (검색일: 2015.8.10.)

全國愛國主義教育示範基地

　　http://baike.baidu.com/link?url=pToH4lWOS1__0zkZnCHYWOvjpsZC655h6Wa9sVk
　　b2BicMXKFAuzBKJuHUOLQ9-IH4OfCe92Pry6AT91SoDqSl_ (검색일: 2015.8.18.)

朝鮮族非物質文化遺產保護條例≫公布實施

　　http://www.jl.gov.cn/xxgk/zwdt/dfyw/szzf/201506/t20150616_2012167.html (검색
　　일 ; 2015.6.20.)

從儒家文化思想看社會主義核心價值觀

　　http://www.cangyuan.gov.cn/show-156-8296-1.html (검색일: 2015.8.10.)

周平院長受聘國家民委決策咨詢委員, 西南政法大學民族政治研究院

　　http://www.swupl.edu.cn/zzxy/mzzzyjy/News_View.asp?NewsID=464 (검색일: 2014.11.10.)

中國共產黨第十三屆中央委員會第九次全體會議

　　http://baike.baidu.com/link?url=bJtpOZsQSdcJEVDptiCSPtGVZF6sdYjHvJGNv7LJ
　　P0AfZ5GeJKekk68bdejImC1upOrWp_Y5ZmA4XrMks213yq (검색일: 2016.6.18.)

中國共產黨第十三屆中央委員會第四次全體會議,

　　http://baike.baidu.com/link?url=rdHF5o4vvUcNS1aPq2iDhLwjE-CO3DQGMbqqiC9

5TJknZahC2c_5Du9FUZsRtu2QJSUaRC2Ue4OrMl4C4lTzqK (검색일: 2016.6.18.)

中國共產黨第十三屆中央委員會第五次全體會議,

　　http://baike.baidu.com/link?url=bbIdnT-pI8qx5Yhi-RyWTZ1HTkp6bFMJWEKPzuN

　　KTZdkZVC6KcO0WHPifE9yaqMeUqrLZlGhmxy6_L3asaDIIK (검색일: 2016.6.18.)

中國共產黨第十二屆中央委員會第一次全體會議,

　　http://baike.baidu.com/link?url=74fNWs49QmjJEhSVRUGGN2aEqfmpXUS3yFdGMb

　　K_eYZG0O8eAkrDfazPM8pny21YAQuOTklthKiI0flrKxWfa_ (검색일: 2016.6.18.)

中國共產黨第十八屆中央委員會第一次全體會議公報, ≪求是≫

　　http://www.qstheory.cn/zxdk/2012/201222/201211/t20121121_195281.htm (검색
　　일: 2014.1.10.)

中國共產黨八屆六中全會,

　　http://www.baike.com/wiki/%E4%B8%AD%E5%9B%BD%E5%85%B1%E4%BA

　　%A7%E5%85%9A%E5%85%AB%E5%B1%8A%E5%85%AD%E4%B8%AD%E

　　5%85%A8%E4%BC%9A

中國人權事業發展報告(2014)

　　http://baike.baidu.com/link?url=SsFSQztVAstYvJb3xWnqmn2OYy12e0qu3ZCi70N

　　kMIw7As3rFNfhAH64oDTIPpmvUcSinINE2tj0bHDEUo5gka (검색일: 2016.4.10.)

中國人權研究會發布 ≪中國人權事業發展報告(2015)≫

　　http://news.xinhuanet.com/politics/2015-09/25/c_1116678405.htm (검색일: 2016.4.10.)

中央民族工作會議舉行 習近平作重要講話, 新華社

　　http://www.china.com.cn/military/2014-09/30/content_33657111.htm (검색일: 2014.10.20.)

中央民族工作會議暨國務院第六次全國民族團結進步表彰大會在京舉行(2014年),

　　新華社 http://www.mzhb.com/zhuanti/2014biaozhang/中央民族工作會議暨國務

　　院第六次全國民族團結進-3/ (검색일: 2014.10.20.)

中華人民共和國保守國家秘密法實施條例, 中華人民共和國國務院令 第646號

　　http://www.gov.cn/zwgk/2014-02/03/content_2579949.htm (검색일: 2014.3.20.)

陳全國: "十個堅持"促進西藏民族團結, 人民日報

　　http://www.tibet.cn/gc/mj/201409/t20140924_2028994.html(검색일: 2014. 10.25.)

晉察冀邊區革命紀念館———紅色精神代代傳

　　http://cpc.people.com.cn/GB/47816/3881145.html (검색일: 2015.8.18.)

川藏、青藏公路通車60周年 習近平就批示: 進一步弘揚 "兩路"精神

　　http://www.guancha.cn/Project/2014_08_07_254161.shtml (검색일: 2014.10.25.)

草泥馬之歌 http://video.ofeva.com/post/1114.html (검색일: 2010.10.25.)

敗亡先兆 ≪古怪歌≫崩潰前奏 "草泥馬"

http://ntdtv.com/xtr/gb/2009/03/27/ a274101.html (검색일: 2010.10.25.)

黃尙恩, "中國少數民族電影工程正式啟動," 中國作家網

　　　http://www.chinawriter.com.cn/bk/2013-10-18/72776.html (검색일: 2014.6.15.)

第十屆中国国际动漫节杭州开幕 新中国五代领导人漫画像亮相

　　　http://www.guancha.cn/culture/2014_04_29_225462.shtml (검색일: 2015.5.10.)

全國宣傳工作會議(1957年3月6-13日)

　　　　http://dangshi.people.com.cn/GB/151935/176588/176596/10556134.html (검색일:
　　　　2016.7.1.)

全國宣傳思想工作會議召開

　　　　http://news.xinhuanet.com/politics/2013-09/10/c_125357339.htm (검색일: 2016.7.1.)

全國宣傳思想工作會議2013年8月19日至20日 http://www.12371.cn/special/qgxcsxgzhy/
　　　(검색일: 2016.7.1.)

重溫習近平8·19講話 : 宣傳思想部門必須守土有責

　　　　http://news.scol.com.cn/gdxw/201508/54002182.html (검색일: 2016.7.1.)

習近平在全國宗教工作會議上強調

　　　　http://rmfyb.chinacourt.org/paper/html/2016-04/24/content_111123.htm?div=-1
　　　　(검색일: 2016.7.1.)

習近平出席全國宗教工作會議並發表重要講話

　　　　http://big5.yunnan.cn/2008page/news/html/2016-04/23/content_4303151.htm
　　　　(검색일: 2016.7.1.)

在繼承中創新－－解讀2016年全國宗教工作會議

　　　　http://www.pacilution.com/ShowArticle.asp?ArticleID=6857 (검색일: 2016.7.1.)

南海仲裁結果公布 http://www.360doc.com/content/16/0712/17/14589112_575015440.shtml
　　　(검색일: 2016.7.15.)

南海仲裁結果公布 這是一個最惡劣的裁定 http://www.takefoto.cn/viewnews-843386.html
　　　(검색일: 2016.7.15.)

南海仲裁結果 太平島居然是礁？九段線無效

　　　　http://www.chinatimes.com/cn/appnews/20160712006113-262901 (검색일: 201
　　　　6.7.15.)

第十屆中國國際動漫節杭州開幕 新中國五代領導人漫畫像亮相

http://www.guancha.cn/culture/2014_04_29_225462.shtml (검색일: 2015.5.10.)

胡錦濤與宋楚瑜會談達成六項共識

　　　http://www.dzwww.com/xinwen/xinwenzhuanti/05scyfwdl/zxbd/200505/t200505

　　　12_1061155.htm (검색일: 2015.5.10.)

2000年5月20日：“四不一沒有”

　　　http://www.huaxia.com/zt/2002-27/103543.html (검색일: 2011.5.10.)

中華人民共和國憲法(全文)

　　　http://news.newsxc.com/folder696/2014-12-04/200429.html (검색일: 2015.8.8.)

清靜 공봉진(필명 공민규)

墨兒중국연구소 소장
동아대, 부산외대 외래교수
부산내성고등학교, 부산외국어대학교 중국어과 졸업
부산외국어대학교 정치학석사
부경대학교 국제지역학박사
현 21세기정치학회 무임소이사, 한국시민윤리학회 감사
전 동아시아국제정치학회 총무이사, 편집위원장, 감사
전 한국시민윤리학회 총무이사, 편집위원
전 21세기정치학회 섭외위원, 무임소이사
전 부산정보대학 겸임교수
전 부산대학교, 부경대학교, 경성대학교, 동서대학교, 영산대학교, 부산여대 외래교수

주요 저서

단독
『중국공산당(CCP) 1921~2011』(2011)
『중국 민족의 이해와 재해석』(2010)
『이슈로 풀어본 중국의 어제와 오늘』(2009)
『중국지역연구와 현대중국의 이해』(2007)

공저
『(중국발전의 실험과 모델) 차이나컨센서스』(2013)
『시진핑 시대의 중국몽: '부강중국'과 'G1'』(2014)
『중국 대중문화와 문화산업』(2013)
『韓中수교 20년(1992~2012)』(2012) 외 다수

논문
"시진핑(習近平) 시대의 중국민족정책 연구"(2015)
"중국 '문화굴기(文化崛起)'에 관한 연구: 화하(역사)문명전승혁신구를 중심으로"(2014)
"중국 만주족(滿洲族)의 민족문화회복과 중화민족화(中華民族化)에 관한 연구"(2013)
"중국의 개인인권변화에 관한 연구"(2011)
"중국 정치 개혁에 관한 연구: 후진타오 2기 정부를 중심으로"(2010)
"중국 '사상해방(思想解放)' 논쟁에 관한 연구"(2009)
"'중화민족' 용어의 기원과 정체성에 관한 연구"(2007)
외 다수

**시진핑
시대,**
중국 정치를
읽다

초판인쇄 2016년 8월 26일
초판발행 2016년 8월 26일

지은이 공봉진
펴낸이 채종준
펴낸곳 한국학술정보㈜
주소 경기도 파주시 회동길 230(문발동)
전화 031) 908-3181(대표)
팩스 031) 908-3189
홈페이지 http://ebook.kstudy.com
전자우편 출판사업부 publish@kstudy.com
등록 제일산-115호(2000. 6. 19)

ISBN 978-89-268-7606-0 93340